Rixta Wundrak

Die chinesische Community in Bukarest

# Theorie und Praxis der Diskursforschung

herausgegeben von
Reiner Keller

Seit Mitte der 1990er Jahre hat sich im deutschsprachigen Raum quer durch die verschiedenen sozial- und geisteswissenschaftlichen Disziplinen eine lebendige Szene der diskurstheoretisch begründeten empirischen Diskurs- und Dispositivforschung entwickelt. Nicht nur Qualifikationsarbeiten etwa im Rahmen von Graduiertenkollegs, sondern auch Forschungsprojekte, Methodenwerkstätten und Tagungen oder die von der Deutschen Gesellschaft für Soziologie unlängst vergebenen Nachwuchs-Preise für empirische Diskursstudien dokumentieren die zunehmende Bedeutung des Diskursbegriffs für die Analyse gesellschaftlicher Wissensverhältnisse und Wissenspolitiken. Vor diesem Hintergrund zielt die interdisziplinär angelegte Reihe durch die Veröffentlichung von Studien und Diskussionsbeiträgen auf eine weitere Profilschärfung der Diskursforschung sowie auf die Vorstellung entsprechender Arbeiten für ein breiteres wissenschaftliches Publikum. Die einzelnen Bände werden sich mit theoretischen und methodologischen Grundlagen, methodischen Umsetzungen und empirischen Ergebnissen der Diskurs- und Dispositivforschung sowie mit deren Verhältnis zu anderen Theorieprogrammen und Vorgehensweisen beschäftigen. Vorgesehen ist die Publikation von Forschungsarbeiten aus unterschiedlichen Fachdisziplinen sowie von Sammel- und Tagungsbänden.

Rixta Wundrak

# Die chinesische Community in Bukarest

Eine rekonstruktive, diskursanalytische Fallstudie über Immigration und Transnationalismus

**VS VERLAG**

Bibliografische Information der Deutschen Nationalbibliothek
Die Deutsche Nationalbibliothek verzeichnet diese Publikation in der
Deutschen Nationalbibliografie; detaillierte bibliografische Daten sind im Internet über
<http://dnb.d-nb.de> abrufbar.

Die Dissertation entstand im Rahmen eines Forschungsprojektes, das von der Deutschen
Forschungsgemeinschaft finanziert wurde.

1. Auflage 2010

Alle Rechte vorbehalten
© VS Verlag für Sozialwissenschaften | Springer Fachmedien Wiesbaden GmbH 2010

Lektorat: Dorothee Koch / Britta Göhrisch-Radmacher

VS Verlag für Sozialwissenschaften ist eine Marke von Springer Fachmedien.
Springer Fachmedien ist Teil der Fachverlagsgruppe Springer Science+Business Media.
www.vs-verlag.de

Umschlaggestaltung: KünkelLopka Medienentwicklung, Heidelberg
Druck und buchbinderische Verarbeitung: STRAUSS GMBH, Mörlenbach
Gedruckt auf säurefreiem und chlorfrei gebleichtem Papier
Printed in Germany

ISBN 978-3-531-17247-7

# Dank

Zu Beginn ist mein Erstgutachter und Projektleiter Prof. Dr. Dr. h.c. mult. Wilfried Heller zu nennen. Ich danke ihm für die Unterstützung meines Projektes sowohl bei der Feldarbeit in Rumänien als auch beim Verfassen der Arbeit. Ganz besonders danke ich ihm für die Geduld und das Vertrauen während der Zeit des Schreibens meiner Arbeit bis zur Abgabe.

Dann möchte ich mich bei meiner Zweitgutachterin Prof. Dr. Gabriele Rosenthal bedanken. Sie hat mich in theoretischer, methodischer aber auch menschlicher Hinsicht Vieles gelehrt. Ihr verdanke ich es auch, dass ich durch diese Arbeit die Gelegenheit hatte, mich gewissermaßen wissenschaftlich zu emanzipieren.

Auch danke ich meinen Projektpartnern Prof. Dr. Ioan Ianoş und Conf. Rudolf Poledna für die gute Zusammenarbeit in Timisoara und Bukarest.

Im Rahmen meiner Chinareise gebührt mein Dank Prof. Dr. Zhuang Guotu, Prof. Dr. Jan Rath und Dr. Jeroen Doomernik sowie BSc. Wei Shen und Gu Lingdi für die warmherzige Gastfreundschaft.

Für die sprachliche Hilfe im Rumänischen, Chinesischen, Englischen und Deutschen sei vor allem Carl Bergquist, Prof. Dr. Şerban Dragomirescu, Mag. Katharina Wrohlich, Alex Michaels, Esther Quicker M.A., Shannon Pfohman M.A. und Na Liu gedankt.

Meinen Mitarbeiterinnen und Mitarbeitern am Institut für Geographie an der Universität Potsdam danke ich für die gute Zusammenarbeit; besonders Ling He M.A. und Ute Dolezal, Jirka Stachen M.A. sowie für die vielseitige und kostbare Hilfe auch Mihaela Narcisa Arambaşa M.A.

Prof. Dr. Erhard Stölting und Prof. Dr. Hans-Joachim Bürkner danke ich für die hilfreichen Gespräche. Auch waren zu Beginn meiner Arbeit Mag. Susanne Litzka, Nuschin Mameghanian-Prenzlow M.A. und Dipl.Ing. Andrea Tauber eine große Unterstützung.

Für die Video- und Fotoaufnahmen und auch dafür, dass dieses Projekt künstlerisch fortgesetzt wird, danke ich Katharina Copony.

Ein Dankeschön gebührt allen Teilnehmerinnen und Teilnehmern der Forschungswerkstatt am Methodenzentrum der Georg-August Universität Göttingen; im Besonderen Dr. Michaela Köttig für die Organisation sowie Rita Horvay M.A. und Gustav Wesselmann für die Unterkunft.

Besonders möchte ich allen, die mit mir in Rumänien gearbeitet haben herzlich danken; ausdrücklich seien Alexandru Gavriş M.A., Geanina Neagu M.A., Andreea Pavel M.A., Dr. Angela Mihailescu, Prof. Dr. Gabriel Mihailescu und George Cioca genannt. Für die herzlichen Wohngemeinschaften und die Unterkunft danke ich: Mag. Catherine Danielopol, Stephanie Krauch M.A., Geta Boe und Conf. Voichiţa Vhenghea.

Zu nennen ist auch das wissenschaftliche Auswertungsteam in Berlin. Allen voran danke ich Carla Wesselmann für den oftmaligen, kräftigenden Zuspruch und die Zusammenarbeit während der Schreibphase meiner Arbeit. Auch danke ich herzlich Dr. Christine Müller-Botsch für die guten, aufbauenden Gespräche. Ebenso gehören zu diesem Team Dipl.-Psych. Kerstin Kammerer, Dipl.-Pol. Halil Can, Dipl.-Psych. Elif Yesilbas, Dr. Stefan Bamberg sowie Dipl.-Soz. Nelly Gonzalez Tapia.

Zu jenen, die mir während meiner gesamten Arbeit nicht nur wissenschaftlich beigestanden haben gehören: meine Eltern, Mag. Elfriede Wundrak und Ingo Wundrak, Dr. Asiye Kaya, Corinna Telkamp M.A., Christine Winkler, Bettina Lohse, Dirk Berger und Dipl.-Pol. Guillermo Ruiz. Eine sehr wichtige Weggenossin während der letzten fünf Jahre war Mag. Eva Reisinger.

Vor allem aber möchte ich allen Personen, die ich im Zuge meiner Feldforschung kennengelernt habe, herzlich danken. Ich bin ihnen für die wertvollen Begegnungen, die wichtigen Erfahrungen, die einprägsamen Abenteuer und die dabei entstandenen Zukunftspläne dankbar. Neben vielen anderen gehören zu diesen Li Jianhua, Dr. Liu Yue Xiu und Dan Angelescu, Shen Xiao Ming, Dr. Wang Zheng-Ping, Mihaela Văduva und Bayan Ahmed.

Dieses Buch widme ich Kaja, Yuri, Belinda, Emily und Fiona.

Xièxie! Mulţumesc! Danke!

Berlin, September 2009                                          Rixta Wundrak

# Inhaltsverzeichnis

1 **Einleitung** ...................................................................... 11

1.1 Fall und Problemstellung .......................................... 11

1.2 Der Forschungsprozess und die Genese der Studie ................... 13

1.3 Aufbau der Arbeit ................................................ 15

2 **Unterschiedliche Perspektiven auf den Fall. Forschungsansatz, Methoden und Theorien** .......................................... 19

2.1 Theoretische Grundannahmen ....................................... 20

2.2 Auswahl des Falles und Fallrekonstruktion ........................ 22

2.3 Ethnographisches Arbeiten und die Rolle im Feld .................. 24

2.4 Zur Interpretationstechnik und zum abduktiven Verfahren .......... 26

2.5 Doppelperspektivische Fallrekonstruktion ......................... 29

2.6 Analyse der Diskurse ............................................. 35

2.7 Zum Verhältnis von diskursiven und ethnographischen Prozessen .... 38

2.8 Deutungsmuster als Konzept zur Bildung von Strukturhypothesen .... 42

2.9 Auswertung der Fallgeschichte .................................... 46

2.10 Zwei Exkurse in theoretische Konzepte der Migrationsforschung .... 50
    2.10.1    Das „Transnationalismuskonzept" ..................... 52
    2.10.2    Die „Community" und ihr „Netzwerk" ................. 55

**3   Diskurse über die chinesische Immigration in Bukarest**............63

3.1   Zielsetzung dieses Zugangs zum Fall ......................................63

3.2   Der politisch-institutionelle Diskurs über Immigration in Rumänien.......65
    3.2.1   Diskursive Desinformation...........................................66
    3.2.2   Einfluss des internationalen Migrationsdiskurses...................75

3.3   Diskurs der Printmedien ...................................................80
    3.3.1   Illegalisierung als tradiertes Diskursmuster.......................82
    3.3.2   Bedeutungsgehalt des rumänischen Mafiadiskurses...................84
    3.3.3   Diskursiver Perspektivenwechsel von der Bedrohung zum
             Wirtschaftsaufschwung ...........................................91

3.4   Der wissenschaftliche Diskurs..............................................94
    3.4.1   Die Folgen der Dethematisierung in der Forschung..................94
    3.4.2   Europäischer Forschungsdiskurs ...................................95
    3.4.3   Die Problematisierung der Migranten in der Forschung ............97
    3.4.4   Kulturalistische Diskurse und Erklärungsansätze...................99

3.5   Migranten im „Fadenkreuz" chinesischer und rumänischer Diskurse
    über Migration ..........................................................102

**4   Die Entstehung und Entwicklung der chinesischen Migration
nach Osteuropa und die erlebte Geschichte der Migranten** ............107

4.1   Untergliederung der Fallgeschichte ......................................107

4.2   Die Transformation der VR China und die „Neue chinesische
    Emigration, 1978-1989 ..................................................109
    4.2.1   Ökonomische, politische und soziale Prozesse des Wandels
             in der VR China..................................................109
    4.2.2   Traditionelle Muster und Vernetzung der Migration...............113

4.3   Auslöser der Migration und neue Migrationspfade nach Osteuropa und
    Rumänien zu Beginn der 1990er Jahre ....................................116
    4.3.1   „Docking points" in Osteuropa....................................116
    4.3.2   Ankunft in Bukarest .............................................118

4.4 Die ersten Jahre der rumänischen Transformation zu Beginn der
1990er Jahre..................................................................................122
    4.4.1 Kofferhandel und Märkte......................................................122
    4.4.2 Immigration im Kontext von Informalität und sozialer
    Ungleichheit..........................................................................125

4.5 Die „wilden Jahre" der Transformation in Rumänien Mitte der 1990er
Jahre..........................................................................................130
    4.5.1 Bedeutung der Spielbanken und Milieus der Neureichen........130
    4.5.2 Risiko und soziale Unsicherheit............................................136

4.6 Die zweite Hälfte der 1990er Jahre und die Zeit nach 2000..................139

4.7 Immigranten zwischen lokaler Eingliederung und transnationalem
Lebensstil. Entwicklungen seit 2003................................................147


**5 Strukturen und Deutungsmuster der neuen Immigration in
Osteuropa und der chinesischen Community in Bukarest..............155**

5.1 Kontrastierung und Verknüpfung von Diskursen, sozialen Strukturen
und Erfahrungen der Migranten......................................................155

5.2 Prozesse des Wandels..................................................................156
    5.2.1 Das „Timing" des Falles......................................................156
    5.2.2 Unbemerkte Immigration im Zuge von Transformationen......158
    5.2.3 Europäischen Migrationspolitik und Forschungsdefizit als
    Verstärker der Unsichtbarkeit des Falles................................161

5.3 Die „Verortung" und die „Transnationalität" des Falles........................163
    5.3.1 Das Transnationale am Fall..................................................164
    5.3.2 „Netzwerk-Failure" und Migrationsdiskurs............................167
    5.3.3 Soziale Räume chinesischer Immigration..............................170

5.4 Prozesse der Informalisierung der chinesischen Migration in
Osteuropa..................................................................................173
    5.4.1 Informalität als Einbettungskontext und Deutungsmuster.......173
    5.4.2 Die Ausprägungen von Illegalisierung und Kriminalisierung.175

5.4.3    Kontinuität und Transformation der Informalisierung ............ 177
5.4.4    Informalisierung in Wirtschaftssektoren und Milieus ........... 178
5.4.5    Informalisierung in der aktuellen Migrationsforschung ......... 182
5.4.6    Informalisierung im Wandel? ............................................... 186

5.5    „Kulturelle" Deutungsmuster der chinesischen Migranten in
       Osteuropa ............................................................................... 187
5.5.1    Chinesische Bilder und Diskurse über Emigranten ............... 187
5.5.2    Zur biographischen Perspektive der chinesischen Migranten
         in Osteuropa ....................................................................... 188
5.5.3    Das mitgebrachte biographische Kapital der chinesischen
         Immigranten ........................................................................ 192
5.5.4    Internationale und globale Deutungsmuster: Flexibilität oder
         flexible Anpassung .............................................................. 193
5.5.5    Die Deutungsmuster von und über Chinesen im rumänischen
         Einbettungskontext ............................................................. 196
5.5.6    Deutungsmuster und Erklärungsansätze in der Forschung ...... 200
5.5.7    Innere Logik versus Inkonsistenzen und Wandel von
         Deutungsmustern ................................................................ 201


6      **Schlusswort und Ausblick** ................................................. 205


Methoden-Anhang .......................................................................... 211

Literaturverzeichnis ........................................................................ 229

# 1 Einleitung

## 1.1 Fall und Problemstellung

Die chinesische Community in Bukarest ist eine relativ unbekannte Migranten-gruppe in Osteuropa. Sie besteht vorwiegend aus Einzelhändlern, die seit 1989 aus unterschiedlichen Provinzen der Volksrepublik China nach Rumänien kamen. Sie leben zum Großteil im Bukarester Stadtteil Colentina, in dem sich ein Marktareal befindet, auf dem viele von ihnen in China produzierte Textilien verkaufen. Andere chinesische Immigranten leben bereits seit mehr als zehn Jahren als erfolgreiche Geschäftsleute im Stadtzentrum oder in den Villengebieten an der Peripherie von Bukarest.

Die chinesische Migration nach Europa ist in unterschiedliche Kontexte sozialen Wandels (und gesellschaftlicher Umbrüche) der letzten 15 Jahre eingebettet. Sie war Teil einer größeren Wanderungsbewegung von Asien nach Europa in den 1990er Jahren. Ihre Ursprünge liegen in den politischen und ökonomischen Veränderungen der asiatischen Länder in den letzten Jahren. Im Besonderen ist die Transformation der VR China seit Ende der 1970er Jahre von Bedeutung, welche im Jahr 1989, markiert durch das Massaker am Tiananmenplatz in Peking, eine politische Krise erlebt. Zurzeit dieses Ereignisses stehen auch die osteuropäischen Staaten des „Ostblocks" in einem politischen und sozialen Wandel. Neue Migrationspfade von Ost nach West erschließen sich in Osteuropa durch die Öffnung der Grenzen. Mit dem Umsturz der Ceauşescu-Diktatur 1989 beginnt auch in Rumänien eine politische, soziale und ökonomische Transformation. Aus diesen Veränderungen entstehen für Migranten neue „opportunity structures" (vgl. Kloostermann/Rath 2001) in Bukarest wie auch in anderen osteuropäischen Städten. Die Migrationsbewegungen zwischen China und Rumänien sind auch als Formen bzw. Teil der Globalisierung zu verstehen.

Die vorliegende Arbeit rekonstruiert, wie Migranten nicht nur von einem Land in das andere wandern, sondern dabei politische, ökonomische und soziale Transformationskontexte wechseln.

Die Ethnographie der Geschichte dieser Migrantencommunity und ihrer sozialen Wirklichkeit in Bukarest spannt einen thematischen Bogen über aktuelle gesellschaftspolitische Phänomene: Zunächst ist hier die im wissenschaftlichen und öffentlichen Diskurs als Transnationalität benannte, multilokale Lebenswelt zu nennen. Sie zeigt sich in der Entstehung der China-Bazare in verschiedenen osteuropäischen Städten, den Handelsbeziehungen der Migranten mit mehreren Orten Osteuropas gleichzeitig und deren transnationalen Verbindungen zu ihren Heimatprovinzen. Dazu gehören auch die alltäglichen Kontakte mit anderen Migranten, wie etwa nach Dakar, Paris oder Los Angeles. In diesem Zusammenhang stelle ich auch die Frage, wie diese Transnationalität gelebt wird, welche Bevölkerungsgruppen davon tatsächlich (und in welcher Form) betroffen sind und welche Rolle gesellschaftliche Diskurse sowie politische und ökonomische Strukturen spielen.

Den transnationalen, globalen Aspekten des Falles steht die lokale Eingliederung der Immigranten gegenüber, welche die chinesische Bevölkerung in Bukarest während der postkommunistischen Systemtransformation zu einer neuen kulturellen Minderheit und einem Teil der Stadtbevölkerung macht. Bei der Frage nach den lokalen Bedeutungen und Prozessen der Immigration sind auch milieutheoretische Überlegungen relevant – einerseits, weil auf theoretischer Ebene die Milieus dem Transnationalen bzw. den Raumauflösungstendenzen zuwider zu laufen scheinen, andererseits, weil das Konzept des Milieus stärker die konkrete (räumliche) Lebenswelt der Migranten einbezieht.

In dieser Arbeit wird rekonstruiert, wie Migranten Eingliederungspfade nach Europa, nach Bukarest und in verschiedene soziale Milieus der Stadt finden. In Anlehnung an das Konzept der „pathways of migration" (Glick-Schiller et al. 2005) dient der Begriff des „Eingliederungsweges von Migranten", wie er in dieser Arbeit gebraucht wird, dazu, methodische Makro- und Mikrospaltung zu überwinden. Solche Migrantenpfade können sich sowohl auf die Weltökonomie als auch auf den Weg eines Immigranten in einer Stadt, ein Milieu oder eine Gruppe beziehen. Zudem werden so politisch instrumentalisierte Begriffe wie Integration und Assimilation vermieden. Vor allem ist von Interesse, wie Migranten in unterschiedlichen sozialen Milieus und mit strukturellen sozialen Ungleichheiten in der Transformationsgesellschaft umgehen. Zentrale Frage meiner Arbeit ist, wie die chinesische Community in Bukarest – für die Forschung ein neues soziales Phänomen der jüngeren Geschichte – zwischen diesen globalen Entwicklungen einerseits und ihrer lokalen kulturellen Einbettung in Bukarest andererseits entstehen und bestehen kann. Eine prozesshafte Sichtweise impliziert die Frage, wie sich dieser Fall (die Migrationsgeschichte) selbst wandelt und welche Ereignisse, Verläufe, Brüche oder Kontinuitäten die Geschichte charakterisieren. Schließlich wird auch die Frage nach dem biographischen Kapital (vgl. Lutz 2000) der Migranten gestellt. So sind die Erfahrungsaufschichtungen der Migranten im Kontext des chinesischen Systems und seiner Geschichte von Interesse. Vor allem wird gefragt, wie biographisches Kapital im Einbettungskontext der Transformationsgesellschaft Rumäniens aktualisiert wird. In diesem Zusammenhang werden Diskurse (vgl. Keller 2001), Kapitalformen (Bourdieu 1983) und Deutungsmuster (Oevermann 2001a+b) relevant, welche eine theoretische Verknüpfung des Verhältnisses von Handlungsmustern einerseits, politischen bzw. ökonomischen und sozialen Strukturen andererseits sowie deren Interpretationen (Deutungen) darstellen.

Diese Handlungs- und Deutungsmuster sind auch in Bezug auf ein weiteres Thema der Arbeit, die herrschenden Bilder von Migranten, von Bedeutung. Hier stellt sich die Frage, inwiefern Handlungs- und Deutungsmuster kollektiv verinnerlichte oder sogar instrumentalisierte sind.

Der Fall steht für eine Konkretisierung dieser thematischen Komplexität und des interdependenten Charakters eines Migrations- und Eingliederungsprozesses einer kleinen Gruppe in Osteuropa. Die Verknüpfung dieser unterschiedlichen Aspekte auf unterschiedlichen soziologischen Ebenen (globaler, lokaler sowie Mikro-, und Makroebene) durch eine prozessorientierte und multiperspektivische Betrachtung ist Inhalt dieser Arbeit.

## 1.2  Der Forschungsprozess und die Genese der Studie

Diese Arbeit basiert auf einer soziologisch-ethnograpischen Dissertation und stellt eine rekonstruktive Einzelfallstudie dar. Die dabei analysierte fallkonstitutive soziale Wirklichkeit der chinesischen Community in Bukarest – im Kontext der neuen asiatischen Migration nach Osteuropa seit 1989 – ist weder repräsentativ für viele andere Fälle noch ist sie eins zu eins verallgemeinerbar (im induktiven Sinn). Diese Studie wäre aber auch ihres „Sinns unweigerlich verlustig", wenn sie neben anderen Fällen „in fragmentierter, postmodern vielfältiger Welt sowieso nur für sich und für nichts sonst" (vgl. Altvater/Mahnkopf 2002: 80) spräche. Auch ist es nicht das „Außergewöhnliche" des Falles, wodurch die Fallstudie ihre Daseinsberechtigung bekäme. Eine Fallrekonstruktion stellt vielmehr die Frage, „wie der Fall seine spezifische Wirklichkeit im Kontext allgemeiner Bedingungen konstruiert hat" (Hildenbrand 1991: 257), d.h. im Kontext gesellschaftlicher Prozesse bzw. sozialer Systeme möglich wurde und ist. Die Rekonstruktion sucht somit die Strukturen, welche der Besonderheit des Falles zugrunde liegen. Mit der Wahl eines kleinen Ausschnittes sozialer Wirklichkeit und einer multiperspektivische Betrachtung können einseitige Erklärungsmodelle für bestimmte soziale Phänomene überwunden bzw. überprüft werden. Die Hypothesen wurden daher nicht zu Beginn der Studie ausformuliert, wie es hypothesenprüfende Verfahren verlangen, sondern im Laufe der

Forschung entwickelt und im Material aufdeckt[1]. Dieses Prinzip der empirisch
fundierten Thesenbildung baut auf dem interpretativen Paradigma und einer
rekonstruktiven Forschungsprogrammatik auf. Bestehende theoretische Konzepte dienen in diesem Ansatz zur theoretischen Sensibilisierung (vgl.
Strauss/Corbin 1996) für das Thema. Der weitere Einsatz lässt sich durch einen
„erprobenden und einen kreativ verknüpfenden Umgang mit theoretischen Konzepten" (Nigsch 1998: 225 ff.) charakterisieren. Allgemein gilt jedoch, dass
Theorien „niemals den Charakter eines Gesetzeswissens annehmen, sondern
stets nur Mittel für konkrete, kontextgebundene Erkenntnis" (ebd.) sind.

Diese Studie entstand im Rahmen eines Forschungsprojektes zum Thema
„Neue Zuwanderung in osteuropäische Städte"[2]. Aufgrund des Fehlens von Studien und Materialien zu diesem Thema war es notwendig, eine explorative Forschungsphase an den Beginn des Projektes zu stellen. Im Sinne des Forschungsansatzes habe ich als Autorin der Dissertation zu Beginn sehr allgemeine Fragen
in Bezug auf das noch nicht genau eingegrenzte Forschungsfeld formuliert. Es
ging darum, den Status Quo der Migrationsforschung und die allgemeine Situation von MigrantInnen in Rumänien festzustellen. Mein Aufenthalt in Bukarest
im Jahre 2003 war die erste Annäherung an das Forschungsfeld. Ich führte zunächst Interviews zum Thema Migration in Rumänien und suchte dafür sämtliche „feldexterne" Experten (vgl. Froschauer/Lueger 2003) auf, die im weitesten
Sinne relevant erschienen. In Bukarest lokalisierte internationale Organisationen, nichtstaatliche Organisationen (NGOs), Vereine sowie Universitäten und
Forschungsinstitute waren die ersten Adressen. Die Interviews lieferten jedoch
wenig „Sachinformation" zum Thema und hinterließen zunächst mehr Fragen
als Antworten. Es stellte sich heraus, dass internationale Zuwanderung in
Rumänien wie auch in ganz Osteuropa ein in der Öffentlichkeit unbeachtetes
Thema war. Es bleibt durch die Dominanz anderer virulenter Themen, welche
die Politik und Forschung im Zuge der osteuropäischen Transformation und der
EU-Osterweiterung beschäftigten, weitgehend unbemerkt. Im Laufe des Forschungsprozesses verdeutlichte sich, dass ich es mit einem bisher unerforschten

---

1   Aus dieser Logik ergab sich die Bezeichnung „Grounded Theory" (vgl. Strauss / Corbin 1996)
    für das Verfahren, aus einem Untersuchungsgegenstand Theorien zu gewinnen, im deutsch-
    sprachigen Raum auch allgemein als gegenstandsbezogene Theorien bezeichnet.

2   Das Projekt wurde an der Universität Potsdam, Institut für Geographie, unter der Leitung von
    Prof. Dr. Wilfried Heller seit 2003 durchgeführt. Es war auf die sozialgeographischen As-
    pekte der Zuwanderung in größere Städte Rumäniens ausgerichtet. Dabei ging es darum, de-
    mographische und ökonomische Strukturen sowie Motive und handlungsleitende Fakten für
    nationale und internationale Zuwanderung in der Transformation Rumäniens herauszu-
    arbeiten.

Thema zu tun hatte und meine Fragestellung eine in der Öffentlichkeit kaum sichtbare Gruppe fokussierte.

Hinter diesem Desinteresse steckt jedoch eine aktive „Tabuisierung", weil diese Migranten illegalisiert, kriminalisiert und diskriminiert werden. Die Tabuisierung erschwerte nicht zuletzt auch mir als Forscherin den Zugang zum Feld. Solche empirischen und theoretischen Herausforderungen gehören jedoch grundsätzlich zu den aktuellen Problem- bzw. Fragestellungen in der Migrationsforschung (vgl. Imiscoe 2006, Eichenhofer 1999, Agozino 2000). Wie mit diesen grundlegenden Problemen methodisch umgegangen werden kann, wurde daher zu einer zentralen Fragestellung dieser Arbeit. Aus diesem Grund ergab es sich, dass besonders methodologische Überlegungen ins Zentrum der Arbeit gestellt wurden. Die Frage, wie methodisch mit diesen Grundproblemen der Migrationsforschung umzugehen ist, war zentral.

Ohne diese Vorgeschichte und besonderen Problemstellungen, welche schließlich den Anreiz zum Weiterforschen gaben, wäre ich weder auf das Thema noch auf die Bevölkerungsgruppe gestoßen und hätte schließlich auch nicht dieses spezifische Forschungsdesign erstellt. Die Entdeckung und Auswahl des Falles und seine Fallebenen liegen daher im Forschungsverlauf begründet.

Hinter der Fassade des vorherrschenden, auf die EU ausgerichteten Diskurses, welcher durch Desinteresse an der chinesischen Migrantengruppe und Benachteiligung dieser Community durch staatliche Institutionen charakterisiert war, zeigte sich im Laufe der weiteren Forschung die soziale Wirklichkeit dieser Gruppe als eine präsente und zugleich benachteiligte Community mit einer bewegten Geschichte, die sich im „Fadenkreuz" der unterschiedlichen Interessen und kollektiven Akteure (dem chinesischen Staat, dem rumänischen Staat, den Medien, der Wissenschaft und der Selbstpräsentation) in Bukarest auf dem „harten Pflaster" in der rumänischen Transformationsgesellschaft zurechtfinden muss.

Nach den ersten Ergebnissen und bezogen auf die genannte Diskrepanz, lässt sich die Fragestellung der Arbeit so formulieren: Wie stehen der Diskursverlauf mit dem Handlungsverlauf des Falles in Wechselwirkung?

## 1.3 Aufbau der Arbeit

Aufgrund dieses ersten Forschungsverlaufs traf ich die Entscheidung, die Rekonstruktion des Falles in zwei Schritten durchzuführen:

In der ersten Perspektive auf den Fall rekonstruiere ich die Diskurse, welche in Rumänien während der Zeit der Feldforschung (und davor) über das Thema Immigration in Osteuropa allgemein und über Chinesen in Bukarest im Besonderen vorherrschten. Es geht darum zu klären, wie die Geschichte durch Diskurse geordnet, durch Interpretationen gefärbt ist. Im zweiten Zugang zum Fall rekonstruiere ich seinen historischen Verlauf. Hier zeichne ich nach, unter welchen Umständen und wie die Migranten ihre Geschichte erlebten. Aus dieser fallgeschichtlichen Perspektive interessieren mich sozialstrukturelle, politische und ökonomische Ursprünge der chinesischen Immigration in Rumänien. Nach ihrer Ankunft in Bukarest ist die Frage, wie sich die Lebenswelt der Migranten in der Transformationsgesellschaft Rumäniens gestaltet.

Die zwei Zugänge zum Fall und die angewandten, unterschiedlichen Methoden brachten zunächst sehr unterschiedliche Thesen hervor, welche sich zum einen auf die Darstellung des Falles in seiner kollektiven Deutung und Diskursivierung, zum anderen auf die Entstehungsgeschichte und die Migration bzw. das Erlebte der Community sowie auf die Handlungsverläufe beziehen. Die Analyse zweier Seiten des Falles zeigt die Kontraste zwischen kollektiven Deutungen einerseits und erlebten Geschichten der Migranten andererseits sowie deren Verknüpfungen auf.

Die diskursive Ordnung des Falles ergibt sich aber nicht alleine aus den Reden der Politiker und den kollektiven Alltagsdeutungen der Menschen, welche diese in ihren Erzählungen weitergeben. Auch wissenschaftliche Diskurse selbst sind als Ordnungsgeber der Wirklichkeit zu betrachten; denn sie werden produziert und transformiert, und zwar je nach der gegenwärtigen Perspektive wissenschaftlicher Akteure und den jeweils in Mode kommenden Themen. An diesem speziellen Fall und in der Migrationsforschung allgemein sieht man, wie eng die Verknüpfung von gesellschaftlichen Problemen mit wissenschaftlichen Erklärungsansätzen ist. Diskutiert wird, dass die Formulierungen neuer methodologischer und theoretischer Konzepte Spiegel gesellschaftlichen Wandels sind. In dieser Fallrekonstruktion geht es darum, auch diesem methodologischen Problem durch die gewählte Doppelperspektive zu begegnen.

Die Vorgehensweise im Laufe des Forschungsprozesses gebe ich in der Darstellung dieser Arbeit wieder. Die Arbeit untergliedert sich nicht wie im Aufbau einer klassischen wissenschaftlichen Studie in thematische Aspekte oder Beantwortung von Fragestellungen. Vielmehr entspricht der Aufbau dem Forschungsprozess (Verlauf der Forschung), der Forschungslogik (zwei Perspektiven) und dem Untersuchungsgegenstand selbst (Verlauf der Fallgeschichte).

Im zweiten Kapitel erläutere ich zunächst die theoretischen bzw. methodologischen Grundlagen der Arbeit. Darauf aufbauend wird die Wahl der zwei Perspektiven auf den Fall genauer begründet. An dieser Stelle erläutere ich auch die Darstellungsform der Arbeit und gehe darauf ein, welcher Forschungs- und Entscheidungsprozess für bestimmte methodische Verfahren den darauf folgenden ergebnisorientierten Kapiteln vorausgehen.

Das dritte Kapitel, die Rekonstruktion der Diskurse über den Fall, ist eine ergebnisorientierte Darstellung der Art und Weise, wie auf verschiedenen Ebenen über den Fall gesprochen wurde und wird. Hier wird nachvollzogen, wie die chinesische Community von den betroffenen Staaten, Öffentlichkeiten und anderen kollektiven Akteuren während der Forschungszeit – bzw. je nach Reichweite der Rekonstruktion und der Thesen, bezogen auf die letzten Dekaden – *gedeutet* wurde. Dieser Präsentationsebene steht das vierte Kapitel gegenüber. In diesem rekonstruiere ich die Geschichte der Community von ihrer „Geburtsstunde" bis zur Gegenwart. Diese Fallgeschichte führt durch die historischen, politischen und sozialen Kontexte der chinesischen Migration nach Osteuropa seit den 1990er Jahren und verfolgt die Entstehung einer Migrantencommunity in Bukarest bis heute.

Im letzten Kapitel werde ich die beiden Perspektiven miteinander kontrastieren und die Strukturen herausarbeiten, welche sich durch eine Gesamtschau der Ergebnisse herauskristallisieren.

# 2 Unterschiedliche Perspektiven auf den Fall. Forschungsansatz, Methoden und Theorien

Im Laufe des Forschungsprozesses von 2003 bis 2007 haben sich die empirische Feldforschung, die Analyse von Daten und die Bezugnahme auf theoretische Konzepte nicht nacheinander, sondern gleichzeitig abgespielt und ergänzt. Der verknüpfende Umgang mit unterschiedlichen Theorien und Methoden war der Weg dazu, den „Fall" überhaupt zu finden, zu entscheiden, wie ich diesen betrachten sollte und schließlich seine Besonderheiten und Strukturen zu erkennen.

Die vorliegende Arbeit verstehe ich als Darstellung der Ergebnisse dieses Prozesses. In der Wahl bzw. Form der Darstellung ist meine Positionierung zum Feld und zum Thema impliziert. Die theoretische Positionierung als Forscherin wird daher nicht nur im Vorfeld dieser Studie „geklärt", noch weniger auf einzelne theoretische Clubs beschränkt. Vielmehr war mein Anliegen, Theorien zu verknüpfen und kreativ in die vorliegende ergebnisorientierte Falldarstellung einzubauen.

In diesem Kapitel möchte ich daher zunächst, vorbereitend auf die Kapitel 3 und 4, auf bestimmte Implikationen dieser Forschungsarbeit eingehen, welche allein durch die Darstellung selbst möglicherweise nicht transparent werden.

Erstens beantworte ich, was die formal-theoretischen Grundbezüge und Prinzipien dieser Arbeit waren. Zweitens erläutere ich, worin die „back-stage Arbeit" für die Darstellung des Falles bestand. Zu dieser gehören vor allem die Suche und die Auswahl des Falles einerseits und die Kombination von Methoden andererseits.

Drittens zeichne ich die Komposition dieser Falldarstellung in ihrer Entstehung bzw. methodologischen Herleitung nach. Viertens möchte ich auf einige Auswertungsverfahren eingehen, welche als Instrumente für die Rekonstruktionen dienten. Im fünften Unterkapitel werden drei Konzepte, nämlich Transnationalismus, Netzwerk und Community, sowie die damit verbundenen methodologischen Debatten diskutiert, um abschließend festzuhalten, wie sie in der folgenden Arbeit verstanden werden sollen.

## 2.1  Theoretische Grundannahmen

Der Forschungsansatz dieser Studie ist ein wissenssoziologischer und (sozial)konstruktivistischer (Schütz/Luckmann 2003, Berger/Luckmann 2004, Flick 2007) basierend auf den Grundannahmen der qualitativen, interpretativen Sozialforschung (Rosenthal 2005; Flick 2007). Die theoretischen Grundannahmen über die Wirklichkeit sind nach wissenssoziologischen Auffassung eng mit Verstehen, Deuten und Kommunizieren verbunden. Das, was sich Gesellschaftsmitgliedern als gegeben und auf sie wirksam darbietet, deuten sie, verleihen ihm Sinn und handeln entsprechend ihrer Deutung in Interaktionen und im Austausch mit anderen. In der Konsequenz dieses alltäglichen Verstehensprozesses und Handelns, konstruieren sie Wirklichkeit. (Berger/Luckmann 2004).[3] In einer interpretativen Forschung wird danach gefragt, wie Individuen als Konstrukteure der Gesellschaft die Wirklichkeit verstehen. Dies hängt nicht von subjektiver Laune und nicht von Rationalität ab[4], sondern davon, in welcher (bereits vorinterpretierten) Sozialwelt sich Personen gerade befinden. Zu dieser Sozialwelt gehören die daran beteiligten Gesellschaftsmitglieder, die historischen und kulturellen Strukturen sowie die Möglichkeiten und Handlungsspielräume, welche sich den Menschen bieten oder welche ihnen verschlossen bleiben. Verstehen und Handeln werden weiter durch bereits vorhandene gesellschaftliche/kulturelle Deutungen, Normen und Symbole verursacht. Unabhängig davon, ob Individuen sich dieser Sozialwelt unterordnen (müssen), in welcher Form sie auf diese reagieren oder ob sie neue Lösungen oder Handlungsspielräume finden, stets stellen sie Bezüge zu ihr her. Solche Gegebenheiten bieten sich den Akteuren dar und sind daher als reale Verhältnisse aufzufinden, in welche die Menschen notwendigerweise und nicht „freiwillig" eingebettet sind. Diese treten ihnen in Form von Diskursen, Strukturen und objektiven Regelmäßigkeiten entgegen und werden zugleich von den Subjekten verkörpert (bzw. konstruiert). Mit anderen Worten: Dieser Arbeit liegt die Auffassung zu Grunde,

---

3   Die Meinungen, ob es für eine empirische Analyse wichtig ist, eine tatsächliche, faktische Wirklichkeit vor ihrer Interpretation anzunehmen, ist eine nicht gelöste Debatte zwischen verschiedensten Konstruktivisten, Realisten und Dekonstruktivisten. Ich gehe davon aus, dass jede Repräsentation von Welt auch eine repräsentierte Welt voraussetzen muss (vgl. Oevermann 2001a+b), sehe aber dabei in einer Rekonstruktion von Interpretationen (bzw. einer interpretierten Welt) die sinnvollste Methode diese beiden (lediglich theoretisch getrennten) Dimensionen von Wirklichkeit zu erforschen.

4   Die Vorstellung von einem autonomen, rationalen und bewusstseintragenden Subjekt wird von der Verstehenden Soziologie ebenso wie von Hermeneutikern und auch der Kritischen Theorie abgelehnt.

dass handelnde Subjekte das Verhältnis von subjektiven und objektiven Strukturen konkretisieren. Für die Methodologie dieser Arbeit ist nun wesentlich, dass
die interpretative Forschung versucht, die alltäglichen Verstehensprozesse der
handelnden Subjekte erkenntnistheoretisch zu nutzen und diese Bezugnahmen
auf die „objektiven Gegebenheiten" nachzuvollziehen. Das (alltägliche) Verstehen seinerseits zu verstehen (Verstehen „zweiter Ordnung") hat sich auf diese
Weise zur (systematisierten) Methode entwickelt (vgl. Kurt 2004: 234 ff.,
Schütz 1932/1974). So macht der Forscher als wissenschaftlicher Interpret
nichts anderes als das, „was Menschen im Alltag auch tun" (Soeffner 2007:
167):

> „Er deutet Wahrnehmungen als Verweise auf einen ihnen zugrunde liegenden Sinn hin. Aber
> anders als der Alltagsmensch versucht der wissenschaftliche Interpret, sich über die Vorausset-
> zungen und die Methoden seines Verstehens Klarheit zu verschaffen. Denn dadurch und nur da-
> durch wird Verstehen zu einer wissenschaftlichen Methode."[5]

Das Ergebnis einer Forschung, die diesem methodischen Ansatz folgt, ist eine
Konstruktion „zweiter Ordnung". Beim methodischen Nachvollzug des subjektiv gemeinten Sinns der Akteure geht es also nicht darum, ihren subjektiv gemeinten Sinn zu verstehen. Dafür würde ein Alltagsgespräch ausreichen. Es
geht auch nicht um eine additive Sammlung von vielen subjektiv gemeinten
Sinnsetzungen, welche eine gemeinsame Bedeutung der Wirklichkeit – sei es
anarchisch/willkürlich oder strategisch/geplant – erarbeiten. Diese Frage stellt
sich gar nicht; denn es interessiert die „Struktur des Spiels" (vgl. Bour-
dieu/Waquant 1996: 37). Methodologisch geht es darum, die „ungeschriebene
Partitur" zu rekonstruieren, „der gemäß sich die Handlungen der Akteure organisieren, wobei die Akteure glauben, jeder improvisiere seine eigene Melodie"
(ebd.: 25).

---

5    Soeffner 2007: 167

## 2.2  Auswahl des Falles und Fallrekonstruktion

Die Entscheidung für eine Einzelfallstudie erfolgte durch schrittweise Annäherung an ein eher offenes und unbestimmtes Feld (vgl. Strauss/Corbin 1996), hier
an das der zugewanderten Bevölkerung in rumänischen Städten. Im Verlauf der
Forschung konkretisierte ich die Fragestellung mehr und mehr in Richtung meines Themas „der sozialen Wirklichkeit der chinesischen Community in Bukarest", das nach theoretischen Kriterien (vgl. ebd.) gewählt und eingegrenzt wurde. Das Thema wurde zunächst auf die neue internationale Wanderung nach
1990 und Immigrantengruppen in Rumänien und schließlich auf den ausgewählten Fall der chinesischen Immigranten in Bukarest eingegrenzt. Das Feld,
in welchem geforscht wurde, umfasst die  Einwanderungsmilieus und die Lebenswelten der Immigranten in der Bukarester Stadt(gesellschaft). Die Fall-
eingrenzung und das Feld wurden dabei nicht als statische Größen gesehen,
sondern dem historischen Aspekt des Falles – der Entstehung und Entwicklung
der Migrantencommunity – wurde im Sinne des gewählten Forschungsansatzes
ebensolche Aufmerksamkeit geschenkt. Zur Fallstudie gehören demzufolge
auch die Entstehungsgeschichte und der prozessuale Verlauf der sozialen, kulturellen und politischen Eingliederung der chinesischen Immigranten in die Bukarester Stadtgesellschaft. Auch die soziale und thematische Eingrenzung des
Untersuchungsfeldes wurde offen gehalten und erst im Verlauf der Forschung
präzisiert: Ursprünglich wurde darauf abgezielt, die innere Struktur des chinesischen Netzwerks zu erfassen. Später wurde der Schwerpunkt auf die Einbettung
der Community in die Bukarester Stadtgesellschaft und die Interaktionen mit
dieser gelegt. Schließlich wurden nicht nur die chinesische Community als definierte Untersuchungsgruppe, sondern alle in dieser Lebenswelt[6] beteiligten Akteure in die Studie einbezogen.

> „Die Grenze eines Felds ist die Grenze seiner Effekte oder, andersherum, ein Akteur oder eine
> Institution gehören insoweit zum Feld, als sie in ihm Effekten unterliegen und Effekte produzie-
> ren."[7]

Aus diesem Zugang und der Vorgeschichte im Feld, wie sie in der Einleitung
bereits geschildert wurde, ergab sich die Entscheidung für eine Einzelfallstudie.
Genauer ist hier eine rekonstruktive Einzelfallstudie gemeint (vgl. Hildenbrand
1991). Diese bewegt sich innerhalb einer Dialektik von Authentizität und Struk-

---

6     Zum Konzept der Lebenswelt vgl. Schütz/Luckmann 2003
7     Bourdieu / Waquant 1996: 27

turierung (ebd.: 148). Der Forscher wechselt zwischen einer Haltung des Engagements und einer distanzierten Haltung zum Forschungsgegenstand. Die Suche nach Authentizität bedeutet, dass „der Forscher den Forschungsgegenstand möglichst weitgehend in dessen eigenen Strukturen, in dessen Einzigartigkeit und Besonderheit versteht und erfasst." (Hildenbrand 1991: 149). Zugleich muss der Forscher Abstand vom Feld nehmen und aus einer distanzierten, theoretischen, vergleichenden, verallgemeinernden und abstrahierenden Sicht seine neuen Erfahrungen betrachten. Dies ist der Moment der Strukturierung. Eine Rekonstruktion bleibt nicht deskriptiv, sondern es geht darum, den Fall „freizulegen" und auszuweiten auf:

> „(...) umfassendere Zusammenhänge, wodurch (...) Interpretationen und ihre theoretischen Implikationen eine allgemeine Beachtung beanspruchen und unsere Bemühungen rechtfertigen können" und „sich typischerweise solchen umfassenden Interpretationen und abstrakteren Analysen von der sehr intensiven Bekanntschaft mit äußerst kleinen Sachen her" zu nähern." [8]

Diese Falldarstellung hat nichts mit Repräsentativität zu tun und steht demnach nicht etwa für alle chinesischen Migranten, zeigt vielmehr das Typische und die Regelmäßigkeiten (Gesetzmäßigkeiten bzw. Struktur) auf. Aus dieser Studie wird nichts über die Häufigkeit dieses Typus sowie seine Verteilung gesagt, denn "nicht an der Anzahl der untersuchten Fälle bemisst sich, ob eine Strukturaussage als typisch gelten kann, sondern – geradezu im Gegenteil – an der Schlüssigkeit der Rekonstruktionen eines einzigen Falls." (Bude 1984: 22). Für eine Fallrekonstruktion ist der Zusammenhang von Allgemeinem und Besonderem von Interesse.

> „Zunächst kann davon ausgegangen werden, daß jeder Fall seine besondere Allgemeinheit in dem Sinne konstituiert, daß er nicht ausschließlich allgemeinen Regelhaftigkeiten folgt, sondern in einer Auseinandersetzung mit diesen eine Eigenständigkeit herausbildet."[9]

Das Nachvollziehen der alltäglichen Bezugnahmen auf eine Sozialwelt findet in der interpretativen Forschung, insbesondere der hermeneutischen Textinterpretation und der Konversationsanalyse (vgl. Bergmann 2007), durch den offenen/allgemeinen Begriff des Kontextes seine Entsprechung. Kontext ist jener Zusammenhang, aus dem heraus der Fall verstehbar wird. In der „unendlichen Fülle" soll der „relevante Kontext" durch die rekonstruktive Forschung gefunden werden.

---

8   Bourdieu / Waquant 1996: 31
9   Hildenbrand, 1991: 257

„In jedem Moment einer Interaktion umfasst das, was als Interaktionskontext potenziell relevant
sein könnte, eine unendliche Fülle, weshalb es Aufgabe der Analyse ist nachzuweisen, dass ein
spezifischer kontextueller Sachverhalt für die Handelnde selbst handlungsrelevant war."[10]

In diesem Zusammenhang wird in der folgenden Falldarstellung auch der Begriff der Einbettung (eines Falles in einen Kontext) verwendet. Dies sei hier erstens zum Verständnis der Begrifflichkeiten erwähnt und zweitens, weil die
interpretative Forschung auch immer Kontextanalyse ist. Sie sucht im Konkreten den Verweis auf etwas Allgemeines bzw. auf bestimmte Aspekte des Allgemeinen.

„Die Besonderung des Falls im Kontext allgemeiner Regelhaftigkeiten erfolgt in einem Prozess,
in welchem der Fall aus einem Horizont objektiver Möglichkeiten spezifische (auferlegte oder
selbstgesteuerte) Wahlen trifft. Dieser fallspezifische Selektionsprozeß steht im Mittelpunkt der
Fallrekonstruktion."[11]

## 2.3  Ethnographisches Arbeiten und die Rolle im Feld

Diese ethnographische Forschungsarbeit ist durch die Teilnahme bzw.
Involviertheit der Forscherin am Geschehen bzw. im Feld gekennzeichnet. Damit ist nicht ein spezifisches Verfahren der Datenaufzeichnung (etwa das Verfassen von Feldprotokollen), auf welche die Ethnographie manchmal reduziert
wird, gemeint. Ethnographie in dem hier gemeinten Sinn ist vielmehr eine for-
schungsprogrammatische Herangehensweise, die weniger vorschreibt, was oder
wie etwas genau zu erheben ist, als vielmehr betont, dass es um das Hineinbe-
geben in die Lebenswelt, um das interaktive Teilnehmen an der Kultur der Beforschten und das Reflektieren des eigenen Erlebten geht (vgl. Lüders 1995,
Krotz 2005). Forschen ist ein Kommunikationsprozess mit den beforschten Akteuren, bei dem versucht wird festzuhalten, welche Bedeutung die sozialen
Handlungen für die Akteure besitzen (vgl. Krotz 2005). Schließlich wird in der
interpretativen Sozialforschung allgemein und in der Ethnographie im Besonderen danach gefragt, was dieses Festgehaltene – und das dadurch erworbe-
ne Wissen – „über die jeweilige Gesellschaft und darüber hinaus über das soziale Leben im Allgemeinen mitteilt" (ebd.: 255). Ein längerer Aufenthalt in der
Lebenswelt und der Kultur der Beforschten ist Voraussetzung. Es wird ange-

---

10   Bergmann 2007: 529
11   Hildenbrand 1991: 257

strebt, sich in die Perspektive der Beforschten einzufühlen und in deren Lebenswelt einzusozialisieren. Dabei kann die Teilhabe genutzt werden, um selbst
fortwährend zu prüfen, ob man die Bedeutung der Handlungen, ihre Regeln
usw. auch im Sinne der Betroffenen verstanden hat (vgl. Rosenthal 2005). Mit
Verweis auf die oben genannten Grundannahmen sieht die Ethnographie (ebenso wie die Ethnomethodologie) die Handelnden als „kontextsensitive Akteure".
Durch die Teilnahme an den Interaktionen der Menschen soll der Forscher
ebenso für die relevanten Kontexte sensibilisiert werden.

Das Erleben des Feldes „am eigenen Leib" (vgl. Rosenthal 2005) durch den
Forscher ist dabei integraler Bestandteil des ethnographischen Erkenntnisge-
winnes. In dieser Arbeit jedoch war das Erleben der Grenzen des Feldzugangs
und von den Möglichkeiten des Einblickes ein zentrales Thema geworden. Das
Teilnehmen am sozialen Geschehen der Migrantenmilieus in Bukarest war be-
gleitet von Erfahrungen der Beschränkungen dieser Teilnahme. Die Zugangsschwierigkeiten zum Feld lösten in meiner Praxis der Feldforschung einerseits
„Ohnmachtsgefühle" aus, andererseits erweckten sie meine Neugier. Während
erstere Gefühle erst nach einer Reflexion und einem zeitlichen Abstand vom
Feld für die Analysen genutzt werden konnten, war die Neugier ein förderlicher
Aspekt zum Weiterforschen. Eine „naive Neugierhaltung", welche auch das
Prinzip der sozialwissenschaftlichen Hermeneutik ist (vgl. Schröer 1997), wird
in der Ethnographie durch zwei Faustregeln formuliert, nämlich einerseits durch
eine „frei schwebende Aufmerksamkeit" (ebd.), d.h. der Ethnograph soll „alles
beobachten, memorieren, fragen, sammeln und erheben,, und andererseits diese
„frei schwebende Aufmerksamkeit ergänzen durch selektive, gezielte Aufmer-
samkeit gegenüber vermeintlich entdeckter Lücken und Inkonsistenzen" (vgl.
Schröer 1997: 120).

Ein weiteres Charakteristikum der hier gemeinten Ethnographie ist die Form
der Aufzeichnungen dessen, was der Ethnograph in seiner langen Teilnahme im
Feld erlebt hat. Hier gilt es, grundsätzlich „alles", was der Ethnograph während
des Feldaufenthaltes „erfassen kann", zum Datenbestand zu zählen. Zweitens
bedeutet Ethnographie hier Methodenvielfalt, „alle nur denkbaren und ethisch
vertretbaren Optionen der Datengewinnung" anzuwenden und (…) „sämtliche
Techniken zu mobilisieren, die – bei gegebener Objektdefinition – relevant er-
scheinen können und – bei gegebenen praktischen Bedingungen der Daten-
sammlung – praktisch durchführbar sind."[12]

Dabei beschränkte ich mich nicht auf bestimmte, leicht „festzuhaltende"
Handlungen, wie bspw. Gesprochenes, das auf Tonband aufgenommen werden

---

12   Bourdieu / Waquant 1996, S. 260. Siehe auch Hammersley/Atkinson 1995 Hirschauer 1997,
     Lüders 2000, Köttig 2004.

kann (Interviews, Gespräche, Gruppendiskussionen), sondern „alle sozialen Hervorbringungen des sozialen Lebens, seien sie dauerhaft objektiviert wie ein Gebäude oder seien sie nur kurz und flüchtig wie ein Klatschgespräch in der Pause" (Bude 1991: 101) wurden mit einbezogen.

Ein „komplexer Datenteppich" (Schöer 1997: 126) entstand hier zunächst durch das Sammeln und Erfassen von Statistiken und ihrer Sekundäranalyse. In Bukarest wurden zunächst Experteninterviews geführt[13]. Mit einem Fragebogen und offenen Nachfragen wurden auf den Märkten 44 Interviews geführt. Während der gesamten Zeit wurden Feldprotokolle verfasst. Der Datenkorpus umfasst daneben einige Videoaufzeichnungen und Fotos sowie eine Sammlung von Medienberichten über die gesamte Forschungslaufzeit. Besonders wichtig wurden jedoch die Treffen über mehrere Jahre mit Personen, welche schließlich zu Vertrauenspersonen wurden und als Schlüsselkontakte für die Arbeit gesehen werden müssen. Daraus entstanden Feldnotizen und Beobachtungsprotokolle[14].

Beim praktischen Vorgehen im Feld – vom Feldzugang bis zur Endredaktion der Beobachtungsprotokolle – bezog ich mich auf die „wissenschaftliche, teilnehmende und offene Beobachtung", wie sie in den Methoden der Qualitativen Sozialforschung allgemein bekannt sind (vgl. Lamnek 1993: 239 ff.). Im Speziellen hielt ich mich an die von Gabriele Rosenthal vorgeführte Ethnographische Feldforschung (vgl. Rosenthal 2005: 101 ff) und auf die von Robert Emerson et al. ausgeführte Methode des Schreibens ethnographischer Texte (1995). Die Gespräche bzw. Interviews wurden stets in Form von offenen und narrativen Interviews geführt. Eine Auflistung der Erhebungen, des vorhandenen Datenmaterials findet sich im methodischen Anhang.


## 2.4  Zur Interpretationstechnik und zum abduktiven Verfahren

Auch die Entscheidungen für das konkrete methodische Vorgehen ergaben sich aus dem Prozess der Forschung heraus. Dieses Vorgehen war durch einen kreativen Umgang mit verschiedenen Methoden gekennzeichnet und stets eingebunden in die ethnographische Felderfahrung. Die teils unterschiedlichen theoretischen Auffassungen bzw. methodologischen Debatten über Erhebungs- und Auswertungsverfahren von Daten drehen sich insbesondere darum, wie die „flüchtige" und die „stille" soziale Wirklichkeit zu deuten seien. Jene Daten,

---

13    Siehe Methodischer Anhang
14    Zum Unterschied von Feldnotizen und Beobachtungsprotokollen siehe Methodischer Anhang.

welche nicht per se als Text vorliegen, sondern durch die Forschenden im Zuge der Erhebung erst verbalisiert werden müssen, scheinen laut mancher Hermeneutiker bzw. Kritiker einem „strengen hermeneutischen Verfahren" zu widersprechen (vgl. Bergmann 1985, Hirschauer 2001). Vor diesem Hintergrund spreche ich nicht von einem speziellen Verfahren, sondern von einer „hermeneutischen Haltung" (Kurt 2004, Soeffner 2007) bei meiner ethnographischen Arbeit. Diese verstehe ich weniger im Sinne bestimmter angewandter Auswertungsverfahren und ihrer jeweils spezifischen Regeln der Datenanalyse. Während ich zu letzteren jeweils eine unterschiedliche Haltungen einnehme[15], meine ich mit hermeneutischer Halutng eine kritische Interpretation jeglicher Datenmaterialien und ihrer Herkunft bzw. Entstehung (vgl. Kurt 2004). Den „Weg zum Verstehen" (Kurt 2004: 31) suchte ich durch das Fragenstellen und Infragestellen von alltäglichen kulturellen Routinen und reduktionistischen Erklärungsansätzen von Daten. Dabei ging es darum,

> „(…) das alltagsübliche kategoriale Schnell-Sortieren von (vermeintlich „klaren") Sachverhalten zu problematisieren und (…) geplant Widerstand zu leisten gegen unbeabsichtigte und oft auch ungesehene Kurzschlüsse im wie auch immer benannten Umgang mit Daten."[16]

Grundsätzliches Ziel der Analyse war es stets, möglichst viele empirisch fundierte Hypothesen zu finden, die durch fortwährende Prüfung am weiteren Material getestet, ausdifferenziert und verworfen werden. Die Hypothesenbildung erfolgte nach der Logik der Abduktion[17] (vgl. Pierce 1933/1980; Rosenthal 2005). Die Abduktion bedeutet „Hypothesengewinnung und Hypothesenprüfung am Einzelfall" (Rosenthal 2005: 58). Sie beinhaltet sowohl induktive als auch deduktive Schlüsse aus einem Fall, lässt sich aber nicht auf diese reduzieren. „Während bei der Deduktion von einer Theorie und bei der Induktion

---

15   Der Boom der interpretativen Sozialforschung in den letzten Jahrzehnten brachte zwar viele Forschungspraktiken zum Vorschein, die sich an der Hermeneutik orientieren (vgl. Hitzler/Honer 1997), aber nicht alle interpretativen Verfahren gehen konsequent hermeneutisch vor, auch wenn sie zunehmend diese Etikette tragen. Mit anderen Worten: „Nicht überall, wo Hermeneutik draufsteht, ist auch Hermeneutik drin" (Kurt 2004: 236).

16   Hitzler/Honer, 1997: 25.

17   Diesem nach außen hin oft rein intuitiv und unsystematisch aussehenden Vorgehen des Forschers wurde eine Entsprechung gegeben, welche das Vorgehen in seiner Systematik beschreibt: das Prinzip der Abduktion. Aus den ursprünglich philosophischen Überlegungen von Charles Sanders Peirce, durch welche Vorgänge wissenschaftliches Urteilen und Schlussfolgern überhaupt möglich ist, bildete sich das abduktive Prinzip als ein Paradigma für interpretatives Forschen generell (vgl. Reichertz 2003). Wie abduktives Schließen systematisch vollzogen an einem Textmaterial ausgeführt wird, wurde – in Anlehnung an Peirce` Überlegungen – unterschiedlich weitergedacht und daraus wurden elaborierte Analyseverfahren entwickelt (vgl. Reichertz 2003; Rosenthal 2005).

von einer Hypothese ausgegangen wird, beginnt die Ab-duktion bei der Betrachtung eines empirischen Phänomens." (ebd. 2005). Von diesem Ausgangspunkt werden dann in mehreren Schritten in zunächst sehr offener, kreativer und intuitiver Weise Hypothesen entwickelt. Es werden ausgehend von einem Phänomen, „alle zum Zeitpunkt der Auslegung möglichen, das Phänomen vielleicht erklärenden" Annahmen formuliert (Rosenthal 1995).

Die abduktive Analyse beginnt bei einer einzelnen „Spur". Diese kann eine soziale Situation[18], eine Textsequenz oder ein ethnographisches Ereignis sein. Ausgehend von dieser Spur wird nun auf allgemeine Regeln geschlossen. Wesentlich ist, „dass nicht nur auf eine einzige Regel oder Lesart geschlossen wird, sondern auf alle zum Zeitpunkt der Auslegung möglichen, das Phänomen vielleicht erklärenden Lesarten" (Rosenthal 2005: 60). Nach der Bildung der ersten Hypothesen und vor dem Weitergehen zur nächsten Auswertungseinheit (Thema oder Situation) werden von allen diesen Lesarten mögliche Folgehypothesen gebildet, d.h., "es wird von der Regel auf weitere, diese Regel bestätigende empirische Fakten geschlossen." (ebenda). In jeder weiteren Spur (bzw. Textsequenz)[19] werden die sich fortschreitenden Hypothesen ständig überprüft und differenziert. "Die Lesart, die nicht falsifiziert werden kann, die also beim Hypothesentest in Abgrenzung von den unwahrscheinlichen Lesarten übrig bleibt, gilt dann als die wahrscheinlichste." (Rosenthal 1995: 213)

Bei der Bildung von Hypothesen geht es nicht darum, die vordergründigen und wahrscheinlichsten Gründe für das Verhalten von Menschen anzunehmen. Im Gegenteil, „eine vorgefasste Meinung oder Hypothese" wird in diesem Verfahren „als der Hauptstolperstein bei der erfolgreichen" (Rosenthal 2005: 64) abduktiven Schlussfolgerung angesehen. Bei der Hypothesenbildung geht es

---

18   Die Entscheidung, was in den Beobachtungsprotokollen eine Situation darstellt, erfolgte nach der zunächst offenen Definition Goffmans: „Unter einer sozialen Situation verstehe ich jeden räumlichen Schauplatz, auf dem sich eine eintretende Person der unmittelbaren Gegenwart einer oder mehrerer anderer ausgesetzt findet; und unter einer Zusammenkunft alle dort anwesenden Personen, auch wenn sie nur durch die Prinzipien der höflichen Unaufmerksamkeit oder, noch weniger, gegenseitigen Verletzbarkeit miteinander verbunden sind." (Goffman 1994: 105f). Nachdem Situationen nur analytisch aus einem sozialen Prozess „herauslösbar" sind, muss der Forscher entscheiden, nach welchen Kriterien ein Wechsel von einer Situation in die andere, d.h. ein Sequenzwechsel, eintritt. Kriterium für den Wechsel bilden die Rahmenveränderungen (Orts- bzw. Raumwechsel, Handlungswechsel, Gesprächsthemenwechsel, Veränderung der Akteurszusammensetzung usw.).

19   Nach der Bildung der ersten Hypothesen und vor dem Weitergehen zur nächsten Sequenz werden von allen diesen Lesarten mögliche Folgehypothesen gebildet, d.h. "es wird von der Regel auf weitere, diese Regel bestätigende empirische Fakten geschlossen...". (Rosenthal 2005: 213). Diese Annahmen, „wie es weitergehen könnte" werden nur beispielhaft explizit gemacht.

daher auch nicht um eine „möglichst rasche und `richtige` Interpretation" (...),
„sondern im Sinne einer extensiven Sinnauslegung und aufgrund der daran anschließenden Selektion und Prüfung der Bedeutungsalternativen sollen eingefahrene Ansichten überwunden und der Blick für Struktur geschärft werden"
(vgl. Froschauer/Lueger 2003: 56)[20]. Diese Analysen habe ich daher gemeinsam
mit bzw. in einer Gruppe ausgewertet, um die Intersubjektivität und Validität zu
gewährleisten. Die Prüfung der Interpretationen erfolgte zum einen durch ge-
trennte Analyse von Datenmaterialien und ihrer anschließenden Kontrastierung
und zum anderen durch das Diskutieren verschiedener subjektiver Sichtweisen
auf das Material. Bei der Hypothesenbildung war der Einbezug von Rumänin-
nen, Rumänen, Chinesinnen und Chinesen sowie in verschiedenen Bereichen
sachkundigen Personen als auch die Interpretationen von fachlich oder thematisch Außenstehenden ein besonderes Anliegen.

Nach den Grundprinzipien der „gedankenexperimentellen Kontextvariation"
(vgl. Bohnsack 2003: 73) werden in diesem Schritt Annahmen dazu gemacht,
welche Motive und Absichten mit Äußerungen und Handlungen verbunden sein
könnten, welche Interessen in der Interaktion von allen Beteiligten (inklusive
der Forscherin) verfolgt werden könnten, sowie welche Akteure, Rollen, Gruppen, Institutionen und Herrschaftsverhältnisse in den beobachteten Alltagsinter-
aktionen relevant werden könnten. Mit der Aufdeckung des roten Fadens („der
Abfolge- und Selektionsmechanismen"), der durch ein sequentielles Rekonstruieren des Falles anhand des Textes gefunden wurde, ist „die Interpretation
am Ziel" (Soeffner 1991: 73).

## 2.5 Doppelperspektivische Fallrekonstruktion

Nach den abduktiven Regeln des hypothetischen Schlussfolgerns werden im
Prozess der Betrachtung des Falles die aufgestellten Thesen fortwährend getestet, verworfen, erweitert und ausdifferenziert. Wahrnehmen, Beobachten, Interpretieren und Verstehen findet in einem zirkulären Prozess statt. In diesem Prozess entsteht ein ethnographischer Text bzw. eine wissenschaftliche Darstellung
(vgl. Lüders 1995). Diese Darstellungsform einer Studie hat als dichte Be-

---

20 Die Abduktion wird gerne verglichen mit der Arbeit eines Detektiven (Rosenthal 1995). „Hier
hat man sich (wie bewusst auch immer und aus welchen Motiven auch immer) entschlossen,
der bewährten Sicht der Dinge nicht mehr zu folgen. (...) Für die ‚Profiler', die aufgrund der
Art der Tatbegehung die typische Einzigartigkeit (Handschrift) des Serientäters erfassen wollen, gehört die Abduktion zum alltäglichen Rüstzeug." (Reichertz 2006: 13).

schreibung (Geertz 2006, Fröhlich/Mörth 1998, Friebertshäuser 2003) in der Forschungspraxis besonders bei interpretativen Arbeiten Eingang gefunden. Sie ist eine Art umkreisende, mobile Betrachtung eines konkreten Phänomens, „bei der der Gegenstand immer wieder neu gefragt, betastet, geprüft, durchreflektiert wird. In dieser Bewegung werden ständig neue Seiten des Gegenstandes sichtbar." (Ziegler, 1998: 76)[21]. Die fortwährende Veränderung des Blickes, indem immer wieder neue Ausschnitte des Falles betrachtet werden, erhöht zunächst die Komplexität. Zur selben Zeit wird das Material strukturiert und durch das Zusammenfügen der Daten und Ergebnisse ein einheitliches, schlüssiges und nachvollziehbares Gedankenbild angestrebt. Die dichte Beschreibung ist daher strukturiertes Schreiben, welches „Hintergründe aufdeckt, Geschehnisse verdeutlicht, Zusammenhänge offen legt und Prozesse auf ihre Entstehung zurückführt" (Krotz 2005: 283)[22]. In diesem Prozess, in dem Interpretationen die Daten erschließen und durch diese wiederum angeregt werden, entstand diese Darstellung der Arbeit. In einer derartigen Vorgehensweise (der rekonstruktiven) und der entsprechenden Darstellung dieser in Form einer dichten Beschreibung, ist daher keine Trennung zwischen Deskription und Analyse möglich. In die Darstellung selbst gehen die Deutungen ständig mit ein und vermitteln den sozialen Sinn einer Handlung oder Äußerung, somit sind in die dichte Beschreibung Interpretationen eingewoben (Friebertshäuser 2003: 34). Das Endprodukt dieser Rekonstruktion ist ein nachgezeichneter „roter Faden", welcher sich durch die historischen und räumlichen Ebenen ziehen lässt, um die gegenwärtige soziale Wirklichkeit der chinesischen Community in Bukarest zu verstehen[23].

---

21  Auch die Darstellungsform der dichten Beschreibung wird als abduktiv (einen Gegenstand durch Umkreisung betrachtend) bezeichnet und entspricht in literarischen Gattungen gesprochen etwa einem Essay.

22  Wie strukturiertes Schreiben in seinem Verlauf konkret aussieht, bleibt von vielen Ethnographen jedoch meist ein „Berufsgeheimnis".

23  Die Bezeichnung dichte Beschreibung, die sich vor allem in der Ethnographie als Konzept etabliert (und weiterentwickelt) hat, löst aus strukturalistischer Sicht nach wie vor Irriationen aus. Zu klären ist hier deshalb: Dichte Beschreibungen sind nicht Deskriptionen eines Gegenstandes, auch wenn die (unglücklich gewählte) Bezeichnung dies (bei Unkenntnis der Theorie) vermuten lassen könnte. Wesentlich ist dabei, dass ein zu untersuchender sozialer Prozess immer in seiner Geschichte, seinem Verlauf beibehalten (und in diesem Sinne zu einem gewissen Grad) beschrieben werden muss, wenn es auch in erster Linie um die Darlegung der Struktur und gerade nicht um eine oberflächliche Beschreibung des Prozesses geht. Eine dichte Beschreibung bleibt also gerade nicht deskriptiv, vermeidet aber die analytische Zerstückelung eines sozialen Prozesses, der (in einer wissenschaftlichen Analyse) immer in eine literarische Forsch gebracht (also geschrieben) werden muss. Hildenbrand weist bei seiner Definition einer Fallrekonstruktion auf die gleiche Bedeutung von dichter Beschreibung und Fallrekonstruktion hin, da es beiden um die Struktur geht.

Im Zuge dieses Forschungsprozesses und der ersten Strukturierung der Ergebnisse, waren zunächst mehrere Perspektiven auf den Fall durch verschiedene methodische Zugänge auszumachen. Diese möchte ich kurz erläutern, um danach die gewählte Doppelperspektive auf den Fall zu begründen.

Die erste Annäherung an Immigranten in Rumänien bzw. Chinesen in Bukarest war eine diskursanalytische und erfolgte über Experteninterviews im politisch-institutionellen Bereich sowie über wissenschaftliche Studien und Medienberichte.

Eine historisch-rekonstruktive Perspektive fokussierte die Analyse historischer, politischer und sozialer Kontexte der chinesischen Migration seit den 1990er Jahren nach Osteuropa auf einer (eher) makrostrukturellen Ebene. Hier wurden auch die transnationalen Aspekte des Falles bzw. die global-makrostrukturellen Kontexte der Migration beleuchtet.

Der Interaktionsanalyse, der dritten Betrachtungsweise, lag die soziale Einbettung der Immigranten in der Bukarester Stadtgesellschaft zugrunde. Hier wurden Ergebnisse hermeneutischer Analysen von ethnographischen Materialien, insbesondere Beobachtungsprotokollen, dargestellt. Die Beobachtungsprotokolle beinhalten meine Begegnungen mit Chinesen in Bukarest und die Begleitung dieser durch unterschiedliche Milieus in der Stadt, wodurch sich mir milieutheoretische Fragen stellten.

In einer vierten Perspektive, der biographietheoretischen, überlegte ich, welche Hypothesen hinsichtlich möglicher Generationszusammenhänge und hinsichtlich eines „biographischen Kapitals" (vgl. Lutz 2000) der chinesischen Migranten in Osteuropa getroffen werden können. Diese Überlegungen wurden anhand einer Auswertung biographischer Daten zweier Lebensgeschichten analysiert.

Aus diesen verschiedenen Perspektiven auf den Fall wurden später die in der Einleitung bereits genannten zwei – die der Diskurse und die der Geschichte – ausgewählt. Dafür wurden alle genannten Analysen aus der Sicht dieser beiden Ebenen eingearbeitet. Um die Auswahl der zwei Betrachtungsebenen verständlich zu machen, möchte ich auf den Verlauf der Forschung einerseits und methodologische Bezugnahmen andererseits eingehen:

Die Wahl der diskursanalytischen Betrachtung ist eine Folge davon, wie sich die spezifische Datenerhebung und Feldsituation zu Beginn der Forschung gestaltete, und mit welcher Art von Textmaterial ich konfrontiert war. Die so genannten Experteninterviews[24], durch die ich etwas über die neue Immigration in

---

24  Sie wurden zunächst durch drei Fragen geleitet: 1. Was macht Ihre Organisation? Können Sie mir über die Tätigkeiten Ihrer Institution erzählen? 2. Inwiefern sind Sie mit dem Thema Migration in Rumänien betraut? Was können Sie über das Phänomen der Migration nach 1989 in

Bukarest erfahren wollte, waren zunächst in dem Sinne nicht erfolgreich, als ich die von mir erwarteten Informationen nicht erhielt. Zumindest vor der Analyse der Interviewtexte schien mir dies so. Auch direkt nach den Gesprächen und dem Feldaufenthalt hatte ich diesen Eindruck. Dies verstärkte sich zu einer „forscherischen Blockade", als ich mehr und mehr mit Zugangsproblemen im Feld konfrontiert war. Durch die Entscheidung für eine diskursanalytische Betrachtung dieses Materials versuchte ich, dieser ersten Irritation im Feld methodisch-systematisch zu begegnen und fragte danach, was dies über den Fall aussagen könnte, dass so und nicht anders mit dem Thema bzw. dem Fall umgegangen wird. Die Fragen bezogen sich dann darauf, welche Akteure und wie diese an einer Bildung, Stabilisierung oder Änderung herrschender Diskurse über „Chinesen in Rumänien"[25] beteiligt, und in welchem gesellschaftlichen Macht- und Wissenskontext diese eingebettet sind. Aufgrund der ersten Zugangsschwierigkeiten war ich einerseits auf Information von außen angewiesen, andererseits galt es gerade diese hinsichtlich der Fremdzuschreibungen der Gruppe zu analysieren. Schließlich war auch die Begegnung mit den Migranten dadurch geprägt, dass sie sich in bestimmter Weise präsentierten, gerade zu Beginn der Kontakte in Form von Zurückhaltung, oder aber indem sie ihr Image und die Fremdzuschreibungen aktiv (und inszenierend) mit gestalteten. Aus einem weiteren Grund war die Entscheidung einer Zusammenfassung verschiedener Diskurse über den Fall relevant, denn auch die wissenschaftliche Literatur ließ mich – angesichts der Kenntnislosigkeit über den Fall – kritisch werden, wie viel möglicherweise an Wirklichkeitskonstruktion in den Fall von außen hineingetragen

---

Rumänien berichten? Diese zweite Frage beinhaltete auch die Frage nach schriftlichen Materialien zum Thema, durchgeführten Projekten der Organisation und ihren Tätigkeitsfeldern. Angepasst an die jeweilige Institution wurden konkrete Fragen nach Gesetzen, Verordnungen, Statistiken usw. gestellt. Ebenfalls bezogen auf die Organisation/Institution wurde das Thema auf das Einwanderungsphänomen in der Transformation und weiter auf die chinesische Bevölkerung in Bukarest konkretisiert. Und schließlich 3.: Können Sie mir aus persönlicher Sicht etwas über Einwanderungsgruppen in Rumänien erzählen? Diese offenen Fragestellungen hatten zum Ziel, den Personen selbst (mehr) die Entscheidung zu überlassen, inwiefern sie sich an den vorgegebenen Diskurs halten möchten, unabhängig von meinen (westeuropäisch dominierten) Vorannahmen und Relevanzen zum Thema. Die Fragen dienten als Grundgerüst der Gespräche, welche in der Praxis wenig vorstrukturiert abliefen. Die auf Erzählungen ausgerichteten Fragen bewirkten teilweise eine etwas „lockerere" Gesprächsform. Angesichts der Unerforschtheit des Themas war dies hilfreich, um überhaupt etwas zum Thema zu erfahren. Bereits bestehende, schriftliche Texte – in Form von Dokumenten, Arbeitspapieren, Berichten und schriftlichen Präsentationen dieser Organisationen – wurden mit den persönlichen Aussagen ihrer Vertreter kontrastiert.

25 Hier sind mit Thema im engeren Sinne auch thematische Kontexte, wie Immigration in Osteuropa, internationale Migration usw. gemeint.

würde. Es stellte sich daher zunehmend die Frage, wie der Fall auch von Seiten theoretischer und methodologischer Diskurse, wie bspw. auch jener um das Transnationalismuskonzept (siehe Kapitel 2.10.1), konstruiert wird. Meine Forschungsentscheidung war daher, Transnationalität (hier verstanden als multilokale Lebenswelt der Migranten) ebenfalls zu analysieren, einmal hinsichtlich der diskursiven Konstruktion von Transnationalität, und einmal anhand der Fragestellung, wie die Migranten diese möglicherweise selbst erleben bzw. wie sie darauf Bezug nehmen.

Die milieutheoretischen Aspekte und Ergebnisse der Interaktionanalysen von dieser makrotheoretischen Perspektive zu trennen, stellte sich jedoch als Falle einer methodologischen Dichotomie zwischen „lokal" und „global" heraus. Mit anderen Worten: Diese Dichotomie wird immer dann reproduziert, wenn Verortetes und Lokales einerseits sowie Allgemeines und Globales andererseits synonym verwendet werden.

> „Innerhalb dieser dualistischen Konzeption wird die globale Ebene als Abstraktion und die lokale Ebene als Konkretion betrachtet, obwohl globale Prozesse im gleichen Maße konkret sind, wie lokale Prozesse abstrakt (Massey 2006, S.27). Deren Trennung beschränkt nicht nur die Bedeutung der Begriffe, sondern ist auch analytisch problematisch."[26]

In der ethnographischen Forschung wird diese Problematik gegenwärtig diskutiert. Dabei geht es darum, ein „derart vielseitiges Forschungsdesign sowohl ‚nach oben' als auch nach ‚unten'" durchzuführen und „vielfältigsten Existenzen über Raum und Zeit zu folgen und Verbindungen zwischen Orten herzustellen, die „früher als unvereinbar galten" (Lauser 2005: 5)[27]. Die m. E. treffende Antwort auf die Frage, wie diese Anforderungen empirisch zu lösen sei, findet Andrea Lauser in dem von ihr formulierten Konzept: „Translokale Ethnographie" (2005):

> „Indem wir das tun, was wir schon immer getan haben. Indem wir schauen, wie die Menschen – Individuen wie Gruppen – solche Verbindungen gestalten, wie sie sich positionieren in ihren imaginierten und engagierten Welten. Indem wir neben der "Makroperspektive" von Globalisierung als unaufhaltsamer Macht Mikroperspektiven liefern, die davon berichten, wie Menschen als Akteure globale Bilder, Kategorien und Themen in ihre alltäglichen Praxen integrieren."[28]

Schließlich wurde auch bei der letztgenannten Betrachtungsweise auf den Fall, den biographischen Rekonstruktionen, die Dimension der Diskurse besonders relevant. Die Erzählungen ihrer Einwanderungsgeschichte warfen die Frage auf,

---

26    Bauriedl 2007: 6
27    Andrea Lauser verweist hier auf Marcus 1998.
28    Lauser 2005: 4

wie sie an öffentliche und politische Diskurse anknüpfen und wie sie in ihren Erzählungen und Erinnerungen an Machtwirkungen gebunden sind.

> „Nicht nur ein gegenwärtiges – subjektives – Präsentationsinteresse (…), sondern auch – übersubjektive – Diskurse durchdringen die Artikulation der Erinnerung. Diese Diskurse werden interaktiv in der Vergangenheit und in der Gegenwart konstituiert und können die Perspektivität in der Situation des Erlebens, des Erinnerns und des Erzählens mit ausmachen bzw. produzieren"[29]

Hier stellten sich jedoch neue Forschungsfragen, nämlich zu einer chinesischen Erinnerungs- und Erzählkultur. Diese waren wegen der bisher sehr europäisch zentrierten Forschungstradition bzw. fehlenden Tradition einer außereuropäischen Biographie- und Vergleichsforschung relevant. Ganz generell ist aufgrund des Mangels an Studien mit denselben Methoden ein „detaillierter Vergleich zwischen Erzähltexten aus der indischen, der eurasischen, der malaysischen und der chinesischen Population noch nicht möglich" (Matthes, 1984: 291). Abgesehen davon, dass weitere Biographieanalysen den Rahmen der Arbeit gesprengt hätten, schien es mir sinnvoll, auf unterschiedliche Diskurse einzugehen, die in den Erzählungen meiner Interviewpartner zum Ausdruck kommen könnten. Hypothesen dazu wurden mithilfe der Diskursanalyse gebildet.

Für die Genese dieser Doppelperspektive war ausschlaggebend, dass sich im Laufe des gesamten Forschungsprozesses die zwei Seiten der Medaille – jene der Präsentation und kollektiven Deutung einerseits und jene der erlebten Geschichte und ethnographischen Ereignisse andererseits – sowie ihr Verhältnis zueinander zu analytischen Fragen formierten. Die doppelperspektivische Rekonstruktion wurde so zum methodischen Test einer spezifischen fallrekonstruktiven Vorgehensweise, bei welcher es galt, eine Verknüpfung diskursanalytischer Ansätze mit ethnographischen Ansätzen konsequent durchzuführen. Da sich diese Unterscheidung aus der Rekonstruktion des Falles heraus begründete, schien mir die Weiterführung des Gedankens einer unterschiedlichen Beleuchtung desselben Gegenstands in zwei Schritten als produktiv zu sein.

Der Vorteil, welcher sich aus dieser Doppelperspektive ergab, war zunächst, dass ich jeweils eine kongruente Fallgeschichte in ihrem Prozess nachzeichnen konnte, prozesshaft analysieren und räumlich offen bleiben konnte, ohne den Fall zu „zerstückeln" oder zu „dehistorisieren". Die in diesem Fall als problematisch verstandenen Dichotomien zwischen „lokal" und „global" sowie Mikro- und Makroebene, wie sie in ethnographischen Forschungen oft reproduziert werden, galt es zu überwinden. Beide Perspektiven schließen den historischen

---

29   Schäfer/Völter 2005: 171

Verlauf ein und zeichnen Prozesse und Ereignisse hinsichtlich ihrer Vergangenheit und Gegenwart sowie in ihrem Zusammenhang nach. Dies hat zum Ziel, beide Dimensionen in ihrer Genese- und Transformationslogik zu verstehen.

Sowohl in der Analyse der Diskurse als auch in der Analyse sämtlicher Datenmaterialien wandte ich, wie oben bereits erläutert, das abduktive Verfahren an. Jedoch mussten nach der Entscheidung für diese Doppelperspektive erstens methodologische Überlegungen angestellt werden, wie das konkrete (analytische) Verhältnis von Diskurs und Geschichte bzw. Deutung und Erleben zu verstehen sei. Zweitens mussten nun Präzisierungen hinsichtlich der konkreten methodischen Datenanalyse und ihrer methodologischen Verknüpfung aus dieser Idee abgeleitet werden.

## 2.6  Analyse der Diskurse

In der ersten Perspektive wurde eine Verbindung der diskurstheoretischen Überlegungen Michel Foucaults mit den Grundannahmen der interpretativen Soziologie gewählt, wie sie vor allem von Keller (1997, 2001) vorgestellt wird[30]. Die Arbeit zur Wissenssoziologie von Peter L. Berger und Thomas Luckmann (2004) nimmt darauf wesentlichen Einfluss. Die wissenssoziologische Diskursanalyse untersucht die „gesellschaftliche Konstruktion der Wirklichkeit" vor allem auf der Ebene von kollektiven Akteuren, Organisationen bzw. institutionellen Feldern der Gesellschaft. vgl. Keller 2001). Sie untersucht die diskursive

---

30  Siegfried Jäger kritisiert (vgl. 2004), dass diese Synthese oft falsch vollzogen werde, ohne dass Foucault studiert bzw. verstanden werde. Viele würden in die sozialwissenschaftliche Falle (wie sie Jäger nennt) tappen, weil sie in den Akteuren eine „Handlungsstrategie" suchen. Die Strategie liegt aber richtig gestellt in den Diskursen und nicht in den Akteuren. Die hermeneutische Auffassung ist dennoch die, dass diese Strategie nur über Akteure und über die Rekonstruktion ihres Umganges mit den Diskursen erschließbar. Mit anderen Worten: Auch wenn diese Akteure nicht bewusst und strategisch handeln, sie sind dennoch die einzige (methodische) Zugangsmöglichkeit zu dem, was die Analyse sucht. Dieses zu Suchende bzw. das, was interessiert, nennt Foucault Wissens- und Machtdispositive und wird in der Interpretativen Forschung Struktur bzw. in meiner Arbeit auch Deutungsmuster genannt. Dispositive oder Strukturen werden durch Akteure gemacht, und zwar durch ein teils bewusstes, teils unbewusstes Reproduzieren, Gegensteuern, Unterlaufen oder aber konflikthaftes Austragen usw. dieser. Darin liegt die theoretische Übereinstimmung, aber etwas unterschiedliche methodische Schwerpunktlegung von Foucaults Diskursanalyse und der hermeneutischen Variante, welche jedoch im Ansatz dieselbe Auffassung in sich bergen. Nach Foucault werden Diskurse von „Subjekten umstellt und gemacht", und diese Diskurse durchdringen wiederum die Subjekte, sodass diese den Diskursen entsprechend handeln (siehe auch Schäfer/Völter 2005 im Verweis auf Foucault 1973).

Konstruktion der Wirklichkeit. Diskurse werden im interpretativen Ansatz als „Arrangements von (Be)Deutungen" (Hitzler/Honer 1997: 21) definiert. Diese kommen durch Akteure und ihren aktiv interpretierenden Umgang mit gesellschaftlichen Problemlagen oder Selbstverständlichkeiten zustande. Deshalb wird in der Analyse nach den Regeln gefragt, welche hinter dem Sprachgebrauch kollektiver Akteure (wie Institutionen, Medien etc.) stecken und welche Konstruktionen von Wahrheiten (Objektivierungen) damit einhergehen.

Der Begriff „Diskurse" ist hier im Sinne Michel Foucaults (1973) zu verstehen, der das in einem bestimmten sozio-historischen Kontext sprachlich geäußerte und vorherrschende Wissen meint. Dieses Wissen ist kein objektives, explizites Sachwissen, sondern ein gesellschaftlich konstruiertes. Dieser gesellschaftlich konstruierte Wissensbestand und Sinnzusammenhang entsteht, wenn Menschen sich äußern. Erst in diesem Aussagensystem, in welchem die Sachverhalte, von denen "die Rede" ist, hervorgebracht werden, entsteht Sinn. Der Diskurs als gesellschaftliches Aussagensystem meint die Gesamtheit des Wissens zu einem bestimmten Thema / Phänomen in einem bestimmten sozialen Feld, das sich durch viele Sprechakte zusammenfügt (vgl. Diaz-Bone 2005).

In dieser Auffassung (der wissenssoziologischen Diskursanalyse) äußert sich der Diskurs sowohl in der sprachlichen Interaktion (im Gespräch zwischen Anwesenden) als auch in den institutionalisierten Formen von Textproduktion (als indirektes Gespräch zwischen Abwesenden) sowie in allen Mischformen aus diesen. Sowohl Schriftstücke als auch Gesprächsprotokolle und andere Daten gehören zu einem möglichen Datenkorpus und werden wie auch alle weiteren Daten im Rahmen ethnographischer Feldarbeit erhoben. Dies zeigt sich in der folgenden Darstellung meiner Ergebnisse, in welcher ich Interaktionen und handschriftliche Feldnotizen (mündlicher Rede) ebenso mit einbeziehe und als Diskurse betrachte wie relativ „harte" Daten, wie etwa wissenschaftliche Studien oder Gesetzestexte. Einen wichtigen Teil nahmen auch die so genannten Experteninterviews ein. Die gesammelten Texte wurden hier nicht in Hinblick auf das Wissen über das interessierte Thema ausgewertet, wie das bei Experteninterviews üblicherweise erfolgt. Ich stellte ins Zentrum der Analyse jenen Aspekt, den man in Experteninterviews meistens gerade nicht betrachtet, und untersuchte „Expertinnen unter dem Aspekt ihrer eigenen, internen Bedingungen und Verhältnisse" (vgl. Bogner et al. 2005: 75).

Kollektive Muster der Deutung (von) über Immigranten in Bukarest werden im Text durch die „Identifikation von Inkonsistenzen und die Rekonstruktion von Konsistenzregeln" (vgl. Oevermann 2001b: 66)[31] entdeckt. Dies bedeutet für die Analyse, dass einerseits über Irritationen, über Widersprüchlichkeiten oder Nichtgesagtes reflektiert wird und andererseits interpretiert wird, wo und warum sich bestimmte Deutungen halten, durchziehen, möglicherweise auch bei Inkaufnahme argumentativer Widersprüchlichkeiten. Die Interviewtexte und Protokolle zur Forscherin-Interviewten-Interaktionen untersuchte ich danach, was sagbar ist, was gesagt werden soll und was nicht gesagt werden darf und welcher Sprecher was wann sagen darf. Aus diesem Bild des Diskurses heraus traf ich schließlich Annahmen über Machtstrukturen und Machtinteressen in der Gesellschaft.

Die Texte wurden einer Grobanalyse (gesamte Interviews/Textstücke) und einige ausgewählte Texte (Diskursfragmente) einer Feinanalyse[32] nach der objektiven Hermeneutik (vgl. Oevermann et al. 1979) unterzogen. Die forschungsleitende Frage lautete, wie Migranten im Allgemeinen und die chinesische Bevölkerung im Besonderen in Bukarest zum Objekt von Diskursen (Foucault) gemacht werden, oder anders ausgedrückt (vgl. Berger/Luckmann 2004), wie die soziale Wirklichkeit der Immigranten diskursiv konstruiert wird. Ziel der Analyse war die Suche nach einem Gesamtbild und nach den auffindbaren Mustern der Deutung, welche sich sowohl synchron als auch diachron durch alle Diskursteile ziehen. In synchroner Hinsicht verknüpfen Diskurse die unterschiedlichen Deutungsmuster (Keller 2001). In diachroner Hinsicht meinen sie den strukturellen Verlauf "und bilden dadurch einen Art Grundgerippe oder Grundmuster" (ebd.: 133). Mit dem Auffinden eines solchen Grundmusters ist nun die Diskursanalyse zunächst am Ziel. Darauf Bezug nehmend wird in dieser Falldarstellung von Gesamtdiskurs gesprochen, der sich vornehmlich auf Rumänien (rumänischer Gesamtdiskurs) bezieht. Dieser zieht sich strukturell grundsätzlich durch alle Diskurse, seien es Alltagsgespräche oder formale Gesetze.

---

31  Ulrich Oevermann schlägt die Deutungsmusteranalyse explizit für die Untersuchung von so genannten „ethnischen Minderheiten" vor, da diese erst durch ihre Definition als von der Mehrheit abweichend definiert werden (2001a+b).

32  Ziel einer Feinanalyse ist es, die Sinnstrukturen einer Handlung, die dem handelnden Subjekt meist nicht intentional bewusst sind, aufzudecken. Erreicht wird die Ebene der latenten Sinnstrukturen durch eine Dekontextualisierung einzelner Textausschnitte. „Die Eigentümlichkeit oder Besonderheit [eines] Satzes enthüllt sich gerade dadurch, daß wir ihn aus seinem Entstehungszusammenhang herausnehmen und gedankenexperimentell Kontexte entwerfen, in denen dieser Satz entsprechend unserer Normalitätserwartungen Sinn macht." (Rosenthal, 1995: 222).

## 2.7  Zum Verhältnis von diskursiven und ereignisgeschichtlichen Prozessen

Hier möchte ich methodologisch argumentieren, wie die Ergebnisse der diskursanalytischen Betrachtung mit der ethnographischen Rekonstruktion der Geschichte in Zusammenhang stehen.

    Es soll daher noch einmal verdeutlicht werden, wie ich Diskurse verstehe,
indem ich zwei Missverständnisse aufkläre. Erstens teile ich nicht die Auffassung, die Diskursanalyse untersuchte einen eng definierten Gegenstandsbereich,
der beschränkt wird auf „die öffentlich diskutierten, miteinander konkurrieren-
den und mehr oder weniger kollektiv geteilten Deutungen für politische und soziale Handlungszusammenhänge." (Schwab-Trapp 2006: 39)[33]. Diskurse sind in
dieser Studie nicht wie zitiert zu verstehen, sondern als eine analytische Perspektive auf Wirklichkeit. Diese Perspektive kann mir etwas über die Wirklichkeit sagen, und zwar das, was auf ihre spezifische Ordnungsstruktur verweist. Zweitens bin ich nicht der Meinung, einer Diskursanalyse „entgingen"
Teile der Wirklichkeit, welche über diesen Gegenstandsbereich hinausgehen,
wie „Kommunikationsprozesse im Alltag der Menschen ebenso wie Handlungs-
routinen, Selbstverständlichkeiten und Normen sozialen Handelns oder informelle Netzwerke und Regeln." (ebd.: 39) Denn auch diese können hinsichtlich
der diskursiven Konstruktion analysiert werden. Vor allem aber ist das Ziel einer Diskursanalyse, die Frage zu beantworten, was über die Diskurse hinaus-
geht, wie sich Diskurse nun auf die „restliche" Wirklichkeit auswirken. Mit anderen Worten: Wenn die Diskurse Wirklichkeit ordnen, bleibt zu fragen wie sie
dies tun (1.), was sie nicht ordnen (2.), was sich ohne Diskurs ordnet (3.) und
wie die Wirklichkeit die Diskurse ordnet (4.). Dieser Frage ging auch Foucault
(1973) nach, um schließlich das Missverständnis aus (dem wissenschaftlichen
Diskurs) zu räumen, hier gäbe es keine Relationen, sondern „alles sei Diskurs".
Hier liegt der Irrtum darin, dass bei der Suche nach den ordnenden Diskursen
nicht die Diskurse selbst, sondern die Ordnungsstrukturen (Dispositive) aufgesucht werden[34]. Dennoch bleibt zu fragen, wie ist die Verknüpfung von Diskurs

---

33  Vgl. dazu auch Schwab-Trapp 2001.
34  Beispielsweise könnte man argumentieren, dass es den Kapitalismus erst gibt, seit es den kapi-
    talistischen Diskurs gibt. Oder, die Mechanismen des Kapitalismus seit dem Mittelalter blei-
    ben uns verschlossen, weil es damals den Begriff Kapitalismus noch nicht gegeben hat. Beides
    sind, wie hier deutlich wird, simple theoretische Denkfehler. Die Art und Weise, wie über Ka-
    pitalismus gesprochen wird, sagt etwas darüber aus, wie Kapitalismus funktioniert. Die Tatsa-
    che, dass darüber „nicht" oder in anderen Worten darüber gesprochen wurde, obwohl es die
    kapitalistischen Mechanismen schon länger gab (bzw. sich diese prozesshaft entwickelten, und

und Dispositiv bzw. Diskurs und konstruierte/geordnete/gedeutete Wirklichkeit analytisch zu finden.

Dies wiederum kann nur empirisch erschlossen werden. Im interpretativen als auch im Foucaultschen Sinne steht Diskurs mit Wirklichkeit in einem empirisch zu suchenden Zusammenhang. In der interpretativen Soziologie erfolgt die Suche durch Rekonstruktion, d.h. durch die Beantwortung der Frage, wie Diskurse Wirklichkeit konstruieren und wie Wirklichkeit Diskurse konstruiert. Dies wird von der kritischen Diskursanalyse ähnlich formuliert: „Alle Ereignisse haben diskursive Wurzeln (…) Sie lassen sich auf bestimmte diskursive Konstellationen zurückführen, deren Vergegenständlichungen sie darstellen." (Jäger 2001: 98). Mit der Annahme, dass Diskurse vor den Ereignissen stehen und zugleich Resultat dieser Ereignisse sind, kann die analytische Teilung dieser zwei Ebenen für eine ethnographische Studie produktiv sein. Eine anschließende Kontrastierung der Ergebnisse aus beiden würde dann „die wechselseitige Beziehung dieser Ebenen und die funktionale Bedeutsamkeit der jeweils einen für die andere" (vgl. Rosenthal 1995)[35] hervorbringen.

In der kritischen Diskursanalyse[36] geht es darum, strukturelle Macht- und Wissensdispositive (vgl. Jäger 2004) darzustellen. Sie lehnt „objektivistisch-kausalanalytisches Denken" ab, geht also von der Grundannahme aus, dass es keine Wahrheit per se gibt, dass es keine historisch-logischen Ursachen für gegenwärtige Phänomene gibt und dass es keinen („übergeordneten, objektiven") Sinn „hinter den Dingen" gibt, sondern alles, was geschieht, ist das „Produkt menschlicher Arbeit" und in einem ständigen Wandel/Prozess. Diskurse zeigen, „mit welchen Mitteln und für welche ‚Wahrheiten' in einer Bevölkerung Akzeptanz geschaffen wird, was als normal und nicht normal zu gelten habe, was sagbar (und tubar) ist und was nicht." (vgl. Jäger 2004: 223). Für Wissenssoziologen ist der Diskurs der "sprachlich produzierte Sinnzusammenhang", der Vorgang des gesellschaftlichen Konstruierens dieser Machtstrukturen, welcher zugleich Grundlage und Wirkung der Diskurse ist. Nach der Diskurstheorie steht die Herausbildung eines Gesamtdiskurses im Kontext soziohistorischer Einzig-

---

kein Anfang und Ende mit einem Kalenderdatum auszumachen ist), zeigt mir etwas über die Mechanismen des Kapitalismus selbst als auch über den kapitalistischen Diskurs. Das eine verweist auf das andere. Das einzige Problem, das es hier zu lösen gäbe, ist die Frage, wie ein Forscher Verweise auf kapitalistische Mechanismen im 19. Jahrhundert finden könnte durch die Analyse eines „nichtkapitalistischen Diskurses." Noch schwieriger wird es, wenn dieser Forscher selbst im 19. Jahrhundert leben würde und noch gar keine Idee hätte, welche Mechanismen auf ihn zukommen könnten, deren Ursprünge er selbst gerade erlebt. Festzuhalten bleibt also, es geht hier um empirische und nicht theoretisch zu klärende Fragen.

35   Hier formuliert für die Analyse von Biographien.
36   Trotz der Unterscheidungen zwischen kritischer und wissenssoziologischer Diskursanalyse sollen hier die Verknüpfungspunkte unterstrichen werden.

artigkeit. Ihre Herausbildung ist jedoch komplex und vereint alte Strukturmuster, gegenwärtige Ressourcen, Zwänge und Möglichkeiten.

Daraus resultierte meine Entscheidung, die Diskursanalyse zunächst als eigenständigen Analyseschritt durchzuführen, um die Ergebnisse dieser dann mit der weiteren ethnographischen Rekonstruktion zu kontrastieren. Die (prozesshafte) Rekonstruktion der Diskurse diente als Kontrastfolie, mit deren Hilfe dann deutlicher sichtbar wurde, wie die Geschichte der Community verlief, aus welchen soziostrukturellen Rahmungen diese entstanden war, wie Migranten diese erlebt haben und wie sie schließlich in der Gegenwart interaktiv diese Geschichte und Wirklichkeit gestalten. Im Kontrastieren wurde dadurch wiederum deutlicher, wie sie, durch Diskurse beeinflusst, sich selbst präsentieren und von anderen wahrgenommen werden und wie demnach ihre Wirklichkeit diskursiv von unterschiedlichen Seiten konstruiert wird. Mit anderen Worten: Durch die Aufdeckung der den Fall konstituierenden Diskurse wurde eine differenzierte bzw. fundiertere Analyse der Geschichte der Migranten möglich.

Für das analytische Vorgehen war eine Bezugnahme auf das Analyseverfahren der biographischen Fallrekonstruktion, wie sie von Gabriele Rosenthal (1995) vorgestellt wurde, hilfreich[37] (215 ff.). In einer biographischen Fallrekonstruktion werden in mehreren Analyseschritten, lebensgeschichtliche Präsentationen beleuchtet. Die Unterscheidung von Erlebtem, Erinnertem und Erzähltem ermöglicht das Aufdecken einer Verknüpfungslogik dieser Ebenen. In einem ersten Analyseschritt der lebensgeschichtlichen Präsentation werden die biographischen Daten in ihrem historischen Ablauf und in ihrer Verlaufsstruktur rekonstruiert. Für eine Nutzbarmachung dieser Idee für eine ethnographische Fallrekonstruktion sind zunächst die ethnographischen Daten / Ereignisse[38] zu

---

37  Die Methode der biographischen Fallrekonstruktion, auf welche hier Bezug genommen wird, ist ein von Gabriele Rosenthal entwickeltes Verfahren, das die Prinzipien der hermeneutischen Fallrekonstruktion mit der von Fritz Schütze vorgestellten Textanalyse (1976; 1984), der objektiven Hermeneutik Ulrich Oevermanns (siehe unten) und der thematischen Feldanalyse, die von Wolfram Fischer (1978) in Anlehnung an die theoretischen Arbeiten von Aron Gurwitsch (1959) ausgearbeitet wurde, verknüpft. Dabei geht es um die Analyse von selbsterzählten Lebensgeschichten. Für meine ethnographische Analyse übernehme ich jedoch nicht ontologische Annahmen über Biographien. Es geht hier vielmehr um eine Anlehnung an die Analysemethode, bei der die verschiedenen Dimensionen einer erzählten Geschichte betrachtet werden. Zu diesen Dimensionen gehört die Ebene des Erlebten, wie es erlebt und wahrgenommen wird, wie es später erinnert wird, d.h. wie sich das Vergangene in der Gegenwart darbietet und schließlich, wie sich die erzählenden Personen aus der Gegenwartsperspektive in dieser Erinnerung dieser Vergangenheit zuwenden. Siehe dazu Rosenthal 1995.

38  Mit dem Begriff „ethnographische Daten" meine ich Daten und Ereignisse, die „kaum an die Interpretation der" Sprechenden und kaum an Diskurse gebunden sind. In einer Biographie wären das etwa die Geburt, Anzahl der Geschwister, Ausbildungsdaten (vgl. Rosenthal 2005);

einer dichten Beschreibung in der Abfolge des Geschehens (chronologisch) nachzuvollziehen. In einem zweiten Analyseschritt der biographischen Rekonstruktion wird auf die thematische Ordnung der Lebensgeschichte fokussiert. Ähnlich wie in der Diskursanalyse über kollektive Deutungen wird in der Analyse gefragt, welche Themen in welcher Abfolge und „welche thematischen Felder vom Biografen ausgestaltet werden, welche sich potentiell anbietenden Bestände dieser Felder nicht entwickelt bzw. nur andeutend thematisiert werden und (...) welche Felder vermieden werden" (Rosenthal 1995: 219). Dies führt zur nächsten Frage bzw. impliziert die Frage, welcher „latent wirkende Steuermechanismus der Gestaltbildung einer biographischen Gesamtsicht, welche Mechanismen die Auswahl sowie die temporale und thematische Verknüpfung der Geschichten steuern" (Ebd.: 218).

In der anschließenden Konstrastierung der biographischen Analyse geht es darum, wie das Erlebte die gegenwärtige Sichtweise und Darstellung der Lebensgeschichte prägt und umgekehrt, wie eine Gegenwartsperspektive die Geschichte ordnet. Übertragen auf die Ethnographie der chinesischen Community in Bukarest geht es demnach einmal um die „diskurskonstituierenden Regeln und deren Wirkmächtigkeit, die diskursive Einführung einer Realität." Sie gelten als „Ordnungsstrukturen" (vgl. Bublitz 2001) des Falles, welche die vorherrschenden Bilder und Präsentationen des Falles ausmachen. Diese Ordnung und Deutung verweisen auf die zugrundeliegende (kollektive) Geschichte der Community und wie diese von ihren Repräsentanten erlebt wurde. In meiner Analyse wurde deutlich, wie eine bestimmte Diskursivierung der Migranten (etwa ihre diskursive Ausgrenzung, Diskriminierung) auf ihre soziale Wirklichkeit verweist, und zwar in mehrerer Hinsicht: anhand der Selbst- und Außenwahrnehmungen, der sich so konstituierenden Selbst- und Fremdbilder wie auch Selbst- und Fremdzuschreibungen, in denen sich ihre soziale Wirklichkeit widerspiegelt; in Form von Fragen, wie sie diese Wirklichkeit verschleiern, verzerren

---

in einer ethnographischen Fallgeschichte wären das historische Ereignisse, von welchen die Protagonisten betroffen sind, wie etwa eine politische Wende, eine Gesetzesänderung, eine Naturkatastrophe. Jedoch stellen solche ethnographischen Ereignisse auch immer Interpretationspunkte dar, also Ereignisse, die durch Deutung von Personen (Diskursen) aus einem Prozess (der Geschichte) herausgelöst werden. Ohne solche Interpretationspunkte könnte ein Prozess nicht gedacht/verstanden werden. Das Konzept der ethnographischen Daten müsste daher noch methodologisch weitergedacht werden. Das Kapitel 4 meiner Arbeit stellt einen (ersten) Versuch dar, die Analyse zunächst nur auf Basis der ethnographischen Ereignisse zu beschränken, um sie dann ihren Deutungen (in den Diskursen) gegenüberzustellen. Gedanken zur Frage der Temporalität in ethnographischen Studien und dem Verhältnis von Prozessen und Ereignissen entnahm ich hier auch aus dem Vortrag von Thomas Scheffer: „Demonstration des methodischen Vorgehens bei einer trans-sequenziellen Analyse" in der Forschungswerkstatt Göttingen, Methodenzentrum Sozialwissenschaften, am 27.04.2007.

oder auch verbessern könnten, in jedem Fall also, mit welchem „sozialen Sinn" sie diese Wahrnehmungen und Zuschreibungen versehen bzw. ordnen.

Bei der empirischen Suche nach einer diskursiven Ordnung von Wirklichkeit, wurden in der Auswertung der Datenmaterialien zuletzt Folgehypothesen aufgestellt: Wenn bestimmte Akteure so und nicht anders über Immigranten in Rumänien sprechen, was bedeutet das für die erlebte Geschichte und soziale Wirklichkeit dieser Migrantengruppe in Bukarest?

Es geht hier nicht um einen grundlagentheoretischen Vergleich von Biographie und Ethnographie (welche sich auf zwei unterschiedliche soziologische Analyseebenen beziehen), sondern es geht um eine Annäherung an das systematische Vorgehen in der rekonstruktiven Biographieanalyse[39], der Art und Weise, wie soziale Realität, welche als Datenmaterial in Form von Narrationen vorliegt – analytisch gesehen werden kann. Hier können – so meine Annahme – gestalttheoretische Annahmen ebenso wie die Strategie der Kontrastierung (beide sind wesentliche Momente der biographischen Fallrekonstruktion) produktive Mittel der Analyse von ethnographischen Fallgeschichten sein. Diese stehen der Auffassung (wissens)soziologischer Diskursanalysen nicht entgegen (vgl. Schwab-Trapp 2001, Keller et al. 2001), sondern stellen lediglich den Versuch eines methodischen Beitrages dar, Diskursanalyse in der Ethnographie zu nützen bzw. mit anderen Verfahren zu verknüpfen.

## 2.8 Deutungsmuster als Konzept der Bildung von Strukturhypothesen

Für das Aufsuchen und Formulieren von Strukturhypothesen hat sich im Zuge dieser Analysen der Begriff des Deutungsmusters als geeignetes Instrumentarium herausgestellt. Dieses findet sowohl in der Hermeneutik (vgl. Deutungsmusteranalyse nach Oevermann 2001a+b) als auch in der Diskursanalyse (vgl. Keller et al. 2001) seine Entsprechung[40].

---

39  (…) bei welchem ich das methodisch sehr dezidierte Verfahren nach Rosenthal (1995, 2005) wählte, da ich in diesem bereits über Analyse-Erfahrungen verfügte.

40  Die Bezeichnungen für die gesuchten Grundmuster von Diskursen variieren je nach Ansatz und Verfahren der verschiedenen Diskursanalysen. Dazu gehören bspw. Interpretationsrepertoire, Rahmen, story line, grammar of motives und Deutungsmuster (Keller 1997). Die Grenze der hermeneutischen Diskursanalyse zur Deutungsmusteranalyse, wie sie Ullrich Oevermann (vgl. 2001a+b) vorstellt, ist fließend (vgl. Lüders 1997). Es müsste daher erst auf methodologischer Ebene geklärt werden, worin sich die genannten Schulen unterscheiden, auch um einen „Begriffssalat" zu vermeiden. Mit diesem Eindruck wird man bei der Lektüre der verschiede-

Deutungsmuster im hier gemeinten Sinn (auf das spezifische Verfahren der Deutungsmusteranalyse Ullrich Oevermanns Bezug nehmend) bilden den Angelpunkt zwischen Diskurs und Erfahrung (Gilbert 2004). Sie sind kollektive, typisierte Sinngehalte, haben normativen Charakter und sind nicht ständig dem Bewusstsein zugänglich. Für politische Handlungsfelder und kollektive Akteure im insti-tutionellen Feld sind sie sowohl diskursleitend als auch handlungsleitend. Im Diskurs sind sie „grundlegende bedeutungsge-nerierende Regulationsmuster", die „nahe legen, worum es sich bei einem Phä-nomen handelt." (vgl. Keller 2001: 132).

Im alltäglichen Handeln dienen sie als (meist implizites und selbstverständliches) „Rezeptwissen", wie man mit Themen bzw. Phänomenen umzugehen hat bzw. wie man sie einzuordnen oder zu bewerten hat. Mit Deutungsmustern sind – im Gegensatz zu temporären Diskursen oder Handlungsorientierungen – vor allem kulturell mächtige und lange Zeit andauernde Strukturen (normative Muster) gemeint[41]; sie lassen sich aber nicht auf diese reduzieren. Kollektive Muster der Deutung können in jedem Material „gesucht" werden („Suchhypothese"), sie sind immer in soziale Prozesse eingebunden, entstehen aus tradierten alten Mustern, formieren sich, transformieren sich oder arrangieren sich neu. In dieser Arbeit geht es um historisch persistente, aber auch gegenwärtig/temporär politisierte Phänomene, welche sich selbst im Wandel befinden. Das Wesentliche an Deutungsmustern ist, dass sie auf „objektive" Handlungsprobleme bezogen sind, die deutungsbedürftig sind. D.h., soziale Deutungsmuster sind, wie auch andere kulturelle, traditionale, normative Handlungsorientierungen, nicht zufällig oder unabhängig von strukturellen, objektiven, historischen Gegebenheiten in einer Gesellschaft, sondern im Gegenteil, sie begründen sich daraus und sind eine Art „gesellschaftliche Interpretation" dieser Gegebenheiten. Daraus ergibt sich, dass Deutungsmuster kollektive Gültigkeit bzw. Wirkung haben. Von Deutungsmuster wird daher (in dieser Arbeit) nur dann gesprochen,

> „(…) wenn dieses ‚ensemble' durch eine Struktur gekennzeichnet ist, die als ‚innere Logik' eines Deutungsmusters nach impliziten Regeln der Konsistenz von Urteilen, Argumenten und Interpretationen rekonstruiert werden kann. Diese Konsistenzregeln geben den ‚Geist' einer Epoche, eines Weltbildes, einer Gesinnung, eines gesellschaftlichen Organisationsprinzips an, sie formulieren den Standard der Geltung, Akzeptabilität und Angemessenheit von Meinungen, Urteilen und Handlungen."[42]

---

nen diskursanalytischen Ansätzen gegenwärtig noch konfrontiert (vgl. dazu Lüders/Meuser 1997 und 2006).

41  Vgl. dazu Yvonne Schütze (1986) am Bsp. der ‚Mutterliebe' als normatives Muster.
42  Oevermann 2001a: 9 ff.

Diese Konzeption des sozialen Deutungsmusters ist als eine Dimension gesellschaftlicher Strukturen bzw. als eine Form des Verweises auf diese zu verstehen. Sie können damit in die Nähe strukturtheoretischer Ansätze gerückt werden (vgl. Lüders/Meuser 1997: 60)[43]. Im Sinne eines interpretativen und wissenssoziologischen Paradigmas sind es weiterhin Interaktionen und Handlungen bzw. ihre Äußerungen von Akteuren, welche den Forschenden einen (methodischen) Zugang zu den darin auffindbaren Deutungsmustern ermöglichen. Mit anderen Worten: Alltägliche Interaktionen sind die Konkretion von bestimmten objektiven, historischen Strukturen und Verhältnissen, sie sind eingebettet in kollektive Sinnzusammenhänge bzw. Deutungsmuster. Neben der Brücke zu Dispositiven ist im Zusammenhang mit dem Konzept des sozialen Deutungsmusters auch die Habitusformation Bourdieus relevant (vgl. Oevermann 2001a+b). Hier seien die strukturellen Ähnlichkeiten zwischen Habitus und Deutungsmuster so stark, dass die Abgrenzung als „Dauerproblem" bezeichnet wird (vgl. ebd.). Daher sehe ich ihr Potenzial eher in einem verknüpfenden Umgang. Der Versuch der Unterscheidung zwischen Deutungsmuster und Habitus bezieht sich auf das Ausmaß der „Verinnerlichung" von kollektiven Deutungen, die laut Ullrich Oevermann bei Habitusformationen stärker sind. Zugleich wird betont, dass Habitusformationen (obwohl sie stärker verinnerlichte Strukturen darstellen), dennoch variabler wären (bspw. milieuspezifisch, generationenabhängig usw.), während Deutungsmuster eine größere (zeitliche und räumliche) Reichweite hätten. Eine Habitusformation wäre demnach eine von mehreren Varianten einer tiefsitzenden und unbewussten Reaktion auf (ebenso tiefsitzende und unbewusste, kollektive) gesellschaftliche Deutungsmuster. „Für die Rekonstruktion von Deutungsmustern ist es dabei von Belang, welche Optionen an welcher Stelle genutzt werden" (Lüders/Meuser 1997: 70) oder anders ausgedrückt, welche Habitusformationen wann aktualisiert werden[44]. Andere Ähnlichkeiten bzw.

---

43   Deutungsmuster stehen m. E. mit Dispositiven (nach Foucault) insofern in Zusammenhang, als es in der Deutungsmusteranalyse wie auch in der Foucaultschen Diskurstheorie (die auch Dispositivtheorie genannt werden könnte) um die Dimension der Verknüpfung von Denken, Sprechen und Handeln geht. Diese Verknüpfung sagt etwas über die Verhältnisse aus, wie Wissen, diskursive und nichtdiskursive Praktiken zueinander stehen und inwiefern Wissen und Sprechen als Orientierung für das Handeln dienen. Umgekehrt wird der Diskurs reguliert durch Strategien der Ordnung (des Handelns), die nach Foucault wären: Erlauben und Verbieten, vernünftiges und unvernünftiges (wahnsinniges) Handeln, wahres und falsches Darstellen. Der Zwang oder die Strategie, fortwährend zu deuten (deuten zu müssen), was erlaubt und verboten, wahr oder falsch sei (vgl. Lemke 1997 mit Verweis auf Foucault 1971) produziert Deutungsmuster (vgl. Oevermann 2001a und b).

44   Oevermann nennt dies die gleiche Deutungsmusterzugehörigkeit bei Habitusdifferenzen (2001b: 48).

Abgrenzungen macht Oevermann zum Begriff Lebensstil, auf welche nicht näher eingegangen werden soll. Mit der Erwähnung dieser möchte ich jedoch dem Leser meine Sichtweise verdeutlichen, dass die Nähe zu ähnlichen Konzepten durchaus gegeben ist, und ich diese mit einbeziehen werde. In den abschließenden Analysen (Kapitel 5) werden diese Begrifflichkeiten vor allem aufgrund der Bezugnahme zu anderen theoretischen Konzepten wieder aufgegriffen. Dies bezieht sich vorweg genommen u.a. auf die Begriffe Struktur und Logik bzw. Dispositiv (Lemke 1997, Altvater/Mahnkopf 1997 und 2002, Foucault 1978) sowie auf den Begriff der Kulturellen Logik chinesischer Transnationalität (vgl. Ong 2005).

Für die Bildung von Thesen ist das Konzept der Deutungsmuster für diese Fallrekonstruktion insbesondere auf Grund von drei Aspekten wesentlich[45]: Erstens sind sie sowohl diskursiv (bzw. kollektiv) als auch im Handeln von Individuen sozial konstruiert. Zweitens sind sie nicht auf eine soziale Ebene begrenzt, sondern lassen sich in kleinräumlichen Milieus, alltäglichen und institutionellen, ebenso wie in globalen Prozessen, zeigen. Drittens sind sie historisch tradiert und wandelbar, d.h. im Laufe der Geschichte formiert und transformiert. Alle drei können sich sowohl durch die Diskurse als auch durch die Rekonstruktion der erlebten Migrantengeschichte ziehen und im Verlauf der Zeit/Geschichte auf unterschiedlichen Massstabsebenen in unterschiedlichen Facetten und Varianten finden. In dieser Verschränkung lassen sich die Dichotomien zwischen global und lokal, individuell und gesellschaftlich, traditionell und modern sowie West und Ost überwinden. Für eine theoretische Verallgemeinerung am Fall sind Deutungsmuster in diesem Fall (als mögliche Brücken zum „Habitus" Bourdieus oder dem „Dispositiven" Foucaults) m. E. deshalb besonders geeignet, weil „kollektive Strukturen eines sozialen Unbewussten (Oevermann 2001b: 37) gemeint sind, „welche individuelle Sinnzuschreibungen zwar nicht determinieren, aber generieren" (Meuser 2006: 32) und „den für eine bestimmte Kollektivität gültigen Möglichkeitsraum subjektiver Interpretationen von Welt" (ebd.) bilden. Da diese Deutungsmuster implizites Wissen oder latente Deutungen sind, werden sie von Subjekten als objektive Gegebenheiten wahrgenommen. Eingebettet in diese können Subjekte darauf (implizit, verinnerlicht, unbewusst) reagieren, jedoch auch aktiv, strategisch oder kreativ bzw. situationsangemessen und je nach Möglichkeitsstruktur damit umgehen. Beide Ebenen sind lediglich analytisch zu unterscheiden, zeigen sich aber besonders in der empirischen Konstruktion u.a. von Migranten, die verschiedene Milieus durchschreiten und in unterschiedliche Deutungsmuster eingebettet sind.

---

45   Diese Merkmale hebe ich als für meinen Fall wesentlich aus der Beschreibung Definition des Konzeptes (siehe dazu Oevermann 2001a+b, Meuser 2006) heraus.

## 2.9  Auswertung der Fallgeschichte

Nachdem aus dem gesamten Datenkorpus die Muster kollektiver Deutung in
den untersuchten öffentlich-politischen, medialen und wissenschaftlichen Diskursen herausgearbeitet wurden, ging es im nächsten Schritt darum, nach der
erlebten Geschichte der chinesischen Community zu fragen. Der Präsentationsebene steht also die zweite Perspektive gegenüber, in welcher die Geschichte
der Community von ihrer „Geburtsstunde" bis zur Gegenwart vor dem Hintergrund ihrer Diskursivierung rekonstruiert wird. Hier werden die ethnographischen Ereignisse[46] in ihrem Ablauf nachvollzogen. Historische, politische, soziale und ökonomische Prozesse auf der „Makroebene" werden mit lokalen Strukturen, alltäglichen Interaktionen oder biographischen Erfahrungen in Zusammenhang gebracht. Die auf diese Weise entstandene Fallgeschichte in Kapitel
vier leitet durch die historischen, politischen und sozialen Verläufe der chinesischen Migration seit den 1990er Jahren nach Osteuropa und verfolgt die Entstehung einer Migrantencommunity in Bukarest bis heute.

Das Datenmaterial dieser Rekonstruktion basiert weniger auf bestimmten
dafür durchgeführten Datenerhebungen, sondern hier greife ich auf das „ethnographische Gesamtwissen"[47] zurück, das ich mir im Laufe der Feldaufenthalte
aneignete. Darunter wird das Wissen über das Feld verstanden, welches nicht
nur die Daten meint, welche „schwarz auf weiß" zu beweisen sind, sondern die
von der Forscherin gemachten Erfahrungen im Zuge der gesamten Forschungszeit (sowohl der Felderfahrungen als auch der theoretischen Überlegungen, welche in einem Prozess ablaufen, in dem sich das ethnographische Wissen aufbaut). Für die strukturellen Ursachen der Wanderung aus China nach Osteuropa
wurde insbesondere auf bestehende Literatur und bestehende Studien zurückgegriffen. Diese wurden mit den Erzählungen der Migranten über deren Vergangenheit in China und sämtlichem anderen Datenmaterial in Bukarest kombiniert.
Abgesehen von der dabei notwendigen Methodentriangulation war einer der
methodischen Schwerpunkte die teilnehmende Beobachtung. Abschließend sollen daher noch einige Merkmale dieser Erhebungs- und Forschungstechnik erläutert werden.

Der Vorgang der Analyse der Beobachtungsprotokolle erfolgt in Anlehnung
an die „Hermeneutische Interaktionsanalyse" (vgl. Rosenthal 2005: 123 ff.), der
„Objektiven Hermeneutik" (vgl. Oevermann et al. 1979 und 2001a+b) und der

---

46  Zum Zusammenhang von Ereignissen und Prozessen in der Ethnographie siehe Scheffer o.J. /
    2006
47  Scheffer o.J. / 2006

„Grobanalyse" (Froschauer/Lueger 2003). Alle folgen den Grundprinzipien der gedankenexperimentellen Kontextvariation und des sequenzanalytischen Verfahrens[48]. Diese Verfahren flossen in mein Vorgehen und in die oben genannten methodologischen Auseinandersetzungen ein, können aber auf keines dieser reduziert werden[49]. Abgesehen vom Prinzip des abduktiven Schlussfolgerns, welches in allen Vorgängen eingehalten wurde, sind für die teilnehmende Beobachtung – nach dieser Forschungshaltung – besonders zwei zusammenhängende Aspekte konstitutiv: erstens die Reflexion der Forscherin im ethnographischen Arbeiten und zweitens die Form bzw. Wahl der Darstellung der Ergebnisse.

Um die Wahrnehmungen der teilnehmenden Beobachtungen und Erfahrungen der Forscherin im Feld für eine Auswertung nutzbar zu machen, werden diese in Text umgewandelt. Die Umwandlung von Erfahrung in Text (das ethnographische Schreiben) bedeutet, dass der Forscher der Autor seiner Daten ist. Mit diesem Fakt ist eine methodologische Debatte verbunden. So wird von den Kritikern die Meinung vertreten, dass gerade in „der Moderne" darauf verzichtet werden könnte und zu „neueren Techniken" wie der Videoaufnahme und -analyse zu greifen sei, welche die soziale Wirklichkeit „objektiver" wiedergeben könnten (vgl. Oevermann 1997, Bohnsack 2003). Auch kritisieren sie den fließenden Übergang von ethnographischem zu literarischem Schreiben, nicht-

---

48    Gabriele Rosenthal stellt im Detail die Vorgehensweise einer hermeneutischen Interaktionsanalyse vor, deren Prinzipien ich zwar verfolge, es aber mit Protokollen zu tun habe, welche längere Handlungseinheiten beinhalten und daher ihr Vorgehen zum Teil abwandle. Die Grobanalyse von Ulrike Froschauer und Manfred Lueger bietet ein elaboriertes Verfahren, wie längere Textpassagen (meist Interviews) hermeneutisch ausgewertet werden können. Robert Emerson et al. liefern eine detaillierte Vorlage für das Schreiben und Auswerten von Feldnotizen, folgen aber dem Kodierverfahren qualitativer Analyse, welche dem hermeneutischen Verfahren zum Teil zuwiderläuft. Die Meinung, dass Kodieren der hermeneutischen Analyse zuwiderläuft trifft m. E. nicht auf alle Verfahren zu. Im Verfahren von Strauss/Corbin (1996) wird der Text beim Kodieren „zerstückelt" und neu sortiert; somit gerät die Gesamtgestalt aus dem Blickfeld. Dies ist die Hauptkritik der Sequenzanalytiker an diesem Verfahren. Bei Emerson et al. aber geht es eher um eine Öffnung des Textes zur theoretischen Sensibilisierung. Feldnotizen werden nicht zerteilt, sondern nur durch Memos und Benennung thematischer Felder (Codes) erweitert. Dies dient dem Finden von Fragen und Themen, wobei die Erhaltung der „overall story" als wichtiges Prinzip betont wird (vgl. Emerson et al. 1995: 169 ff.).

49    Für beide ist das Prinzip der Sequenzialität wesentlich. Dabei geht es darum, die interpretierenden Handlungen in der zeitlichen Abfolge des Geschehens Schritt für Schritt zu analysieren. Ein Text muss also bei seiner Bearbeitung/Auswertung erstens in seiner Form bestehen bleiben (darf nicht zerstückelt werden) und muss eine reale Handlungs/Interaktionsabfolge wiedergeben (wie bspw. eine Interviewaufnahme). In der Ethnographie sehe ich den Begriff Sequenz auch übersetzbar in eine Spur, eine soziale Situation oder ein ethnographisches Ereignis. Wesentlich ist dabei, dass dieses immer im Kontext des Ganzen betrachtet und nicht willkürlich aus diesem Kontext herausgelöst wird.

wissenschaftlichen Genre, in dem der Autor sich unterschiedlich „ausdrücken"
und somit die Wirklichkeit unterschiedlich darstellen kann. Die Befürworter des
ethnographischen Schreibens jedoch, zu welchen auch ich gehöre, charakterisieren sozialwissenschaftliche Forschung per se als Teilnahme des Forschers und
Kommunikation zwischen Forscher und Beforschtem[50]. Auch eine Videoaufzeichnung ist eine hochgradig subjektive Aktion des Forschers, der bestimmt,
was, wie, wo und wann gefilmt, d.h. beobachtet wird (vgl. Hirschauer 2001, Rosenthal 2005). Auch bleibt es nicht bei der Videoaufzeichnung alleine, denn
auch die Analyse erfolgt nach den gleichen Prinzipien des Interpretierens einer
Aufzeichnung und einer anschließenden „literarischen" Darstellung dieser Interpretationen[51]. Die Befürworter des ethnographischen Schreibens sehen in der
Subjektivität und durch die Teilnahme des Forschers keinen Störfaktor. Im Gegenteil, in diesem (interpretativen) Forschungszugang ist „die Subjektivität des
forschenden Subjekts als Bedingung wissenschaftlicher Erkenntnis" zu verstehen (vgl. Nadig 2004, Devereux 1973). Eine wissenschaftliche Positionierung (vgl. Haraway 1995) verstehe ich daher nicht nur in theoretisch-methodo-
logischer Hinsicht, sondern auch hinsichtlich der Verortung der Forscherin in
ihrem Forschungsfeld. Dazu gehören die Auseinandersetzung mit Zugangsproblemen und Irritationen in der Feldforschung und eine systematische Reflexion bei der Forschungsarbeit.[52] Die Forscherin muss daher konsequenterweise
eigene Reflexionen („Forschungstagebücher") für die Auswertung zur Verfü-

---

50    Zur methodologischen Debatte siehe: Berg / Fuchs 1993, Förster 2001, Hirschauer 2001. Ste-
      fan Hirschauer nennt dies eine Falle der Hegemonie „standardisierter über nicht-standardi-
      sierte" (so genannte weiche) Erhebungsmethoden (vgl. 2001).
51    In der aktuelleren erkenntnistheoretischen Debatte, in welcher postmoderne Ansätze Einfluss
      genommen haben (vgl. Lüders 1995, Hirschauer 1997, Nadig 2004), wird der Akt des Schrei-
      bens (als Performance) ins Zentrum der Forschung gerückt. Forschung ist ein Akt des Mittei-
      lens an eine Leserschaft, eine „Rhetorical Aktivity". Nicht nur die Ethnographie, sondern For-
      schung generell sei kommunikativ. In dieser geht es immer (ob gewollt oder ungewollt, expli-
      zit oder latent) um die Positionalität der Erkenntnis, um den Standort und das Prozesshafte
      (Nadig 2004: 4) der Forscher und ihrer Gedanken. Entsprechend einer postmodernen Wissen-
      schaftstheorie lösen sich die Übergänge von Realität und Fiktion, Sprache und Erleben,
      Schreiben, Literatur und Wissenschaft auf (vgl.) Lüders 1995).
52    Dies ist generell eine Forderung der interpretativen Sozialforschung, jedoch wird nicht immer
      eingehalten, was gefordert wird. Die marxsche Theorie steht dem Konstruktivismus u.a. des-
      halb kritisch gegenüber, weil diese es ihrer Meinung nach vermeidet, einen Standpunkt zu be-
      ziehen. Den Gedanken führte der Dekonstruktivismus (Haraway 1995 Positionierung der For-
      scherin und „Situiertes Wissen") weiter, oder Bourdieu / Waquant in einer „Reflexiven Anth-
      ropologie" (1996) sowie die poststrukturalistische Unterscheidung einer „schwachen" und ei-
      ner „strengen" Objektivität (vgl. Harding 1993). Harding zufolge bedeutet „schwache Objek-
      tivität", dass die Forschenden ihre Objektivität wahren. Die „strenge Objektivität" jedoch ver-
      langt von den Forschenden die Reflexion ihrer Subjektivität.

gung stellen und sich zu einem gewissen Grad selbst zum Forschungsobjekt machen.[53] Dies ist eine wesentliche Kontrolle von eigenen kulturellen und hegemonialen Täuschungen oder protokollierten Assoziationen von „Gegenübertragungen" (vgl. Oevermann, 2001b)[54].

In der ethnographischen Analyse wird aus diesem Grund die Lebenswelt der Beforschten dadurch erschlossen, dass „die Irritationen" betrachtet werden, welche die Lebenswelt bei der Forscherin auslöst. Beim Lesen eines Beobachtungsprotokolls geht es insbesondere um die Betrachtung der Differenz zwischen Betroffenen und Forschendem. Der entstandene Text wird dann nicht als Beweismittel des Forschers betrachtet, der als „Zeuge" einer „objektiven Wirklichkeit" auftritt, sondern der Text bildet eine für sich stehende Welt und wird als Datenmaterial auch unabhängig von den Aussageintentionen des Autors (vgl. Oevermann et al. 1979) analysiert.

Meine Position im gewählten Forschungsfeld war durch Fremdheit in einem sprachlichen, kulturellen, sozialen und milieuspezifischen Sinn – mit einer hierarchischen „West-Ost-Überlegenheit" einerseits und Benachteiligung als junger, in akademischer Ausbildung stehender Frau andererseits charakterisiert. Sie war weiter bestimmt durch die Unbekanntheit und Unerforschtheit des Themas und durch fehlendes oder unzugängliches Datenmaterial. Schließlich waren die Fallspezifika der Illegalisierung, das Feld als so genannter gesellschaftlicher „Untergrund" usw. auch für die Feldforschung selbst konstitutiv. Aus diesem Grund erfährt die Rollendynamik zwischen Forscherin und Beforschten für die Auswertung – auch aus dem Untersuchungsfeld bzw. Gegenstand selbst begründet – eine große Bedeutung.

Neben dem Einbezug der Selbstreflexion war ein zweiter wesentlicher Moment dieser Arbeit der kritische Umgang mit bereits bestehenden theoretischen Diskursen. Vor allem jene Theorien und methodologischen Konzepte, welche sich in der Migrationsforschung teils zu „Modekonzepten" entwickelt haben, wie etwa das Transnationalismuskonzept (Vertovec 2007, Pries 2003) oder die Netzwerktheorien (vgl. Hollstein/Straus 2006) wurden während der Forschung anhand des Falles dekonstruiert. Aus einem radikal-konstruktivistischen Standpunkt aus betrachtet sind die bisher angeführte Vorgehensweise und beide letztgenannten Momente integraler Bestandteil der Forschung:

---

53  Das Nutzen der Reflexion als methodische Erkenntnisquelle wurde vor allem auch durch die (Ethno-)Psychoanalyse (Devereux 1973, Nadig 2004) entwickelt.

54  Die Ablehnung von Selbstreflexion in der Forschung wird hingegen vom Wissenschaftstheoretiker und Psychoanalytiker Georges Devereux (in „Angst und Methode in den Sozialwissenschaften" 1973) „als professionelle Abwehrstrategie der Verhaltenswissenschaftler gegenüber angstauslösende Themen" gedeutet (vgl. Legewie 1991: 190).

„Der Konstruktivismus lässt sich [...] als eine Philosophie des Möglichen begreifen. Er inspiriert zu immer neuen Sichtweisen, verpflichtet zu einer grundsätzlichen Skepsis gegenüber Gewissheiten und Dogmen und macht eine Ethik der Wahrnehmung begründbar: Der Einzelne ist unvermeidlich für seine Sicht der Dinge verantwortlich."[55]

Diese Analysebedingungen und -vorgänge, wie sie in diesem Kapitel erörtert wurden, bleiben in der folgenden ergebnisorientierten Falldarstellung ausgespart. Die folgenden Kapitel stellen eine ergebnisorientierte Darstellung der Haupthypothesen bzw. Interpretationen der genannten Analysen dar.

## 2.10 Zwei Exkurse in theoretische Konzepte der Migrationsforschung

Eine konstruktivistische Sicht (vgl. 2.1) impliziert die Ansicht, dass Forschende nicht nur im Forschungsfeld einer vorinterpretierten Welt gegenüberstehen, sondern auch im akademischen Milieu bzw. „am Schreibtisch" bereits mit konstruierten, wissenschaftlichen Problemstellungen, Theorien und Begriffen konfrontiert sind, welche es zu analysieren bzw. zu dekonstruieren gilt. Ohne dies zu tun, würden sie Gefahr laufen, sich die Probleme, die sie in Bezug auf die soziale Welt formulieren, von eben dieser Welt vorgeben zu lassen: „Jede Gesellschaft entwickelt unablässig einen Komplex von sozialen Problemen, die als legitime, als diskussionswürdige, öffentliche" Probleme gelten und manchmal zu offiziell erhobenen und „gewissermaßen staatlich anerkannten Problemen" gemacht werden[56].

Dieses Paradoxon impliziert die Aufgabe der Forschenden, mit theoretischen Konzepten und Begriffen zu arbeiten und zugleich an ihnen systematisch (methodisch) zu zweifeln. Insbesondere die Migrationsforschung muss sich diesem Dilemma fortwährend stellen, weil sie Phänomene untersucht, welche in Öffentlichkeit und Politik als „akute und aktuelle Probleme" angesehen werden und damit die Strategien und Regulationen von Wissenschaft und Politik legitimiert werden. Je stärker diskutiert, offizieller und politisch brisanter die Migrationsforschung ist und – damit verbunden –, je mehr die Wissenschaftler über die nötigen Aufträge und Mittel verfügen, solche „Problematiken" zu erforschen (und diese folglich zu produzieren und reproduzieren), umso größer ist die Wahrscheinlichkeit, „dass sich dem Forscher die Problematik aufzwingt, der er

---

55   Pörksen 2001, Klappentext
56   Bourdieu/Wacquant 1996: 271

(...) ausgesetzt ist und zu deren Verstärker er sich immer dann macht, wenn er die Fragen, die in der Luft liegen, ungeprüft für sich übernimmt". (Bourdieu/Wacquant 1996: 273). Durch ihre Genealogie ist die Migrationsforschung mit politisch-ideologischen Begrifflichkeiten geradezu überfrachtet, die im öffentlichen Diskurs als „selbstverständliche Wahrnehmungskategorien" (Deutungsmuster) in Gebrauch sind und darüber hinaus teils in der Wissenschaft als akademische Konzepte unhinterfragt fungieren. „Internationaler Menschenschmuggel", „Organisierte Kriminalität" und „europäische Grenzsicherheit" sind Beispiele dafür.

Vor Beginn der rekonstruktiven Darstellungen sollen daher an dieser Stelle jene theoretischen Konzepte der Migrationsforschung und damit verbundene Begrifflichkeiten diskutiert werden, welche weniger aufgrund ihrer empirischen Entdeckung im Fall, sondern vor allem durch deren Dominanz im Migrationsdiskurs in dieser Fallstudie relevant wurden. Zu den im Folgenden erläuterten Konzepten gehören das Transnationalismuskonzept einerseits und dieses im Zusammenhang mit den Begriffen Community und Netzwerk andererseits.

Unabhängig davon, ob diese Bezeichnungen für die Beschreibung (der im Feld beobachteten Phänomene) dieses Falles hätten vermieden werden können oder nicht, kann m. E. eine Bezugnahme darauf kaum ausbleiben, da diese eng mit den gebrauchten Grundbegriffen der Migrationsforschung in Zusammenhang stehen. So wurde das Transnationalismuskonzept mit (transnationalen) Netzwerken, (transnationalen) Migrationssystemen und (transnationalen) Communities verknüpft und den Begriffen Assimilation und Integration entgegengestellt. Daher möchte ich diese „ungeklärten" Begriffe und ihre theoretischen Bezüge diskutieren, ohne zunächst auf meine konkrete Verwendung des Begriffes in der Fallrekonstruktion näher einzugehen. Nach einer kritischen Betrachtung werde ich jeweils im Groben andeuten, wie sie in dieser Arbeit aufgefasst werden und wie sie an die empirischen Ergebnisse angeknüpft werden. Im Zuge der nächsten beiden Kapitel wird sich zeigen, inwiefern diese Begriffe fallrelevant werden. Hier geht es zunächst darum, mit einer Diskussion der Konzepte für die weiteren empirischen Analysen theoretisch sensibilisiert zu sein bzw. generell zu klären, wie die Begriffe verstanden werden sollen.

Vorweggenommen dient der Begriff „transnational" in meiner Arbeit dazu, einige besondere Merkmale meines Falles zu benennen, die sich zusammengefasst auf die Multilokalität der Lebenswelten von Migranten beziehen. Da ich in meiner Fragestellung den Begriff der Community einführe, werde ich auch den zusammengesetzten Terminus der „Transnational Community" erläutern. Das Konzept des Transnationalismus ist darüber hinaus für dieses Forschungsthema relevant, weil es insbesondere in der Forschung asiatischer Migration eingeführt wurde. Dies wird insbesondere in Kapitel 3.4., der Analyse des wissenschaftlichen Diskurses über den Fall, sowie in Kapitel 5. ergebnisorientiert diskutiert.

### 2.10.1 Das "Transnationalismuskonzept"

Im Gebrauch des Begriffes Transnationalismus geht es vor allem darum zu betonen, dass im Migrationsprozess soziale Beziehungen über nationale Grenzen hinweg aufgebaut und erhalten würden, die eine Verbindung zwischen Herkunfts- und Zielgesellschaft herstellten (vgl. Haug 2000: 16). Migranten seien dabei zunehmend in verschiedenen Kontexten – lokalen, nationalen, regionalen und globalen – (zugleich) verwoben (vgl. Glick-Schiller/Wimmer 2002, Pries/Goebel 2003).

Die dahinter liegende Theorie ist jedoch durch Widersprüche gekennzeichnet, und die vorhandenen Studien darüber gelangen zu sehr unterschiedlichen Aussagen, da der Begriff auf verschiedenen Analyseebenen (von Makrotheorien bis Mikrostudien) oder in unterschiedlichen Kontexten verwendet wurde (im US- und südamerikanischen, europäischen und asiatischen Kontext). Methodologisch soll es ein Konzept bieten, das „aktuelle" Problemzusammenhänge und sozialen Wandel erfassen kann, welche im öffentlichen Diskurs unter „Globalisierung" und „Souveränitätsverlust des Nationalstaates" bekannt sind (vgl. Bommes 2002)[57]. Die Erfindung des Begriffes lag wesentlich in der Absicht begründet, sich von einem „Containerdenken von Gesellschaften" (Beck 1997) zu entfernen und einen „methodologischen Nationalismus" („methodological nationalism" Glick-Schiller/Wimmer 2002) aus der Forschung zu beseitigen. Sämtliche sozialen Prozesse der Gegenwart, welche mit dem „zu Recht kritisierten nationalstaatlich eingeschränkten Gesellschaftsbegriff" (Bommes 2002: 93) nicht mehr beschreibbar waren, wurden als „transnational" definiert. Dies zu erfassen war der Lösungsversuch des Konzeptes. Jedoch wurde genau daraus ein Dilemma. Denn „das Konzept des `transnationalen Raumes`(…) ist aus der Absetzung von einem nationalen Gesellschaftsbegriff gewonnen. Daraus bezieht es sein Profil und beerbt zugleich die Unschärfen" (Bommes 2002: 91)[58]. Dennoch, der Gebrauch des Begriffes „transnational" boomt gegenwärtig in der

---

57  Durch moderne Technologien seien Gemeinschaften nicht mehr an Orte, an den geographischen Raum gebunden. Durch eben diese Technologien und durch die zunehmenden ökonomischen, politischen und zivilen (Inter)-Aktionen „über nationale Grenzen hinweg" würden diese Grenzen „durchlässiger" sein als „früher"; politische Grenzen würden sich „auflösen".

58  Auf theoretischer Ebene begann erst damit ein neuer Schub von Auseinandersetzungen um die Frage der Bedeutung des Nationalstaates.

Migrationsforschung und mittlerweile auch im öffentlichen Diskurs. All jene, die im Bereich internationale Migration forschten, versprachen sich nun vieles von diesem Konzept und hatten „Innovationserwartungen" (vgl. Bommes 2002)[59].

Die Abgrenzung von einem auf die nationale Ebene bezogenen Paradigma brachte jedoch das Problem mit sich, dass der alltägliche Konstruktionsprozess von Nationen, ihre Vorstellungen davon und ihre Faktizität in der Konsequenz des Deutens und Handelns der Menschen – sei es auf politischer, psychologischer oder kultureller Ebene – dabei oftmals ausgeblendet wurde [60].

"While implicitly rejecting the view that social relations should be contained within the boundaries of a state, however, the students of immigrant transnationalism have unfortunately forgotten about the processes that produce a container society – whether driven by states` efforts to bound the societies they enclose or by more informal, ethnocultural membership practices that aspire to the same goal."[61]+

Ebenso bleibt zu fragen, ob es sich um eine bloße Entpolitisierung des Denkwerkzeuges handelt („against methdological nationalism") oder um eine „Neuerfindung" eines nicht weiter definierten Phänomens. Während bisher nur ein Entweder hier oder dort möglich gewesen wäre – so die These – bestünde heute für Migranten eine Möglichkeit der Gleichzeitigkeit im Hier und Dort (vgl. Haug 2000; Bürkner/Heller 2008). Der soziale Wandel hätte einen „Migranten neuer Qualität" hervorgebracht (vgl. Pries 2003) – den „Transmigranten". Die

---

59    Trotz (oder wegen) der schwammigen Verwendung und fehlenden Definition – sowie nicht zuletzt durch Forschungsförderungen – etablierte sich der Begriff schließlich europaweit zu einem „Modewort" der Migrationsforschung (vgl. Vertovec 2005). In Europa wurde eine groß angelegte Förderung „transnationaler Forschung" zu Themen „transnationaler Migration" u.a. deshalb ins Leben gerufen, um dem nordamerikanischen Boom der Transnationalismus-Forschung etwas entgegen setzen zu können (vgl. Vertovec 2005).

60    Die Einsicht, dass es sich bei der Kategorie Nation um ein soziales Konstrukt handelt (vgl. Anderson 2001), wie etwa auch das soziale Konstrukt Geschlecht, heißt nicht, dass es so einfach aufgelöst werden kann. Die alle menschlichen Aktivitäten beeinflussende Machtkomponente von Nation in der Migrationsforschung dabei unberücksichtigt zu lassen, wäre ein genauso schwerwiegender methodologischer Fehler, wie sie als „natürliche" (vordiskursive) Gegebenheit anzunehmen.

61    Waldinger/Fitzgerald 2004: 1193. Die beiden Autoren stellen dabei die Begriffe Transnationalismus und Assimilation als eine Art „idealtypisches" Gegensatzpaar vor. Assimilation ist die „totale Bindung an einen Nationalstaat" im Gegensatz zum Transnationalismus, der die „totale Autonomie" von diesem meint. Damit wollen sie zeigen, dass der Transnationalismusbegriff denselben „Fallen" unterliegt, nämlich einen Zustand darzustellen, der nicht existiert, d.h., nicht Realitäten, sondern eher „Ideologien" beschreibt. Aktuell wird in den USA eine Rückkehr zum vormals nicht reputablen Begriff der Assimilation in der Migrationsforschung proklamiert. Vgl. Brubaker 2001: „The return of assimilation". Dies soll  geschehen, indem man die ideologisch-politische Bedeutung wieder zurücknimmt.

Bedingungen für das Auftreten „qualitativ neuartiger Phänomene" im Zusammenhang mit den Lebensformen von Migranten werden meist jedoch nur unvollständig erklärt. Haug fasst diese Sichtweise in einem Aufsatz über aktuelle Migrationstheorien kritisch zusammen:

> „Obwohl die Forschungen aus dem Transnational Approach die qualitative Beschreibung eines mehr oder weniger neuen, bedeutsamen, interessanten und bisher von der Forschung unberücksichtigten sozialen Phänomens beinhalten, wird keine Erklärung dafür geliefert. Die Analyse beschränkt sich auf Hinweise, dass derartige Phänomene seit den 60er Jahren auftreten, wobei sich die empirische Forschung vor allem auf die USA konzentriert. Hinzu kommen Anhaltspunkte für die Bedingungen, die zu dieser Entwicklung beigetragen haben: politische und weltwirtschaftliche Bedingungen, neue Technologien am Arbeitsmarkt, Armut und ethnische Konflikte, globaler Kapitalismus, Rassismus, Nationenbildung."[62]

Die vermeintliche „Neuheit", welche sich durch neue Technologien, durch das Aufkommen der Idee des Multikulturalismus, sowie durch internationale Konventionen (z.B. Menschenrechtskonvention)[63] und nicht zuletzt durch das Kultivieren der Verbundenheit von Migranten-Communities zu ihrer Heimatnation laut einigen Transnationalismusforschern ergeben hätte, können manche Kritiker des Konzeptes nicht erkennen. Erstens sei daran – so meinen diese – nichts neu (lediglich einige Ausformungen von sozialen Handlungen und Prozessen bzw. Randbedingungen; vgl. Haug 2000)[64] und zweitens würde diese Betonung neuer Formen der Migration jeder historischen Grundlage entbehren: Kurz: Mit dem Konzept Transnationalismus wird die Gegenwart gewissermaßen dehistorisiert („effectively dehistoricized the present" vgl. Waldinger/Fitzgerald 2004: 1187).

Für eine Betrachtung der theoretischen Fundierung dieses Begriffes ist m. E. wesentlich, dass die Suche nach neuen Begrifflichkeiten, welche die Zusammengehörigkeit einer Gruppe als auch die „Ablösung" dieser Personengruppe von einem real-geographischen Raum, in welchem sie handeln, fassen soll, unabhängig von ihrer „Benennung" die Gefahr einer Verschleierung sozialer Un-

---

62  Haug 2000: 29.
63  Die Menschenrechtskonventionen verbinden zwar Staaten auf internationaler Ebene, aber davon nur wenige Staaten dieser Erde. Es kann auch nicht davon gesprochen werden, dass Universalwerte von allen Ländern dieser Welt gleichberechtigt ausgehandelt werden. Das Menschenrechtskonzept ist eurozentristisch und impliziert teilweise, dass andere Vorstellungen von Grundwerten dieser gegenüber unterstehen. Vgl. dazu die so genannten „Asian Values" Kristen II. Vergleiche asiatische mit lateinamerikanischen Vorstellungen von Grundrechten und Universalwerten.
64  „Sie sind zudem aus verschiedenen klassischen Ansätzen entliehen und nähren somit den Verdacht, dass die neuen Phänomene mit alten Theorien auch zu erklären sind, wenn diese veränderten Rahmenbedingungen (als Randbedingungen der Erklärung) in Betracht gezogen werden." (Haug 2000: 29).

gleichheit birgt. Sowohl die soziale Zu(sammen)gehörigkeit als auch die relative Ungebundenheit von Raum ist m. E. eine problematische Sichtweise auf internationale Migration. Dies wird bspw. deutlich, wenn man bedenkt, dass es sich bei diesen „neuen Transmigranten" auch um 20 Millionen Flüchtlinge weltweit handelt, um „Staatenlose", „Geduldete" und „Illegale", „Undocumented People", Verhaftete und „Abgeschobene" (vgl. Waldinger/Fitzgerald 2004). Diese Migranten können oft weder auf ein Hier noch auf ein Dort, geschweige denn auf ein „quer über diesen beiden liegendes Konstrukt" zurückgreifen, in welchem sie sich „aufgehoben fühlen könnten" oder welchem sie sich zugehörig fühlten. Meist gehören Migranten nur im „günstigsten Falle" einer „Community" an, dessen Mitglieder solidarisch und kameradschaftlich das gemeinsame Schicksal teilen, fern und loyal zu ihrer Heimatnation zu sein. Dieser ideologischen Vorstellung steht eine Realität von Hierarchien innerhalb der Community, Abhängigkeiten und Ein- bzw. Ausschließungsmechanismen sowie Kontrolle (Patronage) oder Verfolgung durch die „Mutternation" gegenüber. Das Konzept der transnationalen Communities wird ohne Bewusstsein dieser Grundproblematik zu einer Verschleierung einer „globalen Ausgrenzung" von grenzüberschreitenden Migranten, welche nicht nur geographisch, sondern auch sozial „displaced" (heimatlos/vertrieben/ausgegrenzt) sind.

Die Verwendung des Wortes „transnational" wird in den folgenden Kapiteln im heuristischen Sinne (und kritisch) verwendet. Es ist zunächst die einfache Tatsache gemeint, dass Migration gerade durch sich verändernde Lebensverhältnisse im Herkunftsland der Migranten, Veränderungen im Zielland und den politischen Strategien sowohl im Aus- wie auch im Einwanderungsland (sowie in weiteren Einwanderungsländern) gleichermaßen bestimmt wird (vgl. Rex 2002, Waldinger/Fitzgerald 2004).

Für die Frage, wie und nach welchen Mustern dieser Transnationalismus im Sozialen auffindbar ist, werden weitere Konzepte bzw. beigefügte Begriffe kreiert, worauf ich abschließend eingehen möchte.

### 2.10.2 Die "Community" und ihr „Netzwerk"

Die Ortsgebundenheit von Gemeinschaften (die Beziehung von sozialem und physischem Raum (vgl. Bourdieu 1991) und die Gliederung der Gesellschaft in Nationen („Containerdenken" vgl. Beck 1997) waren „altbewährte" Bezugskategorien. So bezieht sich eine Gemeinde auf ein Stadtgebiet, eine Nation auf ein begrenztes Staatsterritorium (vgl. Simmel 1908/1995). Worauf bezieht sich nun ein transnationaler Migrant, der im „nicht-physischen Raum" lebt. Neue Bezeichnungen dafür: „soziale Felder" („social fields that cross geographic, cultural, and political borders"; Basch et al. 1994: 7), „glokale Szenerien" (Beck 1997: 100) und „ethnoscapes" (vgl. Appadurai 1991) drücken die Suche nach Begrifflichkeiten aus, die beschreiben sollen, um „was" es hier geht.

Neben der Klärung des Raumbegriffes[65] bleibt für eine theoretische Weiterentwicklung des Konzeptes die Frage zu beantworten, um welches soziale Gebilde es sich handelt. Sind es transnationale Menschen oder Gruppen?[66] Es muss sich wohl um eine Gruppe handeln, die insofern zusammengehört, als sie sich gemeinsam auf das transnationale Konstrukt bezieht und die gemeinsame Vorstellung dieser Zugehörigkeit teilt. Die zwei geläufigsten Termini, welche sich zum abstrakten Begriff Transnationalismus gesellt hatten, sind also das (transnationale) Netzwerk und die (transnationale) Community. Der Netzwerkbegriff steht im Kontext einer ähnlich ausgedehnten theoretischen bzw. methodologischen Debatte (Netzwerktheorie und Netzwerkanalyse) wie der Begriff Transnationalismus. Aktuelle Netzwerk-Ansätze knüpfen direkt an die Ideen des Transnational Approach an (z.b. Scheibelhofer 2006 und Kesselring 2006). Der Community-Begriff dient zwar ebenso wie das Netzwerk als eine sozialwissenschaftliche Kategorie, mit welcher man soziale Einheiten der Moderne bezeichnen möchte, war aber weit weniger das Thema von Auseinandersetzungen in der Literatur.

Die theoretische Entwicklung der Begriffskombination Transnationale Community ist jedoch unscharf. Knapp gesagt musste das neue „transnationale Konstrukt", welches sich von einem real-geographischen Raum „ablöste" und einen „vorgestellten" Raum implizierte, nicht nur ohne die herkömmliche Raumkategorien auskommen, sondern es stellte sich auch die Frage, wie die „transnationalen" Personen organisiert sind und wie das transnationale Handeln sozialstrukturell charakterisiert ist. Bei der Beifügung des Begriffes Community spricht man einerseits von einem „Rückgriff" auf die soziologische Kategorie Gemeinschaft und ihre Definition nach Tönnies (vgl. Tönnies 1887/2001) und andererseits von einer „Anlehnung" an das Konzept der „imagined community"

---

65  Hinter den hier genannten theoretischen Debatten stehen weitere damit verbundene Diskussionen, wie das Überdenken des Raumkonzeptes in der Geographie (z.B. Matthiesen 1998, Pries 2003) und die Konjunktur einer Soziologie des Raumes (z.B. Eigmüller/Vobruba 2006).

66  Die Soziologie hatte ja traditionell das Problem, zu abstrakt zu sein, die Menschen fehlten ihr. So schreibt auch William Whyte (in seinem Buch über die Sozialstruktur von Italienischen Immigrantenmilieus in Nordboston 1981), dass in den Slum-Studien, die es vor ihm gab, die Menschen fehlten und die Zustände der Slums insgesamt als Struktur verstanden werde und diese in Kategorien unterteilt wurde, wie Haushalt, Bildung etc. Dabei schien allen Wissenschaftlern das zentrale Charakteristikum für Slums die soziale Desorganisation zu sein. Whyte erkannte in seinen Studien, in denen er über drei Jahre in diesem Viertel lebte und Freundschaften zu Gangs aufbaute, dass es ein sehr hohes Maß an Organisation gibt.

von Benedict Anderson (vgl. 2001). Einmal ist mit Migrantencommunity deren lokale Einbettung innerhalb einer städtischen Gesellschaft etc. gemeint (im Sinne der Community-Studies), ein andermal ihr mobiler Charakter und ihre Anbindung an ihre Herkunft (transnationale Community). Der Community-Begriff kann dabei eine mögliche Schnittstelle bieten, da er sowohl im Zusammenhang lokaler Migrantencommunities (bspw. Chinatowns) als auch im Zusammenhang transnationaler Gemeinschaften („transnational communities") Verwendung findet.

Mit der Definition von Gemeinschaft nach Tönnies ist mit dem Begriff ein Kollektiv von Menschen gemeint, welches durch enge Interaktion untereinander eine soziale Gruppe bildet, die durch Gebundenheiten (durch einen gemeinsamen Ort, bspw. Stadtgebiet oder Staatsterritorium), gemeinsame politische oder ökonomische Interessen, gemeinsames Wissen, gemeinsame Tätigkeit etc. gekennzeichnet ist. Die Gemeinschaft, in der deutschsprachigen Soziologie als soziologische Grundkategorie gültig, wurde in den USA durch die Doppeldeutigkeit von Community im Amerikanischen sowohl mit Gruppenforschung (Analysen von face-to-face-Beziehungen) als auch Gemeindeforschung[67] verbunden. Der Community-Begriff hat wegen dieser Tradition bereits ein mehrdeutiges Dasein in den Sozialwissenschaften. Er enthält sowohl die Bedeutung von „Zusammengehörigkeit" (Wir-Gefühl) als auch von Gebundenheit an soziale und geographische Räume (oder Milieus). Mit dieser theoretischen Fundierung beerbt man die transnationale Community also mit diesen Grundeigenschaften der „willentlichen" (vgl. Tönnies 1887/2001)[68] Zusammengehörigkeit. Dieser Rückgriff (im engeren Sinne betrachtet) würde der transnationalen Community ein Zusammengehörigkeitsgefühl unterstellen, das vom Willen der Mitglieder, dieser anzugehören, bestimmt wird. Wie willentlich ein Migrant seiner Community angehört oder ob es sich bspw. nur um (zweckrationale) finanzielle Abhängigkeiten (wenn einem Migranten die Migration „verkauft" wird)[69] oder sogar eine zwangsläufige Mitgliedschaft handelt, muss jedoch offen bleiben. Der Begriff der Community ist als Analyseinstrument daher nur sinnvoll, wenn er als offenes Konzept gesehen wird, bei welchem nicht alle Definitions-

---

67   Bis in die 1980er Jahre war in den Wohlfahrtsstaaten die Stadt als Aneinanderreihung von Funktionen gesehen. Qualitative Stadtforschung sieht die Stadt eher als jenen Raum, wo sich „alles" abspielt, Lebenswelt, Interaktion, usw. Ihre Beziehung zum Raum und gebauten Raum ist ihr Forschungsgegenstand (vgl. Sachs-Pfeiffer 1991: 394 ff.) und wird unter dem Begriff „Community-Studies" zusammengefasst.

68   Zu Gemeinschaft und Gesellschaft siehe Tönnies 1887/2001).

69   Zeckrationale Mitgliedschaft entspräche der Definition von Gesellschaft bzw. unterscheidet Gemeinschaft von Gesellschaft nach Tönnies (vgl. 1908).

merkmale der traditionellen soziologischen Kategorie Gemeinschaft übernommen werden.

Der andere theoretische Rückgriff bezieht sich auf eine Begriffsbildung des Politologen Benedict Anderson (eines in China geborenenen US-Amerikaners), welcher sich mit der Nation als gesellschaftlichem Konstrukt und als einer vorgestellten Gemeinschaft, „imagined community" (vgl. 2001) auseinandersetzte[70]. Anderson hat Nation als eine Vorstellung von einer Gemeinschaft aufgefasst, auf welche im Handeln Bezug genommen wird und auf diese Weise sozial konstruiert wird (vgl. 2001). Diese Auffassung bezieht sich auf den phänomenologisch-konstruktivistischen Ansatz. Die Nation ist nach Anderson eine Vorstellung von einer kollektiven Gemeinschaft mit einem vorgestellten stets um- und be-grenzten (physischen und sozialen) Raum und einer vorgestellten Kameradschaftlichkeit. Vorstellung bedeutet hier – im konstruktivistischen Sinn – Interpretation und Realität. Die Vorstellung von einer Grenze heißt, dass die Grenzen veränderbar bzw. gefährdet sind, aber auch (für das Bestehen von Nation) eine Grundvoraussetzung sind. Vorgestellte Kameradschaftlichkeit meint eine Zusammengehörigkeit, die bei gleichzeitiger realer Ungleichheit zwischen Mehrheiten und Minderheiten in einem Staat, in dem man zu den meisten „Mitstaatsbürgern" gar keinen (persönlichen) Bezug haben kann, für das Zugehörigkeits- und Zusammengehörigkeitsgefühl, d.h. für die Konstruktion von Nation ausschlaggebend sind.

Diese (sozialkonstruktivistische) Sicht auf Basis des Begriffes der Nation nach Anderson (2001) nun auf das Konzept der transnationalen Community zu übertragen, würde bedeuten, dass sich bei Transmigranten die Nationsgebundenheit zugunsten einer überstaatlichen oder doppelten Zugehörigkeit (oder gar einer „weltbürgerlichen Identität") auflösen würde. Sehr oft ist aber das Gegenteil der Fall: Nationalismen leben (auch und teils verstärkt) in der Art „exterritorialer Miniatur-Nationalstaaten" weiter; Transnationalismus kann sich Anderson zufolge als eine „nationalistische Fernbeziehung" ausdrücken:

> "One could even argue,"…"that electronic communications, combined with the huge migrations created by the present world-economic system, are creating a virulent new form of nationalism, which I call long-distance nationalism: a nationalism that no longer depends as it once did on territorial location in a home country. Some of the most vehement Sikh nationalists are Australians, Croatian nationalists, Canadians; Algerian nationalists, French; and Chinese, Americans.

---

70    Zwar definierte bereits Simmel (vgl. 1908/1995) den Staat als Idealtypus eines gesellschaftlichen Gebildes, welches an einen geographischen Raum, ein Territorium gebunden sei und darüber seine Existenz legitimiert/begründet. Dennoch blieb sogar bei den Konstruktivisten der Nationalstaat als soziales Konstrukt lange Zeit weitgehend unberücksichtigt.

The internet, electronic banking and cheap international travel are allowing such people to have a powerful influence on the politics of their country of origin, even if they have no intention any longer of living there. This is one of the main ironic consequences of the processes popularly called globalization."[71]

Für meine empirische Untersuchung haben diese theoretischen Auseinandersetzungen die folgenden Implikationen: Mit dem Begriff der „Community" wird in dieser Falldarstellung der chinesischen Bevölkerung in Bukarest weder ein einheitliches Wir-Gefühl, noch eine klar zu bestimmende soziale Struktur unterstellt. Es ist vielmehr eine soziale Einheit gemeint, die zunächst lediglich durch die Gemeinsamkeiten der Herkunft aus einem anderen Land und der Einbettung als „Immigrantencommunity" in der Gesellschaft, in der sie leben, gekennzeichnet ist – auch zum Teil aufgrund ihrer Fremdzuschreibungen bzw. der Diskurse von außen als solche existiert. Weiter ist die Benennung einer „Vorstellung" von einer chinesischen Community möglich. Entsprechend der Bilder in den Köpfen ihrer Mitglieder oder auch der Gesellschaft, in welcher die Community lebt, wird sie als solche auch relevant, da sie zu ihrer Konstruktion beitragen, ihren Mitgliedern dazu dienen kann, eine Identität zu gründen, aufrechtzuerhalten oder der Identität ihrer Herkunftsnation entgegensetzen[72]. Oft geht mit Letzterem eine „Ethnisierung" einher, d.h. eine soziale Konstruktion von Gemeinschaft (u.a. durch politische Mobilisierung), die sich auf Herkunfts- oder biologische Merkmale beruft. Diese Ethnisierungsprozesse werden in den Analysen eher dekonstruiert als rekonstruiert[73]. Transnationale Communities unterliegen nationalen Kontrollmechanismen ebenso wie die einzelnen Akteure, welche in unterschiedlichen sozialen Figurationen zwischen mehreren Orten und über nationalstaatliche Grenzen hinweg leben (vgl. Kokot 2000). Communities in diesem Sinne sollen nicht als voneinander „abgeschlossene Einzelge-

---

71  Anderson 2001: 12. Die Vorstellung von einer „Fernbeziehung" der Migranten zu ihrer Heimatnation („long-distance nationalism" vgl. Anderson) ist keine neue Auffassung, sondern entspricht dem traditionellen Modell einer „nationalen Minderheit" welche innerhalb der einen Nation lebt und auf eine andere Nation verweist bzw. von dieser oft unterstützt wird. Insofern sind z.B. transnationale Communities in den USA (bspw. der Mexicans) das US-amerikanische Pendant zu den nationalen Minderheiten in europäischen Staaten (bspw. der Ungarn in Rumänien).

72  Vgl. Beck, 1997: 56 Afrikabilder und afrikanische Communities.

73  Weder eine unreflektierte Übernahme der Begriffe noch eine Ablehnung und Neuerfindung sehe ich als sinnvoll an. Der Community-Begriff wurde bspw. von Ludger Pries, einem Vertreter der europäischen Transnationalismustheoretiker, aufgrund der unklaren theoretischen Fundierung des Begriffs für eine Analyse als inadäquat für eine Benennung des Spezifischen neuer transnationaler Migrationsprozesse und als unbrauchbar für eine Analyse erklärt (vgl. Pries 1996: 22). Er schlägt stattdessen den Begriff transnationaler sozialer Räume vor. Diese Vorschläge sind m. E. nicht immer konstruktiv, zumal sie sich nicht immer durchsetzen, während andere populär, aber noch nicht theoretisch fundiert wurden.

sellschaften" verstanden werden, welche sich unabhängig von globalen Herrschaftsverhältnissen und Machtungleichheiten im undefinierten Raum bewegen
und sich nicht lokalisieren/verorten lassen.

Eine theoretische Festschreibung der „sozialen Gebilde" von Migranten versucht man u.a. durch den (inflationär gebrauchten) Begriff des Netzwerks (vgl.
Hollstein/Straus 2006) zu umgehen. Auch in der Netzwerktheorie gibt es keine
gemeinsame theoretische Bezugnahme. Die Netzwerkanalyse wird bestimmt
durch einen offenen Begriff des „Netzwerkes", das in seiner Eigenheit immer
erst (im Zuge der Analyse) definiert werden muss (vgl. Hollstein/Straus 2006).
Allerdings sahen Vertreter der klassischen Migrantennetzwerke diese Netzwerke mit bestimmten Funktionsweisen verbunden, unterstellten ihnen einen
bestimmten Aufbau und bestimmte Kriterien der Konstituierung, so etwa, dass
sie Kosten und existentielle Risiken auffangen würden, welche mit der Migration verbunden sind oder dass sie für den Informationsaustausch wichtig wären
etc. (kritisch dazu vgl. Haug 2000). Die Annahme, dass Netzwerke die Migration „steuerten", ist methodologisch insofern problematisch, als es wenig empirische Klarheit darüber gibt, was diese Netzwerke denn seien und welche soziale Struktur sie aufweisen. Ebenso ist die Annahme problematisch, es handle
sich um soziale Formierungen, welche so – in dieser Form – bisher nicht vor-
kamen, daher Netzwerke charakteristisch für die Moderne und das Zeitalter der
Globalisierung seien (vgl. Castells 2003). Noch problematischer wird es (methodologisch), wenn es um die so genannte „illegale" (internationale) Migration
geht, da hier Strukturen möglicherweise gar nicht existieren oder heterogen,
möglicherweise eher „natürlich gewachsen" (wie bspw. Organisationen), durch
ihre Transnationalität nicht verortbar sowie für die Forschung nur bedingt sichtbar sind.

Für die Verwendung des Netzwerk-Begriffes in dieser Arbeit verstehe ich
die Netzwerkanalyse (vgl. Hollstein/Straus 2006) als ein offenes methodologi-
sches Konzept, welches die Strukturen bzw. Muster sozialer Gefüge beschreibbar bzw. darstellbar machen möchte. Es kann demnach, wenn von einem Netzwerk die Rede ist, (vorab in einer Studie) noch nicht gesagt werden, wie dieses
konkret aussieht (vgl. Hollstein/Straus 2006). Die Aussage, dass diese Netzwerke die Migration steuern, ist daher ebenso wenig aussagekräftig[74]. In dieser

---

74  Die Gefahr liegt hier m. E. in der Reproduktion der Vorstellung, es gäbe tatsächlich Netz-
    werke, die sich durch eine z.B. ethnische oder herkunftsbegründete Variable bilden und sich
    durch dieselben Variablen von einer Gesellschaft (hier der „rumänischen") abheben, aber zu-
    gleich „überkulturelle" Eigenschaften besitzen, d.h., dass Netzwerke in allen transnationalen
    Migrationen ähnliche Strukturen aufweisen.

Arbeit spreche ich daher von „Vernetzungen", wenn ich Thesen darüber aufstelle, ob und welche Muster sich in den Beziehungen der Menschen („Beforschten") auffinden lassen.

Die in diesem Kapitel gemachten Erläuterungen meiner theoretischen und methodischen Zugänge repräsentieren (m)eine theoretische Sensibilisierung (vgl. Strauss/Corbin1996) für die Rekonstruktion. Der Leserschaft sollten sie zum klaren Verständnis der verwendeten Begriffe in den nächsten Kapiteln (3 und 4) dienen. In Kapitel fünf gehe ich explizit auf eine Verknüpfung der hier festgelegten Perspektiven und meiner im Fall entdeckten Hypothesen ein.

# 3 Diskurse über die chinesische Immigration in Bukarest

## 3.1 Zielsetzung dieses Zugangs zum Fall

In diesem Kapitel werden die Diskurse[75] betrachtet, welche in Rumänien während der Zeit der Feldforschung zwischen 2003 und 2006 über das Thema Immigration in Osteuropa allgemein und über Chinesen in Bukarest im Besonderen vorherrschten: erstens der politisch-institutionelle Diskurs, der vor allem durch Expertengespräche und Gesetzestexte erfasst wurde, zweitens der mediale, wofür Printmedien analysiert wurden, und drittens der wissenschaftliche, welcher durch einschlägige Literatur, Forschungsstudien und Interviews mit Forschern/Forscherinnen erhoben wurde. Die Auswahl dieser Ebenen liegt im Fallzugang und der im Zuge des Forschungsprozesses gefundenen Kategorien begründet, wie in Kapitel 2 bereits erläutert wurde.

Die Analyse hatte zum Ziel, die allgemeine „story line"[76] (Keller 2001: 133) zum interessierten Thema zu erfassen, welche in der Verschränkung und den gegenseitigen Bezugnahmen einerseits als auch bei Veränderungen im Zeitverlauf andererseits den Gesamtdiskurs durchziehen. Mit anderen Worten: Es wird aufgeschlüsselt, wie die Akteure der drei Diskursebenen dazu beitragen, einen sozio-historisch bestimmten Gesamtdiskurs zu gestalten und zu verändern.

Im Folgenden werden eine politische, eine mediale und eine wissenschaftliche Diskursformation jeweils ergebnisorientiert dargestellt. Dies bedeutet nicht, dass es innerhalb dieser Bereiche und außerhalb aller drei nicht sehr unterschiedliche Diskurspositionen, also sehr unterschiedliche Bewertungen des herrschenden Gesamtdiskurses und Bezugnahmen auf ihn gab. Ein Gegendiskurs zu diesem Gesamtbild, der als solcher eine wesentliche Formation ausmachte und kollektiv geteilt würde, konnte – abgesehen von individuellen Gegenpositionen – in meinen Analysen jedoch nicht identifiziert werden. Dies ist bereits ein weiteres wesentliches Ergebnis, welches den Unterschied bspw. zu einem Migrationsdiskurs in Deutschland oder anderen westeuropäischen Einwanderungs-

---

75  Zur Verwendung des Begriffes Diskurs siehe Kapitel 2.
76  Siehe Kapitel 2.

ländern darstellt, wo aus vielen Gründen (vor allem der längeren Auseinandersetzung mit der Tradition des Einwanderungsthemas) auch starke Gegenpositionen zum herrschenden Diskurs existieren, insbesondere in der Wissenschaft
(bspw. durch das Konzept der „Autonomie der Migration"[77]) und verschiedenen
Nichtregierungsorganisationen (bspw. durch Vertreter wie ProAsyl usw.).

Im letzten Kapitel werden die Ergebnisse des rumänischen Diskurses dem
neuen chinesischen Diskurs über Emigranten gegenübergestellt. Bei der Erläuterung des chinesischen Diskurses verknüpfte ich zwei Ebenen: Erstens die Ergebnisse von Studien über die Diskursivierung chinesischer Emigration in der
VR China bzw. auf internationaler Ebene und zweitens die Ergebnisse der Aus-
wertungen von Migranteninterviews hinsichtlich ihrer Selbstdarstellung.

Die Identifizierung von diskursiven Veränderungen, d.h. des Wandels von
Aussagen und Bedeutungen von Themen, wird hinsichtlich ihrer Einbettung in
soziohistorische Prozesse und hinsichtlich der folgenden, den Diskurs beein-
flussenden Ereignisse durchgeführt: erstens der rapiden und markanten Veränderungen in Bukarest in den letzten Jahren, d.h. im Transformationsprozess Anfang der 1990er und während der jüngsten Entwicklung zum neuen „Tigerstaat
Europas"[78]; zweitens hinsichtlich des Verlaufs der europäischen Migrationspolitik seit den 1990ern, insbesondere im Kontext der EU-Osterweiterung. In
diesem Zusammenhang war der Gesamtdiskurs in Rumänien von der Vorbereitung auf den Beitritt zur Europäischen Union bestimmt. Der EU-Beitritt wird
hier daher als zentrales Diskursereignis diskutiert[79]. Als drittes Ereignis wird die
im Laufe dieser Zeitspanne sich veränderte weltpolitische Positionierung des
Staates China berücksichtigt. Diese geht mit einer Art „weltpolitischem Diskurs" über den „Aufstieg" und die „Modernisierung" Chinas zur „wirtschaftlichen Weltmacht" einher (vgl. Cho 2005, Le Monde Diplomatique 2007; siehe
auch Kapitel 4).

Die Hypothesen bzw. Fragen, welche Konsequenzen die herrschenden politischen, medialen und wissenschaftlichen Diskurse für mein Untersuchungsfeld
haben können, werden in allen Unterkapiteln angesprochen. Sie stellen daher
bereits Folgehypothesen für das Kapitel 4 dar, in denen es um die historischen
Prozesse geht, in welche diese Diskurse eingebettet sein könnten.

---

77   Vgl. dazu Karakayalı/Tsianos 2005; Moulier-Boutang 2002; Benz/Schwenken 2005.
78   Zitiert nach dem Titel einer Konferenz der Friedrich-Ebert-Stiftung, Berlin, 2.5.2007: „Rumä-
     nien – neuer `Tigerstaat` in Europa"?
79   Mit einem Diskursereignis ist einerseits ein den Diskurs prägendes Ereignis gemeint, anderer-
     seits kann auch ein im Diskurs konstruiertes herausragendes Ereignis gemeint sein. Zum Zu-
     sammenhang von Diskurs und Ereignissen (vgl. Foucault 1988, Jäger 2001), siehe Kapitel 2.

## 3.2 Der politisch-institutionelle Diskurs[80] über Immigration in Rumänien

Für diesen Teil meiner Analyse habe ich folgende Interviewpartner[81] gewählt: die Verwaltungs- und politische Akteure der verschiedenen Ministerien und ihnen unterstellte Abteilungen, und zwar im Innenministerium die Grenzpolizei und das Nationale Flüchtlingsbüro, Abteilungen des Arbeitsministeriums (bspw. Institut für Arbeit und soziale Sicherheit), das Wirtschaftsministerium, das Ministerium für Europäische Integration, das Ministerium für Entwicklung und Prognosen, das Bildungsministerium (Abteilung Internationale Beziehungen), das Justizministerium (die dortigen Abteilungen für Melderegister und Statistiken) sowie Parteien (insbesondere von Minderheitengruppen) und Parlamentsabgeordnete in Bukarest. Außerdem wurden noch Mitglieder der Industrie- und Handelskammer, des Nationalinstituts für Statistik und des Nationalinstituts der Magistrate (der administrativen Stadtbezirke) befragt.

Das Ergebnis der ca. 50 Experteninterviews bestand darin, dass ich nicht mit einer Fülle an Information, sondern mit dem Gegenteil konfrontiert war und deshalb zur (vorläufigen) Einschätzung gelangte, nach stundenlangen Gesprächen nicht viel über Immigranten erfahren zu haben. Ein erstes Ergebnis war also, dass es zum Thema Immigration wenig Wissen gab bzw. dieses nicht öffentlich zur Verfügung stand und sich die meisten Organisationen mit diesem Thema bis zum Zeitpunkt der Erhebung nicht beschäftigt hatten.[82]

---

80  Mit der politisch-institutionellen Diskursebene sind alle Einrichtungen gemeint (Organisation, Betrieb, Behörde), welche im politischen Bereich (der Entscheidungsfindung, der Verwaltung und Ausführung) als stabile, dauerhafte, „verfestigte" soziale Gebilde agieren (vgl. Hillmann 1994) und durch eine herausgebildete gesellschaftliche Autorität normativ handlungsleitend wirken (vgl. ebd. „Institutionalisierung"). Hier werden auch die internationale Organisation, Hilfsorganisationen und Vereine einbezogen, welche entweder in ihrer Hauptfunktion oder neben ihren spezifischen Aufgaben (wie der humanitären Hilfe) auf politische Entscheidungsfindung und Ausführung/Verwaltung Einfluss nehmen, wie der Staatenbund der Europäischen Union, und die internationale, globale United Nations Organisation.

81  Die Detailliste dieser Interviews ist im Anhang zu finden. Zu den wichtigsten staatlichen Behörden, welche sich mit Migration beschäftigen, siehe auch Constantin 2004 und Lăzăroiu 2005.

82  Die im Folgenden dargestellten Interpretationen/Ergebnisse sollen nicht als Evaluationen missverstanden werden, wie gut/intensiv sich Rumänien mit bestimmten Themen auseinandersetzt und sich ihrer annimmt und welche Themen von Politikern, Forschern und Journalisten vernachlässigt oder verzerrt werden. Nicht die Wertung durch mich, sondern die Objektivierungen, Bewertungen, Moralisierungen, Strukturierungen usw. durch kollektive Akteure unterschiedlicher Gesellschaftsbereiche Rumäniens (und Europas) sind von Interesse.

## 3.2.1 Diskursive Desinformation

Ein typischer Interviewverlauf in Verwaltungsbehörden und genannten Institutionen lief derart ab, dass zunächst auf die Fragen zur Institution eine sehr allgemeine Selbstdarstellung der Organisation folgte, welche vorgegeben und unflexibel wirkte. Meist wurden dabei vorhandene Unterlagen, Publikationen und Broschüren sowie Berichte angeboten.

Bei der Frage zu meinem Thema wurde die Ablehnung des Sprechens und Wissens über Einwanderung durch Überlagerung des Themas mit dominanten, herrschenden Diskursen praktiziert, und zwar in der Form, dass bestimmte als offiziell deklarierte Themenschwerpunkte den Diskurs bestimmten. Meist aber wurden latente oder manifeste Vermeidungsstrategien bevorzugt, dies insbesondere in der Fragephase, in welcher das Thema stärker auf Immigration fokussiert und die Person konkret auf ihre persönliche Konfrontation damit angesprochen wurde.

Die Art und Weise, wie das Thema vermieden wurde, war von Institution zu Institution und den jeweiligen Tätigkeitsfeldern verschieden, mit dem gemeinsamen Nenner des „diskursiven Vermeidens" und „Verheimlichens" durch diskursive Dominanz anderer Themen.[83]

Die dominanten Themenschwerpunkte (welche sich auf Migration im weitesten Sinne beziehen[84]) waren zwei. Erstens ging es um spezifische Phänomene in Rumänien, die in Beziehung zu anderen europäischen Staaten stehen. Hier

---

83    Die Formulierung des Verheimlichens würde eher die aktive Intention des Nicht-darüber-Sprechens betonen, was für den Diskurs der kollektiven Akteure gilt, vermutlich aber den Interviewten nicht so bewusst war oder nicht unbedingt mit Absicht betrieben wurde. Es kann also von einem kollektiven Verheimlichungsdiskurs, aber deshalb noch nicht von einer von allen Akteuren durchgängig und aktiv betriebenen Verheimlichungsstrategie gesprochen werden. Hier ist auch zu betonen, dass es zudem unterschiedliche, individuelle Diskurspositionierungen dazu gab, d.h., es fanden sich innerhalb der politisch-institutionellen Interviews durchaus auch etwas offenere oder kritische Stimmen. Diese widerlegen jedoch nicht die strukturhypothetischen Ergebnisse, sondern bestätigen sie, wie ich in einigen Zitaten später aufzeigen werde.

84    Wie eingangs erwähnt, wurde in den Interviews zunächst ganz allgemein nach Migrationsthemen gefragt, bevor ich auf mein interessiertes Thema zu sprechen kam. Die „vorgeschobenen" Migrationsthemen sind daher auch logische Folge meiner offenen Fragestellung. Da auch das Thema Immigration teils unbekannt, neu und irritierend für die Befragten war, war es nicht anders möglich, das Themenfeld der Migration – sei es Auswanderung, nationaler und internationaler Migration usw. – zu vermischen. Diese Faktoren wurden in die Analyse mit einbezogen, mit dem Ergebnis, dass die Diskurse dennoch Vermeidungsdiskurse sind, auch wenn den Interviewten die „Freiheit" gelassen wurde, die tonangebenden Diskurse stärker auszuführen oder mehr auf meine konkreten Fragen nach Immigranten einzugehen.

wurde in erster Linie die Auswanderungswelle der (rumänien-) deutschen Minderheit und/bzw. die Arbeitsmigration bzw. Pendelmigration Richtung Westen (vor allem nach Italien und Spanien) in den Vordergrund gestellt. Dieses Thema kann als innenpolitischer Themenschwerpunkt in Bezug auf Migration bezeichnet werden. Hier wird insbesondere der ökonomische Wert bzw. Verlust der Migration in Rumänien diskursiv bearbeitet, nämlich durch den „Export von Humankapital", repräsentiert durch die Geldüberweisungen aus dem Ausland nach Rumänien einerseits und dem Arbeitskräfteverlust durch Abwanderung von Qualifizierten, Ausgebildeten („brain-drain") (vgl. auch Constantin et al. 2004) andererseits. In dieses Themenfeld gehört auch die „illegale Wanderung" und die „Abschiebung" von Rumänen aus westeuropäischen Staaten[85], sowie der damit verbundene „schlechte Ruf" Rumäniens in Westeuropa.

Zweitens ging es um den für mein Thema nun relevanteren Schwerpunkt, um die internationale Migration (von nicht-rumänischen Staatsbürgern), welche auch Rumänien betrifft. Hier wurden die besprochenen Themen nicht als „lokale", sondern überstaatliche („transnationale") definiert. Sie lassen sich durch folgende Aussagen zusammenfassen: „Rumänien ist ein Transitland, welches sich gegen illegale Migration rüsten muss" und „Bukarest ist eine Drehscheibe international organisierter Kriminalität", welche es ebenfalls „zu bekämpfen" gilt. Diese Themen wurden diskursiv aus der Innenpolitik „herausgehoben", so als hätten diese für Rumänien selbst keine lokale Relevanz, sondern sind nur insofern zu „regeln", als der Staat Rumänien als zukünftiges EU-Mitglied seinen Beitrag dazu leisten muss, „europäische Probleme zu lösen".

Diese Reduktion des Diskurses auf akute Brennpunktthemen steht in Zusammenhang mit der Rolle, welche die Europäische Union dem Land Rumänien zugewiesen hat bzw. sich Rumänien im Zuge der Bestrebungen zum EU-Beitritt selbst auferlegt hat: die Rolle des „Wächters". Rumänien wird nach 2007 die Außengrenze der EU bilden und ist daher als Beitrittskandidat mit Aufgaben betraut bzw. konfrontiert, die (internationalen) „Grenzsicherheitsmaßnahmen" zu verstärken. In diesem Zusammenhang ist der Staat Rumänien aus der Sicht der Europäischen Union ein „Transitland", insbesondere von Flüchtlingen. Aufgabe sei es daher einerseits, Flüchtlings-,„Auffanglager"[86] zu bauen und zweitens die Schaffung eines EU-konformen Asylgesetzes bzw. die Anpassung der nationalen Gesetze an das im Prozess befindliche bzw. anvisierte

---

85    Die größte „Einwanderungsgruppe" in Rumänien bilden Rückkehrende, „Abgeschobene", Defakto-Pendler usw. (vgl. FFM Forschungsgemeinschaft Flucht und Migration 1996).
86    Vgl. dazu Nsoh 2007

„europäische Migrationsregime"[87] durchzuführen. „Controlling Exits to gain accession", hieß also die Devise (vgl. Lăzăroiu/Alexandru 2005).

Der gesamte Diskurs über Migration und Minderheiten steht – so ein weiteres Ergebnis – ganz unter diesem Vorzeichen bzw. „Druck", diesen Forderungen von außen gerecht zu werden, mit dem Ziel, in die Europäische Union nach Zeitplan eintreten zu können. Das bedeutet, dass der zukünftige, offiziell erwünschte bzw. erhoffte EU-Beitritt das zentrale Diskursereignis bildete, welches alle Themen strukturierte und so auch den gesamten Migrations- und Minderheitendiskurs im Jahr 2003 bestimmte.[88]

Auch bei der Frage nach Immigrantengruppen, die in Rumänien bzw. Bukarest leben, zeichnete sich die offizielle politische Diskurslinie der oberen Verwaltungsbehörden durch eine Vermeidung des Themas aus oder/und durch die Argumentation, es gäbe diese Immigranten nicht. Die Vermeidung erfolgte durch Ablenkung auf ein anderes Thema, durch Gesprächsverweigerung und bürokratische Hürden, wie beispielsweise, dass Informationen nur auf schriftliche Ansuchen herausgegeben würden, durch Argumentationen, dass dieses Thema nicht wichtig sei usw. Offizielle Akteure des Verwaltungsapparates

---

87  Hier sind sowohl die bereits vertraglich abgestimmten gemeinsamen Regelungen (Vertrag von Maastricht 1992, Schengen 1995, Amsterdam 1999 und Nizza 2003) als auch allgemein der Prozess des Strebens nach einer einheitlichen europäischen Migrationspolitik der EU, d.h. die umfassende Regelung und Durchsetzung einer solchen, gemeint. Der Begriff „Migrationsregime" knüpft nach Karakayali und Tsianos (2005) an die Regimetheorie Alain Lipietz' (1985) an. Dabei geht es darum, „Regieren" zu verstehen als ein „Gewirr von autonomen Prozessen" welche zusammen „ein kohärentes, gesellschaftliches Produkt darstellt". (vgl. Lipietz 1985: 119 zitiert in Karakayalı/Tsianos 2005: 14). Diese Definition des europäischen Migrationsregimes klärt also ab, dass es sich nicht um eine von bestimmten Akteuren strategisch geplante und kontrolliert durchgeführte supranationale Regierung der Migration handelt. Somit ist auch diese neue osteuropäische Migrationspolitik keine klar geplante, beabsichtigte. Die These lautet vielmehr, dass bestimmte Herrschaftsformen entstanden und in den Jahren um die Jahrtausendwende aus den „turbulenten Dynamiken der Migration in Europa" (ebd.: 10) herausgebildet haben. „Es geht also um das Problem der Verstetigung von Verhältnissen, die ihrer Natur nach als äußerst instabil angesehen werden müssen, von denen aber nicht angenommen werden kann, dass sie exogen, also etwa vom Staat gesichert oder gesteuert werden. Die ‚Regularisierung' sozialer Verhältnisse wird vielmehr als Resultat sozialer Auseinandersetzungen begriffen, die in immer wieder zu erneuernden (oder umzuwerfenden) institutionellen Kompromissen münden (ebd.: 14).

88  Dies spiegelt exakt die Politik der Europäischen Union und ihrer Mitgliedstaaten seit Ende der 1980er Jahre wider, in der eine europäische Migrationspolitik deshalb entwickelt wird, um „auch bei Wegfall der Binnengrenzen adäquat auf die Wanderungsbewegungen in Richtung Europa reagieren zu können" (vgl. Jünemann 1999: 24). Keine umfassende Migrationspolitik, sondern eine einseitig auf die Erschwerung des Zugangs zum gemeinsamen Territorium ausgerichtete Zielsetzung wird dabei in den verschiedenen Vereinbarungen (Amsterdam, Schengen usw.) deutlich.

vermieden es also sorgfältig, über die Existenz von Chinesen und anderen Immigranten, die bspw. als Händler in Bukarest leben, zu sprechen, und wenn sie darauf zu sprechen kamen, gaben sie keine klaren Antworten. Im Interview mit einem Sachbearbeiter im Arbeitsministerium, welcher sich mit Arbeitsmigration beschäftigt, versuchte ich durch mehrmaliges Nachfragen mein Interesse für Immigranten zu verdeutlichen. Dieser kurze Dialog im Interview wurde vom Inteviewten durch argumentative „abschließende Punktsetzungen" versucht abzubrechen und machte mir das weitere Nachfragen schwer möglich:

"For the moment Romania is not an immigration country. That is the basic statement from my side (...) It's not really a problem if you want, we are talking about a few persons and it's not really an issue."[89]

Unabhängig davon, ob die zitierte Person tatsächlich der Meinung ist, dass Immigranten für Rumänien keine Bedeutung hätten, ist hier die Art und Weise der Vermeidung des Themas relevant: Mit der Argumentation „Rumänien ist kein Einwanderungsland" wird vermutlich die eigene Unkenntnis überdeckt, insbesondere aber das Nicht-darüber-Reden legitimiert. Die Aussage, Rumänien sei kein Einwanderungsland, meint auch, dass es sich um kein politisch zu einem Problem erhobenes Thema handelt, so wie dies in einem „Einwanderungsland" der Fall ist. Das Thema muss daher auch nicht besprochen werden, ist daher keine (öffentliche) Angelegenheit. Die Bedeutungslosigkeit des Themas wurde von derselben Person zudem mit der geringen Anzahl der Migranten begründet, die nicht erwähnenswert sei.

Bereits diese Aussage lässt einige Hypothesen über die „Wirklichkeit" der in Rumänien lebenden Immigranten zu. Immigranten sind kein öffentliches Thema und sie sind nicht wichtig für die offizielle Politik Rumäniens. Sie werden als kleine Gruppe gedacht. Sollten sich diese Immigranten also beispielsweise in sozialen Notlagen befinden, wäre es äußerst schwierig, angesichts einer solchen Kenntnislosigkeit für sie eine Lobby herzustellen und zu betreiben. Auch könnte es sein, dass diese als klein gesehene Gruppe relativ stark durch (staatliche) Akteure kontrolliert und von der Öffentlichkeit abgeschottet wird. Diese Kontrolle ist vielleicht deshalb nicht Thema eines politisch-institutionellen Diskurses, weil sie durch direkte Weisungen an den rumänischen Polizeiapparat (etwa durch Razzien) oder andere Kontrollorgane geschieht. Schließlich aber könnte dieser Diskurs auch dafür stehen, dass diese Immigrantengruppen aus anderen Grün-

---

89    Ministerium für Arbeit und Soziales; 28.11.02 (28)

den in der Öffentlichkeit unsichtbar sind, etwa durch Eigeninitiativen und durch Migrantennetzwerke oder durch ihr Gegenteil, nämlich durch fehlende Organisation/Vernetzung. Dabei könnte – vor dem Hintergrund ihrer öffentlichen Unsichtbarkeit – vermutlich die Kontrolle/Patronage der chinesischen autoritären Regierung in Gestalt des Geheimdienstes und/oder die Kontrolle bzw. Abhängigkeit von lokalen, gewalttätigen Gruppen die Struktur und Machtverhältnisse innerhalb der Migrantengruppen bestimmen.

In den weiteren Interviews konnte ich feststellen, dass sich die Zahlenangaben zur Bevölkerung der in Bukarest lebenden Chinesen deutlich voneinander unterscheiden und von einer sehr geringen bzw. unbedeutenden Zahl gesprochen wurde. Eine diskursive „Quasi-Nichtexistenz" wurde also durch fehlende Zahlen einerseits aber auch dadurch praktiziert, dass den Chinesen der fehlende Status als „Migrationskategorie" fehlt.

Mit dem folgenden Zitat möchte ich verdeutlichen, wie das Praktizieren eines widersprüchlichen, ausweichenden Diskurses dazu führt, die chinesischen Migranten unbedeutsam zu „reden". Nachdem ich mit dem damaligen Stand meiner Kenntnisse über die Bevölkerungszahl aus der Volkszählung 2003 in einem Interview nachfragte, ob diese offizielle Zahl von 2000[90] Chinesen denn stimme, wurde dies zunächst verneint und die von mir genannte Zahl zunächst pauschal halbiert. Darüber hinaus wurde betont, dass diese Chinesen „nur ansässig aber ohne rumänische Staatsbürgerschaft" wären. Dies würde bedeuten, dass der Aufenthalt alleine nicht genügt, sie hier als Migranten anzuerkennen. Eine etwas verwirrende Textstelle, die verdeutlicht, wie die diskursive Haltung des „Herunterredens" im Interviewsetting diskursiv hergestellt wurde.

"Interviewerin: The Chinese are 2000 at the moment?
Herr C: No! 1000!
Interviewerin: And they were more?
Herr C.: No, no, they were never more! They are just residents they are not citizens. And I don't know if there are 20 or 30 citizens."[91]

Die Grenzpolizei bspw. verdeutlichte mir die Unzugänglichkeit zum Thema durch Hürden der Bürokratie. Nach längerer Wartezeit erhielt ich zwar (einen Teil) meiner nachgefragten Information. Sämtliche (wenig aussagekräftige) Statistiken bekam ich aber vom Mitarbeiter für Öffentlichkeitsarbeit langsam dik-

---

90  Wie auch in Kap. 4 erläutert, lag die Zahl der in Bukarest lebenden Chinesen im Jahr 2003 vermutlich zwischen 6.000 und 12.000.
91  Conflict Prevention and Early Warning Center. 27.11.02 (6)

tiert, wobei zunächst meine Anfrage Satz für Satz wiederholt wurde und ich schließlich die vorgelesene Antwort handschriftlich aufzeichnen durfte.[92]

Die sprachliche Umsetzung/Durchsetzung des politisch-institutionellen Diskurses war durch das rhetorische Mittel der „Holzsprache"[93] [limba de lemn] gekennzeichnet, die „politische Phrasendrescherei" in Form von langen und inhaltsleeren Mustersätzen bezeichnet. Die Holzsprache hat sich insbesondere in Rumänien während der Diktatur herausgebildet, in welcher diese eine geforderte und praktizierte Rhetorik in Parteisitzungen, in der Amtssprache, in den Medien und vielen anderen öffentlichen Bereichen gewesen war.[94]

Ein „typischer" Ausschnitt aus einem so genannten Experteninterview in Bukarest mit einem wissenschaftlichen Experten soll die rhetorische Form der Desinformation verdeutlichen. Bei dieser wird das Thema Immigration und Schwarzmarkt angesprochen, ohne darüber zu sprechen:

> „Ja und also, weshalb wir die Bedeutung eines Phänomens etwas übertreiben müssen, welches sich nicht effektiv in entsprechender Weise manifestiert. So ist es auch mit der Immigration. Niemand hat zu Beginn an Immigration gedacht. Wir sprachen davon, dass es ein Phänomen ist, das uns nicht interessiert, bis zum Moment der Öffnung. Die Entwicklung einiger vergleichbarer Beziehungen mit anderen Ländern hat die Notwendigkeit dieses Phänomens erzeugt, also ist es eine natürliche Entwicklung. So denke ich und ich glaube auch, meine Kollegen sind hier mit mir gleicher Meinung. Also es ist nichts Beabsichtigtes, nicht aus einem Bedürfnis heraus, den Markt zu öffnen, denn dieser Schwarzmarkt existierte überall, manchmal kleiner, manchmal grö-

---

92    Ähnlich ging auch eine Mitarbeiterin im Büro der UNHCR vor, welche mir zwar Statistiken über die Anzahl der Asylbescheide (Asyl-gewährende Bescheide) mitteilte, jedoch ebenfalls in Form eines Diktates.

93    In der Linguistik als Xyloglotte bezeichnet und vor allem durch die Definiton Umberto Ecos „langue du bois" bekannt. Es gibt dazu wenige bekannte wissenschaftliche Arbeiten, insbesondere vergleichende Studien, in welchen Gesellschaftssystemen und in welchen Ausformungen diese existiert. Ebensowenig findet man eine Definition in einem Linguistischen Wörterbuch. In einem Schulbuch der rumänischen Sprache, das von Literatruwissenschaftlern herausgegeben wird, wird die Holzsprache definiert als "Limbajul politic abstract, vag şi extrem de clişeizat, al regimului totalitar." (Crisan, Alexandru/Papadima, Liviu et al.: Limba şi literatura română: manual pentru clasa a X-a, Bucureşti 2000: 244-245). Über die rumänischen Holzsprache und vor allem ihre Weiterführung nach 1989 siehe Thom (Limba de lemn, 2005).

94    Die Hauptcharakteristika der Holzsprache sind: 1. der unpersönliche Charakter im Passiv in den Phrasen (die gegenseitige Beziehung hat sich verstärkt, in einer Atmosphäre gegenseitiger Hochachtung und Respekts), 2. der Überfluss an linguistischen Mitteln, mit welchen die Akzentuation auf das Obligatorische gelegt wird (z.B. „es muss", „es ist notwendig", „mit Notwendigkeit", „obligatorisch" usw.), 3. das Fehlen der Nuancen und die schwarz-weiß-Malerei, d.h., das immer nur in zwei Kategorien gesprochen wird (z.B. „konkret" und „abstrakt", „generell" und „besonders", „objektiv" und „subjektiv" usw.), 4. das Metaphorische und die exzessive Personifizierung (bspw.: „die kapitalistische Hydra", d.h. ein Problem, das neue Probleme schafft, „der Vater des Volkes" – gemeint ist Stalin –, „der Pentagon" (statt USA) und die Kodifizierung (z.B. „Revisionist", „Feind des Volkes" usw.). Vvgl. Cosmin 2002, Url: www.lumeam.ro/nr10_2002/millenium.html in Lumea, Nr. 10, 2002.

ßer. Auch Sie wissen, dass es in der Funktion der wirtschaftlichen Entwicklung und im Allgemeinen liegt. Sie müssen wissen, denn alle wissen wir, dass die Dimensionen des Parallelmarktes etwas größer sind, als die offiziellen Zahlen. Und dies kann heute auch noch um einiges größer sein, aber morgen vielleicht wieder reduziert, je nach Funktion und den Mitteln der Wirtschaftspolitik. Denn immer wieder hat jedes politische Mittel einen direkten Einfluss auf den Parallelmarkt, ob es um die Reduktion dieses oder um den Wachstum dieser geht, für eine bestimmte Periode, es sind Bewegungen, welche einen bestimmten Zug in Bewegung setzen, der generelle Zug ist (...)."[95]

Um zu veranschaulichen, dass in Rumänien eine neue politische Rhetorik nicht ohne die Erinnerungen an die alte totalitäre Rhetorik zu verstehen ist, möchte ich den Schriftsteller Ioan Ivaşcu (2005) aus seinem Essay über „Eine andere Vision der Holzsprache" zitieren: „Nicht selten musste ich lächeln beim Hören eines der Syntagma wie ‚Die Europäische Integration', welche mich an die ‚Sozialistische, multilateral entwickelte Gesellschaft' erinnerte" [Orig.: Nu de puţine ori am zâmbit la auzul unei sintagme ca "integrare europeană", care ne amintea de "societatea socialistă multilateral dezvoltată"].

Die ehemaligen Begrifflichkeiten einer vermeintlichen sozialistischen Ideologie sind zwar 1989 weggefallen, aber die rumänische Holzsprache blieb weiterhin die amtliche Redeweise im politisch-institutionellen Diskurs (vgl. Thom 2005), mit der man spricht, ohne etwas zu sagen, die paradoxe Rhetorik des Verschweigens und der ablenkenden Verallgemeinerung im politischen Diskurs. Aus rumänischer Perspektive wird der neue Diskurs im Kontext der EU mit seinen teils inhaltsleeren Slogans mit der rumänischen, aus der Vergangenheit bekannten Holzsprache verglichen. So spricht der Philosoph Andrei Pleşu (1996) von der Herausbildung einer „Rhetorik der Europäizität" bzw. „neuen kontinentalen Holzsprache" (ebd.), was sich auf meine Interviews übertragen lässt.

Haltungen, die – vor dem Hintergrund der eher inhaltsleeren Gespräche – in den Interviews vermittelt werden sollten, waren „politische Korrektheit", professionelle Arbeit für soziale Belange in Bukarest, Vertrautheit mit den sozialen und politischen Problemfeldern Rumäniens und die Versicherung, dass diese in strebsamer Weise bearbeitet werden. Nicht immer gelang dies, wie sich in den Nebenbemerkungen oder durch Personen in diesen Institutionen zeigte, welche der repräsentativen Rolle nicht so sehr entsprechen müssen (wie bspw. Sekretärinnen) und erst aus den hermeneutischen Feinanalysen deutlich wurde. Mit der Zurückhaltung zu diesem Thema wurde teils auch eine (persönliche) ablehnende/rassistische Haltung zurückgehalten, indem „versucht" wurde, nicht frem-

---

95   Academie Roumaine, Institut national de recherches economiques. 12.11.02 (1)

denfeindlich zu sprechen. Es stellte sich heraus, dass die Sprecher ihre Ansichten teilweise mit „eigenen Worten" formulierten, was vermuten lässt, dass dafür noch keine (institutionalisierten, von der EU oder den staatlichen Institutionen) vorgegebenen „Diskursvorschriften" in der täglichen Arbeit galten. Diese Rahmung brachte daher eine nicht einheitlich/konsistente, vermutlich ambivalente politische Haltung von Politik, Medien und Öffentlichkeit gegenüber dem Thema „Immigration" im Diskurs zum Vorschein.

Dafür steht folgende Begebenheit und dient zudem als Beispiel für weitere Äußerungsmodalitäten und Strategien: So versuchte ich in jenem Verwaltungsbezirk von Bukarest, von welchem ich hörte, dass dort chinesische Migranten leben, beim dort zuständigen Bürgermeisteramt einen Interviewtermin zu bekommen. Auf die Frage an eine Telefonistin, „ob ich einen Termin bekommen könnte, da ich über Chinesen in Rumänien forschte, hörte ich lediglich die Gegenfrage, was ich denn von den Chinesen wissen wolle, die würden ohnehin nur `Dreck` machen."[96] Nachdem mir nach weiteren Versuchen im Bürgermeisteramt dennoch eine Person bzw. ein Interviewtermin vermittelt wurde, bestand das Interview zunächst darin, mir „Gemeinplätze" zu erklären, bspw. was das Wort Migration bedeute, dass es sich unterteile in Auswanderung, also Menschen, die das Land verlassen und Einwanderung, also Menschen, die in das Land kommen usw. Der Interviewte, ein Referent für Öffentlichkeit, meinte in dem Zusammenhang der Definitionserklärung, dass die Immigranten in Rumänien ein viel größeres Problem darstellen als in Westeuropa. An anderer Stelle meinte er hingegen, der Bürgermeister beschäftige sich nicht mit Chinesen. Die Verwaltung behandle „jeden Menschen gleich", egal „ob Chinese oder Rumäne". Und wenn etwas auffällig wäre, dann wäre dies „Sache der Polizei" (ebd.).

In dieser Aussage wird auf manifester Ebene eine „ignorante" Haltung gegenüber Immigration deutlich. Auf latenter Ebene wird jedoch noch mehr transportiert. Mithilfe einer Feinanalyse auf Basis meines ethnographischen Kontextwissens über die häufigen und willkürlichen Polizeiaktionen gegen Immigranten wird auf latenter Ebene eine diskursive Produktion einer „Bedrohung durch Immigration" evident. Die Polizei wird dabei als die Problemlösung für Immigration definiert, was impliziert, dass Immigration öffentlich-politisch als ein problematisches Themenfeld gesehen wird, welches mit Illegalität in Verbindung gebracht wird. Aus der Verheimlichung chinesischer Immigranten einerseits bzw. aus der Art des Diskurses über Immigranten fast ausschließlich in thematischer Verknüpfung mit Polizei zu sprechen, wird hier deutlich, dass Immigration als ein sicherheitsbedrohliches Thema transportiert wird. Zugleich

---

96   Notiz des Telefonats. Bukarest, 23.10.03 (23).

ermöglicht diese Diskurspraktik der lokalen Behörden ihre Zuständigkeit an andere abzugeben und löst die Folgehypothese aus, dass diese lokalen Behörden ein Eigeninteresse daran haben, ihr tatsächliches Handeln verdeckt zu halten. Diese These konnte ich durch das weitere ethnographische Wissen bestätigen. Vor diesem Hintergrund möchte ich hier bereits auf das Kapitel 4 verweisen. In diesem werde ich auf die tatsächliche Präsenz der Immigranten vor allem hinsichtlich ihres ökonomischen Erfolges zu sprechen kommen. Damit geht auch eine Erhöhung der Steuereinnahmen in jenen Bezirken einher, die wiederum eine allgemeine sozial-ökonomische Aufwertung der betreffenden Bezirke bewirken.

Der politisch-institutionelle Diskurs lässt sich also durch eine Ablehnung der chinesischen Immigranten charakterisieren, welche meist latent im Diskurs zu identifizieren ist. Ebenso kennzeichnend sind wechselnde und sich teils widersprechende Strategien der Problemumschreibung einmal durch Dramatisierung, einmal durch Relativierung oder Gleichmacherei und latente Kriminalisierung der Immigranten. Deutlich wurde dies in „Pausengesprächen" und weniger in den Interviews selbst. So erwähnte eine Sekretärin im Büro für Stadtentwicklung[97] murmelnd, während der Interviewte den Raum verlassen hatte, dass einige „Mafiosi" [rum: smecheri[98]] in „die Geschichte mit den Chinesen" verwickelt seien. Auch mein damaliger Projektpartner und Begleiter, ein rumänischer Geographiestudent, lehnte es zunächst ab, mit mir zu den chinesischen Märkten zu fahren, mit der Begründung, es sei dort viel zu gefährlich. Erst in den anderen Diskursfeldern wurde die hier nur latent und indirekt angesprochene negative Konnotation von Immigration deutlich. Die „diskursive Vermeidung eines Themas" hat also unterschiedliche Ausformungen, welche nicht nur im Diskurs, sondern auch in der Interaktion deutlich wurden. Sie äußert sich neben der Vermeidung des Themas und der Überdeckung durch Dominanzdiskurse in Bemerkungen „hinter vorgehaltener Hand" und in flüchtig geäußerten Gerüchten, deren „Aufdeckung" in diesem Kreis der Experten zunächst nicht möglich war.

Die soziale Wirklichkeit der Immigranten in Bukarest steht also erstens im Kontext eines politisch-institutionelle Feldes, das sich mehr mit akuten, dominanten Problemen auseinandersetzen muss und kann und somit nicht vorbereitet

---

97  Bukarest Stadtrat, Büro für Stadtentwicklung, 15. Nov. 02 (14).
98  Im Rumänischen Jargon wird der Begriff "Smecher" für Menschen gebraucht, die durch Betrügereien andere Menschen ausnützen. Er wird in unterschiedlichem Ausmaß gebraucht: schlau, clever, vif, getrickst, durchtrieben, Gauner, kriminell usw. und in diesem Zusammenhang oft für Gauner, Mafiosi gebraucht (in diesem Fall mit verharmlosender Bedeutung).

darauf war, auf meine Fragen zu antworten bzw. mit diesem Thema überfordert war/ist. Zweitens steht der Diskurs im Kontext des Bemühens einer nationalen Außenrepräsentation Rumäniens, das auf die Entscheidungen der Europäischen Kommission Bezug nimmt und sich darauf auswirkt. Drittens ist diese Diskurspraktik – zunächst hier als Hypothese formuliert – vermutlich eine Strategie der Abgabe von Zuständigkeiten und darüber hinaus auch Ablenkung von den eigenen „Machenschaften", den tatsächlichen Verwicklungen der nationalen und lokalen politischen Institutionen in Korruption und Ausbeutung von Immigranten.

### 3.2.2 Einfluss des internationalen Migrationsdiskurses

Im Rahmen der Expertenbefragungen wurden im weiteren Verlauf Vertretungen von internationalen Organisationen in Bukarest kontaktiert, welche sich mit Migrationsthemen befassen. Dazu gehört vor allem das Büro des UNHCR (United Nations High Commissioner for Refugees)[99] und das Büro der IOM (Internationale Organisation für Migration).[100] Schließlich suchte ich Organisationen auf, welche sich zu den Nichtregierungsinitiativen zählen, wie beispielsweise die Flüchtlingsorganisation ARCA (Forum Român pentru Refugiaţi şi Migranţi), welche aber entweder durch staatliche Institutionen oder genannte internationale Organisationen finanziert werden bzw. mit diesen als Projektpartner kooperieren.[101] Sie argumentieren daher nicht unabhängig, sondern folgen eher dem international dominierten politisch-institutionellen Diskurs.

Dieser nationale Migrationsdiskurs bildet gemeinsam mit dem EU-Diskurs (genauer: den Aushandlungsprozessen der Europäischen Kommission bzw. der Politik der EU-Staaten) die Diskurselite (vgl. Schwab-Trapp 2001). D.h., sie sind jene Diskursteilnehmer, welchen die größte (wenn nicht alleinige) Autorität zugesprochen wird. Mit den von ihnen forcierten Themen geben sie dem politisch-institutionellen und allgemein dem öffentlichen Diskurs die Richtung vor. Ihre Autorität zeigt sich auch in der Argumentationslinie und in der Begriffskonstruktion (Definition und Verwendung). Auf dieser Diskursebene werden die genannten Formationen der genannten „Europäisierung" und „Transnationa-

---

99    Behörde der United Nations Organisation (UNO), d.h. institutioneller und politisch agierender, zwischenstaatlicher Zusammenschluss von Staaten (globale, internationale Organisation).

100   Globale Hilfsorganisation mit Beobachterstatus bei der UNO-Vollversammlung und sehr enger Zusammenarbeit mit vielen UNO-Organisationen.

101   Die Finanzgeber dieses Vereins sind vor allem der UNHCR, das Weltkonzil der Kirchen (WCC), das Rumänische Arbeits- und Familienministerium (MMSSF) und die Europäische Kommission.

lisierung"[102] der Migrationsthemen in Rumänien und der Rolle Rumäniens als „Transitland" (vgl. IOM 1993) nicht nur verfestigt, sondern teils erst herausgebildet.

So möchte ich kurz auf den Entstehungskontext des Begriffes Transitmigration eingehen, der insbesondere im Zusammenhang mit neuer Migration in Osteuropa in den 1990er Jahren im europäischen Migrationsdiskurs Eingang gefunden hatte. Dieser lässt sich durch die Veröffentlichungen von Berichterstattungen bzw. Konferenzdokumenten internationaler Organisationen wie IOM (International Organisation for Migration), UNHCR (United Nations Refugees, ICMPD (International Centre for Migration Policy Development) und Europarat rekonstruieren (vgl. Düvell 2006). Abgesehen von ihrer Aufgabe, internationale Hilfe zu leisten, sind diese Organisationen durch ihre Berichterstattung an ihre Mitgliedsstaaten Träger eines neuen, teils „populären" Migrationsdiskurses. In diesem gilt Transitmigration als das typische (häufigste, spezifische) Migrationsmuster osteuropäischer Staaten nach dem Fall des „Eisernen Vorhangs". Rumänien ist einer dieser international deklarierten Transitstaaten neben anderen.[103] Dabei wird dieses thematisch insbesondere mit „irregulärer, illegaler" Migration und mit Flucht in Zusammenhang gebracht (Düvell 2006: 4). Obwohl jährliche Neudefinitionen solcher Konzepte wie jenes der Transitmigration veröffentlicht werden, die sich um mehr politische Korrektheit und Neutralisierung bemühen (vgl. IOM 2004)[104], hat sich bereits eine diskursive Kriminalisierung all jener (neuer) Migrationsmuster herausgebildet bzw. verselbständigt. Diese Formulierung durch Diskurseliten kann als eine sich im Diskurs etablierte Deutung von Migration (vgl. Schwab-Trapp: 273) gesehen werden.

---

102  Hier ist die oben erwähnte Heraushebung des Themas aus einem nationalen Kontext auf die Ebene eines überstaatlichen Kontextes gemeint.
103  Die entsprechenden Dokumente dazu sind die folgenden: IOM (1993) Transit migration in Romania: Annex to the IOM study: Profiles and motives of potential migrants in Romania, Genua: IOM. Publikationen von IOM zeigen weitere Staaten: IOM (1994a) Transit Migration in Hungary, Genua: IOM; IOM (1994b) Transit migration in Bulgaria, Genua: IOM; IOM (1994c) Transit migration in the Czech Republic, Genua: IOM; IOM (1994d) Transit migration in Poland, Genua: IOM; IOM (1994e) Transit migration in the Russian Federation, Genua: IOM; IOM (1995a) Transit Migration in Turkey, IOM; IOM (2003) Study on Transit Migration through Azerbaijan, IOM: Baku.
104  Die aktuelle Definition der IOM lautet: "[Transitmigration is] a stopover of passage, of varying length, while travelling between two or more countries, either incidental to continuous transportation, or for the purpose of changing planes or joining an ongoing flight or other mode of transport" (IOM 2004: 66 zitiert in Düvell 2006) Dazu gehören auch die Transitmigranten, die sich in "Abschiebehaft" befinden (IOM 2004: 53 zitiert in Düvell 2006).

Obwohl oder weil es lange keine einheitliche offizielle Definition von Transitmigration in internationaler Politik oder in internationalem Recht gab (vgl. Düvell 2006), wurde der Begriff Transitmigration in den lokalen politischen Institutionen in Bukarest aufgegriffen. Dieser wird nun in der Weise arrangiert, dass er die Vorstellung vermittelt, in Rumänien gäbe es keinen Grund sich niederzulassen, also kann auch davon ausgegangen werden, dass Migranten „nur im Transit" seien. Alle migrierenden Menschen, welche sich nicht deklariert dauerhaft in Rumänien niederlassen, fallen daher in die Kategorie Transitmigration. So arrangieren die lokalen politischen Institutionen diese Deutung für sich und nutzen sie als „Transportmittel", um eine neue Deutung von Transitmigration zu institutionalisieren, nämlich jene, dass Transitmigration als etwas Vorübergehendes außerhalb der Zuständigkeit von eben diesen lokalen Behörden liegt. Diese Diskurspraktiken sind vor allem – dies sei vorweggenommen – in Verschränkung mit dem wissenschaftlichen Diskurs (vgl. Kapitel 4) zu verstehen, wie auch ein Politikwissenschaftler meinte: „Evident, Rumänien ist eher ‚Durchgangsland', eine weitere Hürde auf dem Weg in die EU, wo es Reichtum gibt und wo man hingelangen will."[105]

Abgesehen davon, dass Immigration in Rumänien also als etwas Vorübergehendes, lokal nicht Relevantes gedeutet wird, wird sie außerdem als problematisch betrachtet, was ebenfalls als ein Aufgreifen etablierter Deutungen aus dem internationalen Diskurs zu sehen ist. Sowohl in den schriftlichen Quellen (im engl. Original „illegal", „illicit", „irregular" usw.; vgl. Düvell 2006) der Publikationen (von IOM usw.) als auch in den Interviews der Vertreter dieser Organisationen in Bukarest (im UNHCR-Büro Bukarest, im IOM-Büro in Bukarest) wird völlig selbstverständlich/überzeugt davon gesprochen, dass Transitmigration per definitionem mit „irregulärer", „illegaler" Wanderung, organisierten „kriminellen" Netzwerken usw. verbunden sei. Relevant für die rumänische Politik ist, dass damit Verpflichtungen verbunden sind, sich dieses „Problems" anzunehmen. Dies meint die Handlungsaufforderung, dass die Transit-Staaten dafür zu sorgen haben, Menschen den Weg in Richtung westeuropäischer Staaten zu verwehren. Daraus folgt – abgesehen von einer auf Sicherheitspolitik und „Verbrechensbewältigung" reduzierten Migrationspolitik –, dass der Staat Rumänien mit diesen (finanziellen und politischen) Aufträgen von außen „beschäftigt" ist.

Dem Diskurs auf „internationaler Ebene" entsprechend, arbeiten auch die lokalen Organisationen (seien es nationale Vereine oder Vertretungen internationaler Organisationen in Bukarest) nicht an „lokalen" Einwanderungsthemen

---

105  International Association of Political Sciences Students (SNSPA); 18.11.02 (10)

wie an einem der chinesischen Immigration. Das UNHCR-Büro in Bukarest beschränkte sich zum Zeitpunkt der Erhebung nur auf bestimmte, klar definierte „Zielgruppen". Dabei handelt es sich um Flüchtlinge, die ihr Asylverfahren abwarten oder einen Asylbescheid und damit ein „Anrecht" bekommen hatten, sich in einer der Flüchtlingsblocks in Bukarest aufzuhalten. Das sind etwa 10% der Antragsteller[106]. Weder das UNHCR noch die Flüchtlingsorganisation ARCA hat auch jene Menschen als ihre „Klientel" bezeichnet, welche kein Asyl erhalten, also nicht in den Flüchtlingsblocks leben, sondern lediglich ein Bahnticket bis zur Staatsgrenze (wo sie eingetreten waren) bezahlt bekommen. Ihr weiteres Schicksal ist aus der Perspektive sämtlicher befragter Institutionen – zumindest laut ihrer Aussagen – nicht bekannt.

In manchen Organisationen „weiß man" zwar um dieses Nichtwissen, erklärt sich aber nicht als dafür zuständig, bspw. für Information und Aufklärung zu sorgen. In einer Antwort eines Interviewten in einer Flüchtlingsorganisation auf die Frage nach der Zahl und dem Verbleib von nicht anerkannten Flüchtlingen zeigt sich die Diskursposition einer Nichtzuständigkeit auf latenter Ebene. Hier wird nicht die eigene Handlungsverpflichtung gesehen, sondern es werden vielmehr die Mängel des Staates Rumänien hervorgehoben. In diesem Sinne wird die Argumentation auf eine nationale Ebene gehoben, wie das folgende Zitat zeigt: „Ich glaube es gibt einige Daten, aber die sind für die Öffentlichkeit nicht zugänglich, was keine gute Note für Rumänien abgibt."[107]

Aus diesem Diskurs folgt, dass auch die Zahl jener, die nicht auf der Flucht sind bzw. sich nicht als Flüchtlinge deklarieren, sondern andere Aufenthaltsmöglichkeiten suchen (durch temporäre Visa oder auch ohne Visum), im Dunkeln bleibt.

Zusammengefasst kann man sagen, dass es in Rumänien für eine relativ kleine Gruppe Migranten eine nicht geringe Anzahl an Institutionen gibt, welche offiziell für Migration zuständig sind, die „Zuständigen" aber wenig über die, die nicht eindeutig einer bekannten politischen Kategorie zugeordnet werden können, wissen. Der politisch-institutionelle Diskurs orientiert sich dabei an dem internationaler Organisationen und der europäischen Kommission. Seine diskursive Konsequenz ist eine Kriminalisierung und Illegalisierung von Migranten in Osteuropa. Über die Situation im Land selbst herrscht wenig Wissen.

Eine Konsequenz dieses Diskurses ist die allgemeine und offizielle Abwehr von Immigration. Eine weitere Konsequenz ist der von der Bevölkerung nicht kontrollierbare Umgang der politischen Behörden mit Immigranten. Dazu gehö-

---

106   Forumul Român pentru Refugiați și Migranți - ARCA, 25. Nov. 02. (7)
107   ARCA, 25.11.02 (7)

ren polizeiliche Maßnahmen im Alltag der China-Märkte aber auch die Tatsache, dass die Bevölkerung, welche uninformiert und unwissend bleibt, die staatlichen Behörden wenig kontrollieren kann, bei ihrem – wie auch immer tatsächlich aussehenden – Umgang mit Immigranten.

Die zentrale These zur Funktion dieser Konsequenzen für die politischen Institutionen lässt sich durch die in der vorliegenden Arbeit dargestellten Analysen und durch das ethnographische Hintergrundwissen (über Verwicklungen der Behörden in Korruption, vgl. Kapitel 4), wie folgt formulieren:

Durch die verschiedenen, hier erläuterten Diskurse wird das Vermeiden einer aktiven politischen Gestaltung im Bereich der neuen Immigration in Rumänien legitimiert. Die beschriebenen Formen bzw. Muster und Inhalte des politisch-institutionellen Diskurses zielen darauf ab, auf latenter Ebene zu argumentieren, dass man sich mit innerstaatlichen Entwicklungen und mit neuen Bevölkerungsgruppen, möglichen Zukunftsentwicklungen (möglicher neuer Migration) sowie mit dem lokalen Immigrationsphänomen nicht beschäftigen konnte.

Da also nicht etwa ein Handlungsbedarf angesprochen wird, sondern dieses Unterlassen diskursiv vermieden und zugleich latent begründet und argumentiert wird, lässt sich die folgende Folgehypothese aufstellen: Von Seiten dieser Akteure besteht ein Interesse daran, Immigration aus dem öffentlichen Diskurs fernzuhalten.

Mit der folgenden, von dieser allgemeinen Legitimationspraxis etwas abweichenden Positionierung eines Angestellten im Büro für Stadtplanung in einem Interview, in welchem auch ein Bedauern dieser Situation vermittelt wird, möchte ich den allgemeinen politisch-institutionellen Diskurs des „Nicht-zuständig-Seins" abschließend verdeutlichen. Über die chinesischen Händler erzählte er:

„Leider sind sie oft in kriminelle, dubiose Geschäfte verwickelt. Doch die Leute kaufen bei ihnen, da sie billiger sind, meist sind es gefälschte Produkte. Sie haben hier eine wirklich gute Nische gefunden, denn der Markt ist schwach…(…)…Die Chinesen haben sich in den Randzonen Bukarests organisiert, wo sie riesige illegale Lagerhallen als Depots für ihre Ware benutzen. Man kann sich denken, dass der Großteil der Produkte gefälscht ist. Doch die politischen Autoritäten versuchen nicht, diese Entwicklung zu stoppen, was ein Leichtes wäre, sondern sie zu legalisieren, damit sie davon einen Profit haben."[108]

---

108  Büro für Stadtentwicklung, 15.11.02 (14) Original: [Chinezii şi-au organizat in zone din marginea Bucureştiului, zone de depozitare ilegale de mare intindere pe care autorităţile… cu marfuri chinezeşti. Este de presupus ca majoritatea sunt produse de contrabandă, iar autorităţile incearcă nu să oprească această dezvoltare, ci să o legalizeze, să aibă un profit. Este foarte simplu să o opreşti.]

In seinen Erzählungen wird sowohl der Rückgriff auf die etablierten Diskurse einer „latenten Kriminalisierung und Problematisierung von Immigration" deutlich, indem er auch persönlich diese Illegalisierung ablehnt und der Meinung ist, diese (bzw. die Immigration als solche) müsste man stoppen. Zugleich kritisiert er die politischen Autoritäten, welche seiner Meinung nach unglaubwürdig sind und welche, anstelle diese Illegalisierung zu verhindern, diese förderten bzw. „legalisierten" wie er es nennt. Der Grund hierfür, dies bringt er „deutlich auf den Punkt", liegt darin, dass die „Autoritäten Profit machen wollen".

Die These der Beteiligung von Behörden im „Geschäft mit der Immigration" (vgl. dazu Kapitel 4) lässt sich durch die Medienanalyse und durch ethnographisches Wissen verdeutlichen.

## 3.3  Diskurs der Printmedien

Der nächste Schritt war nun die Recherche von Zeitungsberichten. Hier ging es ursprünglich um eine Aufklärung, was sich hinter der Verheimlichung und Tabuisierung in den politischen Institutionen und den in Zwischengesprächen aufgeschnappten Gerüchten verbergen könnte. Im Zuge der hermeneutischen Auswertung wurden diese Texte in Hinblick auf den Beitrag der Medien zur Diskurslinie über Migranten in Rumänien untersucht.[109]

Die Datenerhebung bestand erstens aus einer einmonatigen Durchforstung sämtlicher Tageszeitungen in Bukarest (März 2004)[110] und zweitens aus einer Sammlung aller Artikel in der meistgelesenen Tageszeitung (România Liberă) im Zeitraum der Jahre 2001-2002. Im Jahr 2003 führte ich mit einigen Journalisten Gespräche, die insbesondere über die China-Märkte und über chinesische Geschäftsleute Artikel geschrieben hatten.[111]

Von 2003 bis 2007 schließlich sammelte ich weiter Medienberichte zum (nunmehr stärker auf Immigranten bzw. Chinesen eingegrenzten) Thema.

Generell ist zu sagen, dass auch die Medienpräsenz des Forschungsthemas zu neuerer Migration/Immigration in Rumänien zum Zeitpunkt der Erhebung

---

109  Die Analyse beschränkt sich auf Printmedien, da erstens TV und Radio nicht während der gesamten Zeit genügend erfasst werden konnten, sondern nur während der Aufenthalte in Bukarest. Zweitens wäre es für diese Analyse zu aufwendig, Tonaufnahmen zu transkribieren.

110  Adevărul, Gardianul, Ziua, Cotidianul, Allgemeine Deutsche Zeitung für Rumänien, România Liberă, Evenimentul Zilei, Cronica Română, Libertatea, Jurnalul Național, Capital, Curierul Național, Actualitatea Românească  ziarul românilor de pretutindeni, Jurnalul de dimineață, Dilema.

111  Siehe dazu Liste der Interviews im Methoden-Anhang.

äußerst gering war. Dies ist eine vermutliche Folge und Konsequenz (wechselseitige Bedingung) der Vermeidung des Themas in den Interviews mit den politischen Behörden. Die interviewten Journalisten erzählten, dass die Berichterstattung über diese Themen auch gefährlich sei. Insbesondere wenn es um die
„Aufdeckung" von Verbrechen, Gewalt und Korruption von rumänischen Geschäftsleuten und Politikern geht, fühlen sich Journalisten in Rumänien gefährdet.[112] Diese Themen aber sind es, welche in den Medien den Ton angeben. Beides, das Fehlen des Themas sowie die Kriminalisierung von Immigration im politischen Diskurs führten vermutlich dazu, dass es Journalisten vermeiden, darüber zu recherchieren und zu schreiben. Dies lässt sich zudem damit erklären,
dass die Medienlandschaft (der Printmedien) in Rumänien eine weitgehend
staatlich kontrollierte ist (vgl. Wolf 2001).

Im Folgenden möchte ich darauf eingehen, wie über Migration und im Engeren über chinesische Immigration geschrieben wurde, *wenn* darüber geschrieben
wurde.[113]

Die rumänischen Medien berichten im Kontext von allgemeinen Fragen, bezogen auf Migration, einerseits von den genannten Brennpunktthemen der Auswanderung und der Arbeitsmigration. In Zusammenhang mit der chinesischen
Bevölkerung wird andererseits über deren *Bedrohung für die rumänische Gesellschaft* gesprochen. Diese Immigration wird schlicht als *Gefahr von außen*
beschrieben, was Schlagzeilen wie "Die gelbe Invasion" [„Invazia galbenă"]
(Evenimentul Zilei 01.02.2004) illustrieren.

Die Ergebnisse der Analyse der Printmedien unterscheiden sich nicht wesentlich von den Ergebnissen empirischer Studien über Presse- und TV-Dis-
kurse über Migration in Deutschland[114] (vgl. Ruhrmann 1997). Die Hauptkrite-
rien einer medialen Akzentuierung des Themas sind die Negativierung, Kriminalisierung und Problematisierung des Themas mit einer exotischen Rahmung
und Überrepräsentation dieser Aspekte des Themas. Die Diskurspraktik ist eine
Dramatisierung und Bedrohungsdarstellung (vgl. Ruhrmann 1997: 63-64). Auf

---

112  Zur Situation der Printmedien in Rumänien nach 1989 vgl. Mungiu-Pippidi, o.J. und Wolf
     2001.
113  Die Printmedienlandschaft wird durch zehn landesweit verbreitete überregionale Tageszeitun-
     gen und jeweils mindestens einer regionalen Zeitung repräsentiert. Wenn zum selben Thema
     berichtet wird, unterscheiden sich die wenigen Artikel nicht signifikant voneinander. Dies gilt
     auch für drei Wochenzeitungen („Dilema", „22" und „Academia Cațavencu"), die mit einer
     geringeren Auflage, aber wegen ihrer ausführlichen Hintergrundanalysen in intellektuellen
     Kreisen anerkannt und einflussreich sind (vgl. Wolf 2001).
114  Und hier wiederum unterscheidet sich die „Ausländerfeindlichkeit in Deutschland `Ost` nicht
     wesentlich von der Ausländerfeindlichkeit in Deutschland `West`" (vgl. Ruhrmann 1997: 60).

die rumänischen Spezifika (vor dem Hintergrund dieser Ähnlichkeiten) möchte ich im Folgenden eingehen.

### 3.3.1 Illegalisierung als tradiertes Diskursmuster

In Rumänien wird auf ein kulturell vertrautes und standardisiertes Muster zurückgegriffen (vgl. Schwab-Trapp, 2001: 274), das bereits vor 1989 als Strategie galt: die Verlagerung von Gefahr und negativen Einflüssen in der Gesellschaft „nach außen" (und völlige Isolation und Abschottung nach/gegen außen).

"Communism accentuated the Romanian foreign opposition, cutting off the Romanians first of all from the West, and then from the rest of the world. 'Foreignness' took on a mythical dimension, as positive in ordinary Romanians' dreams of prosperity as it was negative in official propaganda."[115]

Das Ausland und der Kontakt zu Ausländern waren durch den öffentlichen Diskurs „vergiftet" (Boia 2001) und zugleich mit verbotenen, aber ersehnten Luxusgütern wie Kaffee, Zigaretten und Seife, also mit Träumen von Wohlstand und etwas Luxus verbunden (Iglicka 2005). Dies bedeutet eine ambivalente Haltung gegenüber von außen kommenden Bevölkerungsgruppen, die zu einem wesentlichen Teil davon abhängt, ob „das von außen Kommende" mit Wohlstand, Luxus, Entwicklung und Unerreichbarem oder aber mit Armut, Rückstand usw. verbunden wird. Vor 1989 kamen vor allem Migranten aus Staaten Afrikas und dem mittleren Osten durch akademischen Studentenaustausch oder durch interguvernamentale Geschäftsvereinbarungen bzw. -verträge (Iglicka 2005: 101) nach Rumänien. Immigration war im politischen Feld zwar nicht „der Rede wert", aber hoch selektiv und rigoros staatlich kontrolliert (vgl. Lăzăroiu 2004).[116]

"As the gap between state controlled and free market economies have continued to enlarge during the last decade before 1989 breakdown, the totalitarian regime in Romania has become

---

115   Boia 2001: 192
116   Im Gegensatz zum Immigrationsthema war Emigration Tagespolitik. Hier ging es um strenge Grenzkontrollen gegen Flüchtlinge und politische Dissidenten. Der Unterschied des Themas Auswanderung ist auch bezogen auf die Wende unterschiedlich, da sich die Form völlig verändert hat: Während Auswanderung aus Rumänien vor 1990 politisch und "für immer" war, war Auswanderung nach 1991 hauptsächlich ökonomisch motiviert und temporär.

more and more concerned about ordinary people defection, hence increasing control on Romanians' mobility."[117]

Der „illegale Handel" von „illegalen" und „ausländischen Gütern" war jedoch kein auf bestimmte Bevölkerungsschichten beschränktes Phänomen, sondern betraf alle Menschen im Alltag. Betroffen davon waren nicht nur arme Bevölkerungsschichten, sondern die gesamte Bevölkerung. Das diktatorische System war dabei strategisch an der Informalität[118] und dem Schwarzmarkt beteiligt gewesen bzw. hatte diese Schattenwirtschaft erzeugt (vg. Wagner 1991, Neef/Stanciulescu 2002). Unter dem Ceauşescu-Regime musste man jederzeit damit rechnen, in die Kriminalität abzustürzen, egal aus welcher Schicht man kam oder wie stark man in die Partei eingebunden war. Die Willkür, Verunsicherung und Kriminalisierung von Alltäglichem und Lebensnotwendigem war die Strategie des Regimes, das auf diese Weise schnell "zuschlagen" konnte, denn ein Grund wurde schnell gefunden.

„Das Leben in einem Staat, in dem fast alles verboten war, konnte nur durch Gesetzesübertretungen gelebt werden. Die Leute versuchten eben sich zu arrangieren. Sie stahlen Mangelwaren aus den Betrieben, beteiligten sich am allgemeinen Tauschhandel, bestachen, wurden bestochen, machten sich pausenlos strafbar."[119]

Vergegenwärtigt man sich die Mechanismen des diktatorischen Systems bzw. diese Struktur, wird die Tradierung dieser in der rumänischen Transformation deutlich. Dabei ist die soziale Mobilität (sozialer Aufstieg und Absturz) ebenso charakteristisch wie die Verknüpfung von Illegalisierung des Alltagslebens, „Markt" und Machterhalt der gesellschaftlichen Elite. Bestimmte Wirtschafts- bzw. Gesellschaftsbereiche haben ihre privilegierte Position im System auch in der Transformation nach 1989 aufrechterhalten.[120] Das kollektive Wissen um diese Funktionsweise (oder Disfunktionalität) der Gesellschaft und dem richtigen Umgang damit (fortwährend aktualisieren und sozial konstruieren) ist ein typischer Aspekt des Transformationssystems. Diese Form von gesellschaftlichen Erfahrungsräumen, welche der Gesellschaft (in) der Transformation eigen

---

117 Lăzăroiu 2004: 6
118 Der Begriff "informeller Sektor" versucht verschiedene wirtschaftliche Aktivitäten innerhalb eines Bereiches zusammenzufassen, der außerhalb des offiziellen, gesetzlich geregelten, in Steuer- und Sozialversicherungssysteme eingebundenen – "formellen" – Bereiches existiert. Zur näheren Erläuterung dieses Begriffes bzw. des Phänomens der Informalität bzw. Informalisierung siehe Kap. 5.
119 Wagner 1991: 65
120 Der Soziologe David Stark charakterisierte dies am Beispiel der Privatisierungen in Ungarn mit der Frage „From plan to Market or from Plan to Clan?" (1990).

ist, haben auch bestimmte Migrantengruppen entweder in Form von sozialem Kapital oder kongruentem kognitivem Kapital (vgl. Giordano 2003) aus ihren Herkunftsstaaten mitgebracht. Damit ist gemeint, dass Migranten aus eigener Erfahrung um Möglichkeiten wissen, sich in solchen Strukturen zurechtzufinden und mit bestimmten Phänomenen im Zielland umzugehen.[121]

### 3.3.2 Bedeutungsgehalt des rumänischen Mafiadiskurses

Im Gesamtdiskurs und in seiner Verbreitung kann ein in vielen Zusammenhängen gebrauchter Begriff als besonders bedeutungsgeladen identifiziert werden: der Begriff ‚Mafia'. Dieser wird besonders von den Medien forciert und durch schillernde Berichte über Aktivitäten von Mafia-Clans lebendig gehalten.

Dieser Mafiadiskurs ist hinsichtlich meines Falles mit zwei Ergebnissen der Analyse relevant: Erstens ist die chinesische Immigration in Rumänien in einen Diskurs einer „chinesische Mafia" eingebettet. Das zweite Ergebnis meiner Studien, welches durch andere Studien untermauert werden kann, besagt, dass der Begriff Mafia im Wandel des Staates Rumänien – der postkommunistischen Transformation und der EU-Erweiterung – die Funktion erfüllt, alle mit diesem Wandel verbundenen sozialen, politischen und wirtschaftlichen Probleme (von Wirtschaftskriminalität und politischer Korruption) zu benennen. Der in diesem Zusammenhang florierende Begriff ist, so meine These, ein relevantes Deutungsmuster in der gegenwärtigen rumänischen Gesellschaft.

Im Folgenden möchte ich auf die Funktion des Deutungsmusters Mafia in Rumänien näher eingehen, um später zur Bedeutung dieses Deutungsmusters für die chinesische Bevölkerung in Bukarest zurück zu kommen.

Christian Giordano, der sich mit Mafiastrukturen als sozialem Phänomen auseinandersetzte, zeigt, dass der Gebrauch des Begriffes (sowohl in Italien als auch in Osteuropa) mit dem „ständig wiederholenden sowohl faktischen als auch von den Bürgern subjektiv empfundenen und dementsprechend sozial konstruierten Scheitern des Staates und der zivilgesellschaftlichen Institutionen einhergeht, die ihren Funktionen nicht länger nachkommen können." (Giordano 2003: 550). Diese negativen Erfahrungen reproduzieren sich nicht nur durch den

---

121  Vergleichende Beispiele dazu, in welchen Fällen Immigranten von ihren Vorteilen sprechen, die sie aufgrund ihres Wissensvorrates über ähnliche politische Regulationsprozesse (Clanpolitik, Korruption) in ihren Heimatländern erzählen: Boltovskaja 2007: „Afrikaner in St. Petersburg und Moskau" sowie Pinheiro Machado 2006: Chinesen in Ciudad del Este / Paraguay.

tradierten Diskurs, sondern gleichzeitig durch die erfahrene „Wiederholung und Bestätigung in der Gegenwart" (ebd.).

Ähnlich wie bereits in der Tradierung und dem Neuarrangement der Holzsprache steht also auch die Verwendung des Begriffes Mafia im rumänischen Diskurs in der Tradition einer diktatorischen Vergangenheit. Im Gegensatz zur Holzsprache als dem strategischen Instrument der herrschenden Elite, erfüllte der Mafiabegriff die Funktion, „schwer durchschaubare soziale Probleme böswilligen und unsichtbaren Mächten zuzuordnen" (Mappes-Niedik 2003: 133) ohne diese konkret benennen zu müssen. Dieser Mafiadiskurs besteht weiter fort, in der rumänischen Transformation und Gegenwart als Adäquat für „aktuelles öffentliches Misstrauen (…) in engem Zusammenhang mit den von den Akteuren einer Gesellschaft immer wieder erlebten schlechten Erfahrungen mit dem Staat in einer nahen bzw. fernen Vergangenheit." (Giordano 2003: 549). Die Bedeutung von Mafia steht also im Kontext einer „interpretierten Vergangenheit"[122] und einer „sozial produzierten Kontinuität in den Köpfen, die dazu führt, dass mafiose Aktivitäten bei den Mitgliedern bestimmter Gesellschaften einen sozialen Sinn erhalten bzw. beibehalten" (Giordano 2003: 549).

An einem empirischen Beispiel in Rumänien lässt sich dies näher erklären: Oana Mateescu befasste sich mit bekannteren Korruptionsfällen in Rumänien zwischen 1999 und 2001 und untersuchte diese in den rumänischen Tageszeitungen. Sie meint in diesem Zusammenhang, d.h. also im Zusammenhang mit politischer Korruption: Es sei eine derart lange, verwirrende und phantasiereiche eklektische Liste an Mafia-Gruppen und Aktivitäten im medialen Diskurs Rumäniens zu finden, dass eine Forschung über „die Mafia" eine endlose wäre: „(…) pretty much anything from cemeteries to garbage bins – can be read through the sensationalist grid of mafia-like activity" (Mateescu 2002: 6).

Die Bedeutung von ‚Mafia' sieht Oana Mateescu eingebettet in die Transformation des Staates, der sich noch „in Konstruktion" befindet, dessen Rechtssystem mangelhaft funktioniert und andere Gesetzesprogramme (geldpolitische etc.) noch nicht durchgesetzt hat, die also durch Informalität gekennzeichnet sind. Der Begriff der Mafia ist in diesem Sinne also eine Strategie des Staatsapparates, welcher u.a. die Funktion erfüllt, das eigentliche Phänomen, um welches es dabei geht – staatliche Korruption[123] – zu verdecken. Das Problem bzw.

---

122  Vgl. dazu Mafia als sozialwissenschaftlicher Untersuchungsgegenstand in Ricoeur 1985, Bd. 3: 314, zitiert in Giordano 2003: 549).

123  Oana Mateescu meint mit Korruption – nach ihrer Definition/Operationalisierung – die genannten politischen Handlungsmuster: undurchschaubare Verschränkungen von Staatsmacht und informellen/nichtstaatlichen Herrschaftsformen. Der Begriff Mafia ist dabei ein Deutungsmuster im Diskurs über diese Phänomene. Zur Klarstellung, wie sie/ich mit diesen Begriffen in diesem Text umgeht/e: operativ – in dieser Analyse – ist hier also der Mafiadiskurs

die Bedrohung des Rechtsstaates und der Demokratie, sowie die Hindernisse einer zielgeraden Wirtschaftsentwicklung auf legalem Wege werden dabei – als eine von mehreren Strategien – nach außen verlagert, wie in diesem Fall in die „ausländische Mafia".

> "Such discursive strategies serve to externalizing corruption: either outside the state borders "we are invaded by the `Italian´ or the `Russian Mafia` or outside institutional boundaries (corruption is a problem, but not within `our` institutions – the Judiciary, the Police, the Financial Guard, etc."[124]

In den Transformationsstaaten Osteuropas wird mit dem Begriff Mafia also allgemein die Verschränkung von Staatsgewalt und "organisiertem Verbrechen" (Mappes-Niedik 2003: 133) ausgedrückt. Oana Mateescu konkretisiert dessen Bedeutung und meint, dass es dabei hauptsächlich um das Phänomen der staatlichen Korruption auf höherer und mittlerer Ebene geht, welches mit Mafia umschrieben wird. „Mafia in postsocialist Romania is a reflection of the process of state representation at the local level, underlining the strong connections between organized crime and political corruption." (Mateescu 2002: 7); In diesem Sinne ist Mafia ein Deutungsmuster, dass auch mit einer spezifischen gesellschaftlichen Tradierung (vgl. Mateescu 2001; Neef/Adair 2004) in Zusammenhang steht: Das im diktatorischen Regime begründete und noch andauernde Misstrauen gegenüber informellen, unbekannten Organisationen sowie gegenüber Privilegierten und Reichen hat zur Folge, dass die (wirtschaftliche und politische) Elite, die durch Bereicherung Macht erhalten und gewonnen hat, von der rumänischen Bevölkerung mit „Kriminalität" im weitesten Sinne verbunden wird und in den rumänischen Printmedien mit dem Ausdruck „jene, die unglaubwürdig hohe Gehälter beziehen"[125] [venituri fabuloase] (vgl. Ozon/Cândea 2004) bezeichnet wird. Die Hinweise auf Kapitalanreicherung werden häufig durch rassistische Aussagen erweitert, d.h. sie werden oft auf andere Nationalitäten (China, Syrien, Italien usw.) bezogen.

Aus den Thesen beider von mir durchgeführten Diskursanalysen, dem politisch-institutionellen und dem medialen, kann nun geschlossen werden, dass der

---

im Kontext von Transformationsprozessen und Korruption (als strukturelle Kontexte des Diskurses) zu sehen. Eine andere Forschungs-Fragestellung könnte ebenso Korruption (und Transformation) als Diskurs und existierende Mafiastrukturen als Kontext dieses Diskurses definieren.

124  Mateescu 2002: 26
125  Hier ist gemeint, dass die Höhe des Gehaltes/Gewinnes evident macht, dass dieses nicht auf legalem Wege bezogen hat werden können.

politische Verheimlichungsdiskurs mit der Verschränkung von öffentlicher Verwaltung und lokal herrschenden, informellen Gruppen verbunden ist.[126] Eine bestimmte Rolle spielen dabei lokale Verwaltungsbehörden, welche mit lokalen Gruppen (seien es private Geschäftsleute, seien es informelle und teils gewalttätige Gruppen) vernetzt sind. Oana Mateescu nennt dies die „Penetration of state bodies and the use of public resources by private informal groups and networks. Regions that have evaded central control and are run by local bosses in distinctive ways (barter, mafia, and so forth)" (2001: 8).

Diese beiden Thesen, erstens die Verschränkung von Staatsmacht und lokalen Clans (staatlicher Korruption und lokaler Kriminalität) und zweitens die Schuldverlagerung nach außen, sind im Falle der chinesischen Händler in Bukarest relevant, was ich nun erläutern möchte:

Die erste These kann vor dem Hintergrund gesehen werden, dass die Märkte am Stadtrand von Bukarest von Personen verwaltet werden, welche sowohl Kontakte zum Distriktsbürgermeister als auch zum ehemaligen Premierminister hatten.[127] Im Jahr 2004 setzte die neue liberale Koalition[128] die sozialistische Partei mit Präsident Ion Iliescu (aus dem Reformflügel der ehemaligen Ceauşescu-Partei) ab. Zur selben Zeit war eine massive, durch die EU organisierte Antikorruptionskampagne in Rumänien im Gange, in welcher auch der ehemalige Präsident involviert war. Zeitungsberichten zufolge wurde er in einem Antikorruptionsprozess verdächtigt, chinesische Ware im Gesamtwert von 100.000 Dollar zu besitzen (Vintilescu 2006/Iancu 2006).

Abgesehen von den hier zu rekonstruierenden Verschränkungen von politischen Institutionen, lokalen Behörden und einigen Geschäftsleuten lautet die aus dem medialen Diskurs gebildete Hypothese, dass die rumänischen politischen Autoritäten (der Staatsapparat) auf diese Weise indirekt kritisiert werden kön-

---

126  Solche „lokalen Bosse" werden in Rumänien im öffentlich-informellen Diskurs als "Barone" bezeichnet. Auf die Frage, welche Rolle diesen im Zusammenhang mit der chinesischen Community zukommt, wird in Kapitel 4 näher eingegangen. Oana Mateescu meint dazu: „Local illegalities are often conducted and supported by the political centre despite local government efforts to control and curb them. This is possible precisely because the centre still maintains a high degree of control over important resources and because "decentralization" in a democratic sense has yet to occur. A county councillor corrected me when I spoke of "local power", saying that "what we have is just the illusion of local power" (ebd. 2002: 9). In diesem Sinne ist die „rumänische Mafia" der russischen Mafia ähnlicher (im Gegensatz zu der Bedeutung von Mafia in Italien), wobei Oana Mateescu sich auch von der russischen Bedeutung von Mafia abgrenzt, bei welcher die Macht stärker dezentralisiert sei als in Rumänien.

127  Diese Informationen entstammen Gesprächen und Zeitungsberichten. Siehe Anhang.

128  Die Koalition ist zusammengesetzt aus der Demokratischen Partei (PD), der National-Liberalen Partei (PNL) (vereinigt als die Allianz D.A. – Gerechtigkeit und Wahrheit), der Demokratischen Union und der Ungarnpartei Rumäniens (UDMR) (PUR). Der ehemalige Bürgermeister von Bukarest, Traian Basescu, wurde zum Präsidenten gewählt.

nen. Es handelt sich um die Diskurspraktik, sich über eine „Unterwelt auszulassen" und auf diese Weise Korruption und fehlende politische Kontrolle in Rumänien zu kritisieren, welche zumindest für einen längeren Zeitraum während der Transformation nicht direkt angesprochen wurden, da sie erstens nicht klar zu fassen waren und zweitens eine direkte Kritik vermutlich sanktioniert worden wäre.

Es wird aber keine Gegenposition zur etablierten politisch-institutionellen eingenommen, sondern lediglich mit denselben Worten – nur deutlicher – von einer Mafia außerhalb des Staates Rumänien und außerhalb politischer Institutionen gesprochen. Die Botschaft, die Journalisten auf diese Weise vermitteln wollen, ist keine andere als die, dass Rumänien (noch) große Probleme mit den sich wandelnden/transformierenden Strukturen zu bewältigen hat. Zweitens soll über den ‚Umweg' des Mafiadiskurses indirekt zum Ausdruck gebracht werden, dass die politischen Institutionen in diese Problematik involviert sind.

Hier wird also auf eine Auffassung des Mafiabegriffs zurückgegriffen, bei welcher Mafia als Organisation mit archaischen Strukturen (vgl. Giordano 2003) beschrieben wird. Nach dieser eher traditionellen Auffassung besteht die Mafia aus Clans, welche durch Gewalt und durch Patronage auf Basis der Bindung durch „Loyalität" funktionieren. Dieses Bild wird durch „zeitgemäßere" Bilder vor allem im wissenschaftlichen Diskurs verändert. Hier geht es thematisch um „dubiose", „kriminelle", „gefährliche" Ereignisse der Vergangenheit und Verwicklung in Gangs und „mafiöse" Gruppen. Mit diesen Bildern werden gegenwärtige Gerüchte gespeist.[129] Die Printmedien tragen also durch einen bestimmten, auch etwas nebulosen Sprachgebrauch mit zu einer ‚Dämonisierung bzw. Mystifizierung' chinesischer Immigrantengruppen bei. Eine Sammlung an Artikeln mit Äußerungen dieser Art verdeutlicht, wie in den Printmedien die Phantasie der Leser angeregt werden sollte: die „Netze der verdächtigten Welt in Rumänien" (Tenebrele lumii interlope din România), „finstere Geschäfte in der Ökonomie der Unterwelt" (Afaceri tenebroase la economia subterana), „Radiografie einer verdeckten Welt"[130] (Radiografia unei lumi ascunse) usw.

Was die zweite These der Schuldverlagerung nach Außen betrifft, so wurde in den Textanalysen deutlich, dass, eingebettet in eine allgemeine kollektive Unsicherheit und Unzufriedenheit der Bevölkerung im Transformationsstaat, mit dem Mafiabegriff Bedrohungsbilder und eine Ethnisierung von Kriminali-

---

129  Zur Klärung: Hier wird nicht der Wahrheitsgehalt der Berichte hinterfragt, sondern der mediale Umgang mit den genannten Ereignissen betrachtet.
130  Alle drei Beispiele zitiert aus: Candea/Radu 2001/2003.

tät[131] herausgebildet werden. So spricht man in den Printmedien von "kriminellen Syndikaten aus China" (Cândea/Radu 2001/2003), welche mit kriminellen Gruppen/Gangs anderer Nationen vernetzt seien. Clans aus dem Nahen Osten, China und Russland seien in verschiedensten mit Mafia assoziierten Tätigkeiten involviert.[132] Um ihre Kämpfe/Geschäfte auszutragen, ist der in der Transformation befindliche Staat Rumänien als Territorium gut geeignet.

Dafür steht ein Artikel aus dem Jahr 2003[133], der in Zusammenhang mit Personen anderer Nationen veröffentlicht wird: Es geht, wie dessen Titel bereits verrät, um einen „Mord an `NR. 2` in der chinesischen Mafia". Das Mordopfer sei ein Chinese, der nach einem Pokerspiel mit seinen Freunden an einem Freitagabend in seinem Auto ermordet worden sei. Seine Initialen seien „Z.Y.J." und er hätte einen Verkaufstand in Europa/am Europamarkt besessen. Der Artikel sagt noch, dass dem Opfer nichts gestohlen worden, aber dass die Polizei einigen Geschäften mit Geldwäsche nachgegangen sei, in denen Syrer und Chinesen involviert gewesen seien, die Millionen von Dollar aus dem Land gebracht hätten. Nachdem die Polizei bereits einige Wochen ermittelt habe, sei bekannt geworden, dass auch ein Araber, der mit Polizisten gute Kontakte gehabt hätte, in seinem Appartement erstochen worden sei. Man meinte auch, dass die Mörder in dem Fall des Chinesen Bekannte von ihm gewesen sein mussten, die diesen Plan sehr gut gekannt hätten.

Über eine „chinesische Mafia in Rumänien" kursierten einige dominierende „Geschichten", welche sich im gegenwärtigen kollektiven Gedächtnis[134] zu einem Gesamtbild einer „Story über die Immigration in den ersten wilden Jahren der Transformation" zusammenfügen und die Basis der in der Öffentlichkeit kursierenden Gerüchte bilden.

Dieses Bild ist vor allem durch einen bekannten Clan[135] geprägt, welcher neben anderen Clans die chinesische Bevölkerung in Bukarest in der ersten Hälfte der 1990er Jahre beherrscht hatte. Dabei war eine Frau als „Anführerin" be-

---

131  Zur Bedeutung von Merkmalen der Nationalität bzw. der ethnischen Herkunft bei der Herausbildung des Bedrohungsbildes der so genannten Organisierten Kriminalität, d.h. dem Prozess der „Ethnisierung von Kriminalität im OK-Diskurs", siehe Pütter 1998 sowie Sohler 1999.

132  So hätten sich bspw. diese Clans die Schwarzmeerküste aufgeteilt und die gesamte Unterhaltungs- bzw. Tourismusindustrie in der Hand. Quelle dieser Information: Interview mit Paul Radu (Vereinigung investigativer Journalisten Rumäniens).

133  Adevărul, 03.11.2003

134  Hier auch gemeint in Bezugnahme auf Deutungsmuster. Vgl. Oevermann 2001a+b: 56. Zum kollektiven Gedächtnis Chinas vgl. Kap. 5, weiterführend: Assmann/Friese 1998, Sausmikat 2006.

135  Triade ist in der Kriminalistik die Bezeichnung für „kriminelle" Vereinigungen, die ihren Ursprung in China haben. Sie sind das Pendant zum Begriff Mafia in Europa. Triaden bestehen aus mehreren Gruppen bzw. Untereinheiten, den Clans.

kannt, welche dem Clan auch seinen Namen „Die Schwalbe" [Rândunica] gab. Wie mir Journalisten in Interviews berichteten, sei die Polizei in dieser Zeitphase monatlich mit Mordfällen konfrontiert gewesen, deren Opfer meist Chinesen waren, die bspw. das Schutzgeld verweigerten. So wären 1994 Leichenstücke in Koffern in einem See in Bukarest gefunden worden. Auf Basis dieser Geschichte existiert auch ein Witz, der in der Bevölkerung in Zusammenhang mit dem Handel auf diesen Märkten erzählt wurde: „Wenn Du nicht aufpasst, landest Du im Koffer!"

Jedoch ist, wie bereits erwähnt, die Liste der Mafia-Aktivitäten in Rumänien eine lange und verwirrende (vgl. Mateescu 2001: 6). Nicht nur Chinesen werden hier „abgestempelt", sondern eine „rassistische Schichtung", wie sie generell in der Bevölkerung herrscht, spiegelt sich auch im Mafia-Diskurs der Printmedien wieder. So wird insbesondere die autochthone Minderheit der Roma-Bevölkerung in Bukarest „in Konkurrenz" zu den Immigranten-Gruppen und dabei als „Symbol" für die sozialen Probleme der Transformation eingesetzt.[136] In einem Gewinner-Verlierer Schema der Transformation gibt es einerseits jene, welche Kapital im großen Ausmaß anreicherten – ausgedrückt durch die Redewendung: „jene, welche über Nacht reich geworden sind" (Care au facut bani peste noapte). Demgegenüber gibt es Verlierer und solche, die bestenfalls von einem informellen Markt „schmarotzen", sozusagen die „Reste" davon sammeln (um zu überleben). Beide werden mit Stereotypen von Minderheitengruppen dargestellt. In einem Bericht über die „Rechnungsmafia" in Rumänien, bei der es um ein (national verbreitetes) System der Fälschung von Rechnungen[137] geht, wurde diese rassistische Funktionalisierung deutlich:

---

136  Rumänien hat heute eine Bevölkerungsanzahl von 22.5 Millionen. Es gibt nach wie vor verschiedene kulturelle Bevölkerungsgruppen, die als „nationale Minderheiten" deklariert sind. Obwohl sich ihre Zahl verringerte, sind diese Minderheiten nach wie vor ein wichtiger Faktor für die Bildung einer multikulturellen, nationalen Identität. Die größte Gruppe bilden die Ungarn (1,4 Mill.), gefolgt von der Roma-Bevölkerung. Letztere können in unterschiedliche Gruppen unterteilt werden. Die Schätzung ihrer Gesamtzahl variiert zwischen 535.000, laut Volkszählung (INSSE 2003), und 2,5 Millionen (Liegeoi/Gheorghe 1995). Die Minderheitengruppen in Rumänien sind weniger formal-rechtlich benachteiligt (hier gibt es im europäischen Vergleich sogar besonders gute Standards), leben jedoch mit der für Minderheiten verbreiteten Benachteiligung bezüglich der Stellung in Ausbildung, des ökonomischen Kapitals sowie der Diskriminierung am Arbeitsmarkt und in der Gesellschaft. Die heterogene Roma-Bevölkerung lebt einerseits in strukturell schwachen, ländlichen Gebieten, andererseits ist sie auch zu einem großen Anteil in den Städten vertreten.

137  Hier handelt es sich um eine Form der Steuerhinterziehung, indem Rechnungen bei den Behörden eingereicht werden, die nicht getätigt worden waren. Aufgrund eines speziellen Systems des Druckes von offiziell abgestempelten Rechnungen offiziell angemeldeter Firmen in Rumänien ist die fälschliche Verwendung bzw. der Missbrauch dieser offiziellen Rechnungen

Eine „kleine Zigeunerin" wurde zur „klassischen Persönlichkeit der rumänischen Transformation" erklärt [rumänisch: „Tigancusa care vinde facturi prin
angrouri a ajuns un personaj clasic al tranzitiei romanesti" (Adevărul,
21.03.2003). Im selben Zeitungsartikel wird auch ein chinesischer Geschäftsmann erwähnt, der indirekt in dieses illegale Geschäft involviert sein könnte.
Hintergrund dieser Geschichte ist die Verhaftung einer jungen Roma-Frau, welche am Straßenrand gefälschte Rechnungsscheine verkaufte. In diesem Artikel
wird weiter verfolgt, wer hinter dieser groß angelegten Organisation der „Rechnungsmafia" steht und indirekt darauf hingewiesen, dass eine Scheinfirma, die
damit in Zusammenhang stehe, dieselbe Adresse habe wie der in diesem Artikel
genannte chinesische Geschäftsmann, der "wie jeder Chinese der etwas auf sich
hält, am Europamarkt seine Geschäfte macht" (Übersetzung aus ebd.).

Chinesen in Bukarest bewegen sich, wie dieser Text zeigt, zwischen diesen
"Kategorien" der Verlierer, Gewinner, armen und reichen Menschen der Transformation. Sie sind nicht eindeutig zuzuordnen, stehen mit der Mafia „in Zusammenhang", „in Verbindung". Sie sind „kleine Aufsteiger", welche stolz darauf sind, in diesem Markt ihre Geschäfte zu machen. Meist sind diese Chinesen
nur Nebendarsteller während – so wie in diesem Beispiel – in einer „autochthonen Mafia"[138], in mittels Gewalt herrschenden rumänischen Clans und in der
schon „traditionell und für alles" als Sündenbock stehenden Roma-Minderheit
die Schuld für Kriminalität und Unordnung in Rumänien gesehen wird.

### 3.3.3 Diskursiver Perspektivenwechsel von der Bedrohung zum Wirtschafts-
aufschwung

Im medialen Diskurs über chinesische Migranten vollzog und vollzieht sich
langsam ein Wandel von einem Pol zum anderen, wie ich im Folgenden zeigen
möchte, der nicht zuletzt mit der globalen Transformation Chinas von einem
„Entwicklungsland zu einer Wirtschaftsmacht" Hand in Hand geht. Im Jahr
2004 wird noch von der „gelben Invasion"[139] gesprochen, aber im selben Zei-

---

ein lukratives „illegales" Geschäft. Rumänen, welche ihre Identität fälschen und auf diese
Weise offiziell abgestempelte Rechnungen von bei der Handelskammer offiziell registrierten
Firmen abholen können, verkaufen diese Rechnungen dann weiter an kleinere Händler, die
am Rande der Märkte den Autofahrern mit kleinen Rechnungsblöcken zuwinken, wozu die im
Artikel genannte Frau gehört.

138  Hier werden die Ausdrücke: „grupari internationale de crima organizata" (Internationale
Gruppierungen der organisierten Kriminalität) in Gegensatz zur „lumea interlopa autohtona"
oder „la zona subterana a societatii" (Autochthone Unterwelt) gesetzt.

139  Evenimentul Zilei 01.02.2004

tungsartikel ein chinesischer Geschäftsmann namentlich angeführt: „Herr X., der erste Kapitalist in Rumänien". Dabei bleibt die Bewertung durch den Journalisten vieldeutig. Verbunden mit der Bezeichnung „Invasion" sieht der Autor im „Kapitalismus" möglicherweise einen imperialistischen Eroberer. Zugleich könnte aber angesichts der politischen Ausrichtung des Staates Rumäniens, d.h. weg von einem kommunistischen System hin zu einem kapitalistischen Markt, dieser Chinese auch als „Fortschrittsbringer" gedeutet werden. Wie auch immer die Leser diese mit Konnotationen bedeutungsbeladenen Diskurspraktiken aufnehmen mögen, deutlich wird daran, dass sich der Diskurs zunehmend in Richtung einer ökonomisch begründeten Beschreibung und Bewertung der chinesischen Einwanderung veränderte.

Thematisch zeigt sich dies in den Printmedien durch Berichte über chinesische Investitionen wie über einen Brückenbau[140] oder über die Teilhabe eines chinesischen Telekommunikationsunternehmens an einem rumänischen Festnetzanbieter bzw. den Kauf von Anteilen des Unternehmens Romtelecom. [141] Insbesondere der Bau einer Chinatown kursiert in den Medien seit 2003 – ein Plan, der bereits seit Jahren bestünde und nun realisiert werde (vgl. dazu Kapitel 4). Bezogen auf den medialen und den öffentlich-politischen Diskurs ist hier der Wandel der Perspektive auf Immigranten relevant, der sich in Rumänien im Wahljahr bzw. Jahr des Regierungswechsels 2004 vollzogen hat. In einem Zeitungsartikel über die Fakten der neu geplanten Chinatown meldet sich auch der Bürgermeister des oben genannten Distriktes von Bukarest zu Wort, dessen Sekretärin vor zwei Jahren noch keine Bedenken hatte, ihre rassistische Einstellung telefonisch bekannt zu geben. Der Bürgermeister hat, so weiß ich aus anderen ethnographischen Forschungen, enge Kontakte zu chinesischen Geschäftsleuten und durch seine Chinabesuche, keineswegs also mit den Chinesen „nichts zu tun". Deutlich wird dies auch in den Printmedien. In einem Interview in der bekannten Tageszeitung Cotidianul ziehe er sogar in Erwägung, angesichts der jüngsten positiven Entwicklungen die chinesische Sprache zu erlernen (Cotidianul 23.02.2006).

Im Januar 2007 schrieb man in einem Wirtschaftsblatt: „Die Chinesen kommen mit Milliarden Dollar" (Vin chinezii cu miliardele de dolar),[142] womit einige chinesische Investoren gemeint waren. Hier werden wirtschaftliche Daten

---

140   Adevărul, 17.02.2004: Chinezii ne fac pod suspendat peste Dunăre.
141   Evenimentul Zilei 05.05.2005: Poşta Română şi compania chineză de telecomunicaţii ZTE vor continua negocierile pentru punerea în funcţiune a operatorului Postelecom.
142   Saptamana Financiara, 15.01.2007

mit Verweis auf Statistiken der Handelskammer vorgelegt: Bis zum heutigen Zeitpunkt seien ca. 8500 rumänisch-chinesische Firmen(kooperationen) gegründet worden. Der Wert der Investitionen aus China liege im selben Zeitraum (bis dato) bei 208 Millionen Dollar und damit auf Platz 17 derjenigen Staaten, die in Rumänien investiert hätten.

Dieser prozeßhafte (sich überschneidende) Perspektivenwechsel steht im Kontext des wirtschaftlichen Wandels in Rumänien einerseits und des wirtschaftlichen Wandels in China andererseits. War „Rumänien in der Vergangenheit häufig als neues Sorgenkind der EU und Ausgangspunkt einer möglichen Lawine von Armutsmigranten apostrophiert", so „glänzt" das neue EU-Mitglied „seit einigen Jahren mit einer der höchsten wirtschaftlichen Wachstumsraten auf dem Kontinent."[143] Die verstärkte Selbstpräsentation Rumäniens seit 2006 ist neben dem EU-Beitritt auf europäischer Ebene u.a. auch deshalb möglich, weil die in den Karpaten liegende Stadt Sibiu im Jahr 2007 zur Kulturhauptstadt Europas erklärt wurde und Rumänien stärker in den Medien vertreten ist. Die verstärkte Präsenz Chinas zeigt sich durch vermehrte Sonderausgaben und TV-Schwerpunkte und steht vor dem Hintergrund der rapiden Veränderungen. Auch ein kulturelles Großereignis dient der diskursiven Präsentation: „Spätestens im August 2008, wenn in der chinesischen Hauptstadt die Olympischen Spiele stattfinden, wird die Welt auf Peking blicken" (vgl. Le Monde diplomatique 2007: 1), was noch stärker die Möglichkeit bietet, Chinas Wandel der letzten Jahre als „Überwindung der Armut durch Wirtschaftswachstum und gelungener Modernisierung unter Führung der Kommunistischen Partei" (ebd.) zu präsentieren.

Daran wird erstens deutlich, dass die Konstruktion eines Erfolgsdiskurses beider Nationen gegenwärtig ambitioniert vorangetrieben wird und dieser zweitens wesentlichen Einfluss auf die soziale Wirklichkeit der chinesischen Community in Bukarest nehmen wird.

---

143 Quelle: Friedrich-Eberth-Stiftung 2007. Prof. Daniel Daianu, ehem. rumänischer Finanzminister und Chefökonom der Zentralbank, Bukarest, Hier Wirtschaftsblätter: Raluca Fiser, Chefredakteurin des Wirtschaftsmagazins „debizz", Bukarest.

## 3.4   Der wissenschaftliche Diskurs[144]

### 3.4.1 Die Folgen der Dethematisierung in der Forschung

Zu Beginn der Fallstudie (2003) existierten weder wissenschaftliche Studien zum Thema chinesische Immigration in Rumänien noch zum Thema Immigration in Rumänien allgemein. Im Jahr 2004 wurde eine Studie von IOM über „Migrationstrends in Rumänien" veröffentlicht, welche erstmals das Thema Immigration erwähnt. Die Studie heißt bezeichnenderweise „More out than in" und betont, dass Immigration in Rumänien (im Gegensatz zu Auswanderung) wenig relevant ist, aber auch, dass diesbezüglich in den letzten zwölf Jahren ein Forschungsdefizit besteht (Lăzăroiu 2004). Immigranten gehen neben den anderen dominanten Themen unter, welche – wie bereits erwähnt – entweder als offizielle Probleme deklariert werden wie das Thema Menschenhandel oder welche durch eine politische Kategorisierung und die Zuständigkeit von internationalen Organisationen als „Gruppe" von Menschen gesehen werden. Dies bezieht sich vor allem auf Asylsuchende. Neben diesen Kategorien ist das Wissen über Migration vage und undifferenziert. Charakteristisch für diesen Diskurs ist die folgende Stellungnahme eines Interviewten:

> "(...) we don't know very much about people exiting and entering the country, how many people out of the asylum channel, you know not the asylum seekers, the others, for business, for family or whatever other reasons, for studying (...)"[145]

Auf den Punkt gebracht heißt das, dass die Bedeutung der chinesischen Immigration in Rumänien von der Wissenschaft bisher nicht beachtet wurde. Die Tatsache, dass die rumänische und internationale akademische Community viele akute Problemfelder in der rumänischen Transformation zu bearbeiten hatte und in Rumänien bis 1989 keine Sozialwissenschaften funktionierend arbeiteten,

---

144  Interviews, die mit Vertretern weiterer Institutionen geführt wurden, nämlich von Universitäten (vom Institut für Soziologie, der Fakultät für Geographie, dem Demographischen Institut, von den Instituten für Wirtschaftsforschung, Politikwissenschaft, und dem Juridicum sowie vom Institut für Stadtplanung usw.), von der Akademie Bukarest (vom Ökonomischen Institut, vom Institut für Lebensqualität), von Forschungsinstituten (u.a. vom Zentrum für Urban- und Regionalplanung, IMAS), sowie von Meinungsforschungsinstituten (GALLUP und CURS), bilden neben schriftlichen Dokumenten die Datenbasis für die Analyse des wissenschaftlichen Diskurses.

145  Vertreter des Studentenverbandes der Politologie an der Universität Bukarest Scoala Naţională de Studii Politice şi Administrative Bucureşti - SNSPA.

ändert daran nichts, dass das Thema im wissenschaftlichen Diskurs unterreprä-
sentiert ist. Dies ist nicht nur Folge von fehlenden Möglichkeiten, sondern Folge
eines bestimmten, herrschenden Gesamtdiskurses.

### 3.4.2 Europäischer Forschungsdiskurs

Migration von Asien nach Osteuropa war bisher auch in der europäischen Forschung vernachlässigt worden. Zwar wurde von darauf spezialisierten Forschern
die Bedeutung der chinesischen Auswanderung nach Osteuropa seit 1989 betont, dennoch gab es nur wenige theoretische und empirische Studien dazu
(Benton/Pieke 2000 und Nyíri/Savaliev 2002). In der europäischen und insgesamt in der chinesischen Forschung besteht wenig Wissen über chinesische
Migranten, deren Lebenswelt und Lebenshintergründe (Biographien). Auch in
China selbst wurde zwar über die strukturellen (ökonomischen) Veränderungen
von bspw. Dörfern und Regionen aufgrund von Migration geforscht, weniger
aber über die Schicksale der Menschen und ihre sozialen Wirklichkeiten. Erst in
den letzten Jahren (etwa seit 2002) hat sich die Forschung von der herkömmli-
chen Sichtweise abgelöst, welche Migrationsströme lediglich als vom Staat zu
regulierende Gebilde, vorzugsweise als „ökonomischer Nutzen-Kriterien-Ag-
gregate" sieht. So etablierten sich auch akteursbezogene Ansätze in der chinesischen Forschung, „a migrant-centred narrative which focuses on migrants'
experiences and problems" (vgl. Xiang/Tan 2005: 1). Diesbezügliche Forschung
ist aber noch limitiert, und zwar deshalb, weil die (jüngste) Vergangenheit in
China nach wie vor wenig zugänglich ist bzw. weil der Zugang verhindert
wird.[146] In der VR China gibt es vergleichbar zu Europa wenige Studien über
Migranten. In wissenschaftlichen Untersuchungen über die chinesische Migration in Europa wird von einer „absence of the Chinese in migration matters" gesprochen (vgl. Pang 2002). Es wird vielmehr gezeigt, dass die chinesische Bevölkerung weder Teil des in Europa gängigen Diskurses um
„Multikulturalismus" und „ethnische Minderheiten" ist, noch in der Migrationspolitik besondere Beachtung findet (vgl. Pang 2002), d.h. auch kein Thema des

---

146 Studien in bzw. über die Auswanderungsprovinzen werden bspw. teilweise von offizieller Seite in China nicht erwünscht oder gefördert und für nicht-chinesische Forscher gesperrt (vgl.
Thunø 1999); Statistiken sind mit Vorsicht zu genießen, da die Erfassungskriterien nicht
transparent sind.

allgemeinen Diskurses in westeuropäischen Ländern zu sein scheint (vgl. Benton/Pieke 2000).[147]

Nicht selten ist die Wissenschaft im Bereich der Migration mit eben jenen Auftraggebern – wie mit der Europäischen Kommission – konfrontiert, welche auf die Berichterstattung aus Rumänien angewiesen sind, um die politischen „Fortschritte" und die damit verbundenen Beitrittsschritte in die EU zu beurteilen. Deren Äußerungen können als eine Art „politisierte Erfolgsberichte" gesehen werden, welche die wissenschaftlichen Studien färben. Auch ist die Verlagstätigkeit internationaler Organisationen dabei nicht irrelevant, sondern sie bestimmen mit, worüber geforscht wird.[148] Wissenschaftliche Institutionen in Rumänien sind seit dem Ansuchen um den Beitritt zur Europäischen Union (1995) und seit dem Nato-Beitritt sowie den EU-Beitrittsverhandlungen mit Berichterstattungen nach Brüssel beschäftigt. Ein weiterer Forschungsbericht, der thematisch für den Fall relevant war, trägt den folgenden Titel: „The migration phenomenon from the perspective of Romania`s accession to the European Union" (2004) Er wurde vom „Europäischen Institut in Rumänien" veröffentlicht. Dies ist eine Institution, die sich im Internet wie folgt präsentiert:

"The European Institute of Romania (EIR) is a public institution whose aim is to assist the public administration, the business environment and civil society in understanding and assuming the elements that Romania's accession to the European Union involves."[149]

Zu den Aufgaben wissenschaftlicher Studien gehören in erster Linie die Information, Aufklärung und Beratung von Politik und Öffentlichkeit. Im Kontext dieses „durch die Regierung initiierten Quasi-Bildungsauftrages" wird nun das Thema Migration wissenschaftlich diskursiv bearbeitet. Ohne den Wert des genannten Berichtes bzw. dieser Institution gering zu schätzen, der schließlich auch für meine Studie eine der wenigen Literaturquellen zum Thema darstellt, soll damit erklärt werden, in welchem Interessenskontext die Forschung steht. Die Diskurspositionen von einzelnen Wissenschaftlerinnen sollen nicht degra-

---

147  U.a. verdeutlicht Felicitas Hillmann, die sich mit ethnischen Ökonomien vietnamesischer Communities in Deutschland auseinandersetzte, wie wenig erforscht asiatische Migranten im Vergleich zu anderen Migrantengruppen in Deutschland sind, was für die Migrationsforschung in Europa generalisiert werden kann (vgl. Hillmann 2005).

148  Die meisten (der raren) wissenschaftlichen Publikationen zu neuen Migrationsbewegungen in Osteuropa stammen von diesen Organisationen. Bspw. Laczko et al: 2002 und IOM (Laczkó) 2000, Lăzăroiu 2004.

149  EIR 2004: http://www.ier.ro/EN/index_en.html.

diert werden, vielmehr geht es darum, Tendenzen zu verdeutlichen, welche die Forschung der letzten fünf Jahre in Rumänien prägten.

Forschungsinstitute in Bukarest haben zum Thema „Immigration Rumänien" bis in die Gegenwart kein wissenschaftliches Interesse gezeigt, sondern waren auf die dominanten Schwerpunktthemen und die Vorbereitung auf den EU-Beitritt fokussiert. Auf diese Weise verschränkt sich das Negieren des politisch-institutionellen Diskurses über chinesische Immigranten auch mit dem wissenschaftlichen Diskurs.

Die Immigranten in Osteuropa sind also nicht nur mit einer politischen, sondern auch wissenschaftlichen „Kenntnislosigkeit" konfrontiert. Deutlich wurde mir dies u.a. während der Befragungen von Chinesinnen selbst, welche sich dafür bedankten, dass sie gefragt werden und auf die Wichtigkeit solcher Befragungen hinwiesen; denn es sei „wichtig, dass die Leute hier mehr wissen über uns Chinesen".[150] Eine solche strukturelle Rahmung bedeutet für Immigranten im Alltag, dass sie sich nicht auf institutionelle Unterstützung verlassen (können), sondern „auf sich selbst gestellt" bleiben und ihre Probleme selbst zu regeln versuchen. Dies fördert vermutlich (wie bereits zu Beginn dieses Kapitels als Hypothese aufgestellt wurde) Eigeninitiativen und informelle Netze. Möglicherweise verstärkt es familiale bzw. verwandtschaftliche oder auf die Herkunft in China bezogene, dorfgemeinschaftliche Solidarität. Gleichzeitig bedeutet dies eine ungewollte „Abkapselung" von der Ankunftsgesellschaft (bspw. durch fehlende Sprachkenntnisse) und Abhängigkeiten innerhalb von informellen Netzwerken sowie soziale Unsicherheiten und Risiken.

### 3.4.3 Die Problematisierung der Migranten in der Forschung

In der Analyse wurde deutlich, dass die rumänische Forschung sich im Zuge der Beitrittsbestrebungen damit auseinanderzusetzen hatte, was von den Entscheidungsträgern zu einem staatlich anerkannten Problem erhoben wird (vgl. Bourdieu/Wacquant 1996: 271). Auf diese Weise erfolgt durch die Diskurselite der Europäischen Union und der internationalen Organisationen die Konstruktion wissenschaftlicher Problemstellungen.[151] In diesem sozio-historischen Kontext (der Transformationsjahre und der Osterweiterung der EU) lässt sich die Wissenschaft „leiten". Mit anderen Worten: Die Forschung untersucht, was in den genannten Diskursen bzw. in Politik und Öffentlichkeit als „akute und aktuelle Probleme" angesehen werden. Demgemäß sind die dominanten Migrati-

---

150 Herr Wen Xuan (48)
151 Siehe dazu Kapitel 2.10

onsthemen die „Auswanderung und Arbeitsmigration Richtung Westeuropa",
gefolgt von der so genannten „illegalen Einwanderung" und dem Phänomen des
„Menschenhandels" die Forschungsschwerpunkte in Rumänien. Die *Nordostli-*
*nie*" aus Russland sowie eine „*Südostlinie*" (aus der Türkei) bilden „Linien auf
der Landkarte", welche mir bspw. an der Fakultät für Geographie gezeigt wurden und mit welchen wissenschaftlich „illegale Migrationspfade" verfestigt
werden. Die Bedeutung des Begriffes der „Transitmigration" (vgl. Kapitel 2)
bewirkt, dass Migranten in erster Linie als Kriminelle, vorwiegend als Drogen-,
Waffen- oder Frauenhändler, diskursiv diffamiert werden, und zwar wegen der
„Vorgabe", dass Rumänien ein Transitland sei und wegen des damit verbundenen (tradierten) negativen Bedeutungsgehalts von Transitmigration.

In der Forschung wird in Kopplung mit zum politisch-institutionellen Diskurs und zugleich in Abgrenzung zum medialen Diskurs in diesem Zusammenhang der Begriff „organisierte Kriminalität" gebraucht. Dieser Ausdruck
kann einerseits als eine Differenzierung der platten Problematisierung in Medi-
en und Alltag verstanden werden. Andererseits jedoch ist damit eine Reproduktion oder sogar Verstärkung einer solchen Problematisierung verbunden. Die
Existenz einer solchen organisierten Kriminalität, die in ständiger Verbindung
mit Migration genannt wird, wirkt auf den politisch-institutionellen Diskurs zurück. So können Politik und Medien mit „wissenschaftlichen" Begriffen operie-
ren, um ihren Argumenten Nachdruck zu verleihen. Mit anderen Worten: Die
Wissenschaft stellt hier „szientifizierte Deutungsmuster" (vgl. Oevermann
2001) zur Verfügung.

Mit dem europaweiten „OK-Diskurs" (Diskurs über organisierte Kriminalität; vgl. Pütter 1998, Luczak 2002) wird daher eine „abstrahierte Kriminalität"
konstruiert. Sie ist nicht mehr auf Personen oder ein definiertes Verhalten (kriminell oder nicht kriminell) reduziert, sondern erzeugt eine verallgemeinerte
Kriminalisierung. Mit einer europäischen Bedrohungslage, welche durch den
Begriff „Organisierte Kriminalität" diskursiviert wird, kann letztlich eine allgemeine Bevölkerungskontrolle legitimiert werden.

So gibt es jährlich 5-10 Chinesen, welche um Asyl in Rumänien ersuchen
sowie einige, welche sich in Abschiebehaft nahe des Flughafens in Bukarest in
unwürdigen Bedingungen (bspw. Besuchsverbot) befinden.[152] Kommt es für sie
zu einem Aufenthaltsstatus, werden die meisten Chinesen statistisch zur Kategorie der „ausländischen Investoren" gezählt. „Flucht" und „Business" werden
im Diskurs klar getrennt, obwohl oft beide zugleich die Gründe der Einwande-

---

152 Quelle: Interview im UNHCR-Büro Bukarest sowie Einsicht in Statistische Daten der
    UNHCR.

rung sind bzw. den „Einwanderungsstatus" in Rumänien bilden. Ebenso sind es junge Studenten, welche über ein Austauschprogramm nach Bukarest kommen und hier ein Unternehmen gründen. Wenn die Genehmigungskriterien, wie bspw. genügend Gewinn zu erzielen oder eine bestimmte Anzahl an Personal nachzuweisen, nicht erfüllt werden, wird kein Visum mehr gewährt. Wenn die Aufenthaltsgenehmigung abläuft, wird die Wohnung geräumt und das Land ist zu verlassen. Innerhalb kurzer Zeit und oft wegen Unkenntnis der jüngsten Verordnungen und Gesetze, kann die Polizei Migranten kontrollieren und sie wiederum als „Illegale" in Abschiebehaft bringen, sofern diese nicht von einem sozialen Netzwerk (bspw. der eigenen Migrantencommunity) geschützt werden. Die in allen Einwanderungsländern bekannten und diskursiv erzeugten „Schubladenzuordnungen", die der tatsächlichen Komplexität der Migration und ihrer sozialen Wirklichkeit entgegen stehen, wurden also in der rumänischen bzw. allgemein in der europäischen Forschung reproduziert.

Dieses Aufgreifen von Forschungsfragen bzw. -themen aus „dem Westen" geschah also relativ schnell im Verhältnis zum Auftreten der damit gemeinten Phänomene. Eine These ist daher, dass manche Problemstellungen, bezogen auf Immigration in Rumänien, durch eine rapide Übernahme der Diskurse aus „dem Westen" diskursiv erzeugt wurden. Anzunehmen ist jedoch auch, dass sich in Rumänien ein differenzierterer wissenschaftlicher Umgang mit Immigration in Rumänien ergeben wird und sich in Zukunft auch starke Gegendiskurse (bzw. vermehrt kritische Stimmen) herausbilden werden.

### 3.4.4 Kulturalistische Diskurse und Erklärungsansätze

Simultan zum Diskurswandel von der kriminellen zur kapitalistischen Migrationsfigur[153] ist auch in der Wissenschaft eine prozessuale Veränderung (graduelle und sich überschneidende) von einem zum anderen Stereotyp zu verzeichnen. In den meisten wissenschaftlichen Studien wird, wenn es konkret um chinesische Migration geht, den Eingewanderten eine „rein ökonomische Motivationslage" unterstellt. Im Falle der chinesischen Migranten fügt sich dies erstens in das europäische Bild der „Wirtschaftsflüchtlinge" (vgl. Karakayalı/Tsianos 2005) ein, wird aber noch durch die Figur des modernen, „flexiblen Kapitalisten" zugespitzt, so als handle es sich nicht um Menschen, die ums Überleben kämpfen, sondern um Menschen, welchen es um Kapitalanhäufung gehe und für welche „Flexibilität" am Arbeitsmarkt eine selbstverständliche Notwendigkeit des mo-

---

153 Darunter verstehe ich in Anlehnung an Karakayalı/Tsianos (2005) Formen von Zuschreibungen und „diskursive Label" wie Gastarbeiter, Wirtschaftsflüchtling).

dernen Lebens sei. Dies bedeutet, dass im Prozess der Transformationen, in welche der Fall eingebettet ist, nicht nur der politisch-institutionelle und der mediale Diskurs durch die ökonomische Perspektive gefärbt ist, sondern auch die Wissenschaft ein wesentlicher Teilnehmer dieses ökonomischen Migrationsdiskurses darstellt.

Die aus den Analysen identifizierte Diskurslinie beginnt also damit, dass zunächst Migration/Migranten diskursiv problematisiert und hierbei polarisiert werden, als Opfer des Menschenhandels oder als Schmuggler, als „Illegale" (Täter). Werden andersherum Menschen nicht als Problemfall betrachtet, werden sie in diskursiver Logik als „Geschäftsleute", „Investoren", „Händler" usw. definiert. Handelt es sich dabei um bestimmte Gruppen (einer bestimmten Herkunft), dann läuft dies auf eine ökonomische Ethnisierung hinaus, wovon insbesondere chinesische Migranten betroffen sind. Eine solche ökonomisierte Wahrnehmung chinesischer Bevölkerungsgruppen ist nicht nur in Rumänien, sondern in ganz Europa zu verzeichnen. So meint ein deutsches Wirtschaftsmagazin (vgl. Breidenbach/Nyíri in Brandeins 2000), dass nun „das Bild vom Chinesen als mobilen Kapitalisten das ältere Stereotyp vom Restaurant- und Reinigungsbesitzer ablöst, das seinerzeit die Vorstellung vom Chinesen als Kuli oder Mandarin ersetzt hatte" (10/2000).

Der chinesische Migrant wurde auch in der wissenschaftlichen Literatur bis vor wenigen Jahren vornehmlich als jemand beschrieben, der globaler dächte und agierte als andere, der sich gewandt für ihn günstige Nischen auf den verschiedenen Märkten der Welt suchen würde, der sich im lokalen Kontext dabei völlig angepasst verhielte und sich vorzugsweise in eigene kulturelle Räume, so genannte Chinatowns, zurückzöge. (Christianson 2003). Gleichzeitig seien sie diejenigen, die sich „leichter" assimilieren, sich in Europa „angepasst" und „unauffällig" verhalten (vgl. Pang 2002). Ihr starker Bezug zum Herkunftsland, ihre „transnational ties" sowie ihr Rückgriff auf (ebenfalls „transnationale") „networks" stellen ebenfalls vielzitierte „typisch chinesische Muster" dar (vgl. u.a. Ong 2005). Dies gilt ebenso für die Migrantin, die im Gegensatz zu Diskursen über Migrantinnen anderer Herkunft (bspw. der Türkei) ebenso autonom, flexibel und geldorientiert wandern würde wie ihr männlicher Counterpart.[154] Chinesische Migranten werden also teils mit bestimmten, in Europa und der ganzen Welt übergreifenden „Migrationsmustern" verbunden und auf diese Weise als die „am meisten globalisierten" (vgl. Pries 2003) Migranten beschrieben. Den chinesischen Migrantinnen und Migranten wird gleichermaßen unter-

---

154  Zu einer „feminization of migration", bzw. einem „engendering of labour markets" vgl. Spaan et al. 2005: 3.

stellt, dass sie den Herausforderungen der prekärer werdenden Arbeitsmarkt-
bzw. allgemeinen Lebensverhältnisse in Europa aufgrund dieser „Merkmale"
mehr gewachsen seien als andere Migranten oder auch in Westeuropa soziali-
sierte Menschen, welche dem sozialen Wandel nicht gewachsen seien.

Diese in eine essentialistische Richtung führende Argumentation, solche
„Merkmale" als Ursache für bestimmte Handlungsmuster von Migranten zu beschreiben, wird im internationalen wissenschaftlichen Diskurs bereits kritisiert,
d.h. auch hier findet gegenwärtig ein Wandel statt (vgl. Wundrak 2008). Etwa
Spaan et al. (2005) betonen, dass sowohl veraltete einseitige ökonomische Modelle als auch kulturalistische Erklärungsansätze abgelehnt werden.[155] Demgegenüber wird nun mehr dem Kontext im Einwanderungsland das Augenmerk
geschenkt. Man ist der Auffassung, dass es auf die Möglichkeitsstrukturen
(Opportunity Structures; vgl. Waldinger 1990 bzw. Kritik dazu vgl. Klooster-
man/Rath 2001) im Zielland ankommt, wie Migranten unterschiedlicher Herkunft bestimmte Möglichkeiten des Überlebens wie etwa Marktnischen finden.
Der Mixed-Embeddedness-Ansatz (vgl. Kloosterman/Rath 2001) fordert, dass
bei Immigrationsstudien sowohl dem „Mitgebrachten" der Migranten als auch
dem jeweiligen Einbettungskontext im Zielland Beachtung geschenkt werden
soll. Vergleicht man Fallstudien in verschiedenen Staaten Europas und Ameri-
kas (USA und Mittel- und Südamerika), wird deutlich, dass es einerseits bestimmte Handlungsmuster gibt, welche den Migrationsprozess aus China und
die Eingliederung bzw. das Settlement charakterisieren, aber auch, welche großen Unterschiede von Fall zu Fall bestehen.

**Zusammenfassung:** In der Diskursanalyse der drei Ebenen, der politisch-institutionellen, der medialen und der wissenschaftlichen (über Immigration in
Rumänien im Allgemeinen und über die chinesische Community in Bukarest im
Besonderen), wurde demgemäß deutlich, dass es zum Thema Immigration wenig politisches, öffentliches und wissenschaftliches Wissen gibt, ein solches daher nicht öffentlich in Form von Information zur Verfügung stand und sich die
relevanten Organisationen bis zum Zeitpunkt der Erhebung nicht damit beschäftigt haben. Während der ersten Jahre der Transformation und bis heute waren es
die ökonomisch rentable Arbeits- und Pendelmigration in den Westen sowie die
Abwanderung (u.a. der deutschen Minderheit in Rumänien), welche die Aufmerksamkeit der Öffentlichkeit (und der Forschung) auf sich zogen. Zweitens
wird eine allgemeine Unwissenheit über Immigration dadurch erzeugt, dass das
Thema diskursiv in die Unbedeutsamkeit befördert wird, wie beispielsweise

---

155 Siehe hierzu: Wimmer 2007: "How (not) to think about ethnicity in immigrant societies: A
    boundary making perspective." (Titel des Buches)

durch die „fehlende statistische Signifikanz". Drittens konnte diese Unbedeutsamkeit durch rhetorische Formen der Desinformation identifiziert werden, wie
etwa durch das Mittel der „Holzsprache" sowie durch weitere Vermeidungsstrategien (so auch Interviewverweigerung).

Auch eine „Problematisierung" von Immigration zieht sich wie die Nichtthematisierung (welche also miteinander zusammenhängen) durch alle Diskurse.
Sie wird im politisch-institutionellen, im medialen und im wissenschaftlichen
Diskurs unterschiedlich praktiziert und ist in diesem Fall eng verbunden mit
dem Deutungsmuster der „Mafia". Dieses zeigt sich zunächst nur latent im politisch-öffentlichen Diskurs und bewirkt Gerüchte über „kriminelle Strukturen"
sowie eine „Schattenwelt" in Rumänien, über welche man in den Interviews im
politisch-insitutionellen Feld ebenfalls nichts Konkretes erfahren konnte. Mit
anderen Worten: Hier kann von einer latenten Problematisierung durch
Dethematisierung gesprochen werden. In den Printmedien hingegen wird – sofern die Immigration überhaupt behandelt wird, was nur selten geschieht – eine
Bedrohung und Kriminalität durch Einwanderung nicht nur deutlich ausge-
sprochen, sondern diskursiv dramatisiert sowie undifferenziert und mit Stereotypen versetzt dargestellt.

## 3.5 Migranten im „Fadenkreuz" chinesischer und rumänischer Diskurse über Migration

Aus dieser Darstellung sollte deutlich werden, dass über die soziale Wirklichkeit der chinesischen Bevölkerungsgruppe in der Bukarester Öffentlichkeit sehr
wenig bekannt ist. Der seitens der politisch-institutionellen Akteure praktizierte
Diskurs, ihre Existenz zu verhüllen, gepaart mit einem medialen Bedrohungsdiskurs und der wissenschaftlichen Problematisierung von Immigration, bewirkt
in der Öffentlichkeit, dass viele Gerüchte über diese Menschen existieren. Die
Stadtbevölkerung weiß zwar, dass es am Stadtrand Märkte gibt, auf welchen
Chinesen arbeiten und dass es dort billige Textilien zu kaufen gibt, verhält sich
aber eher bedeckt, skeptisch, ängstlich und rassistisch gegenüber diesen Märkten und der dort lebenden Menschen.

Als ich im Zuge der wenig informativen  Expertengespräche und Wege
durch öffentliche Ämter während einer Pause einen Straßenpassanten fragte, wo
denn in Bukarest ImmigrantInnen bzw. "straini" (rumänisch: „Ausländer, Fremde") leben würden, verwies dieser mich auf den nordöstlichen Stadtrand von
Bukarest, zu welchem ich mit der Strassenbahnlinie 21 käme, wenn ich bis zur
Endstation führe. Dort sei es aber sehr gefährlich und es gehe dort "schlimm"

zu, wo es „chinezi, arab şi ţigani" (Chinesen, Araber und Zigeuner), „Diebe und streunende Hunde"[156] gebe, wo Rumänen gar nicht hingingen, wo nur schlechte Ware verkauft werde, wo es überfüllt und gedrängt sei und man keinesfalls mit einer vollen Geldbörse hingehen solle.[157]

Bei der Rekonstruktion der Wahrnehmung von Immigranten in der gegenwärtigen rumänischen Gesellschaft ist vor dem Hintergrund dieses Bedrohungsdiskurses, welcher zu einer „Verteidigungshaltung gegen Ausländer" führt, aus den Feinanalysen der Texte die folgende These aufgestellt worden: Rumänen bringen in ihren Äußerungen zum Ausdruck, dass sie mit „Ausländern" ihr eigenes Image im Ausland bzw. in Westeuropa als unerwünschte „ökonomische Parasiten" assoziieren. Damit ist, so die These, eine kollektive Scham verbunden, die sich darin zeigt, dass diese auf andere Minderheiten – insbesondere Roma und Chinesen – diskursiv übertragen wird. Demzufolge werden Chinesen als „unterentwickelt", mit „schlechtem Benehmen", „aggressiv", „schmutzig" usw. beschrieben (ebd.). Im Rahmen eines interkulturellen Seminars an der Universität Bukarest (2005) wertete ich Beobachtungsprotokolle von Studenten aus, die am Europa-Markt bzw. China-Markt in Bukarest ihre Beobachtungen protokollieren sollten. Durch diese Protokolle wurde deutlich, dass die rumänische Stadtbevölkerung wenig Kontakt zu dieser Bevölkerungsgruppe hat, wenig Wissen über chinesische Kultur (im weitesten Sinne wie bspw. auch über chinesisches Essen usw.) hat und generell (ohnehin in der Transformation und ebenso gegenüber neuen Entwicklungen wie dieser) verunsichert ist. Eine Studentin schrieb darüber, wie sie in eine chinesische Arbeiterkantine am Markt eintritt: „Als wir in die Kantine eintraten, schauten die Leute von dort uns so an, als ob wir Eindringlinge wären. Meiner Meinung nach sind die Chinesen sehr fremdenfeindlich."[158]

Diesem rumänischen negativen Diskurs steht der positive Diskurs über Auslandschinesen von Seiten der VR China gegenüber, welcher sich in derselben Zeitphase herausgebildet hat. Die chinesische Regierung hat diese neue chinesische Migration (vgl. Nyíri/Savaliev 2002), um welche es in dieser Fallstudie geht, diskursiv legitimiert. Auch im klaren Gegensatz zu rumänischen Auswanderern in der Zeit vor 1989, welche als „Landesverräter" galten, ebenso wie auch Auswanderer (Flüchtlinge) unter Mao Tse-Tung in der VR China als sol-

---

156 Zitiert aus Feldnotizen. Die zitierten Ausdrücke sind Originalzitate.
157 Ein ähnliches Bild bzw. ein ähnlicher Diskurs herrscht auch in Timisoara, der größten Stadt Rumäniens in der westlichen Region Banat. Eine längere Straße im Stadtteil Josefin (Josefstadt), die voll von kleinen Bazaren ist, auf denen chinesische und arabische Ware verkauft werden, wird im Jargon "Gazastreifen" genannt. Auch diese Assoziationen sind bezeichnend für die soziale Lage der Immigrationsbevölkerung.
158 Protokoll einer Studentin im Rahmen des interkulturellen Seminars „Der fremde Blick".

che galten, feiert der moderne Diskurs Chinas Auswanderer als erfolgreiche und „patriotische Kapitalisten". Dieser Diskurs steht somit in Kontrast zum öffentlichen Diskurs der Bedrohung in den rumänischen Medien im Besonderen und in den europäischen Medien im Allgemeinen, welche chinesische Migranten ebenfalls oft mit Illegalität, Kriminalität und Bedrohung der ökonomischen Sicherheit verbinden.

Der neue chinesische Diskurs entspricht der politischen Strategie der VR China gegenüber den Auslandschinesen. Hier sei vor allem auf Paul Nyíris Studie (2002) verwiesen, in welcher er den Wandel des Diskurses vom "Klassenfeind zum Patrioten" im Zuge dieser neuen Migration und in Verbindung mit der Politik der chinesischen Regierung gegenüber ihren Auslandschinesen und der Auswanderung aufzeigt. Dieser Diskurs ist durch Argumente der Entwicklung, Modernität und des Patriotismus, welche in den einschlägigen Journalen für und von Auslandschinesen zelebriert/reflektiert werden würden, charakterisiert und positiv konotiert. Die Protagonisten dieser „neuen Migration" sind im chinesischen Diskurs "people who want to become modern (...) they `march toward the world` and contribute to the development of the homeland" (Nyíri 2002: 222).

> "A distinctive official discourse has emerged around the `new migrants` that recognises them as a highly useful resource for economic construction in China, the attraction of foreign investors and business partners, as well as the leadership of overseas Chinese communities in Japan, the US and Europe, which are judged as losing touch with the homeland and Chinese culture."[159]

Es ist vor dem Hintergrund dieses Diskurses die These aufzustellen, dass sich chinesische Migranten auch dieser positiven Rolle entsprechend präsentieren. Dies ist wesentlich für die Interpretation der Interviews, in welchen diese Selbstpräsentation vorherrscht. Sie hat dabei nicht nur reinen strategischen Präsentationscharakter gegenüber der Interviewerin, sondern kann sowohl als Identitätsarbeit als auch als Überzeugungsarbeit sich selbst gegenüber gesehen werden. In der teilnehmenden Beobachtung wurde das „doing" eines „modernen Kapitalisten" von Migranten beobachtet. Diese stehen unter dem Druck, den Erfolgserwartungen, welche diese Rolle implizieren, auch zu entsprechen.

Es sollte daher unterschieden werden zwischen einerseits einem öffentlichen chinesischen Diskurs, wie er sich in Form eines öffentlichen, staatlichen Diskurses der VR China über ihre Auslandschinesen herausgebildet hat und andererseits einem Diskurs der Immigranten über sich selbst in ihrem jeweiligen loka-

---

159   Nyíri 2002: 222

len Einbettungskontext. Jenseits dieser Präsentationsebene steht oftmals das Bedürfnis, über die soziale Ungleichheit und Diskriminierung, die Willkür der Behörden, Korruption usw. zu sprechen und der eigenen Wut bzw. dem Leidensdruck Ausdruck zu verleihen. Deutlich wurde in den Interviews, aber auch in der teilnehmenden Beobachtung, dass über den Leidensdruck – aufgrund der Präsentationserwartungen bzw. genannten „doing modern capitalist" – nicht immer einfach und direkt erzählt werden kann.

So müssen die Erzählungen von Chinesen über ihre Geschichte ebenfalls vor diesem Hintergrund gesehen/analysiert werden. So werden bspw. die frühen 1990er Jahre in Bukarest, d.h. die ersten Jahre der Einwanderung, in den Interviews als „abenteuerlich" dargestellt. Die Interviewten präsentierten diese Zeit in den Interviews als „wilde Jahre" einer Goldgräberstimmung in Osteuropa". Dabei ist man zugleich „froh" darüber, dass diese Zeiten vorüber sind, was durch Aussagen wie *„jetzt ist es besser"* verdeutlicht wird. Zweitens ist diese Präsentation damit verbunden, von den Schattenseiten dieser „harten Zeiten" abzulenken. Diese Form der Gegenüberstellung des harten Damals und des besseren Heute bietet eine Möglichkeit, das Leiden auf nostalgische und unkritische Weise – sowie durch Verlagerung in die Vergangenheit – zu äußern. Bei der „bunten Schilderung der wilden Anfangsjahre" werden nicht die Schwierigkeiten betont, sondern vielmehr das gemeinsame und hoffnungsvolle Streben nach einem zukünftigen, besseren Leben. Vor dem Hintergrund der genannten Unsicherheit kann dieser gegenwärtige Diskurs über die damalige Zeit für die heutige chinesische Bevölkerung einen identitätsstiftenden Charakter haben. Dieses Präsentationsmuster hat Ähnlichkeiten mit Diskursformen in der VR China, bspw. über die „goldenen 1950er Jahre" und dem Aufbruch in ein besseres Leben, welcher durch die (Arbeits)Kraft und den Fleiß der Bevölkerung erreicht werden kann (vgl. Leutner 2003).

Die Doppelschichtigkeit des Diskurses von Selbstpräsentation als moderne Kapitalisten einerseits und der faktischen sozialen Ungerechtigkeit andererseits kann auch aus der mutigen Aussage des chinesischen Zeitungsherausgebers (der Zeitung: *Ziarul pentru Chinezii din România*) entnommen werden:

> "(...) a high price is often paid for the much publicized success of Chinese entrepreneurs. Many other Chinese, locked into marginal employment or businesses, remain socially and culturally segregated from majority society in European countries. An adequate understanding of the nature of these marginalized groups is crucial for policy making and business in Europe, and is an important topic of scholarly research."[160]

---

160  Interview mit Li Jianhua. In: Beuran 2004: 1.

Während Chinesen selbst mit diesen Widersprüchen umgehen müssen, steht auch Rumänien selbst im europäischen Kontext noch in einem eigentümlichen „Randzonendiskurs". Auch auf dieser Ebene werden kulturalistische Bilder erzeugt. Aufgrund der peripheren Position Rumäniens in Europa, d.h. dem östlichen Rand des Westens, bewirkten viele kulturelle Einflüsse des Byzantinischen und später Türkischen einen "strange Eastern-Western mix" (Ogrezeanu 2004). Nun werden auch die Bazare und Märkte vom rumänischen Historiker Lucian Boia („Romania – Borderland of Europe") aufgegriffen. Er stellt auf eine malerische Weise diese Bazare in Osteuropa als eine Konkretion neuer Kulturmixturen im Kreuzungspunkt von Orient und Okzident dar:

> "(…)`re-Westernization` is progressing hand in hand with `re-orientalization`. Turks, Iraqis and other Eastern people (including Chinese) are quite at home in Romania. Here and there in commercial districts, one is struck by the atmosphere of an Eastern bazaar – different from the solemnity of Communist trade but also from the more discreet and orderly aspect of Western commerce."[161]

Hinter der Folie dieses Gesamtdiskurses über chinesische Migranten in Bukarest, d.h. auf den Ebenen der Politik, den Medien in Rumänien und der Forschung in Europa  sowie der chinesischen Politik, spielt sich die erlebte Geschichte der Migranten ab. Diese wird im nächsten Kapitel, der Fallgeschichte der chinesischen Community in Bukarest, rekonstruiert.

---

161  Boia 2001: 206

# 4 Die Entstehung und Entwicklung der chinesischen Migration nach Osteuropa und die erlebte Geschichte der Migranten

## 4.1 Untergliederung der Fallgeschichte

Hinter der im vorigen Kapitel dargestellten diskursiven Gesamtpräsentation der chinesischen Migranten steht ihre erlebte Migrationsgeschichte. Diese lässt sich einerseits durch ihre (diskursive) Präsentation verstehen. Andererseits verschleiern diese Diskurse aber auch ihre tatsächlich erlebten Geschichten. Vor allem aber die diskursive Vereinfachung der Migration (Reduktion auf bestimmte Themen usw.) steht der Komplexität ihrer Geschichte gegenüber.

In diesem Kapitel wird die chinesische Community in Bukarest in ihrer Entstehung und Entwicklung rekonstruiert. Dabei beziehe ich mich auf die historischen, politischen, sozialen und ökonomischen Prozesse, die für die neue Migration nach Osteuropa wesentlich waren und gehe auf die besonderen Ereignisse ein, welche für den Verlauf der Migration und die soziale Wirklichkeit dieser Migranten strukturbildend waren. Das Datenmaterial dieser Rekonstruktion basiert nicht nur auf bestimmten dafür durchgeführten Datenerhebungen (vgl. Kapitel 2), sondern hier greife ich auf das „ethnographische Gesamtwissen" zurück, das ich mir im Laufe der Feldaufenthalte aneignete. Für die strukturellen Ursachen der Wanderung aus China nach Osteuropa wurde insbesondere auf bestehende Literatur und bestehende Studien zurückgegriffen. Diese wurden mit den Erzählungen der Migranten über deren Vergangenheit in China und sämtlichen anderen Datenmaterialien (siehe Kapitel 2) in Bukarest kombiniert.

Das Endprodukt dieser Rekonstruktion ist die folgende „dichte Beschreibung" (siehe Kapitel 2, vgl. Geertz 2006), bei welcher der „rote Faden" nachgezeichnet wird, welcher sich durch die Geschichte ziehen lässt, um die gegenwärtige soziale Wirklichkeit der chinesischen Community in Bukarest zu verstehen.

Die hier dargestellte Geschichte der chinesischen Community in Bukarest beginnt im Jahr 1978 in der VR China und endet in der Gegenwart. Sie ist Teil der so genannten „neuen chinesischen Emigration"[162] und gehört im Besonderen zur neuen chinesischen Immigration nach Osteuropa seit 1989.

Um die neue chinesische Wanderungswelle nach Osteuropa historisch zu rekonstruieren, begebe ich mich zunächst in die postmaoistische Phase und verfolge den Transformationsprozess der VR China, der mit 1978 beginnt und der vor allem mit dem als „Reformisten" bekannten Politiker Deng Xiaoping verbunden ist. Alle chinesischen Migranten der 1990er Jahre, welche nach Bukarest kamen, sind von dieser chinesischen Transformation betroffen bzw. haben diese erlebt.[163] Dieser Prozess findet seinen formalen Abschluss im WTO Beitritt im Jahr 2001 (vgl. Cho 2005) und bewirkt einen verstärkten und ungebrochenen Wandel des Staates und seiner weltpolitischen Position bis ins Jahr 2007. Diese Phase des „Aufstiegs Chinas zur Weltmacht" bildet daher den „transnationalen Kontext" des Falles.[164] Denn diese Prozesse werden als Fallhintergrund weiterverfolgt und der Schauplatz der folgenden dichten Beschreibung wechselt nach Rumänien. Mit dem Jahr 1990, dem Jahr, in welchem die Migration nach Osteuropa eingeleitet wurde, wird die Perspektive der Rekonstruktion in Rumänien weiter verfolgt, und werden die lokalen Prozesse der Transformation in Rumänien bis 2007, dem Jahr des Beitritts Rumäniens zur Europäischen Union, nachgezeichnet.

Das Kapitel ist demnach wie folgt aufgebaut: Zunächst geht es um die politischen, sozialen und ökonomischen Veränderungen in der VR China und die „Neue chinesische Emigration" (4.2) Danach werden die spezifischen Auslöser der Migration und die neuen Migrationspfade nach Europa im Allgemeinen und nach Rumänien im Besonderen nachgezeichnet (4.3). Nach der Ankunft der ersten Pioniere in Bukarest werden die ersten Jahre der rumänischen Transformation geschildert (Kapitel 4.4). Die folgenden „wilden Jahre" in dieser osteuropäischen Stadt bilden das nächste Unterkapitel (4.5). Danach werden Illegalisierungsprozesse der Migration auf unterschiedlichen Fallebenen erläutert (Kapitel 4.6). Hier wird auch diskutiert, welche Netzwerkstrukturen sich in der chinesischen Bevölkerung in Bukarest zeigen lassen. Im letzten Kapitel (4.7) werden die weiteren Ereignisse der Immigration in Rumänien identifiziert

---

162  Zu dieser Bezeichnung siehe Kapitel 3.

163  Die Migranten, um welche es in diesem Fall geht, sind in der „Mao-Ära", bzw. zwischen 1950 und 1980 geboren worden und aufgewachsen. Für diese Studie wurde (als eine von mehreren methodischen Perspektiven auf den Fall) auch der lebensgeschichtliche und historische Kontext der chinesischen Migranten-Community dieser Generation anhand der Globalanalyse von einigen Lebensgeschichten der in Bukarest lebenden Migranten rekonstruiert.

164  Dabei wurden jene Ereignisse und Prozesse in China und jene in Osteuropa sowie jene auf anderen räumlich bzw. politischen Ebenen als interdependent betrachtet.

und die gegenwärtigen Entwicklungen der chinesischen und der rumänischen Politik bis 2007 weiterverfolgt.

## 4.2 Die Transformation der VR China und die „Neue chinesische Emigration" 1978-1989

### 4.2.1 Ökonomische, politische und soziale Prozesse des Wandels in der VR China

Der Transformationsprozess Chinas, der zwei Jahre nach dem Tod Maos (1976) mit ersten Plänen und Beschlüssen (des 13. Kongresses) der Kommunistischen Partei 1978 eingeleitet wurde, ist durch eine sukzessive/graduelle Einführung kapitalistischer Instrumente (vgl. Giese 2000) bzw. marktwirtschaftlicher Reformen bei gleichzeitiger Beibehaltung der zentralstaatlichen, autoritären Regulierung charakterisiert. Der Übergang von einer Planwirtschaft zu stärker marktwirtschaftlichen Mechanismen wird aus diesem Grund von anderen Transformationsprozessen (bspw. jener Osteuropas) unterschieden, nämlich weil er einerseits nur graduell und nicht radikal (im „Schockverfahren") stattfand und zweitens nicht durch einen Rückzug des Staatsapparates aus dem Markt, sondern durch staatlich kontrollierte Wirtschaftspolitik gekennzeichnet war und ist (Cho 2005, Herr 2000). Vor dem Hintergrund, dass die wirtschaftspolitische Öffnung des Staates nach außen politisch gewollt, geplant und kontrolliert wird, nehmen die global verstreuten Migranten eine strategisch wichtige Rolle für die Veränderungen in der VR China ein. Dies bedeutet auch, dass Migranten in China in einem positiv konnotierten Diskurs eingebunden sind und nicht etwa als „Landesverräter" gelten, wie das in anderen kommunistischen Staaten (wie bspw. in Rumänien) der Fall war (vgl. Kapitel 3).

Die Migration wird durch den Machtapparat des Herkunftslandes forciert und kontrolliert. Die Verbindung der Chinesen zu ihrem Heimatland – hier gemeint in Hinblick auf deren Abhängigkeit vom und ihrer Haltung zum chinesischen Regime – ist daher ein zentraler Aspekt des Falles. Dies zeigt sich in ihrer komplexen Vernetzung bzw. Organisation, in den entstandenen Hierarchien innerhalb der Communities, in ihren persönlichen Positionierungen und nicht zuletzt in ihrer unterschiedlich ausgeprägten „Offenheit" gegenüber der Forscherin.[165]

---

165 Siehe dazu Kapitel 3 zur Selbstpräsentation der chinesischen Migranten und ihrem positiv konnotierten Image als erfolgreiche und patriotische Kapitalisten.

Im Zuge des Wandels des chinesischen Handelsregimes, initiiert durch die Beschlüsse im Dezember 1978, sind einige marktwirtschaftliche Reformen einerseits und soziale Probleme andererseits auszumachen. Beide Aspekte sind für eine derart mobile Bevölkerung, wie sie die chinesische heute darstellt und besonders für die neue Auswanderungswelle nach 1990 relevant. Zunächst ist die Öffnungspolitik und außenwirtschaftliche Entwicklung Chinas hin zu einem ausgeprägten Exportmarkt wesentlich. Zu diesem gehört die graduelle Lockerung in den Außenhandelsregelungen in den 1980ern. Das heißt, in dieser Zeit bekamen zunächst ausgewählte Staatsbetriebe und ausländische Unternehmen mehr Autonomie zugestanden, um ihren Export- und Importgeschäften nachzugehen. Dazu gehört weiter, dass die zentrale Autorität die Aufgaben der Regulierung des Außenhandels lokalen Autoritäten übertrug. Mit dieser Dezentralisierung der Außenhandelskompetenzen in Kombination mit einer neuen Exportorientierung durch politische Anreize ging eine rasante Zunahme des Außenhandels einher (vgl. Cho 2005). Geschäftsleute, welche zu dieser Zeit, Ende der 1980er Jahre, bspw. im Auftrag ihres Unternehmens, für das sie arbeiteten, zunächst ins Ausland gingen, um dort Geschäfte abzuwickeln oder um neue anzubahnen, waren die ersten, welche – unabhängig davon, ob sie auch eine spätere Auswanderung ins Auge fassten oder nicht – Pionierarbeit für die späteren Migrationspfade der Immigranten leisteten.[166] Einige der heutigen Einwanderer in Bukarest sind solche Geschäftsleute, die damals im Rahmen von Geschäftsreisen erstmals nach Bukarest kamen und animiert wurden, sich von dem Staatsbetrieb, in welchem sie arbeiteten, partiell abzulösen und sich nach und nach selbständig zu machen. Die neue Außenhandelspolitik der chinesischen Regierung setzte regionale Schwerpunkte und bevorzugte die süd-östlichen Provinzen und deren Küstenstädte. So wurden 1979 und 1980 in Shenshen, Zhuhai, Shantou in Guangdong und Xiamen in Fujian (vgl. Abb. 2) die ersten Sonderwirtschaftszonen errichtet. In der zweiten Hälfte der 1980er wurden diese Regionen (auch) zum Mittelpunkt der Investitionen von Auslandschinesen, der chinesischen Zuwanderung von Arbeitern, der Anhäufung von Produktionsstätten (Spielzeug, Schuhe und Textilien) und der chinesischen Exportwirtschaft (vg. Giese 2000). Durch diese fördernde Wirtschaftspolitik in den Küstenregionen und dem damit einhergehenden regen Handel wurde eine starke soziale Ungleichheit Chinas zwischen liberalisierten Exportregionen im Südosten einerseits und stärker regu-

---

166   Zu den historischen Beziehungen zwischen Rumänien und China siehe Buzatu 2005. Das einzige China-Restaurant (ein Hotelrestaurant im Zentrum von Bukarest), das bereits vor 1989 existierte und in welchem manche chinesische Geschäftsreisende zu Abend aßen, weist auf eine damalige offizielle bzw. staatliche Beziehung zwischen China und Rumänien hin.

lierten Binnenhandelsregionen in West- und Zentralchina andererseits politisch
initiiert. Diese Entwicklung löste Mitte der 1980er Jahre eine langjährige und
bis heute noch andauernde Binnenmigration aus. Das Ziel dieser Binnenmigration waren überwiegend die größten Industriestädte Peking, Guangzhou, Shanghai u.a., sowie die staatlich positiv sanktionierten südöstlichen Küstenprovinzen
Chinas, allen voran die Provinz Guangdong mit der Stadt Guangzhou an der
Mündung des Perlflusses. Diese Arbeitsmigration von Heimatprovinzen in die
Küstenprovinzen war durch saisonalen, temporären Charakter, hohe Fluktuation
und einen steilen Anstieg gekennzeichnet.

„Für den Fünfjahreszeitraum bis 1988 wurden landesweit zwar lediglich gut 30 Millionen Mig-
rationsfälle (...) dokumentiert, diese Zahl bedeutet gegenüber dem Vergleichszeitraum bis 1982
jedoch eine Verdoppelung. (...). Ende 1988 ging man in China von einer landesweit ca. 50 Mio.
Migranten umfassenden sog. mobilen Bevölkerung (liudong renkou) aus. (...) Zwei Drittel dieser Menschen waren als Straßenhändler oder als Kontraktarbeiter mit zeitlicher Befristung tätig."[167]

Die Migrationsbevölkerung war im Verhältnis zur Gesamtbevölkerung (1300
Millionen) nicht sehr hoch (3,8%), ist jedoch in kurzer Zeit stark angestiegen.[168]
Meist wird in der Forschung über den chinesischen Transformationsprozess das
Hauptaugenmerk auf die (damit verbundene) wirtschaftspolitische Liberalisierung gelenkt. Die graduelle Zurücknahme der Planwirtschaft und die verstärkte
Mobilität wurden jedoch von zunehmenden sozialen und regionalen Ungleichheiten begleitet, welche bei einer Betonung der Wirtschaftsreformen oft aus
dem Blickwinkel gerieten. Im Zuge dieser Massnahmen lösten sich soziale Si-
cherungssysteme auf; Landflucht und Massenarbeitslosigkeit brachten das soziale Gefüge aus dem Gleichgewicht (Wang 2007). Im Zeitraum von Ende 1988
und Anfang 1989 bestimmten Millionen von ländlichen Arbeitsmigranten das
Stadtbild dieser Küstenstädte.

„Überfüllte Züge und sonstige Verkehrsmittel, unter menschenunwürdigen Bedingungen vor
den Bahnhöfen des Landes kampierende arbeitslose Migranten, die nach erfolgloser Arbeitssu-
che an ihrem primären Zielort ihr Glück nun an einem sekundären Migrationsziel in einem anderen Landesteil versuchen wollten, verunsicherten sowohl die städtische Bevölkerung, die um

---

167 Giese 2000, S. 288
168 1980 werden ca. 27 Millionen Auslandschinesen (huaqiao) weltweit geschätzt, 1990 ca. 36,8
    Millionen. Insgesamt sind 136 Staaten davon betroffen (vgl. Portiakov 1999), wobei nach der
    neuen Welle nach Osteuropa zurzeit vor allem die chinesische Migration nach Afrika zu den
    aktuellsten Strömungen gehört (vgl. Der Überblick - Zeitschrift für ökumenische Begegnung
    und internationale Zusammenarbeit, Hrsg.: von Bonin, Konrad; Brock, Lothar; Füllkrug-Weit-
    zel, Cornelia; Höppner, Renate; Kulessa, Manfred; Reimers, Stephan 2004: Chinas Griff nach
    Afrika, Schwerpunktthema, 04/2005, Hamburg).

ihre Sicherheit fürchtete, als auch die staatlichen Behörden, die eine Destabilisierung der Lage zu verhindern suchten."[169]

Die Zielregionen waren bereits mit dem Problem konfrontiert, dass nicht für alle Arbeitsuchenden ein Arbeitsplatz organisiert werden konnte und so genannte Auffanglager errichtet wurden, welche „in erster Linie mit der Deportation arbeits- und obdachloser ländlicher Migranten befasst waren" (Giese 2000: 291[170]).

Diese Entwicklungen bilden den Hintergrund für die hohe Migrationsbereitschaft der chinesischen Migranten. Sie resultierten aus einer Verbindung von Staatsstrategien und Marktveränderungen (vgl ONG 2005) und sind zwischen Globalisierung, politischen Strategien des Staates der VR China, lokalen bzw. regionalen Disparitäten und sozialem Wandel anzusiedeln.

Die genannten Krisen verdeutlichen, dass der wirtschaftliche Wachstumsprozess Chinas keine geradlinige Entwicklung war, sondern „zyklische Schwankungen und sektoral ungleiches Wachstum" aufwies (Cho 2005: 58). Die Konsolidierungspolitik zwischen 1988 und 1989 und die Wirtschaftskrise nach 1989 führten zu einer Massenarbeitslosigkeit. Die Wanderung ging jedoch weiter, da die ländlichen Regionen von den Auswirkungen der Konsolidierungspolitik stärker betroffen waren als die Küstenregionen. „In diesem ökonomischen Chaos mit galoppierender Inflation" (Cho 2005: 64), welche die Reformpolitik mit sich brachte, sowie die „Desillusion und Unzufriedenheit über neue Probleme hinsichtlich wachsender Ungleichheit zwischen arm und reich und grassierender Korruption von Partei- und Regierungsfunktionären" (ebd.: 64) lösten schließlich die soziale Bewegung und die Demonstrationen von 1989 aus. An dieser Bewegung waren nicht nur Studenten und Intellektuelle beteiligt. Sie war landesweit und von allen sozialen  Schichten getragen, welche sich für gerechte Verteilung des Einkommens, Demokratie, Pressefreiheit usw. einsetzten, aber auch gegen konkrete Probleme wie Korruption, Veruntreuung öffentlicher Gelder usw. opponierten (Wang 2007). Diese Generation, die während der Kulturrevolution aufgewachsen war, wollte sich aus alten Zwängen befreien und gegen die neuen sozialen Ungleichheiten und Machtverhältnisse protestieren. Von den Intellektuellen wurden die marktwirtschaftlichen Reformen damals begrüßt, weil sie „befreiend" von den  Repressionen der Vergangenheit wirkten

---

169  Giese 2000: 292
170  Karsten Giese verweist hier auf die Quellen dieser Information: „China News Analyses 1988" und „Beijing Rundschau 1988".

(vgl. Wang 2007). Diese soziale Bewegung war daher „sowohl Widerstands- als auch Modernisierungsbewegung" (Wang 2007: 60).

Für die „neue Migration" nach Osteuropa ist dies deshalb von Bedeutung, weil sich darin die heterogene Motivlage der Migranten begründen lässt, welche kurz nach 1990 ins Ausland gingen. Dies waren Intellektuelle, die sich politisch verfolgt fühlten oder verfolgt wurden oder weitere Repressalien befürchteten (politische Verfolgung und/oder wirtschaftlicher Ruin und Armut) und junge Unternehmer, welche ihre ersten privaten Erwirtschaftungen nicht verlieren wollten (vgl. Nyíri 1999). Es waren zu Geschäftsleuten mutierte Beamte und Parteikader ebenso wie die bereits erwähnten ersten Außenhandelsdelegierten von chinesischen Staats- oder Privatunternehmen, welche von den wirtschaftlichen Reformen profitierten und vom Exporthandel lebten.

Nach der Tragödie im Juni 1989, bei welcher die Regierung bzw. Partei gegen eine Demokratisierung vorging und die blutige, militärische Niederschlagung der Studentenbewegung befahl, setzte diese den wirtschaftlichen Reformprozess fort, welcher sich auch nicht mehr aufhalten ließ.

Nun begann eine zweite Phase der chinesischen Transformation, in welcher der Weg zu einer "sozialistischen Marktwirtschaft" verfolgt wurde. Diese in vielerlei Hinsicht „gelungenen" Reformen ließen die Bevölkerung auf eine bessere Zukunft hoffen. Diese Hoffnungen gingen jedoch durch den politischen Bruch 1989 bei vielen wieder schlagartig verloren. Beides, der wirtschaftliche Erfolg und der demokratische Rückschlag, sind für eine Außenorientierung Chinas wesentlich. Dabei hatten und haben die Auslandschinesen und ihre Verbindungen zum Heimatland ebenfalls eine zentrale Bedeutung im Hinblick auf den Handel als auch auf soziale Netzwerke.

### 4.2.2 Traditionelle Muster und Vernetzung der Migration

Für die weiteren Wirtschaftsreformen waren die im Jahr 1992 gegründeten 13 Freihandelszonen und 260 Sonderentwicklungszonen in den südlichen Küstenprovinzen der VR China von Bedeutung, in denen „Genehmigungs-, Zoll- und Steuerfreiheit für ausländische Exportunternehmen angeboten wurden." (Cho 2005: 152). Diese Maßnahme, welche als Deng Xiaopings „Reise in den Süden" bekannt wurde, hatte strategischen Charakter. Die meisten der ansteigenden Direktinvestitionen aus dem Ausland in die begünstigten Wirtschaftszonen Chinas kamen aus Hongkong, Taiwan und den anderen südostasiatischen Entwicklungsländern. Die Wirtschaftspolitik der Küstenregionen liegt also in den Standortvorteilen dieser für den Außenhandel begründet. Es waren vor allem die in den Investitionsherkunftsländern lebenden Hongkong-ChinesInnen, TaiwanesInnen und ethnische ChinesInnen aus Singapur, die „Auslandschinesen", welche in ihre Heimatregionen investierten. Jedoch waren auch Investitionen von Chinesen aus Japan, Europa und den USA für die forcierten Außenhandelsverbindungen von entscheidender Bedeutung (vgl. Cho 2005). Die Verbindung der Auslandschinesen zu ihren Heimatregionen werden als „das grundlegende Bindeglied zwischen China und der globalen Wirtschaft" (Castells 2003, 329) bezeichnet und sind unter dem Begriff `China connection` bekannt (vgl. Cho 2005). Dabei spielt vor allem die traditionelle chinesische Migration eine Rolle.

Die Migrantinnen und Migranten, welche bis in „die siebziger Jahre die westeuropäische Szene beherrscht hatten" (Nyíri 1999, S. 3) und sich in den Zielländern bereits als Communities (und China Towns) „etabliert" hatten, waren für den Aufbau und die Vernetzung der neueren Migration funktional. Die Verbindung der Auslandschinesen zu ihren Heimatländern, die so genannte Quaoxiang-Verbindung, ist wesentlicher Bestandteil für die Bildung von chinesischen, transnationalen Migrationssystemen.

"Qiaoxiang ties, in a broad sense, represent complex social, political, cultural, and economic relationships between overseas Chinese and their ancestral homeland – China. They derive from 'traditional' modes of organization among Chinese migrants, which have persisted for centuries. During the past two decades, large amounts of foreign capital have flowed into China and there is a widespread belief that the majority of this capital was introduced or invested by overseas Chinese."[171]

Migration wurde Teil des alltäglichen Lebens und „zu einem etablierten Bestandteil im wirtschaftlichen Handeln der ländlichen Bevölkerung" (Giese 2000: 306). Man geht davon aus, dass „bis zu einem Drittel der Familien im ländlichen Raum von Migranteneinkommen profitieren" (Giese 2000: 304). Ausnahmslos alle in der Zeit vom Ende der siebziger Jahre bis Anfang der neunziger Jahre skizzierten Tendenzen und Entwicklungen der Mobilität und Migration innerhalb Chinas und auf transnationaler Ebene setzten sich in der letzten Dekade des 20. Jahrhunderts unvermindert fort. Neben den Hauptmigrationspfaden hat sich das Migrationsgeschehen durch diese landesweite Mobilität insgesamt ausgebreitet. So hat sich auch die Auswanderung ins Ausland verstärkt, welche diese Küstenprovinzen, die ohnehin in Produktion und Handel auf Export ausgerichtet waren, schließlich in Auswanderungsregionen von Arbeitsmigranten verwandelten (Giese 2000, Migration Information 2003).

Als 1991 die Einwanderung in Rumänien begann, hat sich ein zirkulatorisches Migrationsgeschehen in China herausgebildet, welches durch

---

171  Van der Velde 1998: IX

politische Entscheidungen initiiert wurde und dessen Auswirkungen (regionale Disparitäten) weitere Migrationsströme auslösten. Die chinesische Migration nach Rumänien ist ursächlich und in ihren Konsequenzen an die chinesische Wirtschaftspolitik, an Politik und Markt gleichermaßen gekoppelt und muss darüber hinaus im Kontext der Globalisierung betrachtet werden. Ein chinesischer Geschäftsmann, den ich interviewte, verdeutlicht, wie er von lokalen Behörden zur Auswanderung animiert wurde und wie die Wirtschaftspolitik und die Verbindungen zu Auslandschinesen gleichermaßen dafür ausschlaggebend waren:

> „China hatte Schulden und wollte durch mehr Handel im Ausland die Schulden tilgen. Es war ja alles staatlich. So haben sie versucht, die Leute dazu zu bringen und haben gefragt: Habt ihr Beziehungen im Ausland – ist gut, braucht nichts zu zahlen. Ihr macht sowieso Textilien, dann geht damit ins Ausland."[172]

Unter den Herkunftsprovinzen gibt es einige, insbesondere jene an der Südostküste Chinas, welche bereits traditionelle Auswanderungsprovinzen waren und wo sich im Zuge der oben beschriebenen Entwicklungen in China Produktions- und Emigrationsregionen entwickelten (allen voran Fujian, Zhejiang und Guangdong). Diese Entwicklung bestimmter Regionen zu Emigrations- und Handelsregionen in China ist sowohl aus der spezifischen Tradition einzelner Dörfer als auch global-ökonomisch zu verstehen. Unter den Befragten in Bukarest waren besonders viele Quingtianesen bzw. wurden unter ihnen besonders viele Verwandte und Bekannte angegeben, welche ebenfalls in Bukarest leben. In der chinesischen Migration des 20. Jahrhunderts wurde die waldige und gebirgige Region Quingtian in der Provinz Zhejiang zu einer der bekanntesten Auswanderungsregionen Richtung Europa[173]. Sie hatte sich mit dem Handel von Specksteinschnitzereien einen Namen gemacht (vgl. Thunø 1999).[174] Nach 1949 stoppte die Wanderung aufgrund der politischen Verhältnisse bzw. reduzierte sich auf Familienzusammenführung und Flucht. Nach 1980g wurde die Tradition der Auswanderung wegen der ökonomischen Veränderungen (Sonderwirtschaftszonen etc.) und der diesen Prozess fördernden Politik wieder aufgenommen.

---

172  Interview Nr. 59, 5. Mai 2004: Herr Ma Xuejun.
173  In Wenzhou waren 1994 248.000 Auswanderer registriert, 165.000 davon lebten in Europa. (Gesamteinwohner von Wenzhou: 6.924.000). Zur Emigration aus Wenzhou siehe Thunø 1999, Li 1999b, Christiansen 2003).
174  Die Hafenstadt dieser Region, Ningbo, gehört zu den ältesten Handelsstädten, die mit Europa seit dem 19. Jahrhundert Kontakt haben (vgl. Thunø 1999). Der Handel mit Specksteinschnitzereien, zunächst nach Frankreich, weitete sich weltweit per Schiff und über den Landweg nach Russland und später weiter nach Berlin aus.

"In villages of Quingtian county where the stone deposits are located, interregional migration within China had created a habitus that in turn produced the economic and cultural capital necessary to perceive and seize the potential opportunities of going overseas."[175]

Dieser traditionell herausgebildete regionale „Habitus" (vgl. Thunø 1999), gepaart mit den wirtschaftspolitischen Entscheidungen, war ausschlaggebend dafür, dass diese Region neuerlich zur Auswanderungsregion wurde. Die Migranten sind also durch Verwandtschaftsverhältnisse, durch Bekanntschaft, durch eine kulturelle Tradition, in ökonomisch-funktioneller Hinsicht als Entrepreneurs, als Arbeitssuchende und schließlich auch als Migranten vernetzt. Im Herkunftsland und im Zielland zugleich entsteht eine Perpetuierung von einmal eingerichteten Verbindungen: „…each new immigrant creates a large pool of potential immigrants" (Massey et al. 1994, S. 732 zitiert in Li 1999b S. 188). Allerdings erhöhten sich die Erwartungen durch eine temporäre Auswanderung nach Europa und die Möglichkeit dort reich zu werden (vgl. Li 1999b) im gleichen Ausmaß, wie sich die soziale Ungleichheit innerhalb der Dörfer als Folge der finanziellen Unterstützung durch Migranten verstärkte.

"Successful migrants often invest, in one way or another, in their home towns and villages. Most commonly, they build luxurious houses for themselves, their parents, or other members of the family. But not only families ask for remittances. Frequently, a public institution, for instance a school or hospital, expects a contribution from fellow villagers regardless of their legal status in the country of destination."[176]

## 4.3 Auslöser der Migration und neue Migrationspfade nach Osteuropa und Rumänien zu Beginn der 1990er Jahre

### 4.3.1 „Docking points" in Osteuropa

Neben langjährigen, wirtschaftspolitischen Veränderungen können auch konkrete politische Ereignisse als Auslöser der neuen Wanderungswelle nach Osteuropa genannt werden (vgl. Nyíri 2000). 1988 wurde im Rahmen eines Reiseabkommens zwischen China und Ungarn die Visumspflicht in Ungarn aufgehoben (vgl. Smith 1994, Nyíri 1999). Zu diesem Zeitpunkt konnte man vermutlich

---

175  Thunø 1999: 174
176  Giese 1999: 211

in beiden Staaten die Auswirkungen dieser Entscheidung nicht einschätzen. In Ungarn begann als erstes die Bewegung gegen den Eisernen Vorhang. Während das Massaker in Peking am 4. Juni 1989 eine Krise der chinesischen Macht darstellte, wurde im selben Monat, am 27. Juni 1989, an der ungarisch-österreichischen Grenze – als symbolischer Start für die Wende – von den Außenministern der beiden Länder ein Stacheldraht durchtrennt.

Im Zeitraum von nur zwei Jahren, zwischen 1990 und 1992, kamen ungefähr 40.000 Chinesinnen und Chinesen nach Budapest (Nyíri 2002). Die Hauptstadt Ungarns wurde auf diese Weise zu einer der ersten Stationen für chinesische Migranten. „Selbst in China (...) erschien eine Studie über das Ungarnfieber. Schätze sollten in diesem Wunderland auf der Straße liegen."[177]

Doch schon kurze Zeit später (1992) verließen viele der Neuankömmlinge wegen verstärkter Polizeimaßnahmen und wieder eingeführter restriktiver Visa-Verordnungen die ungarische Hauptstadt und suchten neue Standorte in den Nachbarländern Polen, Tschechien, Slowakei und auch in Rumänen (vgl. Nyíri 1999). Budapest wurde trotz der Restriktionen aufgrund einer schnellen informellen bzw. illegalen Organisation des Einreiseprozederes (Fälschungen von Pässen und Einladungen usw.) nicht nur zu jener Stadt Osteuropas, in welcher die bekannteste chinesische Community und der größte China-Markt bis heute existieren (ebd.), sondern wurde so auch zu einer der wichtigsten „Starting-Points" für die chinesische Einwanderung in ganz Europa.

Andere Ausgangspunkte, von welchen aus sich wandernde Geschäftsleute in Europa verbreiteten, waren Moskau, Belgrad, Prag und Bratislava.

Russland hat eine längere Tradition an Einwanderung aus China (vgl. Larin 2000)[178] als andere osteuropäische Staaten. Nach dem Zusammenbruch der Sowjetunion und der sozialistischen Staaten Osteuropas 1989 wurde der Landweg von China nach Europa bedeutungsvoll. Dies stellt insofern eine Neuheit dar, als dass bislang die meisten Migrationsziele von Chinesen auf dem Seeweg erreichbar waren (vgl. Giese 2000). Durch diesen Migrationsweg über das Festland wurde Moskau eine der wichtigsten Stationen für eine weitere Verzweigung dieser Migrationswege in Osteuropa. Über das asiatische Russland und Moskau gelangten seit 1989 wachsende Zahlen irregulärer, primär aus der Provinz Zhejiang stammende Migranten zunächst in die CSSR, nach Ungarn,

---

177 Peter Polonyi (ungar. Sinologe) zitiert in Die Zeit, Nr. 37/2000.
178 Die chinesisch-russische Migration, welche bereits auf eine Handelstradition seit dem 19. Jahrhundert (transsibirische Eisenbahn seit 1904) aufbaut (vgl. Thunø 1999), nahm nach 1991 ungleich größere Ausmaße als in anderen osteuropäischen Ländern an (vgl. Gelbras 2002). In Russland, so wird prognostiziert, könnte die chinesische Bevölkerung bis Mitte des nächsten Jahrhunderts sogar die „zweitgrößte ethnische Gruppe" nach den Russen werden (vgl. Portyakov, 1999, Gelbras 2002).

die dann weiter nach Deutschland, Frankreich, Italien und Spanien zuwander-
ten.[179]
    Auch in Serbien wusste man von den Chinamärkten in Budapest bereits sehr
früh (1991); denn während des Handelsembargos gegen Serbien (seitens des
UN-Sicherheitsrates) kamen Schlangen von jugoslawischen Bussen nach Budapest, um dort am China-Markt einzukaufen (vgl. Die Zeit 2000). Belgrad spielte
für chinesische Migranten insbesondere während des Jugoslawienkrieges eine
Rolle. China war eine der wenigen Nationen, die sich im Jugoslawienkrieg auf
die Seite Miloševićs stellten. Für Serbien waren die Verbindungen und chinesische Investitionen daher wesentlich, umgekehrt konnten Chinesen auf einfache
Weise ein Visum erhalten (vgl. Nyíri 2003).
    Während des Bombardements durch die North Atlantic Treaty Organisation
(NATO) 1999 wurde auch die chinesische Botschaft in Belgrad von Raketen
getroffen. Dies verstärkte das Bündnis zwischen Serbien und China auf einer
symbolischen Ebene und führte weiter dazu, dass täglich mehrere Flugzeuge aus
China in Belgrad landeten (vgl. Nyíri 2003). Serbien und Bosnien waren zu
dieser Zeit wichtige Stationen für Migranten, welche über den Seeweg (über
Albanien, Montenegro und Kroatien) ankamen (vgl. ebd.). Insgesamt wurde die
gesamte Balkanregion in diesen Jahren zu einem „Verkehrsknotenpunkt" von
Chinesen. So seien laut der von Nyíri geführten Interviews im Jahr 2000 ca.
50.000 Chinesen in Serbien eingereist (vgl. ebd.). Auch Prag stellte eine der osteuropäischen „docking points" dar. In den frühen 1990er Jahren reisten täglich
ca. 20 Chinesen an, um dort – wie in anderen osteuropäischen Ländern – auf
einfache Weise als Ausländer eine Firma zu gründen. Prag und auch Bratislava
wurden zu Beginn der 1990er Jahre auch wichtige Zwischenstopps für die Weiterreise nach Westeuropa (vgl. Giese 1999: 204). Diese Zahlen verdeutlichen,
wie schnell die Einwanderung anstieg und auch, dass hinter dieser Migration
eine komplexe Organisation stand bzw. sich im Laufe der Jahre sehr schnell bildete.


### 4.3.2 Ankunft in Bukarest

Die meisten der ersten Ankömmlinge in Bukarest waren jedoch noch ohne Mig-
rationsnetz, durch welches sie Sicherheit und Information erhalten hätten können.

---

179  Giese 2000. Zur Bedeutung der Auswanderungsprovinz siehe Thunø 1999.

„Frau Xue Ya erzählte, als sie mit zwei Freunden damals in Bukarest ankam, suchte sie zunächst einen Anhaltspunkt, wie z.B. eine „chinesische Fahne". Die ganze Stadt wäre grau gewesen und es bedeutete für die drei Ankömmlinge eine furchtbare Enttäuschung, keine Farben zu sehen und keine einzige chinesische Fahne. Schließlich fanden sie auf einer Mauer eine chinesische Inschrift. „Es lebe die Revolution". Die Zeichen hätten einen Fehler gehabt, wie die Chinesin erzählte, waren also vermutlich von einem Rumänen während der Revolution eingraviert worden. Dennoch, die drei freuten sich über dieses „Zeichen" ungemein."[180]

Diese ersten Pioniere waren zunächst völlig auf sich gestellt und mussten sich meistens zuallererst an einheimische Stadtbewohner wenden, wie dies auch bei der hier zitierten Frau Xue der Fall war. Oft wurden diese später zu „Vermittlern" für weitere Migrantinnen und Migranten. Nach wie vor bieten einige der Import-Unternehmer bzw. auf Transport spezialisierte Unternehmer die Dienstleistung an, die Migration vom Start bis zum Ziel, d.h. von einem Visum über einen Pass bis hin zu einem Arbeitsplatz zu organisieren. Einer dieser ersten Ankömmlinge in Bukarest erzählte mir, wie er bspw. in Budapest zu diesem Handel kam. Dies möchte ich aus einem Gesprächsprotokoll mit Herrn Ping zitieren:

„Bei seiner Ankunft in Europa hätte er nur 2500 US Dollar in der Tasche gehabt. Damals hätte man von Ausländern 120 US Dollar pro Nacht verlangt. Der Mann oder Vermittler, von welchem er bereits erzählt hatte, hätte ihn eingeladen. Er wäre nur drei Monate vor ihm selbst in Budapest angekommen und hätte bereits eine Wohnung in Budapest gemietet. Dieser Mann wäre jeden Tag zum Bahnhof gegangen um dort Chinesen aufzulesen, die auch nicht wussten, wo sie schlafen konnten. Und er hätte sie viel Geld bezahlen lassen. Bei diesem Mann hätte auch er die ersten Tage gewohnt, erzählte Herr Ping und meinte, er hätte mit diesem alle Einzelheiten seines Aufenthaltes abgewickelt, die sich darum drehten, ob man mit oder ohne Dokumente leben möchte und wieviel Geld man dafür habe. Dieser Mann wäre im Schwarzhandel tätig gewesen. Er hätte unterschiedliche Preise verlangt, für jene, die ein eigenes Bett bekamen und jene, die auf dem Boden schliefen. Im Kühlschrank hätte es für die Neuankömmlinge genau rationierte Portionen gegeben, die er sich sehr teuer hätte bezahlen lassen."[181]

Im Zuge dieser „Streuwanderung" von osteuropäischen Startpunkten in viele osteuropäische Länder wurde Bukarest eine von mehreren Destinationen. Nicht von vornherein war die rumänische Hauptstadt das geplante Ziel der Migranten, da diese auch nicht die notwendige umfangreiche Information für solch eine Vorentscheidung besaßen, geschweige denn der riskante Weg es ihnen ermöglicht hätte, sich vorab für Bukarest zu entscheiden. Meistens wurde ihnen von Freunden, Bekannten oder Kollegen, welche bereits in Europa waren, darüber

---

180  Interviewprotokoll Frau Xue Ya (Nr. 44).
181  Zitiert aus dem Gesprächsprotokoll mit Herrn Ping.

erzählt. Einige Chinesen lasen auch in den Zeitungen Berichte darüber, bspw. dass es in Rumänien sehr einfach sei, ein Unternehmen zu gründen (vgl. IOM 2000). „Die Kunde von lukrativen Zielorten verbreitet sich schnell, von Cousin zu Cousine, von Schlangenkopf zu Klient."[182]

Die Chinesen verließen das Land zunächst über Hongkong, wofür sie ein Besuchs- oder Touristenvisum erhalten konnten (vgl. Giese 1999, S. 203). Von dort war die Ausreise – als Tourist oder ebenfalls zum Verwandtenbesuch – in andere asiatische Länder (Vietnam, Kambodscha, Thailand, Nordkorea, Südkorea) einfach. Chinesen, welche in Osteuropa „illegal" einreisen, schafften dies oft über diese Zwischenstationen. Andere kamen als Unternehmer direkt in die osteuropäischen Länder.

Die gewählten Wege bzw. Transportmittel waren ebenso unterschiedlich wie die heterogene Gruppe der Wanderer. Die chinesisch-russische Grenze bot unzählige Möglichkeiten eines „quasi-legalen" Übertritts als Händler. Wladivostok ist hier eine der wichtigsten ersten (Zug)Stationen in Russland (vgl. Giese 1999). Die Ausreise ist vor allem über „Schlepperorganisationen" zu Fuß nach Nordthailand durch den Dschungel von Mianmar möglich oder mit dem Boot den Mekongfluss entlang durch Mianmar und von dort nach Thailand. Dort ist man dann auf Organisationen angewiesen, und je nach finanziellen Möglichkeiten musste man auch einige Monate warten, damit die Weiterreise möglich bzw. organisiert wurde.

Viele konnten mit dem Zug von Moskau, Prag oder den anderen Startpunkten in Osteuropa in die anderen Länder gelangen, zumal das Verstecken in den Zügen möglich war und auch hier Begleiter tätig waren, welche dafür Geld verlangten. Andere kamen mit dem Flugzeug. Auch der Schiffsweg über die genannten Küsten war Teil der Pfade, die also unterschiedlich waren und aufgrund der Illegalisierung nicht genau nachzuvollziehen sind. In jedem Fall war ein wichtiger Schritt getan, wenn man einmal in einem europäischen Land angekommen war. Denn die weiteren Überquerungen der Grenzen waren hier einfacher und teils auch allein, d.h. ohne Vermittler zu bewerkstelligen. So reisten viele von Ungarn nach Rumänien. Frau Xue Ya schildert diese Situation in ihrer Lebensgeschichte so, dass sie mit ihren Freunden gemeinsam nach Rumänien gefahren sei, um zu sehen, ob man da „was machen" (arbeiten) könne, und als sie dort angekommen seien, sie auch „glücklicherweise etwas gefunden" haben. Im Gesprächsprotokoll notierte ich dazu:

---

182  Vgl. Brandeins 2003

„1991. Frau Xue und ihre Freunde fuhren mit dem Zug nach Rumänien. Dort hatten sie keine Freunde. Am Bahnhof wartete eine rumänische Frau und bot ein Zimmer gegen hohe Miete an. Sie nahmen dieses erste Angebot an, konnten aber die rumänische Sprache nicht. Sie mieteten gemeinsam zwei Zimmer, die kosteten 100 Dollar im Monat. Dort wohnte Frau Xue gemeinsam mit ihren Freunden."[183]

In diesem Jahr regierte in Rumänien die Übergangspartei ‚Front der nationalen Rettung' (FNR) und unter dem Präsidenten Ion Iliescu[184], welcher als Neokommunist von vielen Demonstranten abgelehnt worden war, wurde die erste neue Verfassung nach der Diktatur verabschiedet. Die damaligen Vorhaben waren noch „ambitioniert", zumindest vermittelte dies die Regierung, welche von einer „zweijährigen Übergangszeit zur Marktwirtschaft" ausging (Beyer 1991: 488). Im selben Jahr wurden in der VR China mehrere Prozesse gegen Studenten und andere Aktivisten der dortigen Protestbewegung von 1989 durchgeführt. In dieser politisch aufgeladenen und unsicheren Situation im Herkunfts- als auch im Zielland kamen die ersten Pioniere in Bukarest an. Die gesellschaftliche Atmosphäre in der VR China in diesen Jahren (Anfang der 1990er) war von einer Niederschlagung der Hoffnungen geprägt.

Zugleich war man – trotz politischer Rückschläge der Demokratiebewegung – durchaus auch euphorisch, was die Zukunft und die (vor allem ökonomischen) Modernisierungsschritte betraf. Diese Stimmung konnten viele junge Chinesen nutzen, um das Land zu verlassen (vgl. Nyíri 2003). In Rumänien charakterisierte ebenso eine Aufbruchstimmung die gesellschaftliche Atmosphäre. Es gab ebenso begründeten Pessimismus. Auch die Demonstrationen gegen die neue kommunistische Partei sollten in Rumänien noch nicht beendet sein.

---

183 Protokoll des Interviews (Nr. 44) mit Frau Xue Ya.
184 Im Jahre 1990 folgen nach der Revolution noch weitere Demonstrationen, vor allem gegen die ohne Wahlen eingesetzte Übergangspartei ‚Front der nationalen Rettung – FNR' und für die Demokratisierung auf allen Ebenen. So wird im April 1990 am Universitätsplatz gegen Neokommunismus demonstriert und der Rücktritt Ion Iliescus gefordert. Im Mai folgt ein Hungerstreik von 11 Personen.

## 4.4  Die ersten Jahre der rumänischen Transformation zu Beginn der 1990er Jahre

### 4.4.1 Kofferhandel und Märkte

Pioniere der oben genannten heterogenen Gruppe an Auswanderern dieser Zeit, darunter auch viele Frauen, waren die ersten, welche 1990 und 1991 nach Bukarest kamen und vermutlich mit hohen ökonomischen und sozialen Risiken rechneten. Ein Geschäftsmann aus Zhengzhou (eine Stadt in der nördlichen Provinz Henan), Herr Wen Xuan, erzählt, dass er als Student beschloss, ins Ausland zu gehen, um dort zu versuchen, eine Zukunft aufzubauen und kam nach Bukarest. Er war mit einer Sprachstudentin verheiratet, welche zwei Jahre später nach Bukarest kam. Er schildert die damalige Einstellung: „Wir hatten nichts zu verlieren, denn wir hatten ja nichts".[185] Chinesinnen und Chinesen dieser ersten Migrationswelle zu Beginn der 1990er Jahre wandern meist als mehr oder weniger selbstständige Unternehmer aus, die in verschiedenen Formen an ihr Unternehmen gebunden sind.[186] Dabei sind sie an die politische Unterstützung Chinas bei der Produktion von Exportware und beim Export der Ware gebunden. Zugleich waren sie von informellen Entscheidungsprozessen in Rumänien abhängig. Entscheidungen, die sich auf die Einreise der Migranten und ihren Warenimport bezogen, wurden ja innerhalb der rumänischen Behörden getroffen, welche von ihrem Handel mitprofitierten. Die einreisenden „Kofferhändler" mussten in den Anfangsjahren hohe Gebühren oder Schmiergelder an der Grenze zahlen (vgl. Nyíri 1999), welche die rumänischen Zollbeamten einforderten, wie viele der Befragten erzählten. Bspw.:

> „Auch schon am Flughafen waren Kontrollen. Sie haben immer Schwarzgeld genommen – gesagt, geh in die Kabine, zieh dich aus! Du musstest alles ausziehen, dann haben sie alles durchgesehen, das Geld gezählt und zwei Scheine in die Tasche gesteckt. Du konntest nichts machen."[187]

Wesentlich für die Migranten war trotz dieser Hürden, dass sowohl die Einreise als auch die Gründung eines Unternehmens einfacher als in Westeuropa durchzuführen war. Das Gesetz für die Gründung ausländischer Unternehmen war in

---

185  Unternehmer, Herr Wen Xuan (48)
186  Diese Staatsbetriebe waren (und sind) durch eine lokale Leitung (bspw. der Stadt) gekennzeichnet, die genauso wie ein Privatunternehmen agieren. Zur Entwicklung der „State owned Enterprises" (SOE) im Zuge der „chinesischen Transformation" siehe u.a. Liu et al. 2007.
187  Herr Ma Xuejun 5. Mai 2004 (59)

den ersten Jahren sehr großzügig. Es reichten laut Angaben von IOM bereits 100 US Dollar, um sich als ausländischer Investor registrieren zu lassen (Lăzăroiu 2004: 14). Mit der Gründung eines Unternehmens war der Aufenthalt gesichert bzw. ein Visum ausgestellt. Neben der Gründung eines Unternehmens gab es die Möglichkeit, eine Arbeitserlaubnis zu bekommen, welche laut Angaben von IOM in diesen Jahren 200 US-Dollar für sechs Monate und 50 US-Dollar für jede weitere Verlängerung kostete (vgl. IOM 2000).

Die ersten Chinesen kamen mit ihrem Gepäck, das sie tragen konnten und das gefüllt war mit „China-Ware", vor allem Textilien und Kleinutensilien. Sie verkauften ihre Ware auf öffentlichen Märkten in Bukarest „direkt aus dem Koffer".[188]

Dies wird auch im Jargon als so genannter „Ameisenhandel in Osteuropa" bezeichnet: Er funktioniert – und erhielt seinen Namen – dadurch, dass von bestimmten (Markt-)Zentren aus Händler und Händlergruppen kleinere Mengen an Ware, die sie selbst (am Körper) tragen oder transportieren können, in dezentralen Regionen (auf dem Land) oder in anderen Staaten weiterverkaufen. Dieser „Ameisenhandel" liegt u.a. in der besonderen Grenzsituation zwischen China und Russland begründet. Bei einer Grenzlänge von über 2000 Kilometer zwischen zwei Staaten, die die Ein- und Ausreise „zulassen", hat dieses grenzüberschreitende (ökonomische und generell soziale[189]) Handeln eine kulturelle, historische Bedeutung, welche sich auf die Pendler- und Händler-Migration bezieht. Dieses Phänomen bestimmte die Herausbildung der Migrationswelle von China nach Osteuropa in den 1990er Jahren maßgeblich mit. Da es in jenen Jahren generell an Waren in allen Bereichen mangelte, hat sich dieser Kofferhandel sehr schnell ausgebreitet. Auch hat sich in Rumänien die Kultur des Straßenhandels aus dem System vor 1989 tradiert, in welchem die vielen Märkte die Disfunktionalität der Planwirtschaft so substituierten (Neef/Adair 2004).

In diesem Zusammenhang sind auch die Bukarester Märkte zu sehen. Bukarest ist eine Stadt der Märkte und Bazare. Diese meist auf Plätzen oder in Hallen befindlichen Anordnungen von Marktständen überziehen die Stadt wie ein Netz, das den täglichen Bedarf an Lebensmitteln, Kleidung und Haushaltswaren usw. deckt. Die Märkte werden durch ihre Größe und die Art des Verkaufes (‚pe tipuri de transactii') unterschieden. Der Großhandel, das sind größere Märkte, die meist am Stadtrand gelegen sind und an die Lagerhallen gebaut werden (Rum: Complex Comercial Angros, Comert de gros / cu ridicata), beliefert den

---

188  Xue Ya (44)
189  Gemeint ist hier, dass der ökonomische Handel zu anderen Interaktionen geführt hat und führt. Ein Beispiel sind die Eheschließungen zwischen Chinesen und Russinnen (da in China das Verhältnis von Frauen und Männern aufgrund der „Geburtenkontrolle" 100 zu 117 ist).

Kleinhandel im Stadtzentrum (comert cu amanuntul / de detaliu). 1994 existierten in Bukarest 22871 Markteinheiten, wovon 2898 staatlich, 619 geteilt und 19354 privat waren (vgl. Grama 2000). Diese Märkte bzw. dieses Marktsegment der Bukarester Wirtschaft wird für die neuen Immigranten besondere Bedeutung bekommen.

Während in den Anfangsjahren Chinesen noch in den unterschiedlichsten Branchen tätig waren, als Ärzte, als Personal im Spielcasino oder Reinigungskräfte usw., wurde ein solches Marktareal, das am Stadtrand gelegen ist, später ein wichtiger Teil der neuen „chinesischen Lebenswelt in Bukarest". Auf einem großen Grundstück, direkt an der Grenzzone von Bukarest und dem Umland sowie direkt an der Autostrasse zum Schwarzen Meer, bildete sich ein solcher ‚Complex Comercial Angros' (Großmarkt). Dieses Areal war in der Stadtplanung als Industriezone ausgewiesen, in welcher sich bereits vor 1989 ein Gemüsemarkt und daneben eine Asphaltfabrik befanden. Soweit dies nachrecherchiert werden konnte, wurden Teile dieses Grundstückes von Geschäftsleuten und u.a. von einem General und Beamten des Innenministeriums „erworben bzw. verwaltet".[190] Dabei handelte es sich um den Sektionschef in der Einwanderungs- und Passdirektion des Innenministeriums [Şef al Direcţiei Paşapoarte şi Străini]. Viele ImmigrantInnen aus China erhielten zu dieser Zeit ein Visum von der Einwanderungsbehörde und arbeiteten auf diesem Markt. Die Medienberichte legen nahe, dass hier Korruption im Spiel war. Über derartige Korruptionsfälle, in welchen Immigranten als Arbeitskräfte gekauft werden oder ihnen ein Aufenthaltsrecht verkauft wird, wird Anfang der 1990er Jahre auch in vielen anderen Ländern berichtet.[191]

In Bukarest kam der erwähnte Beamte des rumänischen Innenministeriums im Jahr 1995 bei einem unaufgeklärten Autounfall ums Leben. Laut Berichterstattung in den Printmedien übernahmen sein damaliger Bodyguard und ein Partner des beim Autounfall ums Leben Gekommenen je einen Teil des Marktes. Beide zählen heute zu den bekanntesten „neureichen Geschäftsleuten" Ru-

---

190   In welcher juristischen Form dieses Grundstück übernommen wurde, konnte nicht recherchiert werden.

191   Wie etwa in den Migration News 05/1994: "Government corruption in transit countries is reportedly rife. In Belize, the minister for immigration was fired after he accepted bribes from Chinese smugglers. In July, the regional chief of the Mexican immigration service in Tijuana and two of his deputies were dismissed and charged with corruption. In May, a Hispanic civil rights leader and three Taiwanese were charged with providing false documentation to illegal Asianimmigrants.
(http://migration.ucdavis.edu/mn/more_entireissue.php?idate=1994_05&number=4)

mäniens mit einem „kontroversen" Ruf in der Öffentlichkeit.[192] Als solche be-
dienen sie sich auch verschiedener Mittel der Machtausübung, bspw. durch Par-
teienfinanzierung und informeller Absprache mit Regierungsbeamten oder lokalen Verwaltungsbeamten wie bspw. dem Bürgermeister der Stadt oder dem
Distriktsbürgermeister des betreffenden Stadtbezirkes, für welchen der China-
Markt insofern bedeutsam ist, als die gesamte Region in ihrem ökonomischen
Wert (Steuereinnahmen) steigt.[193] In den Medien werden die „Protagonisten des
Marktes", also die beiden Unternehmer, oft in Zusammenhang mit der „Untergrundökonomie Rumäniens" (im Orig.: „economia subterana" Cândea/Radu
2001/2003: 1) und anderen so genannten und bekannten rumänischen „Mafiosi"
in Verbindung gebracht. Ebenso werden immer wieder ihre Kontakte zur ehemaligen Regierungspartei, der PSD (Partidul Social Democrat) der oben genannten Partei, welche aus dem Flügel der vor 1989 regierenden Partei ent-
stammt, angesprochen. Diese Bazarkultur ist ein generelles Charakteristikum
der Transformationsgesellschaften in Osteuropa. Während der 15 Jahre entstanden an vielen Orten solche Großmärkte, verschwanden wieder oder verwandelten sich zu Einkaufszentren. So hat sie der Osteuropa-Experte Karl Schlögel
z.B. als „Gradmesser für den Stand der wirtschaftlichen Transformation" bezeichnet (Karl Schlögel zitiert in TAZ 30.05.2001).

### 4.4.2 Immigration im Kontext von Informalität und sozialer Ungleichheit

Für die Fallstruktur ist relevant, dass die „China-Märkte" bzw. das Importge-
schäft aus Asien zu einem lukrativen Feld wurde, aus welchem so genannte
„Neureiche" entstanden.[194] Der genannte neue Großmarkt des Imports von Bil-

---

192 Das geschätzte Vermögen eines dieser Unternehmer liegt bei 50 Millionen US-Dollar
    (România Libera, 02.03.2007).
193 Auch in Budapest hatte eine politische Person der Öffentlichkeit die Sicherheitsaufsicht über
    den dortigen `Vier–Tiger–Markt`, welcher später wegen Korruptionsverdacht in Untersu-
    chungshaft kam. Auch ein „skandalumwitterter Innenminister und Spezi des ungarischen Mi-
    nisterpräsidenten Orbán" (Die Zeit Nr. 37/2000) wurde verdächtigt, in das Geschäft mit der
    chinesischen Einwanderung verwickelt gewesen zu sein.
194 Heute gehören sie zu den einflussreichsten Unternehmern Rumäniens (genannt unter den „Top
    88" vgl. II). Einer dieser Geschäftsmänner spricht offen darüber, dass sein Management aus
    ehemaligen Securisten (Generälen des Geheimdienstes) bestehe. Dies begründet er damit, dass
    er „Spezialisten" brauche, welche für Ordnung in seinem Unternehmen sorgen. Die Biogra-
    phien der Manager deuten darauf hin, dass ihre Funktion und ihre Beziehungen von hohem
    Wert für das Unternehmen sind. So war bspw. ein Manager und ehemaliger Securist jahrelang
    nach 1989 noch zuständig für die Sicherheit des Importes am Flughafen (vgl. România Liberă
    02.03.2007).

ligware aus Asien war die „Opportunity-structure" (Koosterman/Rath, 2001) für soziale Aufsteiger im gesellschaftlichen Wandel Rumäniens. In diesem Prozess waren Chinesen sowohl Gewinner als auch Ausgebeutete bzw. Opfer. Für 1998 wurde der Anteil der Untergrundökonomie in Rumänien, d.h. des Schwarzmarktes – informelle Arbeit und Handel eingeschlossen – im Verhältnis zur offiziellen Wirtschaft auf zwischen 30% und 50% geschätzt, bezogen auf das nationale Bruttoinlandsprodukt (GDP) (Mungiu-Pippidi et al. 2000; Stănculescu/Ilie 2001; Ciupagea 2002). Diese florierende Schattenwirtschaft wird zu einem Großteil durch die vielen Kleinunternehmen, Einzelhändler und Selbständigen getragen und als Charakteristikum der Transformation angesehen (Duchêne 2004). Dies liegt in der weitgehenden Armut der rumänischen Bevölkerung begründet. Viele müssen sich durch Nebeneinkommen ihr Überleben sichern (Stânculescu 2004).

Dieser informelle Kleinhandel wird von der breiten, armen rumänischen Bevölkerung und von Immigranten gleichermaßen betrieben. Chinesen und andere Immigranten, welche zu dieser Zeit in Bukarest ankamen, begannen seitdem auf den Märkten zu arbeiten. Daraus entstanden lokale Vernetzungen auch in der Einwanderungsgesellschaft mit anderen Immigrantengruppen (aus der Türkei und arabischen Ländern) sowie mit Roma-Händlergruppen, welche zu den dort einkaufenden Wiederverkäufern gehören und die Ware auf Märkten in ländlichen Regionen oder auf verschiedenen kleinen Märkten der Stadt verkaufen. Diese Interaktion entsteht aufgrund der Tradition des transnationalen Handels einiger Roma-Gruppen einerseits und aufgrund ihrer ebenso benachteiligten Situation am regulären Arbeitsmarkt andererseits.[195]

Die Verkäufer auf den Märkten standen und stehen hinter behelfsartigen Verkaufsbuden täglich von 6 Uhr morgens bis 16 Uhr nachmittags unter freiem Himmel. Die soziale Ungleichheit im Zusammenhang mit der Schattenwirtschaft wurde auch bei den Beitrittsverhandlungen Rumäniens zur EU zum Problem, wie zu dieser Zeit die Europäische Kommission berichtete:

---

195  Die Forschungsgesellschaft Flucht und Migration berichtet bspw. über Roma-Familien, welche aus Polen nach Rumänien abgeschoben wurden. Diese hätten in Warschau und Umgebung gelebt. Am großen Warschauer Stadion – dem größten Bazar in Europa – hätten sie von Chinesen Lederjacken, Schuhe, Hosen und Blusen günstig gekauft. (Es gibt rund um Warschau eine recht große Textilindustrie von Chinesen und Vietnamesen in Heimarbeit.) Mit diesen Waren seien sie in die Dörfer und Städte in der Umgebung gefahren und hätten sie für einen geringen Aufpreis von umgerechnet vier oder fünf Mark weiterverkauft. Später seien sie nach Kochlowice in das Hotel gezogen und hätten dort mit Roma aus anderen Landesteilen Rumäniens zusammengewohnt und -gearbeitet. Abgedrucktes Interview in: Interkulturelles Forschungsinstitut Berlin "Akcja Obcy" ("Aktion Fremde") in Polen. (IFF 2004). Siehe dazu auch Nyíri 1999.

"The Romanian informal economy combines extreme poverty with high-ranking officials who run private firms and deliberately avoid paying taxes and social insurance contributions for workers."[196]

Die in dem aus dieser Zeit veröffentlichten Bericht der Europäischen Kommission angesprochenen Eliten, welche in Verwaltung und Privatwirtschaft gleichermaßen eingebunden waren, stehen für das Fortbestehen des gesellschaftlichen Systems der Diktatur vor 1989. Mit dem Weg in den „Untergrund" nach 1989 durch das Nutzen von Beziehungen, Positionen, Strukturen oder schlicht von Kapital, das aus dem ehemaligen System stammte, konnte ein rascher, steiler ökonomischer und sozialer Aufstieg verbunden sein. Dies hat erstens damit zu tun, dass der informelle Markt generell anderen Regeln folgte und zweitens das Funktionieren der informellen Aktivitäten mit den informellen Aktivitäten im diktatorischen Regime vor 1989 und dem Machterhalt der Eliten (u.a. in Politik, vgl. Laurenţiu 2004) über die politische Wende hinweg in Zusammenhang stand. Diese „typische" Erscheinung der „postsozialistischen Gesellschaften"[197] („from plan to clan"; vgl. Stark 1990), die damit verbundene Informalität in politischen und ökonomischen Entscheidungsprozessen, die Verflechtung von politischen, ökonomischen und prominenten Eliten sowie die daraus folgende soziale Ungleichheit gehören zu den wesentlichen Charakteristika der rumänischen Transformationsgesellschaft und somit auch zu den strukturellen Bedingungen für Immigranten. Diese haben sich an diese „anzupassen". Auf der einen Seite ist das Vertrauen in staatliche Autoritäten seitens der Bevölkerung in Ländern, in denen Korruption die Regel und Ungerechtigkeit die Grundlage des Wirtschaftslebens ist, zwangsläufig gering. Auf der anderen Seite kann – wie auch in Kapitel 3.3.1. erwähnt – von einem bestimmten sozialen Kapital ausgegangen werden, das Immigranten aus Ländern mitbringen, in welchen genau diese Regeln herrschen und man gelernt hatte mit Korruption umzugehen.

Die informelle Regulierung der Wirtschaft auf politischer Ebene (vgl. Kapitel 5) hat zur Folge, dass Netzwerke in der alltäglichen (Arbeits)Welt auch wichtige organisatorische und auch soziale Funktionen bekommen. Dieser Markt wird nicht vornehmlich von Migranten „belebt", sondern hier treffen sich selbständige Kleinunternehmer Rumäniens aller kultureller Gruppen, welche sich mit dieser Tätigkeit oft aus der Arbeitslosigkeit und Armut ziehen wollen und entweder für ein besseres (finanzielles) Leben arbeiten oder schlicht ums

---

196 Europäische Kommission 03.11.2004: 135
197 Der Einfluss von Oligarchen und die Verflechtungen innerhalb der Eliten sind fallspezifisch und länderspezifisch unterschiedlich (vgl. Pleines 2004). Zum Thema State Capture in Rumänien siehe auch Mateescu 2002.

Überleben kämpfen (vgl. Stănculescu 2004). Zwar sind auch hier bestimmte Bevölkerungsgruppen, wie die Roma-Bevölkerung, stark vertreten, weil sie auf dem Arbeitsmarkt diskriminiert werden; dennoch ist Armut in Rumänien nicht auf kulturelle Minderheiten beschränkt. Viele von jenen, welche durch "informellen Kleinhandel" ihr Überleben sichern wollen, sind seit 1989 wegen der Privatisierungen oder Schließungen von Fabriken arbeitslos (und ohne Ausbildung). Viele dieser Kleinbetriebe ("Small to Midsize Enterprises" oder „SME") sind zwar teilweise formal registriert, aber sie zahlen oft keine Steuern und gehen in den so genannten „informellen Sektor" („go underground in order to survive"; vgl. Stănculescu, 2004: 22).

Die chinesischen Migranten gliedern sich in eine Gesellschaft ein, welche durch soziale Ungleichheit gekennzeichnet ist. Die Bukarester Gesellschaft war durch soziale Spannungen geprägt, welche durch das Fehlen einer Mittelschicht ("illusion of the middle class"; vgl. Ogrezeanu 2004: 74) und die Prozesse der Gentrifizierung und Suburbanisierung ausgelöst wurden. „The juxtaposition of distinct economic and social statuses and ways of life are the sources of these tensions" (ebd.).

Bukarest ist mit seinen gegenwärtig ca. zwei Millionen Einwohnern die mit Abstand größte Stadt Rumäniens (die zweitgrößte Stadt ist Constanţa mit einer Einwohnerzahl von ca. 350.000). Aufgrund der „Bevölkerungspolitik" unter Ceauşescu (Abtreibungs- und Verhütungsverbot) ist die Bevölkerung sehr jung (9 % sind zwischen 25-30 Jahre). Seit 1990 bleibt die Bevölkerungsdichte konstant. Ein dicht bevölkertes Stadtzentrum wird von einer suburbanen Agrarzone umgeben.

Zwei Phasen des urbanen Wachstums, die eklektizistische Zwischenkriegszeit (1919-1940), in der auf engem Raum eine vielfältig Architektur entstand und die Homogenisierung in der Ceauşescu-Diktatur, machten aus der Stadt ein soziales Gemisch aus "different accumulated layers of life" (Ogrezeanu 2004: 77).

Urbane Räume mit geringem ökonomischem und sozialem Level sind im innersten Stadtzentrum ebenso zu finden wie in der Peripherie (Chelcea 2000). Der symbolische Begriff "mahala"[198] steht für diese urbanen Regionen bzw. "the slum in the level of urbanization and in the level of poverty" (Ogrezeanu 2004: 77). Solche entstandenen „Mahalas" sind charakteristisch für den Strukturwandel von einigen Stadtteilen.

---

198  The original term designated the administrative unit of a Turkish city. In the 19th century, as the Western orientation of Bucharest increases, the Mahala has pejorative connotations as a bedraggled, untended region, with „rural values" (Ogrezeanu 2004).

Wenn Chinesen heute einerseits als reiche Geschäftsleute, andererseits aber auch als arme Verkäufer auftreten, liegt dies nicht nur an der sozialen Struktur der Einwanderungsgesellschaft (Hierarchien innerhalb der Immigranten-Community), sondern auch an den gesellschaftlichen Bedingungen der Transformation, welche zu einem gewissen Maß alle Bevölkerungsgruppen Rumäniens betreffen.

In Anbetracht dieser informellen Strukturen ist die Erfassung von Zahlen und Daten schwierig. Die Registrierungsformen von Personen sind nicht transparent und öffentlich. Unveröffentlichte Statistiken des Innenministeriums aus dem Jahr 2003 über die Anzahl der Visagenehmigungen in Rumänien zwischen 1990 und 2002 zeigen, dass in den ersten Jahren noch eher (im Vergleich zu den Folgejahren) Visa für sechs oder zwölf Monate genehmigt wurden. Laut IOM-Bericht von 1995, welcher sich auf die rumänische Zeitschrift Capital[199] bezieht, reisten in der genannten Zeit (1990 bis 1993) insgesamt 4267 Chinesinnen und Chinesen in Rumänien ein. Die IOM berichtet im Jahr 1995 von einigen Chinesen, die überwiegend aus den größeren Städten Chinas[200] kommen. Ihre Ausbildung und ihre Berufe waren sehr unterschiedlich. Unter ihnen befanden sich Ausgebildete (Ärzte, Lehrer, Manager), aber auch Bauern, die nur einen Grundschulabschluss hatten. Nach Angaben der Botschaft der VR China waren es im Jahr 1993 zwischen 2500 bis 3000[201]. Diese Zahl entspricht der von der OECD genannten Zahl von 2700 Chinesen mit einer dauerhaften Aufenthaltsgenehmigung[202] im Jahr 1993. Laut Zensus (2002) waren es 1943 Personen. Jedoch gab es weitere 24.300 Personen mit temporären Visa und eine unbekannte Zahl von Personen ohne Einreisedokumente.

Gemäß Migration News (2004) ist davon auszugehen, dass die offizielle Zahl etwa verdoppelt werden muss, um die Personen ohne Einreise-, Aufenthalts- und/oder Arbeitserlaubnis zu inkludieren.[203] Laut Angaben der OECD lebten in Rumänien im Jahr 1993 insgesamt 15.300 Ausländer ohne Dokumente, darunter mehrheitlich Türken, Bangladeshi, Inder, Iraner und Chinesen. Zwischen 1993 und 1995 hat sich die Zahl der registrierten Firmen von 1091 auf 2055 verdoppelt. Von mehreren Experten wurde die Zahl der Chinesen im Jahr

---

199 Capital, 28.01.1994 zitiert in IOM 2000.
200 Von 20 Personen, mit welchen im Zeitraum zwischen Februar und April 1995 ein Interview geführt wird, sind 9 Personen aus Peking, zwei aus Shanghai und sechs weitere aus anderen Städten der VR China. Drei der 20 Interviewten kommen aus dem ländlichen Gebiet der Auswanderungsprovinz Zhejiang.
201 Im Jahr 2003 sind es laut Botschafter (interview) ca. 8000 Personen.
202 Quelle: OECD (Organization for Economic Cooperation and Development) 1995: Trends in International Migration zitiert in IOM 2000: 326.
203 Migration News Juli 2004: http://migration.ucdavis.edu/mn/more.php?id=3030_0_4_0

1998 auf 20.000 geschätzt. Laut dieser Schätzung wären ca. 80% ohne Visum bzw. ohne Dokumente. Dieses Auseinanderklaffen der Angaben verdeutlicht Mehreres: Zum einen sind die Migranten nicht einheitlich und kontrolliert erfasst worden und zum anderen werden Zahlen zurückgehalten. Drittens liegt es in der „Natur der Sache", dass sich hinter dem Begriff der „illegalen Migration" eine große Zahl und heterogene Struktur von Migranten verbirgt. Zwischen 1990 und 2003 wurden insgesamt 8792 Visa für Chinesen genehmigt (vgl. Abb. 2, Methoden-Anhang, Punkt 8). Danach folgten die Genehmigungen für Migranten aus den folgenden Herkunftsländern: Türkei (5993), Irak (3993) und Syrien (3442).

## 4.5   Die „wilden Jahre" der Transformation in Rumänien Mitte der 1990er Jahre

### 4.5.1 Bedeutung der Spielbanken und Milieus der Neureichen

Das Geschäft auf dem genannten Marktareal, auf dem viele der Chinesen als Einzelhändler arbeiteten, entwickelte sich schnell. Dieser wurde nach der Zeit des Mangels, des Hungerns und Frierens für die Bukarester Bevölkerung ein wichtiges Einkaufszentrum. Einige Zeit nach der Gründung des Marktes wurden die Waren nicht mehr nur in Einzeltransporten, sondern in kleinen Sammelcontainern per Schiff von China, der Türkei und arabischen Ländern nach Rumänien transportiert. Es zeigte sich, dass neben Lebensmitteln vor allem Textilien und Schuhe besonders stark nachgefragt wurden. Während Lebensmittel vor allem aus der Türkei und einigen näher liegenden arabischen Ländern importiert wurden, waren die China-Importe auf Textilien spezialisiert. Die Händler, welche sich auf den Märkten Stände mieten oder kaufen konnten, bildeten Kooperationen und organisierten gemeinsam Transporte in der Größe von Frachtcontainern als Schiffsladungen. Viele der weiteren Chinesen kamen nicht mehr über den Landweg der erwähnten Ausgangspunkte Moskau und Budapest, sondern kamen nun mit dem Flugzeug nach Bukarest. Der Weg von China (von den Provinzen mit Textilproduktionsstätten) nach Rumänien verlief für Warentransporte fast ausschließlich auf dem Wasserweg, der Personentransport mit dem Flugzeug. Constanţa, die wichtigste EU-Hafenstadt am Schwarzen Meer, die ungefähr 230 Kilometer von Bukarest entfernt liegt, fungiert als Anlegestelle. Dieser strategische Handelsknotenpunkt war sicherlich dafür ausschlaggebend, dass sich in den folgenden Jahren in Bukarest eine der wichtigsten chinesischen Migrations- und Handelscommunities in Osteuropa gebildet hat. Die ersten Jahre der Transformation in Rumänien boten für viele, welche sich auch auf Risiken oder nicht ganz sichere bzw. geregelte Geschäfte einließen, „einzigartige" Geschäftsmöglichkeiten. Sogar chinesische Geschäftsleute aus dem Westen Europas kamen nach Bukarest, um zumindest eine Saison lang die „Goldgräberstimmung" dieser Jahre zu nutzen. Laut Angaben eines interviewten Geschäftsmannes, der nun in Westeuropa lebt, aber die hier beschriebenen Jahre in Bukarest verbrachte, war „der Tagesumsatz damals so groß, dass das Geld in Säcken nachhause getragen werden musste"[204]. Da der Besitz von vielen Geldscheinen mit Gefahr verbunden war und sich angesichts des geringen Wertes des Geldes die hohen Beträge tatsächlich schnell zu einer Menge an Scheinen anhäuften, die es aufzubewahren galt, erzählte der Geschäftsmann weiter:

> „Wir hatten eine Garage, eine Autogarage als Lager. Und wissen Sie, was ich mit dem Geld gemacht habe? Da war eine Vertiefung im Boden für die Autoreparatur, man konnte tiefer gehen und von unten die Autos reparieren. Dort habe ich das Geld versteckt und das Auto drauf gestellt."[205]

Wegen der noch nicht vorhandenen marktwirtschaftlichen Geldpolitik und aufgrund von Gesetzeslücken lief dieser Handel informell und nur mit Bargeld. Außerdem verhielten sich Banken ablehnend gegenüber Immigranten, welche ein Konto eröffnen wollten, aber auch die Chinesen selbst waren skeptisch und bevorzugten es, ihr Geld über ihre eigenen Netzwerke zu verwalten. Herr Ma schildert und erklärt dies:

> „Es lief alles nur mit Bargeld. Das ist zwar gefährlich, aber ein besseres Geschäft. Würden die Kunden mir z.B. einen Scheck geben, wäre das nicht sicher, denn ich kann nicht überprüfen, ob dieser gedeckt ist. Nein, dann sag ich, ok, lieber bar und gebe dafür auch gerne 10% Skonto. Hauptsache bar. Auch bei jenen Kunden, die aus anderen Ländern kommen und eine andere Sprache sprechen, da ist die Kontrolle einfach nicht möglich."[206]

Bei Interviews wurde mir erzählt, dass es nicht möglich war, hohe Beträge auf ein Bankkonto zu überweisen. Viele Wechselstuben in kleinen Kiosken entstanden in dieser Zeit. Sie gehören bis heute zum Straßenbild in Bukarest. In dieser Zeit boten schließlich Spielbanken die Möglichkeit, hohe Summen rumänischen Geldes, das die ersten chinesischen Verkäufer auf den Märkten einnahmen, auf „legalem Weg" zu wechseln. Viele Casinos wurden auf diese Weise zum Aufenthaltsort der chinesischen Verkäufer, nachdem sie auf den Märkten hohen Gewinn gemacht hatten und dieses Bargeld bei sich trugen.

---

204  Ma Xuejun 5. Mai 2004 (59)
205  Ma Xuejun 5. Mai 2004 (59)
206  Ma Xuejun 5. Mai 2004 (59)

„Wissen Sie, was die Chinesen nach Feierabend machen? In Bukarest gibt's so viele Casinos.
Die wissen genau wieso sie das machen. Denn dort kann man Lei (= rumänische Währung;
Anmerkung der Autorin) in Dollar wechseln. So kommen die Chinesen jeden Tag mit Bargeld,
das sie eingenommen haben, beispielsweise mit 3.000 USD, und spielen. Nach Feierabend gehen sie gleich in die Casinos. In Bukarest gibt's allein zehn bis fünfzehn Casinos, wo nur Chinesen spielen und Araber. Die Betreiber sind alle Araber."[207]

Meine Analysen ergaben, dass Casinos für die chinesischen Immigranten mehrere Funktionen erfüllen. Sie sind Treffpunkte von Immigranten und bieten
Möglichkeiten, Geschäfte abzuschließen, internationale Speisen zu essen, Frei-
zeit- und Spielkultur zu zelebrieren, Zugang zur neureichen Gesellschaft zu bekommen sowie allgemein der Unterhaltungsindustrie zu frönen.[208] Es zeichnet
sich aufgrund der Analysen die These ab, dass dieser gewählte Pfad der Eingliederung[209] in die Bukarester Stadtgesellschaft nach einem sozialen Status oder
einer sozialen Position erfolgt. Diese hat der Immigrant entweder bereits innerhalb der chinesischen Community inne und sucht daher die „entsprechenden"
Milieus in Bukarest, oder er befindet sich durch das florierende Unternehmen
im Begriff, in das Bukarester Neureichen-Milieu aufzusteigen. Schließlich bietet
das Casino die Möglichkeit, in diesem Milieu gesehen zu werden, sich als zugehörig zu präsentieren (vgl. Goffman 1994). Diese Spielcasinos[210] wurden in Bukarest immer zahlreicher. Ihr Geschäft boomt nach wie vor. In Bukarest wurden
im Jahr 2004 zwölf große und legale Spielbankenunternehmen betrieben, eine

---

207  Ma Xuejun 5. Mai 2004 (59)
208  Casinos können nicht nur als Teile der Lebenswelt der Neureichen, sondern auch als anrüchige
     bzw. insbesondere in einer Stadt einer Transformationsgesellschaft als „halbseidene Lokale"
     angesehen werden. Sie sind Orte des Spielens, des Verbotenen, des Genusses, der Sucht und
     schließlich eine sexualisierte Welt und Männerwelt. Sie werden mit dem Sexgeschäft und or-
     ganisierter Kriminalität (vgl. Ozon/Cândea 2004) verbunden. Reisebilder im Internet berichten
     von einem Casino folgenderweise: „Casino Palace in Bukarest, ein Traum von einem Stadt-
     palais. Mit einem First Class Restaurant und der Spielbank. Statt der stattlichen Croupiers fast
     nur junge Mädchen beim American Roulette, mit uniform superkurzen Röckchen. Lange Bei-
     ne als Aufforderung: Faites votre jeu! Kein elegantes Publikum, sondern knorzige junge Mo-
     neymaker, die immer neue Fächer von Hundertdollarscheinen auf den Tisch werfen, mit be-
     tont unwirscher Gebärde, um dafür Türme von Chips in ihrer Farbe zugeschoben bekommen."
     (http://www.netzine.de/vermischtes/reisebilder.html#romania)
209  Zur Verwendung des Begriffes „Eingliederung" und zum theoretischen Konzept der
     „pathways of incorporation", welche in dieser Arbeit die politisch beladenen Begriffe Integra-
     tion, Assimilation usw. ersetzen, siehe Kapitel 2.
210  Die Tätigkeit in Spielcasinos ist in erster Linie das Glücksspiel und meint das Wetten mit Geld
     auf ein ungewisses Ereignis, das entweder vollkommen vom Zufall abhängt, z. B. beim Rou-
     lette, oder weitgehend zufallsbestimmt ist, wie beim Kartenspielen oder beim Wetten im Zu-
     sammenhang mit Sportereignissen.

hohe Zahl für eine „arme" Stadt wie Bukarest.[211] Neben israelischen Spielern[212] gehören Rumänen und Chinesen zu den am häufigsten vertretenen Kundschaften. In Budapest wird die Zahl von Chinesen von privaten Casinomanagern sogar auf die Hälfte der Zahl aller ihrer Kunden geschätzt (Nyíri 1999). Die Betreiber der Casinos sind großteils ausländische Unternehmer mit Aktienanteilen und/oder in Kooperation mit rumänischen Unternehmen, die großteils „in israelischem, türkischem, ungarischem und rumänischem Besitz" sind (vgl. Ozon/Cândea 2004: 1).[213]

In wirtschaftlichen Wandlungsprozessen sind Casinos besonders in den Schwarzmarkt, in Falschgeschäfte und Geldwäsche involviert (vgl. ebd.). Spielbankenbetriebe stehen in Rumänien in Zusammenhang mit manchen Wirtschaftsdelikten und -verbrechen.[214] So kann ein Spieler Geldsummen als vermeintliche Spielgewinne deklarieren oder mit risikoarmem Spiel inkriminierte Gelder mit geringen Verlusten einsetzen. Ein Casino kann von Geldwäschern über seine Finanzdienstleistungen missbraucht werden, wenn es Konten oder Depots für Spieler anbietet oder ermöglicht, dass gewonnene Gelder an einem Casino-Standort für weitere Spiele eingesetzt oder in anderen Casinos ausbezahlt werden. Casinos können auch von leitenden Angestellten für illegale Finanzgeschäfte missbraucht werden. Da sie die „Quasi-Institutionen" bilden, in welchen korrupte Geschäfte und das „Verschwinden-Lassen von Geld" äußerst einfach durchzuführen war, wird in den gegenwärtigen Antikorruptions-Kampagnen (2004) besonders auf die Problematik der Geldwäsche in Casinos abgezielt. Gleichzeitig ist zu beobachten, dass außer den kleinen Casinos auch größere Casinos westeuropäischer Investoren entstanden (wie bspw. solche der Ca-

---

211 Die Fülle an Casinos regt zu Vergleichen mit Las Vegas an: („Las Bukarest" in: www.wienerzeitung.at/jatzek/zeigexcd.htm) oder „Countdown in Las Vegas Ost. Rumänien bietet vor dem geplanten EU-Beitritt dem Großkapital beste Bedingungen – wenn nur die Korruption nicht wäre" (Neues Deutschland, 18.11.2005).

212 Zu den Spielern bzw. der Kundschaft der Casinos gehören israelische Staatsbürger (vgl. Ozon/Cândea 2004), welche als Touristen, oft als Spieltouristen nur für eine Nacht, nach Rumänien einfliegen. Das Glücksspiel ist in Israel verboten. Israelische Spieler besuchen daher die „nächstgelegenen" Länder, so auch Rumänien, in welchem das Glückspiel erlaubt und durch weniger Gesetze beschränkt ist.

213 Weil Würfelspiele und andere Glücksspiele aus religiösen Gründen in manchen Ländern verboten sind, reisen viele Spieler in die nächstgelegenen bzw. erreichbaren Länder. Osteuropa und Rumänien wurden so zu beliebten Reisezielen von Glücksspielern aus dem Nahen und Fernen Osten. Entsprechend der Multinationalität der Besucher wird in den Restaurants, welche in die Casinos integriert sind, oft internationale Küche angeboten.

214 Da Glücksspiele in den meisten Staaten staatlich kontrolliert werden, hängt es wesentlich davon ab, wie stark der Staat gesetzlich eingreift. Die Ausübung, die Form ihrer Ausübung, die Höhe des Einsatzes, die Orte, an welchen es durchgeführt wird sowie die Lizenz, Glücksspiele anzubieten oder selbst durchzuführen, unterliegen den nationalen Bestimmungen.

sino-Austria-Kette). Die Unternehmer von Glücksspielkonzernen gehören daher zu den klassischen „Gewinnern der Transformation", betrachtet man die statistischen Zahlen ihres wirtschaftlichen Erfolgs in diesen Jahren.[215]

Casinos stehen für bestimmte Funktionen im rumänischen (politischen und wirtschaftlichen) System einerseits und für ein bestimmtes soziales Milieu in der rumänischen Gesellschaft andererseits. Auf der kulturell-lebensweltlichen Ebene ist festzuhalten, dass die meisten Casinos in Bukarest den räumlichen Rahmen für bestimmte Milieus und Gesellschaftsschichten/-gruppen darstellen. Diese ‚transformationsbedingten Möglichkeitsnischen' könnten verschwinden, wenn sich durch die Gesetzgebung die Rahmenbedingungen für Casinos stark verändern oder aber die Casinos mehrheitlich von Immigranten oder bestimmten kulturellen Gruppen übernommen würden.

Fallrelevant ist, dass ökonomische Strukturen, das kulturelle Muster von Immigranten und die Möglichkeiten der sozialen Mobilität in einer Gesellschaft zusammenspielen. Mit sozialer Mobilität meine ich hier generell die Aufstiegsmöglichkeiten in reiche Milieus der Gesellschaft und im Besonderen die Eingliederungsmöglichkeit von Immigranten, welche über bestimmte gesellschaftliche Milieus ihren Zugang zur Gesellschaft finden. Mit kulturellem Muster ist in diesem Fall die Tradition des Spielens von Chinesen gemeint. Diese Milieus sind nicht selbstverständlich zugänglich. Die so genannte neureiche Gesellschaft versucht, sich durch bestimmte kulturelle Codes einen gewissen „Exclusivraum" zu schaffen und zu behalten. Dazu gehört nicht nur die Tatsache, dass innerhalb dieser Räume die Preise besonders hoch sind, sondern auch andere Barrieren bestehen, welche auch mir als Forscherin deutlich wurden.[216] Nicht

---

215  Auch für internationale Unternehmer im Bereich der Spielautomaten ist das Glücksspiel ein Teil der Freizeit- und Unterhaltungsindustrie, welche sich vor allem in den Ballungszentren Osteuropas (in Moskau, Kiev und Bukarest) in den letzten Jahren besonders wirtschaftlich rentiert hat und weiterhin rentieren wird. Auf der Konsumentenseite liegt Rumänien auf Platz vier der Glücksspieler in Europa, nach Frankreich, Großbritannien und Deutschland. Dies ist ebenfalls ein transformationsbedingtes soziales Phänomen, da Verbote und Regulierungen, welche in der Glücksspielbranche vor 1990 sehr strikt gehalten waren – und in westeuropäischen Staaten üblich sind – mit dem Systemwechsel keine Wirkung mehr hatten. Eine Liberalisierung war die Folge. Informationen zur Situation der Casinos in Bukarest entstammen auch aus dem Artikel: Ozon/Cândea 2004 sowie aus www.maramuresch.de/block2/47/html.

216  An vielen Eingängen von Spielbanken in der Bukarester Innenstadt ist für die Straßenpassanten meist der „Türsteher" ein gewohntes Bild, wie auch das an der Eingangstür angebrachte Schild: „Ne rezervam dreptul de a ne selecta clientii" („wir behalten uns das Recht vor, unsere Kunden zu wählen"). Dies bietet den Betreibern einerseits die Möglichkeit ihre Kundschaft willkürlich auszusuchen. Andererseits macht das Wach- bzw. Eingangspersonal und das Türschild generell eine Insider-Outsider-Unterscheidung und grenzt jede Person vorläufig aus. Es wird vorgegeben, dass Personen, die eintreten möchten, bestimmte Kriterien erfüllen, welche

zuletzt stehen Spielbanken und die dortigen Aktivitäten auch symbolisch für die soziale Wirklichkeit der chinesischen Immigranten, da es um die Kombination aus Gelegenheit und Risiko, Chancen, Glück, Gewinn und Verlust geht. Insofern könnte es ein Be- und Verarbeitungsraum für Migranten sein, deren soziale Wirklichkeit von diesen Ausprägungen gekennzeichnet ist. Durch die Funktion der Neureichen-Milieus bzw. Spielcasinos konkretisieren sich der Zusammenhang von Transformation und Migration, die Umsetzung des sozialen Kapitals der Migranten mittels ihrer „Mitgliedschaft in Netzwerken und Institutionen" (Bourdieu 1983) sowie auch der Aktivitäten in diesen Milieus und Netzwerken.

Die mögliche kulturelle bzw. habituelle Kompatibilität von früher Biographie[217] im Herkunftsland und bestimmten stadtkulturellen Charakteristika in der Zielgesellschaft möchte ich am Beispiel des Glücksspiels in Form von Hypothesen erläutern[218]:

In China wurde das Glücksspiel zu Beginn der Regierung der kommunistischen Partei Maos verboten und ihre Betreiber verfolgt. Das Würfel- und Pokerspielen gehören aber zum kulturellen Alltag in China. Wenn ein Immigrant in China in einem Milieu aufgewachsen ist, in welchem das Glücksspiel (verbotenerweise) praktiziert wurde, dann könnte das Casino für ihn ein Raum sein, der ihn an sein Zuhause erinnert. Möglicherweise ist er mit dem gesellschaftlichen „Untergrund" bzw. der „Schattenwirtschaft" in China konfrontiert gewesen, wenn er bspw. während der Kulturrevolution und unter dem Mao-Regime mit Glücksspielen oder anderen illegalisierten Geschäften betraut war. Die Wahl des Ortes ist aber auch unmittelbar und ohne auf diese Varianten einzugehen ein-

---

das Eingangspersonal „überprüft". Die rumänische Redewendung. „trebuie sa-i placa de fata ta" („Dein Gesicht muss ihm gefallen") symbolisiert die entsprechende Regel in diesem Milieu.

217 Ebenso relevant ist der erlebte Wechsel der politischen Systeme. Dieser oftmalige Wechsel wird auch bereits im Kindesalter Anpassungskompetenzen entwickeln, die für spätere Herausforderungen oftmals genutzt werden könnten. Es kann davon ausgegangen werden, dass viele der Migranten von traumatischen Erlebnissen insbesondere aus der Zeit der Kulturrevolution geprägt sind. Hier handelt es sich um Brüche und traumatische Erfahrungen im persönlichen Leben, welche aber oftmals Bezug zu Ereignissen haben, die auch im Kollektiv erlebt wurden. Drittens haben unter den Immigranten viele in ihrer bisherigen Biographie unterschiedliche Lebensstandards von arm bis wohlhabend erlebt, und zwar meistens im Zusammenhang damit, dass politische und wirtschaftliche Umwälzungen massiv in den Alltag eingreifen. Dies bedeutet ein kulturelles Wissen der Migranten im Umgang mit gesellschaftlichen Brüchen bzw. Wandel. Schließlich wird die Erfahrung mit äußerer, politischer, formaler, struktureller und totaler Kontrolle über die eigene Person das weitere Leben prägen, ebenso die erlernte Unterwerfung und Anpassung an den politischen und gesellschaftlichen Willen.

218 Diese verstehe ich als im Rahmen dieser Arbeit nicht belegbare Hypothesen, die ich vor allem durch die Analysen von Beobachtungsprotokollen bildete. Für eine Weiterführung und Prüfung dieser Thesen wären vor allem biographische Fallrekonstruktionen sinnvoll.

sichtig, wenn man die kulturelle Tradition des Glücksspiels in China mit dem Auftreten der vielen Casinos in den postsozialistischen Ländern in Zusammenhang bringt. Kulturelle Muster der Immigranten wären in diesem bestimmten Fall kompatibel mit den Opportunity-structures (vgl. Kloosterman/Rath 2001) der Aufnahmegesellschaft. So könnte die kulturelle und traditionelle Bedeutung der Karten- und Würfelspiele (für das Glücksspiel) in China bzw. für Chinesen ein Bindeglied zwischen den chinesischen Immigranten und der rumänischen Gesellschaft – und generell der osteuropäischen Gesellschaft darstellen, in welcher das Glücksspiel und deren Unternehmen/Institutionen durch (fehlende) politische/gesetzliche Rahmenbedingungen „freie Hand" haben. Das in Europa herrschende Bild vom gerne spielenden Chinesen wird von Auslandschinesen vielleicht dazu genützt, sich in die europäische Gesellschaft einzugliedern.

Das biographische Kapital von Immigranten, das sie aus ihrer Heimat und ihrer erlebten Geschichte mitbringen, kann auch ganz allgemein für die Eingliederung in die Transformationsgesellschaft relevant sein. So haben Chinesen der hier besprochenen Generationen in ihren Biographien oftmals einen Wechsel politischer Systeme und Machtverhältnisse erlebt. Im Laufe der Biographie mussten sie daher Anpassungskompetenzen entwickeln, die für spätere Herausforderungen oftmals genutzt werden konnten. Viele der Migranten sind von traumatischen Erlebnissen insbesondere aus der Zeit der Kulturrevolution geprägt. Diese traumatischen Erfahrungen im persönlichen Leben standen oft in Zusammenhang mit diesen gesellschaftlichen Umbrüchen und kollektiven Tragödien. Die meisten chinesischen Immigranten haben in ihrer Biographie unterschiedliche Lebensstandards von arm bis wohlhabend erlebt und zwar meistens in Zusammenhang damit, dass politische und wirtschaftliche Umwälzungen massiv in den Alltag eingreifen. Dies bedeutet ein kulturelles Wissen der Migranten im Umgang mit gesellschaftlichen Brüchen bzw. Wandel. Schließlich wird die Erfahrung mit äußerer, politischer, formaler, struktureller und totaler Kontrolle über die eigene Person das weitere Leben prägen, ebenso die erlernte und überlebensnotwendige Anpassung an den Willen der regierenden Macht bzw. allgemein an gesellschaftliche Autoritäten.

### 4.5.2 Risiko und soziale Unsicherheit

Die frühen 1990er Jahre waren für die chinesischen Immigranten aufgrund der vielen neuen Möglichkeiten bzw. des Gefühls „Alles-auf-die-Zukunft-setzen" eine hoffnungsvolle Zeit. Daher war auch der „Einsatz" der Immigranten höher, was teilweise ihren großen ökonomischen Erfolg ausmachte. Ihre Investitionen waren zuweilen höher als die der Rumänen, da sie einerseits mehr Risken eingingen und eingehen mussten, andererseits aber von ihren Verwandten und Bekannten in ihrer Heimat finanziell unterstützt wurden. Diese rechneten ihrerseits wieder damit, dass sich diese Investition in die Zukunft für sie später rentieren würde.

Für die Unternehmer bedeutet Risiko jedoch auch Bedrohung aus vielen Richtungen. Eine Unternehmerin[219], welche sich für die Rechte der chinesischen Geschäftsfrauen einsetzte, die besonders oft Opfer von Raubüberfällen oder Belästigungen durch die Polizei waren, erzählte auch von Bränden, die sich auf diesen Märkten ereigneten. Zwei davon dokumentierte sie durch Fotos unmittelbar nach ihrem Erlöschen. Es kann vermutet werden, dass diese Brände nicht (nur) durch die unzureichenden baulichen Maßnahmen (wie dem fehlenden Feuerschutz), sondern auch durch Brandstiftung ausgelöst wurden. Den Verkäufern, deren Verkaufsstände oder Warenlager davon betroffen waren, blieb nichts anderes übrig, als am Tag nach dem Brand, der meist nachts stattfand, einen neuen Stand zu kaufen oder zu mieten. Die durch falsche Verträge als „eigener Besitz" erworbenen Verkaufsstände waren also auf unterschiedliche Weise täglich gefährdet. Angesichts der Tatsache, dass meist nur eine Person oder zwei Personen einen Verkaufsstand betrieben, d.h., die Ware vom Lager abholten, aufbewahrten und verkauften, war die Übersicht und Kontrolle über die Verkaufsstände nur äußerst schwer zu bewerkstelligen. Dies zog unterschiedlichste Nutznießer, nicht nur „einfache Diebe", an.

„Oft wurde in Lager eingebrochen. Das passierte jeden Tag. Oder Beschlagnahmung durch das Polizeipräsidium. Dann musste die Sache mit Geld geregelt werden, mit Schmiergeld. Für Geschäftsleute war das ein großes Theater, aus diesem Grund sind viele abgehauen. In Bukarest konnte jeder kommen und sagen, ich bin vom Finanzamt, die Beamten haben das Recht, alles jederzeit zu kontrollieren. Dann gibt man ihnen 200 USD auf die Hand und sie hauen ab. Sie kommen vom Amt, Gewerbeamt oder Finanzamt."[220]

Auch wird von organisierten Raubgruppen in der Wohnumgebung erzählt, welche bevorzugt die Handtaschen von Chinesen stahlen, welche – meist mit viel Bargeld ausgestattet – auf dem nach Hause Weg waren.

„Die Raubgruppen sind meist zwei bis drei Leute, die chinesische Familien lange beobachten und die sehr professionell vorgehen. Chinesen in Bukarest haben auch meist viel Geld, darin besteht der Unterschied zur chinesischen Gruppe beispielsweise in Berlin. Viele Chinesen in Bukarest haben Autos, ein Haus, eine Fabrik."[221]

---

219 Vereinsobfrau bzw. Gründerin des „Vereins chinesischer Geschäftsfrauen in Bukarest".
220 Ma Xuejun 5. Mai 2004 (59)
221 Ma Xuejun 5. Mai 2004 (59)

Vor allem ab 1994/1995 waren Konflikte und Machtkämpfe innerhalb der Migrantencommunities aber auch mit Behörden, Geschäftsleuten und Immigranten an der Tagesordnung. Für die chinesischen ImmigrantInnen in Bukarest waren die folgenden Jahre des wirtschaftlichen Erfolgs neben den bereits genannten informellen Strukturen im Systemwandel durch verschiedene Formen von Illegalisierung und Vernetzung der Migration charakterisiert. Falltypisch bzw. charakteristisch für den Zusammenhang von Immigration und Transformation in Osteuropa ist die Verflechtung von internationaler (illegalisierter) Wanderung und fehlender Wirtschafts- und Migrationspolitik in Rumänien. D.h., die Illegalisierung bezieht sich sowohl auf die Migration bzw. die Formen der Grenzüberschreitungen und Eingliederungen, als auch auf die wirtschaftlichen Aktivitäten, welchen Immigranten nachgehen oder in welche sie involviert sind. Zu letzteren gehören der informelle Import von Waren als auch Formen der Schattenwirtschaft in Rumänien selbst. Die falltypisch soziale Ungleichheit zeigt sich in der Kombination von den relativ wenigen ökonomisch erfolgreichen Immigranten einerseits und den abhängigen, rechtlosen, in prekären Lebensverhältnissen lebenden Arbeiterinnen und Arbeitern auf den Märkten. Der informelle Handel, mit welchem die Immigration und die Transformation in Zusammenhang stehen, ist schließlich auch eine Form der Kapitalakkumulation für den rumänischen Staat. Denn die Mehrheit der Migranten sind „billige Arbeitskräfte", welche rechtlos in der Schattenwirtschaft arbeiten.

Parallel zu den bisher geschilderten Prozessen auf lokaler Ebene begann bereits im Jahre 1991 auf europäischer Ebene – initiiert durch eine in Berlin abgehaltene Konferenz zur Bekämpfung illegaler Migration aus und durch Mittel- und Osteuropa – eine neue informelle europäische Migrationspolitik. Die in Berlin „verabschiedeten Empfehlungen zu Grenzkontrolle und Visapolitik bildeten den Startschuss der europaweit koordinierten Bekämpfung der irregulären Ost-West-Migration" (Georgi 2007: 15).[222]

---

222   „Nach der Konferenz von Berlin und anschließenden Treffen, die als Berliner Prozess bekannt wurden, ergriff die Regierung Ungarns die Initiative und organisierte im Februar 1993 in Budapest eine zweite Ministerkonferenz. Aus dieser Konferenz entstand der Budapester Prozess, eine kontinuierliche Konferenzstruktur, deren Aufgabe es war, Empfehlungen für die einzelnen Staaten zu entwickeln und ihre Umsetzung zu unterstützen" (vgl. ebd.).

## 4.6 Die zweite Hälfte der 1990er Jahre und die Zeit nach 2000

In den Jahren 1993 und 1994 sollen einige Clans chinesischer Triaden besonders mächtig gewesen sein.[223] Einige Personen leben bis heute als Unternehmer in Bukarest.[224] Sie schmuggeln – in Kooperation mit rumänischen Netzwerken – Textil- und Haushaltswaren und importieren gefälschte Markenwaren, wie dies auch in anderen Seehafenstädten Europas mit Containerhafen (wie bspw. in Hamburg) der Fall ist. Das Geschäft der Migration und des Warenimportes bzw. diese „Wirtschaftskriminalität" bestimmt auch den Alltag der Verkäufer auf den Märkten. Die für die Clans arbeitenden Mitglieder treten hauptsächlich durch das Eintreiben von Schutzgeldern und Einschüchterungen auf den Märkten auf.

> „In den Jahren 95 und 96 haben die Chinesen hier unglaublich viele Fälschungen mit der Ware an der Grenze gemacht. Wer musste, der schloss die Augen für eine Summe Geld. Die Ware aus China oder Taiwan kostet verschwindend wenig, viel weniger als der Transport mit dem Flugzeug und der Weitertransport mit dem LKW. Zu jener Zeit hatten 90 Prozent der Marktbuden keine Anmeldung. Nun ist es nicht mehr ganz so, die Zeiten wurden schwieriger. Es existieren nur einige chinesische Mafiosi, die die Bewegungen/den Handel dirigieren, und wer unter ihrem Schutz ist, entkommt dem Problem. Sie bringen die Menschen und eröffnen Geschäfte unter ihrem Namen. Wenn man es anders möchte, hat man nicht wirklich Chancen, und auch die Rumänen sind nicht mehr so gute Menschen, wie sie mal waren."[225]

In der Zeit von 1995 bis 1998 verzeichneten die Märkte einen großen Zustrom an neuen Arbeitsmigranten aus China, welche dort als Verkäufer ohne Dokumente arbeiteten. Manche von ihnen mieteten oder kauften mehrere Verkaufsstände, um sie weiterzuvermieten. Dieses Verhalten zählte zu einer der Möglichkeiten, wie man sich unternehmerisch verändern bzw. erfolgreicher werden konnte. Im Jahr 1998 wird von einem Firmenzusammenschluss zwischen einem erfolg- und einflussreichen chinesischen und einem rumänischen Geschäftsmann berichtet. Beide leben – ohne dies zu verheimlichen – von Warenschmuggel, hauptsächlich vom Import gefälschter Markenware aus China und wurden so zu den Hauptprotagonisten des gesamten Warenhandels mit China. Ein Hinweis für die Turbulenzen im Bereich der informellen Wirtschaft ist auch die

---

223   Vgl. Kapitel 3
224   Wie bspw. einer, welcher der Rolle eines stereotypen modernen Mafiosi besonders zu entsprechen scheint. "...short and chunky, wearing a black suit, black sunglasses, long hair tied back in a ponytail, and driving a black, shiny Jaguar" (Cândea/Radu 2001/2003). Andere verließen nach ihren illegalen Geschäftsabwicklungen Rumänien. Ein chinesischer Geschäftsmann habe bspw. auf einem der Märkte bei den Verkäufern 500.000 Dollar für Warenlieferungen kassiert, ohne eine Rechnung auszustellen und ohne etwas zu liefern. Er habe mehrere Firmen in Rumänien gehabt und mit einem Syrer geteilt. (Information aus dem Interview mit Paul Radu).
225   Interview mit Verkäufern am China-Markt. In: Dilema, Nr. 447, 2004.

Verhaftung eines ebenso bekannten Geschäftsmannes bzw. „Mafioso" im selben Jahr.

Gegen Ende der 1990er Jahre und um die Jahrtausendwende stieg die internationale Migration an. Diese Welle im Allgemeinen und die chinesische Einwanderung in Osteuropa im Besonderen erreichten in diesen Jahren zahlenmäßig ihren Höhepunkt. Betrachtet man dieses Phänomen auf internationaler (globaler) Ebene, so ist Osteuropa für die „strategischen Verflechtungen der Chinesischen Auswanderung" (vgl. Smith 1994) ein besonderer Standort. Die im Wandel befindlichen osteuropäischen Staaten mit instabiler Gesetzeslage und wechselnden politischen Eliten spielen als strategisch günstige "Epizentren" (Smith 1994) für den internationalen (chinesischen) Menschenschmuggel und die „transnationale organisierte Kriminalität" (vgl. Kapitel 3) eine zentrale Rolle. In Russland stieg die Zahl der chinesischen Einwanderer (von 464.200 im Jahr 1998) in den ersten 6 Monaten des Jahres 2000 sprunghaft auf 1.5 Millionen an (Nyíri 2003: 242, zitiert aus Migration News 2004). Dieser Anstieg bezog sich vor allem auf die unkontrollierte Pendelmigration von Händlern, aber auch auf die mögliche Weiterreise von Migranten über Moskau nach Europa.[226] Der Landweg nach Osteuropa erfuhr so in diesen Jahren eine verstärkte Bedeutung. Neben der Route über Russland (durch Polen und Rumänien) entstanden zwei weitere Hauptrouten der Migration, eine über die Türkei (und Bulgarien) und eine über das Mittelmeer. Diese neuen Routen führten insbesondere durch die Kriegsregionen Südosteuropas.[227]

„Yugoslavia as well as Bosnia also became major transit stations for the sea routes via Albania, Montenegro, and Croatia. (...) According to the head of the Yugoslav statistics office (...), 50.000 Chinese arrived in Yugoslavia in 2000."[228]

In einem Bericht des österreichischen Bundesministeriums über „*illegale Migration aus Asien*" im Jahr 2001 wurde geschätzt, dass im Balkan-Raum etwa 200.000 Chinesen ohne Dokumente auf den Weitertransport in den Westen warten. Auch bedingt durch die ansteigenden Zahlen sind die Wege, die Formen und die Vernetzung dieser neuen Migrationsströme vielfältig und komplex. Diese Vernetzungen sind es, die den chinesischen Immigranten in gewisser Hinsicht das Überleben sicherten. In Osteuropa ist Ähnliches zu beobachten, wie es

---

226  Die gerade im Jahr 2000 steigende Zahl wird hier auch auf den Wirtschaftsaufschwung in Russland zu diesem Zeitpunkt zurückgeführt (vgl. Nyíri 2003).
227  Wie bereits erwähnt, war 1999 auch Belgrad zu einem neuen Einreise-Punkt für chinesische Migration in Europa geworden, welche die Zahlen ansteigen ließ.
228  Nyíri 2003: 247

über die südeuropäischen (beginnenden) Einwanderungsländer beschrieben wurde:

> "Illegal immigration and work have become structural features in all of the southern economies (...) the real problem – the apparently insatiable underground economy – is still healthy and still attracting migrants from across the globe. Essentially, the onerous bureaucratic and fiscal demands of the state (...) have pushed the private sector into taking matters into its own hands. In the underground economy, free markets reign."[229]

In Rumänien besteht nur für bestimmte Immigranten ein „freier Zugang" zum Arbeitsmarkt (Rep. Moldau, Bulgarien, Ukraine, Russland vgl. ebd.), jedoch nicht für Chinesen. Die Bedeutung der Netzwerke in den jeweiligen Einwanderungsländern wird daher „um so größer, je weniger ein freier Marktzugang besteht. (...) Unter der Bedingung von Illegalität gewinnen Netzwerke eine alles entscheidende Bedeutung (Elwert 2002, S. 22). So findet diese Gruppe den Zugang über den informellen Markt. In den „Blütejahren" der chinesischen Einwanderung 1997 und 1998 wurde die Anzahl der in Bukarest lebenden Chinesen und Chinesinnen auf 20.000 geschätzt. Nach Angaben der rumänischen Grenzpolizei erreichte die „illegale Migration" in Rumänien im Jahr 1998 ihren Höhepunkt, aber auch eine deutlich höhere Anzahl an Visa-Genehmigungen wurde in Rumänien in diesem Jahr vergeben (vgl. Abb. 1).

Neben der Volkszählung bieten Arbeitsmarktstatistiken und Statistiken über Unternehmensgründungen sowie ausländische Investitionen (bzw. der kontrastierende Vergleich dieser unterschiedlichen Quellen) eine Möglichkeit der Schätzung von Immigranten in Rumänien.[230] Einige Länder weisen sowohl eine hohe Anzahl an Firmengründungen als auch eine hohe Summe an ausländischen Kapitalinvestitionen (oder geteiltem Kapitalinvestitionen) kombiniert mit vielen Aufenthaltsgenehmigungen auf. Bringt man diese Zahlen in Verbindung mit internationalen Statistiken (über „irreguläre" Migration) und mit nationalen Daten

---

229 Baldwin-Edwards/Arango 1999: 13
230 Nicht nur die Tabellen unterscheiden sich (abhängig vom Prozedere der Personenregistrierung) sehr voneinander, sondern auch die Zahlenangaben in Publikationen dazu. (Laczkó et al. 2002; Constantin et al. 2004; Nyíri 2003). Festzuhalten ist, dass der rumänische Arbeitsmarkt ebenso wie derjenige in anderen osteuropäischen Staaten durch einen Ethnisierungsprozess gekennzeichnet ist, der sich insbesondere auf spezifische Beschäftigungsformen und Herkunftsregionen (wie bspw. Polen, die Ukraine und Ungarn) bezieht (Iglicka 2005: 103). Daneben weisen westeuropäische Staaten, wie die Niederlande, Österreich und Deutschland, signifikante Zahlen von Direktinvestitionen auf (vgl. Nationaler Handelsregister 2005), aber nicht in Bezug auf die persönliche Präsenz der Investoren im Land. Schließlich bilden Migranten aus der Republik Moldau, der Ukraine und Bulgarien die größte Personengruppe mit Arbeitserlaubnissen (Laczkó et al. 2002). Für den Fall der chinesischen Händler als Repräsentanten der chinesischen Community in Bukarest sind nun die Zahlen „dazwischen" von Bedeutung.

der Grenzpolizei (vgl. Migration News 2004; Lăzăroiu 2004; MIgration Information 2003; Mateescu 2000[231]), so zeigt sich, dass Migranten aus der Türkei, aus China, aus Syrien, aus dem Libanon, aus dem Irak und aus Italien jene Gruppen bilden, welche als Händlercommunities oder „immigrant entrepreneurs" gezählt werden können.

Auch die Organisation und Vernetzung von Migration steht im Zusammenhang mit der politischen Illegalisierung. Vernetzungsformen waren bereits im Zuge der Arbeitsmarktveränderungen und steigenden Mobilität in der VR China in den 1990er Jahren entstanden. Dabei entwickelten sich neue Beschäftigungsformen im Bereich der Organisation von Migration heraus, d.h. ein neues Berufsbild „der auf Provisionsbasis tätigen Arbeitsvermittler (baogongtou)", welche Vertragsarbeiter rekrutierten und deren Einsatz an den Zielorten organisierten. Diese Vermittler wurden Teil eines nützlichen infrastrukturellen Rahmens für die späteren Migrationswellen ins Ausland (vgl. Giese 2000). Die Organisation der Migration weitete sich dann auf transnationale Bewegungen aus. Dies bedeutet, dass die alltägliche Migration vom chinesischen Festland nach Hongkong oder nach Thailand nach denselben Prinzipien abläuft, wie auch die internationale „reguläre" und „irreguläre" Migration von China nach Osteuropa. Dies funktioniert unter „Mitwirkung professioneller Migrationsagenten oder Schleuser, so genannter Snake Heads (shetou), unter kommerzialisierten Rahmenbedingungen und innerhalb landsmannschaftlicher, teils auch verwandtschaftlicher internationaler Netzwerke" (Giese 2000: 294). Es waren „all sorts of intermediary agents" (vgl. Spaan et al. 2005: 8) an dieser neu entstandenen chinesischen und globalen „Migrationsindustrie" beteiligt, welche die Migrationsnetzwerke konstituierten.

Eine andere Form der Vernetzung bilden religiöse Gemeinschaften. Die evangelische Kirche verzeichnet in der VR China „in den 80er- und 90er-Jahren den stärksten Anstieg von Mitgliederzahlen im Vergleich zu den anderen Religionen. In Bukarest ist vor allem die „Church of Resurrection Bucharest" zu nennen. Diesem weltweiten Kirchenbund gehören auch ca. 300 chinesische Mitglieder an, die ihre eigenen Messen bzw. Predigten haben. Diese Gemeinde in Bukarest ist Teil des weltweiten Anglikanischen Kirchenbundes. Die chinesische Gruppe bildet eine Form der transnationalen Community in Bukarest, welche sich vernetzt, um einerseits ihren religiösen Interessen nachzugehen, andererseits ist zu vermuten, dass der Eintritt in diese einen Eingliederungsweg darstellt. Möglicherweise war der Eintritt in die Gemeinde bereits in China vollzo-

---

231 Dabei wurden noch andere Statistiken über "irreguläre Migration" einbezogen, sowie Zeitungsberichte, welche meist auf Schätzungen beruhen.

gen, so dass dadurch der Migrationsweg durch die Kirchengemeinde erleichtert wurde. Einige der chinesischen Neuankömmlinge werden in Bukarest zunächst von dieser Gemeinde aufgenommen. An bestimmten Sonntagen, an welchen sich Chinesen treffen, sind dort Prediger anzutreffen, die als US-Chinesen nur vorübergehend in Bukarest leben. Auch eine Schule, welche von den Kindern der Migranten besucht wird, wird von dieser Kirchengemeinde unterstützt. Solche transnationalen Gemeinschaften können vermutlich mehrere Funktionen der Vernetzung erfüllen: die Unterstützung der Migranten, das „Schleusen", das Verstecken sowie die Befreiung aus der Verfolgung und Diskriminierung und schließlich das freie Praktizieren der eigenen Religion.[232]

Die Vergabe von kurzfristig gültigen Visa, welche Migranten immer wieder vor bürokratische Hürden stellt oder (Erfolgs-)Druck auf ihr Unternehmen bedeutet, löst auch eine neue „Verfolgungsjagd" auf Migranten aus. Vor dem Einwanderungsbüro im Zentrum der Stadt hängt eine Namensliste der „illegalen Migranten" mit abgelaufenem Visum. Neben den um Asyl ansuchenden Chinesen in Bukarest werden viele dieser Verkäuferinnen und Verkäufer bzw. Kleinunternehmer, die aufgrund fehlender Dokumente zunächst auf solchen „schwarzen Listen" landen, im Abschiebelager inhaftiert.[233]

Die Communities an den osteuropäischen Zielorten sind somit dadurch gekennzeichnet, dass unterschiedliche Netzwerke aufeinander treffen. Bei einer Befragung auf den Märkten in Bukarest nannten die Migranten elf verschiedene Provinzen in China als ihre Heimat: Zhejiang, Fujian, Guangdong, Hunan, Jiangsu, Hebei, Menan, Helongjiang, Henan, Shangdong und Lianoning. Einige Regionen leben von ihrer Migration(swirtschaft) und es haben sich auf diese Weise enge Migrationsnetzwerke zwischen Herkunfts- und Zielland gebildet.[234]

---

232   Jiang Zemin, der Staats- und Parteichef der VR China, verhängte 1999 ein landesweites Verbot der Falun Gong Bewegung. Möglicherweise löste dies eine Auswanderung von vielen Chinesen aus. Bald nachdem Jiang Zemin 1999 mit der brutalen Verfolgung gegen Praktizierende in China begann, gab es erste Vorkommnisse von Bedrohungen, Belästigungen und Angriffen gegen Praktizierende in Europa.

233   Es existieren in Bukarest einige Wohnblocks, so genannte „Flüchtlingsheime", und ein Abschiebelager in der Nähe des Flughafens Otopeni. Gemäß Interviews in der chinesischen Botschaft und mit Betroffenen entsprach das Abschiebegefängnis Otopeni bis 2004 nicht den staatlichen Standards von Gefängnissen in Rumänien. Die Zahl der dort Inhaftierten wurde nicht bekannt gegeben, das Gefängnis erstreckt sich jedoch über zwei Etagen. Jede Zelle hat ein Sichtloch in der Türe und keine Fenster. Es gibt einen kleinen Innenhof, der nach vier Kontrollbesuchen durch EU-Behörden zumindest eine Bepflanzung erfahren hatte. Gefangene dürfen keinen Besuch empfangen. Selbst der Besuch von Verwandten wurde untersagt (Interview 2002). Lediglich das Übergeben von „Geschenken" wurde erlaubt, wenn dafür eine hohe Summe Schmiergeld an die Behörden bezahlt wurde.

234   An den verschiedenen Zielorten bildeten sich im Laufe der Jahre ganze Stadtviertel, oder Migrantenenklaven, die teilweise nach ihrer Herkunft benannt werden, wie bspw. das

Im Zielland sind solche jedoch nicht mit den Migrationsnetzwerken aus anderen Provinzen vernetzt. Viele Migranten kommen auch autonom wandernd aus Peking oder Shanghai. Bei diesen ist der Bildungsgrad meist höher als bei Wanderarbeitern, welche als Bauern oft ohne Schulausbildung auf dem Land aufgewachsen sind. Viele der autonom wandernden Migranten sind Frauen. Diese lose Verbindung untereinander ist für die Communities an den Zielorten charakteristisch.

In Bukarest liegt deren Anteil bei ca. 35%[235]. Zwar wandern vor allem junge, unverheiratete Männer aus, doch vor allem deshalb, weil durch die Eingeburtenregelung und die vielen Abtreibungen von Mädchen in der VR China in den letzten 20 Jahren ein numerisches Geschlechter-Ungleichverhältnis von 114 Männern zu 100 Frauen entstanden war. Dennoch nimmt eine große Anzahl an weiblichen Migrantinnen in Bukarest bestimmte ökonomische (und gendered) Marktnischen ein. Von einem Interviewten (der vermutlich als „Schleuser" arbeitet) wurde die chinesische Community daher als ein „Mikrokosmos"[236] der chinesischen Gesellschaft beschrieben. In ihr spiegeln sich verschiedene Facetten Chinas, wie die politischen Interessen, staatliche oder wirtschaftliche Organisationen und schließlich unterschiedliche Familien- und Herkunftsstrukturen (Provinzen) wider. Eindeutige Muster sind daher nicht erkennbar, sondern gerade Intransparenz und Verflechtung untereinander und mit anderen Gesellschaftsgruppen in Rumänien sind die charakteristischen Merkmale dieser Netzwerke.

Diese neuen, untypischen Formen der Migration, stehen in Kontrast zur Lage von Immigranten in Einwanderungsländern wie Deutschland oder anderen Minderheitengruppen in Osteuropa. Sie bilden in den Einwanderungsländern Rumänien, Ungarn, Polen oder Tschechien in erster Linie aufgrund ihres Minderheitenstatus' und ihres gemeinsamen Schicksals als Immigrantengruppe eine „geschlossene" Gruppe.

In Rumänien werden nun vermehrt Dienstleistungen für Migranten, wie bspw. Übersetzungsbüros, juristische Beratung, Sprachkurse etc. zur neuen Profession (siehe auch Bojadžijev 2007: 98; Giese 2000, Elwert 2002). Einige der Interviewten haben sich im Laufe der Forschung beruflich immer wieder „neu erfunden" und bieten anderen Unternehmen schließlich solche Dienstleistungen

---

„Zhejiang-Dorf" an der Peripherie Pekings, welches ca. 110.000 Migranten eine Unterkunft bot und 1995 von den Behörden „geräumt" wurde (vgl. Giese 2000. Vgl. auch die Fallstudien in Nyíri 2002).

235  Dies ist Ergebnis der Fragebogenerhebung auf den Märkten, bei der 40 Verkaufsstände aufgesucht wurden (Siehe Methodischer Anhang).

236  Herr Liu Qing (56)

an. Sie gaben ihre Erfahrungen, die sie selbst als Unternehmer mit den Behörden etc. machten, ihren neuen Klienten weiter. Diese Dienstleistungen werden im Laufe der Zeit mehr Bedeutung gewinnen. Je mehr Migranten als Importeure und Händler tätig sind, desto mehr Klienten wird es geben. Je höher die Konkurrenz unter ihnen ist und je weniger lukrativ das Geschäft wird, desto wichtiger ist es, neue Wege zu finden, mit welchen man Geld verdienen kann.

Nach den Parlaments- und Präsidentenwahlen in Rumänien im Jahr 2000 wurden die Sozialistische Partei und der Präsident Ion Iliescu gewählt. Zu diesem Zeitpunkt begannen in Rumänien auf nationaler Ebene verstärkt staatliche Eingriffe in Immigrationsvorgänge und in den Schwarzmarkt. Dies geschah weniger durch eine strategische Immigrationspolitik als vielmehr durch groß angelegte und regelmäßige Razzien sowie Polizeikontrollen. Vermutlich war dies auch eine Reaktion auf die unkontrollierbare Kriminalität auf diesen Märkten, von welchen in den Medien berichtet wurde (vgl. Kapitel 3). Abgesehen von den Polizeiaktionen waren es vor allem neue Gesetze für/gegen Kleinunternehmer, mit welchen der Staat nun versuchte, diesen großen informellen Markt (der Einwanderung als auch des Wareneimportes) zu kontrollieren. Diese neue Politik Rumäniens war nun jedoch davon gekennzeichnet, dass viele Verkäufer den Polizisten regelmäßig Geld geben müssen und dass sie willkürlich verhört oder auf andere Weise gedemütigt werden.

„Die neue Ausländerpolitik hat viele Firmen ruiniert. Es gibt keine strenge Ordnung und einen großen Ermessensspielraum bei Polizei und Verwaltung. Es gibt Kontrollen morgens um 5 Uhr, nachts um 2 Uhr mit vermummter Polizei und „kompletter Ausrüstung". Viele Chinesen werden bestohlen von Räubern. Die Mehrheit der Chinesen wurde bereits bestohlen, entweder in der Wohnung oder im Laden oder im Lager. Chinesen wollen bei der Polizei den Einbruch nicht melden. Die chinesische Botschaft hat einen offiziellen Brief in der Zeitung veröffentlicht und darauf hingewiesen, dass es falsche Polizisten gibt. Manche sind zwar echte Polizisten, aber sie kommen, um Geld zu verlangen. Die chinesische Botschaft hat auch eine Hotline installiert, damit Geschädigte sich bei der Botschaft melden können."[237]

Einiges änderte sich (wie für alle Auslandschinesen) nach dem Beitritt der VR China zur Welthandelsorganisation (WTO) im Jahr 2001. Dieser wirkt sich für die Migranten in Bukarest durch neue Geschäftsmöglichkeiten einerseits, aber für die meisten auch durch einen erhöhten Konkurrenzdruck aus. Der Handel erfolgt unbürokratischer, die Handelsbeziehungen laufen direkter. Nun verändert sich auch die Qualität der Produkte. Unter den chinesischen Importeuren steigt jedoch die Konkurrenz. Viele Firmen müssen nach 2001 schließen.

---

237  Frau Jing Xing, 24.10.03 (58)

„Die Konkurrenz ist aber nicht nur in Rumänien hoch, sondern eben globalisiert. Jetzt ist nicht nur der Binnenmarkt in China relevant, sondern das Geschäft in Rumänien muss gut laufen. Früher wusste man nicht, in welche Richtung die Firma sich weiterentwickeln wird, alle Produkte waren vorerst gefragt. Jetzt geht man gezielter vor und passt die Produktion in China an die Nachfrage in Rumänien an. Das heißt, Firmen stehen heute mehr unter Druck, erfolgreich zu sein und Qualität zu bieten."[238]

In den Folgejahren (2000-2002) wurden einige Gesetze erlassen, welche viele Schwierigkeiten für Kleinunternehmen von Chinesen nach sich zogen. Diese Schwierigkeiten gehen nicht auf Entscheidungen auf der Ebene einer Migrationspolitik zurück, sondern auf wirtschaftspolitische Maßnahmen. Bspw. wurde der Kleinhandel kontrolliert und die Möglichkeiten für ausländische Investoren wurden eingeschränkt. Zur selben Zeit, im Oktober 2003, wurde die chinesische Bevölkerung mit den neuesten Regelungen für Kleinunternehmer durch die chinesische Zeitung informiert[239]. Diesem Artikel zufolge muss eine ausländische Firma bereits zu Beginn der Firmengründung „50.000 Euro vorweisen und bei einer Verlängerung der Aufenthaltserlaubnis muss man weitere 70.000 Euro in Rumänien"[240] zahlen. Ebenso müssen mindestens zehn Angestellte in der Firma arbeiten, für die Lohnsteuer gezahlt werden muss.[241] Dies hat insbesondere die Kleinhändler auf den Märkten irritiert, da diese als selbständige Unternehmer lediglich kleine, ca. 8 Quadratmeter fassende Verkaufsbuden mieten, in welchen sie meistens nur ein bis zwei Mitarbeiter benötigen. „Jeder Angestellte muss 700 Euro verdienen. Bei einem Joint Venture müssen die Mitarbeiter 500 Euro verdienen."[242] So steht es weiter in der Zeitung. Dies muss vor dem Hintergrund gesehen werden, dass der Durchschnittslohn in Rumänen im Jahr 2004 bei 626 Euro pro Jahr liegt.[243] Vor allem kleine Unternehmer können die Löhne von 700 Euro bzw. 500 Euro nicht aufbringen. Bei einer Investition von über 100.000 Euro oder der Schaffung von mehr als 25 Arbeitsplätzen werden die Vorschriften laut Zeitungsbericht  unbürokratischer (vgl. ADZ, 24.05.2003). So wurden insgesamt – und trotz der desorientierenden Bedingungen auf den Märkten – zwischen 1990 and 2005 insgesamt 8000 chinesische Firmen gegründet. Die

---

238  Herr Xiang Yong, 28.Feb. 2007 (41).
239  Ziarul pentru Chinezii din România, Nr. 4.10.2003.
240  Übersetzung des Zeitungsartikels.
241  Wenn das Arbeitsamt prüft und Scheinanstellungen entdeckt, wird die Aufenthaltserlaubnis nicht gegeben.
242  Es existieren im Jahr 2007 ca. 8.500 Rumänisch-Chinesische Firmen in Rumänien (SĂptĂmÂnĂ FinanciarĂ 2007).
243  Deutsche Industrie- und Handelskammer. Durchschnittslohn in Rumänien: 2003 / 702,1, 2004 / 826,2, 2005 / 1.121. II.

chinesischen Investitionen betrugen 7,47% des gesamten ausländischen Investments für diesen Zeitraum in Rumänien (Iancu 2005).[244] Der Bevölkerungsanteil der Chinesen an der Gesamtbevölkerung beläuft sich auf ca. 0,1%. Derzeit bewegt sich die Zahl der in Bukarest lebenden Chinesen zwischen 6.000 und 12.000[245].

## 4.7  Immigranten zwischen lokaler Eingliederung und transnationalem Lebensstil. Entwicklungen seit 2003

In der bisher behandelten Phase wurden die Bestrebungen Rumäniens zum EU-Beitritt, der bereits 1995 beantragt wurde, immer konkreter. Eine Beitrittspartnerschaft bestand seit 1998 (Laczkó et al. 2002: 176). 1999 initiierten die Mitgliedsstaaten der Europäischen Union eine gemeinsame Asyl- und Migrationspolitik.

„1999 trafen sich Vertreter von 18 Regierungen und drei internationalen Organisationen (…) in Wien zum ersten Treffen der Arbeitsgruppe Südosteuropa. Es wurden vier Strategien beschlossen: die Transitkontrolle am Flughafen Bukarest; die Sicherung der Küsten des Schwarzen Meeres; die Kontrolle der Landgrenze zwischen Kroatien und Bosnien-Herzegowina; und die Einrichtung eines gemeinsamen Systems zum Informationsaustausch zur ‚illegalen Migration' für alle Länder in der Region." [246]

Für Rumänien war vor allem die Mitgliedschaft in der Nato 2004 und die Ambitionen auf einen Beitritt zur Europäischen Union die treibende Kraft (Baldwin-Edwards 2005; Lăzăroiu/Alexandru 2005; Constantin et al. 2004). Wegen des Status Rumäniens als zukünftiges Grenzland der EU wurde in Rumänien der Kontrolle von irregulärer Migration besondere Bedeutung beigemessen. Rumä-

---

244  Betriebsgründungen mit ausländischer Kapitalbeteiligung wurden bis Januar 2005 staatlich unterstützt.

245  Diese Zahlen ergeben sich aus Fragebogenerhebungen auf den Märkten, ExpertInneninterviews und deren Schätzungen, Hochrechnungen auf Basis der Auflagenzahlen chinesischer Zeitungen in Bukarest, Sekundäranalysen veröffentlichter Daten des Statistischen Amtes und der Handelskammer in Bukarest sowie unveröffentlichten Statistiken des Innenministeriums in Rumänien über die Anzahl der Visagenehmigungen zwischen 1989 und 2003.

246  Interview mit ICMPD (Internatinal Centre for Migration Policy Development) 2000: 5 zitiert in Georgi 2007, S. 39. Zeitgleich, im August 1999, unterzeichnen auch die Staatschefs von Kasachstan, Tadschikistan, Kirgistan, Russland und der VR China ein Abkommen über Zusammenarbeit in Sicherheitsfragen. Damit werden die Fragen der Grenzsicherheit neu definiert, was Auswirkungen auf die Migrationswege über Land nach Osteuropa hat.

nien fungierte als ein „Pufferland" um Migration nach Europa zu bremsen. Zwar beinhaltete der Acquis communautaire der EU auch bestimmte Gesetze, welche den dauerhaften Aufenthalt von Migranten in den EU-Staaten regeln sollen, aber die Europäische Kommission gab keine konkreten Vorgaben, wie die Immigrationspolitik der einzelnen Länder auszusehen habe.[247] So bereitete sich der Staat Rumänien für seine neue Rolle als „Borderland of Europe" (Boia 2001) vor und bemühte sich aus genannten Gründen nicht um eine eigene rumänische Strategie des Umgangs mit Immigration. „Romania has been rather reactive in envisage to ensure the adjustment to the European requirements, than to design and follow a national migration policy with clear objectives (Constantin et al. 2004: 6).

Vielmehr bekam Rumänien als Teil der „neuen europäischen Grenzlandschaften" (Balibar 2005 zitiert in Bojadžijev 2007: 91) eine europäische Bedeutung: Die internationale Migration Richtung „Kerneuropa" sollte hier entweder aufgehalten oder schlicht „entschleunigt" werden (Panagiotis/Tsianos 2007: 82). Das Land fungierte weniger als eine „Mauer" der „Festung Europa", sondern wurde vielmehr zu einer Art „Schweizer Käse" (Tsianos 2007). Die Vergabe von kurzfristigen Visa, Registrierungen der Grenzübertritte sowie „Abschiebungen" (vgl. Bojadžijev 2007) bildeten und bilden eine zentrale politische Strategie; die „Transitmigranten" werden so zwischen den europäischen Staaten hin und her „geschoben" (vgl. Bojadžijev 2007: 93).

„Das Regieren über Migrationsbewegungen bedeutet, ihre Dynamik in Zeit-Zonen abgestufter Mobilität zu lenken, so dass aus unregierbaren Strömen regierbare Mobilitätssubjekte gemacht werden. Zeit ist Mobilität. Das ‚humanitäre Dilemma' des europäischen Grenzregimes, das darin besteht, die an bestimmte asylrechtliche Bedingungen gebundene Unterscheidung zwischen einer sanktionierten, grenzüberschreitenden Arbeitsmigration und der Schutzgewährleistung vor Flucht zu institutionalisieren, generiert Heterotopien der Souveränität, in denen aus kriminalisierten Arbeitskräften Flüchtlingsbiographien neu ‚subjektiviert' werden"[248]

---

247	Dies hat damit zu tun, dass in den EU-Staaten traditionell unterschiedliche politische bzw. gesetzliche Zugänge zum Thema Migration bestehen (Baldwin-Edwards 2005). So konnten und mussten sich die neuen EU-Staaten hier keiner einheitlichen Vorgabe beugen.

248	Panagiotis / Tsianos 2007: 83. „In dieser Hinsicht besteht die produktive Funktion des Grenzregimes, wie zahlreiche Forschungen zur US-amerikanisch-mexikanischen Grenze (vgl. De Genova 2005) und auch zum südosteuropäischen Raum (vgl. Andrijasevic et al. 2005) zeigen, weniger in der Stilllegung der Migrationsbewegungen. Die effektive ‚Regierung' der Grenzporosität operiert vielmehr durch das Registrieren von Bewegungen (Dromokratie) und die ‚Disziplinierung' der MigrantInnen in den ‚lagerartigen' Stationen ihrer De-Subjektivierung als Arbeitssubjekte (Topokratie)". (ebd.).

Diese Form des Transnationalismus (vgl. Kapitel 2), bei dem insbesondere der dauerhafte Ort der Personen nicht definierbar ist, kann auch als multilokale Lebenswelt bezeichnet werden. Sie ist unabhängig davon, ob dies eine freiwillige, unfreiwillige, kulturell oder politisch bedingte Mobilität ist. Der Migrationspfad von chinesischen Migranten führt über Zwischenstationen in verschiedene europäische Städte. Migranten halten Kontakt zu anderen Städten, pendeln von Budapest nach Bukarest oder halten sich einige Jahre in Moskau auf, um schließlich in die USA auszuwandern.[249] Der Besitzer einiger Verkaufsstände auf einem der Märkte in Bukarest erzählte beispielsweise über sein „multilokales Migrantendasein", dass er nicht das ganze Jahr als selbständiger Geschäftsmann sein Unternehmen in Bukarest führe, sondern auch für mehrere Monate im Jahr in einem Restaurant in Österreich arbeite und dort die Vorteile einer Anstellung genieße. Die transnationale und globale Lebensweise wegen des wirtschaftlichen Erfolges bedeutet oft eine Aufteilung der individuellen Lebensbereiche. Dies veranschaulicht Pál Nyíri (1999).

„Keine Frage, dass die Chinesen in Osteuropa sowohl eine außerordentliche geographische Mobilität als auch ein hohes Maß an Bereitschaft zum sozialen Rollenwechsel an den Tag legen. Ich habe Leute interviewt, die als Händler in Ungarn begannen, erfolglos waren oder ihr Geld im Casino verspielten, nach Italien oder Deutschland gingen, um drei oder fünf Jahre lang in lederverarbeitenden Kleinbetrieben oder in Restaurants zu arbeiten, dann wieder nach Ungarn oder Rumänien zurückkehrten und jetzt überlegen, wie sie das dort verdiente Geld in den Aufbau eines eigenen Geschäftes investieren können. Andere, deren Antrag auf politisches Asyl in Deutschland abgelehnt wurde, entschieden sich für eine illegale Rückkehr nach Ungarn, weil sie hofften, dort leichter eine erneute Aufenthaltsgenehmigung zu bekommen. Andere, die Anfang der neunziger Jahre mit Handelsgeschäften in Russland begannen, zogen weiter nach Ungarn, kehrten aber zurück, als man dort 1992 begann, die Erteilung von Aufenthaltsgenehmigungen restriktiv zu handhaben."[250]

Der Lebensmittelpunkt der chinesischen Migranten liegt nicht in Rumänien, obwohl sie sich für den größten Teil des Jahres hier aufhalten. Diese Lebensform könnte als eine „imaginierte" und „transnationale" beschrieben werden. Die transnationale Verbindung zwischen den Chinesen in Rumänien und der VR China zeigt sich durch das Einwandern selbst, d.h. durch die formelle und informelle Organisation von Migration zwischen China und Rumänien; durch das dadurch entstandene Netzwerk, mithilfe dessen weitere Migranten nach-

---

249  Bspw. haben mir chinesische Verkäufer in Bukarest von ihren Verwandten in Dakar erzählt Auch in der senegalesischen Hauptstadt sind Straßenmärkte von chinesischen Verkäufern und Chinesenware überfüllt (vgl. Jean-Christophe Servant in Le Monde Diplomatique 2007: 49). Telefonisch und via Email tauschen sie sich u.a. über die Lebensqualität und die Gewinnchancen aus, welche sie an die 1990er Jahre in Bukarest erinnern.
250  Nyíri 1999: 4

kommen; durch den ökonomischen Link, d.h. den Transport der Ware aus China, die in Rumänien verkauft wird; die dadurch entstandenen Geschäftsbeziehungen und den Personenverkehr über See, wenn chinesische Verkäufer ihre Ware aus China importieren; den Geldfluss infolge von Überweisungen an die Familien in die Heimat[251]. Die „Heimatverbundenheit", welche sich durch das Pendeln zwischen den Ländern und das Aufrechterhalten der Verbindungen durch Telefon und Briefverkehr ergibt, ist die soziale Komponente dieser Verbindung. Vor allem aber ist es die Familienteilung, welche die Verbindung zwischen Herkunfts- und Zielland aufrechterhält. Die Kinder leben oft bei den Großeltern in der VR China, während die Eltern in Rumänien arbeiten. Es kommt auch oft vor, dass die Frau mit den Kindern in China lebt und dort bspw. die Warenproduktion organisiert, während der Mann die Geschäfte des Importhandels in Rumänien abwickelt. Beispielsweise hielt sich 1995 bis 2007 in Bukarest ein Ehepaar auf, welches ursprünglich aus dem Norden Chinas gekommen war. Im Jahr 2006 entschloss sich das Paar, ein Transportunternehmen zu gründen. So kehrte die Ehefrau zurück, jedoch nicht in ihre Heimat, sondern in eine der Küstenprovinzen im Süden Chinas. Von diesem Standort aus organisiert sie die Transporte nach Europa. Der Ehemann lebt in Bukarest und kümmert sich um die Ankunft der Ware:

> „Meine Familie, meine Frau und meine Kinder sind die meiste Zeit in China und ich fahre fast jeden Monat nachhause. Ich glaube es ist besser für eine Familie, zusammenzubleiben. Aber ich bin hier länger als zehn Jahre und ich muss überlegen, bleibe ich oder gehe ich? Also ich denke, wenn das Geschäft in China gut genug ist, dann gehe ich zurück nach China."[252]

Diese Lebensformen wurden von Bukarester Chinesen oftmals erwähnt, und zwar nicht etwa als selbstverständliche Momente ihres transnationalen Lebens, sondern vielmehr als Probleme ihrer gegenwärtigen Situation dargestellt. Nicht zuletzt sind die Investitionen im Heimatort, der Aufbau des Dorfes und die damit verbunden Statusgewinne im Zusammenhang mit Verwandtschaft und Dorfgemeinschaft wesentlich für eine solche „transnationale Lebenswelt". Dass der „langfristige Lebensmittelpunkt der Migranten im Heimatort" verbleibt, ist

---

251  Die Gründung von unzähligen Vereinen und Wirtschaftsunionen, welche als formale Netzwerke gelten könnten, stellten sich bei genauerer Betrachtung als nicht existierende oder „Einpersonenvereine" heraus. Viele „Vereinsobmänner" wählten diese Funktion lediglich für ihre Visitenkarte oder um Erleichterungen bei der Einreise nach China zu bekommen (vgl. Chinesische Zeitung in Bukarest Methodischer Anhang).

252  Herr Wen Xuan (48)

„verbunden mit Hausbau und Investitionen, letztlich die alleinige soziale Absicherung" für chinesische Emigranten.[253]

Das Aufrechterhalten der transnationalen Verbindung wird maßgeblich von der rumänischen Politik mitbestimmt, welche den Migranten – bis auf die wenigen Großunternehmer – weiterhin schwierige Lebensbedingungen bereitet.

Seit 2003 ändert sich die Lage der chinesischen Bevölkerung in Bukarest in zunehmendem Maße, was ich bei jedem weiteren Feldaufenthalt feststellen konnte. Im Oktober 2003 wurde auf dem Markt die erste Shopping Mall, ein moderner Glaspalast mit China-Stores, der nun einen Teil des alten Marktareals einnimmt, eröffnet. Dieses Geschäftsunternehmen ist ein Gemeinschaftsprojekt von drei Unternehmern, welche unterschiedliche Anteile erhielten. Laut Interviewangaben gehörten ca. 50% einem der oben genannten rumänischen Unternehmer. Die andere Hälfte wird laut unterschiedlicher Angaben zwischen einem Araber (unbekannte Herkunft) und einem Chinesen geteilt.[254] Die Ausstattung sowie der Name der Mall (bzw. das Corporate Design) blieb „chinesisch". So wird der gesamte neue Markt „Roter Drache" genannt. Dies sollte jedoch nur den Beginn eines geplanten Bauvorhabens für ein groß angelegtes China-Trade-Center darstellen, das bis 2007 errichtet und sich nach den Modellen moderner China-Trade Centers in Madrid, Rom oder Paris orientieren sollte. Auch tätigen Chinesen neue Großinvestitionen in anderen Bereichen außer dem Textilimport. Dazu gehören Investitionen in der rumänischen Telekommunikation[255] und in der Holz- und Bauindustrie. Zwar expandieren die Märkte in zunehmendem Maße, jedoch bleiben diese in der Hand von wenigen Geschäftsleuten. Zugleich verändert sich zunehmend die Gesetzeslage. So müssen chinesische Unternehmer neue Nischen suchen, um im Konkurrenzkampf überleben zu können. Parallel zu diesen ökonomischen Entwicklungen veränderte sich die lokale bzw. nationale Politik Rumäniens, was konkrete Auswirkungen auf die chinesische Bevölkerung in Bukarest bedeutete.

Bei den Parlamentswahlen 2004 wurde die regierende Sozialistische Partei durch eine Koalition konservativer und liberaler Parteien abgelöst. Zur selben Zeit wurde eine massive Antikorruptionskampagne in Rumänien gestartet. Zeitungsberichten zufolge wurde auch der ehemalige Ministerpräsident der Korruption verdächtigt und es wurde ihm ein Gerichtsverfahren gemacht. Ihm wurde u.a. vorgeworfen, in seinem Appartement, welches durchsucht wurde, chine-

---

253  Giese 2000: 306
254  Zeitungsberichte schreiben hinsichtlich der Anteile an der Firma von einer bekannten Politikerin (welche sowohl die Partei als auch die Position wechselte) und ebenso von einer Anteilhaberschaft zweier bekannter (und verurteilter) Geschäftsmänner (-brüder).
255  Siehe dazu die genannte Medienberichterstattung in Kapitel 3.3.3

sische Produkte im Wert von 100.000 US Dollar zu besitzen (Iancu 2005/
Vintilescu 2006).

Immer wieder wird das Gerücht geschürt, dass die alten Marktstände abge-
rissen werden. Da die Besitzverhältnisse auf diesen Märkten weitestgehend un-
geklärt sind, wurden sie in den Jahren 2005 und 2006 in einigen Prozessen ausgehandelt, wobei die Stadtverwaltung, die Besitzer bzw. Verwalter des Bodens
sowie diese untereinander[256] um ihre Rechte bzw. Besitzansprüche kämpften.

Weil ein soziales Zentrum für die Community fehlt und die lokalen Behörden lange den Bau einer Chinatown nicht genehmigten, haben diese alten Märkte in ihrer „gewachsenen Struktur"[257] eine besondere Bedeutung. Sie haben wesentlich mehr Funktionen als die Bereitstellung von Verkaufsständen für Textil-
Händler. So stellen sie zentrale Orte der Immigranten dar. Dazu gehört Kommunikation, Informationsaustausch, sie dienen als kultureller Treffpunkt, es
werden Festivitäten veranstaltet und anderes mehr. Diese Märkte bilden eine
Form des „Marktplatzes" für die chinesische Community. Zum Teil sind sie nun
aber im Abriss befindlich und zum Teil davon bedroht. Ein planerischer Eingriff
von Seiten der Großunternehmen, welche dort das alte Areal zerstören und neue
Wohn- und Shoppingkomplexe bauen (wollen), bedroht daher die Kleinhändler
nicht nur hinsichtlich ihres Unternehmens bzw. finanziell, sondern auch in einem großen Ausmaß ihre Sozialstruktur.

In Bukarest drehen sich die Berichte in den Medien seit 2005 vermehrt um
die Gründung einer Chinatown. Nahe den Märkten gelegen und durch eine eigene Zugangsstraße separiert, sollte in den letzten Jahren ein neues Wohn- und

---

256  Der ehemalige Bodyguard des Generals war bspw. mit der Tochter des Generals verheiratet
     und ist mittlerweile von dieser geschieden. Beide prozessieren seit einigen Jahren um Teile
     des Marktes.
257  Der bekannteste und älteste wird „Piaţa Europa" genannt und wurde nach der Revolution er-
     öffnet (1993). Seit 1995 existiert der zweite Markt, der „Piaţa Niro" genannt wird. Beide Teile
     werden von einer Geschäftsleitung verwaltet. Sie waren bis vor kurzem durch Schranken von-
     einander getrennt und abgegrenzt. Besonders der bekannte Piaţa Europa wies am Eingang
     Schranken auf, in die ‚5000 Lei Münzen' eingeworfen werden mussten um Zutritt zu erhalten.
     Das Gedränge, das sich ohnehin schon in den engen Gässchen der Märkte bildete, wurde
     durch diese Schranken noch verstärkt und zu einem Charakteristikum für diesen Markt. Heute
     sind alle Märkte frei zugänglich, weisen aber einen unterschiedlichen Standard auf. So ist der
     Europa-Markt weniger ausgebaut und gesichert als der Niro-Markt. Der Piaţa Niro wird von
     Security-Personal sehr gut bewacht und von Reinigungspersonal sauber gehalten. Die Frauen,
     welche dort mit eigener Arbeitskleidung und gutem Lohn arbeiten, sind nach ihren Aussagen
     sehr zufrieden mit den Arbeitsbedingungen. Im hinteren Teil dieses Marktes wurde im Okto-
     ber 2003 eine moderne Shopping-Mall mit dem Namen ‚Dragonul Roşu' (Roter Drache) er-
     öffnet. Die Mall besteht aus einem modernen Glasbau, gegliedert nach Verkaufsabteilungen,
     die von (selbständigen) Kleinunternehmern gemietet werden können.

Handelszentrum entstehen. Das 100 Millionen US Dollar teure Projekt sollte auf einem 80 Hektar großen Grundstück realisiert werden. Einer der rumänischen Unternehmer sollte die Finanzierung aufbringen, welche ihm durch Kredite bei westeuropäischen Banken möglich ist.[258] Hier sollten nicht nur Malls, sondern auch Büros, Appartements, Restaurants und ein Service-Center entstehen. Eine solche Anlage wird auch wissenschaftlich als eine Chinatown definiert, "in which its members concentrate functions of ethnic community within a relatively confined area that combines residence, work and services" (Christiansen 2003: 78; Benton/Gomez 2001). Das Bauprojekt war bereits seit 15 Jahren der Plan einiger chinesischer Geschäftsleute. Es hatte sich bis 2004 nicht durchsetzen lassen. Der Großteil der chinesischen Bevölkerung in Bukarest lebt mittlerweile jedoch in einer Stadtregion nahe dieser Märkte, in Colentina, aber auch in Neubauvierteln. Sie teilen sich ihre Lebenswelt bzw. ihren Alltag in ihrer Wohnumgebung mit rumänischen Nachbarn, grillen im Sommer gemeinsam im Garten oder beschweren sich, wenn die Lautstärke beim Karaoke für die Nachbarn im Wohnblock nicht mehr akzeptabel ist.[259] Diese „integrierten" Immigranten sind an solch einer Konstruktion einer chinesischen Stadt weniger interessiert als die Unternehmer, welche die Arbeitsplätze und den Wohnort ihrer Arbeiter verbinden könnten. Die Gründer dieser Stadt planten, dass die chinesischen Arbeiter bei ihren Arbeitgebern auch gleich ihr Appartement mieten oder kaufen. Im Jahr 2006 ist das Ergebnis zu sehen: Auf diesem Marktareal stehen acht große Shopping-Malls, modern ausgestattet und mit chinesischen Stilelementen, wie vor allem mit großen, roten Lampions. Zwei Wohnblöcke wurden bisher lediglich bis zur Hälfte aufgebaut. Es kann davon ausgegangen werden, dass dieses Vorhaben ein rein ökonomisches Projekt war und weniger im Sinne der chinesischen Bukarester selbst. So sagen die im Stadtzentrum lebenden Chinesen: „Glauben Sie, es interessiert mich, jetzt da raus zu ziehen und plötzlich nur mit Chinesen zusammenzuleben? Nein, ich fühle mich hier wohl!"[260]

Ebenfalls im Jahr 2006 werden erstmals auch außerhalb von Bukarest Chinesinnen als Vertragsarbeiterinnen in einer Fabrik angestellt. Die Textilfabrik in Bacau rekrutierte ca. 300 Chinesinnen als Textilarbeiterinnen. Die Idee dafür entstand ursprünglich bei einem Italiener (in Italien) und seinem chinesischen Geschäftspartner. Beide suchten sich in Rumänien einen neuen Standort, wo die

---

258  Es handelt sich um ehemalige rumänische Banken, die privatisiert und von italienischen, österreichischen und deutschen Käufern übernommen wurden.
259  In einer Studie über „Intoleranz, Diskriminierung und Autoritarismus in der öffentlichen Meinung" in Rumänien (IPP/Gallup 2003) ist das Maß an „Toleranz" gegenüber Chinesen relativ hoch im Vergleich zu anderen Minderheitengruppen.
260  Herr Wen Xuan (48)

Produktion mit billigeren Arbeitskräften möglich ist und aufgrund der Auswanderungen von Rumänen nach Italien und Spanien ein Arbeitskräftemangel besteht.

Im August 2006 wurde in Bukarest ein Streik von Seiten jener chinesischen Kleinhändler ausgerufen, welche bereits Stände auf diesem Open-Air-Areal gekauft hatten. Grund dafür bot ihnen der Verwalter bzw. Unternehmer des Areals, der diese Stände im Jahr 2007 abreißen möchte, mit der Begründung, sie entsprächen nicht dem EU-Standard. Dieser Unternehmer bietet den Händlern zugleich an, dass sie die (von ihm vermieteten) Verkaufszellen in der neuen Shopping Mall beziehen könnten. Die Besitzer verlieren ihr teuer erkauftes und erarbeitetes Hab und Gut, müssen umziehen und nochmals einen neuen Verkaufsstand erwerben. Chinesen dürfen/müssen in den neuen Malls Stände teuer mieten ohne vertragliche Gewähr, dass die Miete konstant bleibt. Jüngste Berichte über den Aufstand der Chinesen in Prato (Italien) verdeutlichen das neue Auftreten Chinas in der Weltpolitik. Demonstrationen von chinesischen Migranten galten bisher für ungewöhnlich in europäischen Staaten. Die Bilder zeigen unzufriedene Händler in Italien, welche mit chinesischen Flaggen demonstrieren.[261]

Mit dieser Rekonstruktion des Eingliederungsprozesses chinesischer Migranten nach Osteuropa und nach Bukarest versuchte ich sowohl die Entstehungslogik als auch die Verlaufsdynamik dieser Fallgeschichte nachzuzeichnen. Dabei wurden jeweils mehrere Dimensionen relevant, wozu die Erfahrungen der Migranten ebenso wie ökonomische Grundprinzipien internationalen Handels oder lokale Arbeitsmarktstrukturen zu zählen sind. Diese wurden jeweils auf unterschiedlichen Ebenen, den Erzählungen der Migranten, den lokalen Strukturen und globalen Prozessen konkret. Zusammengefasst werden diese durch eine Kontrastierung mit den Diskursen im nächsten Kapitel.

---

261  Vgl. Die Zeit Nr. 49, 29.11.2007

# 5 Strukturen und Deutungsmuster der neuen Immigration in Osteuropa und der chinesischen Community in Bukarest

## 5.1 Kontrastierung und Verknüpfung von Diskursen, sozialen Strukturen und Erfahrungen der Migranten

In diesem Kapitel werden die aus den Fallrekonstruktionen generierten Strukturen theoretisch verdichtet und verallgemeinert. Methodologisch habe ich, wie im zweiten Kapitel beschrieben, die diskursive Ordnung dieses Falles einerseits (Kapitel 3) und die Ebene der erlebten Geschichte der Migranten andererseits (Kapitel 4) rekonstruiert. Diese beiden Ebenen werden im Folgenden kontrastiert, woraus Differenzen und Verknüpfungen resultieren. Die Strukturen des Falles, welche hier genauer erläutert werden, resultieren aus dieser Kontrastierung und den Thesen darüber, wie sich die beiden genannten Ebenen aufeinander beziehen. Ich erläutere, wie sich die funktionale Bedeutung zueinander darstellt bzw. wie die eine Ebene (die Diskurse) die erlebte Geschichte der Migranten ordnet. Mit Strukturen meine ich jene „Regeln der Differenzen"[262], welche sich aus der Kontrastierung beider Ebenen miteinander ergeben. Das Konzept des Deutungsmusters diente als Instrument, um die Verknüpfungen zu suchen und nachzuvollziehen. Mit Deutungsmuster ist also im Folgenden die Verknüpfung der unterschiedlichen Relevanzen von Diskursen einerseits und Ereignisgeschichtlichem sowie den Erfahrungen der Migranten andererseits gemeint (siehe dazu Kapitel 2).

Wie bereits in der Einleitung (Kapitel 1) angekündigt und im zweiten Kapitel ausgeführt, stellt die Arbeit eine Form dichter Beschreibungen dar. Die Präsentation von Feldforschungsergebnissen ist daher in die Deskription und Deutung bereits eingeflossen. Mit dieser Gliederung des Kapitels in die durchgängigen bzw. signifikanten Strukturen und Deutungsmuster, die sich durch die Fallgeschichte ziehen, handelt es sich *nicht* um eine analytische Aufteilung in Themen, bei welcher die Geschichte zerstückelt oder thematisch gewichtet wird.

---

262  Vgl. hierzu zum Vorgang der Kontrastierung in Fallrekonstruktionen in Rosenthal 2005: 194

Vielmehr bleibt auch hier die „story line", soweit dies darstellerisch möglich war, erhalten und wird prozesshaft nachgezeichnet. Die theoretischen Anknüpfungsmomente, welche sich auf die Fallstrukturen beziehen, führe ich eher detaillierter aus, während die konkrete Fallgeschichte hier eher zusammenfassend dargestellt ist.

In den weiteren vier Abschnitten dieses Kapitels werden die Fallstrukturen theoretisch erläutert.[263] Im ersten Abschnitt geht es um die spezifischen Prozesse der chinesischen Migration nach Osteuropa, nämlich um Formen des sozialen Wandels, durch welche diese Migration entstand, in welche sie eingebettet war und wie sie (bzw. der Fall) sich selbst veränderte. Hier werden Prozesse des Wandels und Transformationen auf unterschiedlichen Ebenen am Fall der Post-1989-Migration von China nach Rumänien diskutiert. Der zweite Abschnitt bezieht sich auf die „Verortung" des Falles einerseits und seiner Transnationalität andererseits, d.h. auf das Spannungsverhältnis „lokal-global". Im dritten Abschnitt möchte ich die These erläutern, dass Informalisierung auf unterschiedlichen Ebenen des Falles als Deutungsmuster erfasst werden kann. Im vierten und letzten Teil werden die kulturalistischen Bilder und Deutungsmuster über chinesische Migranten diskutiert.

## 5.2   Prozesse des Wandels

### 5.2.1 Das „Timing" des Falles

Für die Genese der chinesischen Community in Bukarest sind die politischen und ökonomischen Entwicklungen in der VR China seit 1978 relevant. Dazu gehört die Einführung kapitalistischer Formen in die Politik der VR China, die Arbeitsmarktpolitik und das daraus resultierende, ausgeprägte Migrationsgeschehen innerhalb des Landes, das politisch geplante und durchgesetzte Export- und Emigrationsprogramm sowie die zeitgleichen sozialen Verschärfungen und Missstände in der chinesischen Gesellschaft. Dass diese Veränderungen, d.h. die allgemeine „Mobilisierung" der Bevölkerung und die neue chinesische Emigration, eine bewusste politische Strategie war, zeigt sich im offiziellen chinesischen Diskurs insofern, als die Emigranten, welche einst (unter dem Mao-Regime) als Landesverräter galten, nun zu Patrioten werden (vgl. Kapitel 5.5).

---

263   Zur theoretischen Verallgemeinerung siehe u.a. Bude 2002

Für den Fall ist besonders die zeitgleich einsetzende so genannte „postkommu-
nistische Systemtransformation" in Osteuropa relevant, die den real existieren-
den Sozialismus und – konkreter in diesem Fall – die rumänische Diktatur unter
Ceauşescu durch eine politische Transformationsphase ablöste, welche zu Demokratien und Marktwirtschaften führen sollte. Nach der Öffnung der osteuropäischen Länder entstanden neue Pfade für die internationale Migration aus
dem Osten. Die Migrationsrouten sowie die Eingliederungswege in den Zielländern sind sehr unterschiedlicher Natur (vgl. Rath 2002). Russland (als Staat mit
der längsten gemeinsamen Grenze mit der VR China und einem traditionellen,
florierenden Grenzhandel bzw. einer Pendelmigration) sowie die Ukraine, Polen
und Tschechien auf der nördlichen Route und die Türkei, Bulgarien, Serbien
und Kroatien auf der südlichen Route spielten eine Rolle. Teilweise waren politische Entscheidungen die auslösenden Faktoren, wie vor allem die Aufhebung
der Visumspflicht für Chinesen in Ungarn, wodurch Ungarn zu einem der ersten
Haupteinwanderungsländer für Chinesen in Osteuropa wurde. Auch andere osteuropäische Städte wurden durch unterschiedlichste Entscheidungen bzw. Situationen politischer und ökonomischer Natur zu „docking points" für neue chinesische Immigranten in Osteuropa, von denen aus sich eine „transnationale Streu-
migration" in alle osteuropäischen Länder ergab. Rumänien als einer der betroffenen Staaten bildete im weiteren Verlauf eine besondere „Anlegestelle", da
sich Constanţa, eine der größten Seehafenstädte am Schwarzen Meer und nur
gut 200 Kilometer von Bukarest entfernt, als strategisch besonders günstig für
den Schiffs(container)handel erwies. In dem vormals diktatorisch regierten Rumänien fanden nun politische, soziale und ökonomische Veränderungen statt,
welche neue Möglichkeitsstrukturen – auch für Migranten – boten. In einer politischen Umbruchszeit im Herkunfts- als auch im Zielland entsteht der Beginn
der chinesischen Einwanderung in Bukarest. Die gesellschaftliche Atmosphäre
in der VR China in diesen Jahren (Anfang der 1990er) war durch politische Re-
pression einerseits und ökonomische Reformierung andererseits geprägt. Im
globalen Kontext sind die beiden parallelen Prozesse in Asien und in (Ost)-
Europa in zwei zentrale Momente der 1980er Jahre eingebettet:

The 1980's can be summed up in a few code words. The first was the 'debt crisis', which
brought down not only most of Latin America (not to speak of Africa) but also east/central Europe. The debt crisis revealed the degree to which the economic realities of east/central Europe
were not essentially different from those of the Third World. The second was the 'flying geese'
of East Asia-Japan's amazing economic romp through the world-economy, followed by and

dragging along first the four dragons (South Korea, Taiwan, Hong Kong, and Singapore), and eventually southeast Asia and mainland China as well (...).[264]

Die „neue chinesische Migration" ist daher die Konkretion des Wandels von Politik und Markt in der VR China einerseits und des zu diesem Zeitpunkt einsetzenden Wandels von Politik und Markt in der neuen Republik Rumänien andererseits. Zugleich steht sie im Kontext von ökonomischen Krisen weltweit, mit Ausnahme der asiatischen Länder.

Es handelt sich um ein spezifisches "Fall-Timing" von zwei Transformationsprozessen, eingebettet in den Wandel der europäischen Politik und in die globalen Veränderungen („Globalisierung").

### 5.2.2 Unbemerkte Immigration im Zuge von Transformationen

Für die osteuropäische Transformation werden fünf relevante „Teilordnungen"[265] genannt, deren Transformation das „alte System" der sozialistischen Planwirtschaft (alte Grundordnung) durch eine neue kapitalistische Wettbewerbswirtschaft (neue Grundordnung) ablösen sollte. Dazu gehören die Liberalisierung der (internen und externen) Märkte, die Stabilisierung (der Geldordnung), die Privatisierung, die Bildung von Institutionen (rechtliche, staatliche und soziale Sicherung) sowie ein allgemeiner Strukturwandel, welcher weniger ein Grundelement als eher den Prozess der Veränderung (politische Umsetzung) meint. Für die chinesische Transformation, welche von der osteuropäischen unterschieden wird, ist nicht die Zusammensetzung von mehreren Teilordnungsveränderungen zu einer Grundordnungsveränderung das Spezifische, sondern es wird hier die „Interdependenz der Ordnungen bzw. die Frage, inwieweit eine Teilordnung wie die Wirtschaftsordnung erfolgreich transformiert werden kann,

---

264  Wallerstein 1999 (online). Neben diesen beiden Momenten zählt Wallerstein zu zentralen Prozessen der 1980er die Wirtschaftsrezession der USA (Schulden v. a. bei Japan), welche Konsequenz der Rüstungsausgaben war sowie die Verausgabung durch „junk bonds" (Spekulation mit bonitätsschwachen Wertpapieren). Zusammengefasst war also die schlechte wirtschaftliche Verfassung bzw. der Abschwung in allen Ländern, außer in Asien, charakteristisch für die 1980er Jahre der Weltökonomie.

265  Transformationen sind ihrer Definition nach solche gesellschaftlichen Wandlungsprozesse (vgl. Wagener 1996), bei welchen das System von einem zum anderen Paradigma übergeht. Es muss also eine Grundordnung verändert werden (integrale alte Ordnung zur neuen Ordnung). Diese Grundordnung setzt sich aus verschiedenen Teilordnungen zusammen: Staatssystem, Währungssystem, Gesundheitssystem, Rentensystem usw., wobei die Quantität der Teilordnungen in die Qualität der Transformation umschlagen kann (ebd. 1996).

ohne dass gleichzeitig das politische System revolutioniert wird" (Wagener
1996: 3) theoretisch diskutiert. Diese jeweiligen Transformationsprozesse zeigen bei allen Unterschieden als gemeinsames Strukturelement eine Entwicklung
in Richtung der Grundordnung einer kapitalistischen Wettbewerbswirtschaft
(vom „Plan zum Markt"). Herkunfts- und Zielkontext stimmen somit in ihrem
historischen Kontext in dieser Hinsicht überein.[266]
    Die Frage, warum die erst im Beginn begriffene Transformation für Chine-
sen eine Möglichkeit der Eingliederung bot, erklärt sich darin, dass es sich bei
der osteuropäischen Transformation in keiner Weise um eine lineare Modernisierung handelt (vgl. Altvater/Mahnkopf 1997 und 2002). Vor allem in den ersten Jahren dieses Wandlungsprozesses (Anfang der 1990er Jahre) bedurfte es
noch vieler gesetzlicher Maßnahmen, um das geänderte Staats- und Wirtschafts-
system neu zu regeln. Gesetze zur Regelung von Handel und Auslandskapital
waren lückenhaft und instabil. Die genannten Teilordnungssysteme waren also
noch „unter Konstruktion". Eine stabilisierte Geldpolitik, Privatisierung der Sta-
atseigentümer sowie Bildung der dafür nötigen Institutionen waren noch nicht
umgesetzt. Die osteuropäischen Länder galten auf dem Weltmarkt zu dieser Zeit
(noch) als wenig attraktiv für ausländische Investoren, dies insbesondere aus
westeuropäischer Sicht. Es fehlten ihnen dafür – so zumindest die westeuropäische Wahrnehmung – Wettbewerbsfähigkeit, Technologien und Qualifikatio-
nen, Dienstleistungsnetzwerke und materielle Infrastruktur. (Vgl. Altva-
ter/Mahnkopf 1997).

„Der Übergang vom Plan zum Markt erfordert also über die wirtschaftlichen Änderungen hinaus auch Anpassungen in anderen gesellschaftlichen Bereichen. Diese sind umso schwieriger,
als die Zeiten der Transformation in einzelnen gesellschaftlichen Bereichen höchst verschieden
sind. Dadurch entstehen Reibungen, welche die Herausbildung eines kohärenten Entwick-

---

266  Nicht nur das theoretische Vorgehen, eine „analoge Reihe von konstitutiven Elementen" ne-
     beneinander zu setzen, welche dann gemeinsam die „Transformation" ergeben, ist metho-
     dologisch problematisch. Solche Analysen bleiben auch immer abhängig von der Sichtweise
     des Analytikers (und nicht zuletzt von seiner politischen Positionierung, also auch, ob dieser
     Veränderungen als Transformationen definiert und ob diese ihm zufolge „gelungen" oder
     „nicht gelungen" sind). Ein Problem bleibt auch die ohne Empirie ungelöst bleibende Frage,
     inwiefern es sich um Transformationen als „bewusste Akte" der politischen Institutionen han-
     delt, welche „von oben" geplant und durchgeführt wurden, oder ob die Transformationen ohne
     einen „Gestaltungswillen" durch „relative Absichtslosigkeit" der Gesellschaftsmitglieder „von
     unten" erfolgen. Aus konstruktivistischer Perspektive ist kein Wandel als ein von nur wenigen
     Menschen (Autoritäten) geplanter und durchgesetzter Akt denkbar, sondern „a result of human
     action but not the result of human design" (Hutchison 1988: 333 zitiert in Wagener 1996: 2).
     Dem ist hier hinzuzufügen, dass diese „human actions" nicht nur konkrete Handlungen sind,
     welche den Wandel leiten, sondern auch Diskurse darüber bestimmen, was sich wandelt und
     was nicht (bzw. welcher Wandel gesehen wird und welcher nicht).

lungsmodells erschweren und entgegen dem Bestreben nach Beschleunigung von Anpassungs-
prozessen diese sogar verlangsamen."[267]

Das, was westeuropäische Unternehmen als „präkapitalistisches" Stadium ansa-
hen, in welchem es zu „riskant" war, zu investieren oder zu handeln, weil die
Unternehmen bestimmte Stabilitätskriterien vermissten, war für China offen-
sichtlich schon stabil „genug", um dort zu investieren. Gerade in dieser Zeit haben chinesische Migranten – oder die diese Migration forcierende chinesische
Regierung – den Standort Osteuropa gewählt, weil dort Investitionen „möglich",
informell („unbürokratisch") und mit geringen Kosten verbunden waren.

Die Gründung von ausländischen Unternehmen lief für Migranten in Rumänien Anfang der 1990er Jahre sehr einfach und unbürokratisch ab. Ebenso wurden in diesen Jahren großzügig und über informelle Wege Visa für ausländische
Investoren („immigrant entrepreneurs") genehmigt. Die informelle Immigrationspolitik und informelle Wirtschaftsstruktur des Kleinhandels und der Märkte
(siehe These zur Informalisierung Kap. 5.3) waren zu Beginn der 1990er Jahre
die spezifischen „opportunity structures" für Migranten – und zugleich der Hinderungsgrund für westliche Unternehmer (ausländische Investoren aus dem
Westen). Bei der kollektiven Umgestaltung des Systems waren die Immigranten
also selbst aktive Teilnehmer der „ersten Stunde". Sie haben somit auch gegenüber den nachkommenden Immigranten aus China sowie Investoren aus anderen
Ländern einen „zeitlichen Vorsprung".

Diese Immigration verlief jedoch unbemerkt und lässt sich mit dem zu dieser
Zeit noch „schwachen" postsozialistischen Transformationsstaat und der
Informalität der Immigration und des Kleinhandels (sowie mit anderen Merkmalen; siehe Kap. 5.4) erklären. Die neue Einwanderung in Osteuropa fand
nicht nur in Europa allgemein, sondern auch in der rumänischen Öffentlichkeit
unbemerkt statt: "This migration occurred underground, silent, without any
notice from public and authorities" (Lăzăroiu 2004: 10). Die Struktur des Falles
zeichnet sich also dadurch aus, dass die genannten tiefgreifenden Änderungen
und der rapide Wandel, in welche die Immigration eingebettet war, „nicht sichtbar" war. In dieser Phase des Übergangs passierte vieles nicht offiziell, unbemerkt, im Schatten – so auch die Immigration. Vor diesem Hintergrund ist die
diskursive Dethematisierung dieser dynamischen Prozesse zu verstehen. Auch
kann hier die These aufgestellt werden, dass diese Diskrepanz zwischen rapi-
dem Wandel und stillem Diskurs mit der Tatsache zu tun hat, dass Diskurse im

---

267  Altvater / Mahnkopf 1996: 81

Vergleich zu soziohistorischen Prozessen oft träge sind und mit diesem Wandel gleichsam nicht „mitkommen".

Diese genannte „heimliche Migration" steht also im Kontext des Wandels einerseits und des rumänischen Gesamtdiskurses andererseits. Letzterer wird charakterisiert durch Formen der Dethematisierung von Immigration und von chinesischen Händlern, welche in Bukarest leben. Chinesische Migration in Rumänien wurde zum Zeitpunkt der Erhebungen zu der vorliegenden Studie kaum thematisiert und war ein völlig unerforschtes, sogar gemiedenes Thema. Es stellte sich im Forschungsprozess heraus, dass es sich um verschiedene Formen von Wissenslücken, latenten Thematisierungen, Verschleierungen, bis hin zu bewussten „Ablenkungen" vom Thema im politisch-öffentlichen, medialen und wissenschaftlichen Diskurs in Rumänien handelte. Vor allem die Aktualität anderer Themenschwerpunkte des europäischen Diskurses, die als offiziell deklarierte und legitimierte Probleme galten, waren in der Öffentlichkeit die „zu besprechenden Themen". Solche dominanten und als öffentliche Probleme anerkannten Themen in Bezug auf die Migration waren vor allem die Auswanderungswelle aus Rumänien und die Pendelmigration in westeuropäische Länder. Neben diesen war es ausschließlich die europäische oder internationale Perspektive auf Rumänien (Außenperspektive), welche die Problemstellungen bestimmten. Dazu gehören Diskurse wie die „Transitwanderung" und „illegale Migration" bzw. internationaler „Menschenschmuggel" und „Menschenhandel". Diese Perspektive hängt mit der dominanten Rolle der westeuropäischen Länder, der EU-Politik und der Veränderungen in Westeuropa zusammen.

### 5.2.3 Europäische Migrationspolitik und Forschungsdefizit als Verstärker der Unsichtbarkeit des Falles

Westeuropa war durch die Veränderungen bezogen auf Migration in und nach Europa ebenfalls neuen gesellschaftlichen Brüchen ausgesetzt. So werden die 1980er und 1990er Jahre als „crisis of migration policy" in Europa beschrieben (vgl. Bommes 2007). Während in den Jahren davor, in den 1950er bis 1980er Jahren, Migration eher positiv konnotiert war und im Kontext der Hochblüte der Wohlfahrtsstaaten Europas stand, hatte sich das Blatt in den Folgejahren gewendet. Migration „funktionierte nicht mehr", was auch mit der Krise der Wohlfahrtsstaaten verbunden werden kann (Bommes 2007). Die EU-Osterweiterung hatte in zweierlei Hinsicht eine wesentliche Funktion für die „Reparatur der westlichen Staaten" (vgl. Bommes 2007). Erstens bedeutet sie – verbunden mit der Ost-West-Migration von rumänischen Emigranten – eine „Art Legalisierung für Migranten aus Osteuropa" (vgl. Bommes 2007), welche bis dahin noch keinen Zugang zu westeuropäischen Ländern hatten. Zweitens schuf sie eine Art „Pufferzone" für die „Festung Europa", um die neuen Migrationsrouten aus dem Osten abzublocken.

Die rumänische Transformation war schon seit 1995 von den Vorbereitungen auf die EU-Osterweiterung begleitet. Der rumänische Staat war also zunehmend damit beschäftigt, die von außen (vom „Westen") aufgetragenen Aufgaben zu erfüllen, die ihm schließlich im Jahr 2007 zum EU-Beitritt verhalfen. In den EU-Ländern wurde beginnend in den 1980er Jahren ein einheitliches, europäisches „Immigrationsregime" aufgebaut, das sich auch deutlich auf die Migrationspolitik der osteuropäischen Staaten auswirken sollte. Dies führte auch in Rumänien als neuer europäischer Grenzregion zu einer geänderten Ausgrenzungspolitik (gesetzlich vor allem im Bereich Asyl und Grenzsicherheit durchgesetzt), noch bevor der Staat selbst eine eigene Immigrationspolitik entwickelt hatte. Die westeuropäische Diskursdominanz bewirkt und steuert also den osteuropäischen Dethematisierungsdiskurs, welcher sich fügt, da der eine Diskurs dem anderen funktional dazu dient, die neue Immigration in Osteuropa auszublenden. Diese Macht der Einführung, Definition und Schwerpunktlegung von Migrationsthemen von Seiten europäischer und internationaler Diskurseliten wird im wissenschaftlichen Diskurs nur teilweise ausdifferenziert. Viele der von internationalen Organisationen eingeführten Begriffe, wie etwa „Transitmigration", werden auch von Seiten der Wissenschaft unkritisch reproduziert. „Im Transit zu sein" war, so die These, eine diskursive „Verfrachtung" der Migranten in die „Unsichtbarkeit".

Auch die wissenschaftliche Dethematisierung und Schwerpunktlegung auf andere Themen verdecken somit die erlebte Migrationsgeschichte der chinesischen Community. Schließlich hatten diese Transformationen einerseits und die Dethematisierung andererseits auch für die Forschung über chinesische Migration besondere Bedeutung: Migration seit 1989 von Asien nach Osteuropa war während der letzten Dekade kaum Gegenstand der europäischen Forschung, sodass es nur wenige theoretische und empirische Studien dazu gab/gibt. Dieser wissenschaftlichen Lücke steht jedoch die Tatsache gegenüber, dass die neue chinesische Wanderungswelle nach Osteuropa zu einem der wichtigsten aktuellen Migrationsströme Europas gehört: "In this new Chinese emigration, Europe has witnessed some of the fastest growth rates of its ethnic Chinese population." (Pieke 2004, S. 1). Wenn sie in rumänischer Literatur überhaupt erwähnt werden, dann deshalb, weil ein Forschungsdefizit im Bereich der Immigration in den letzten zwölf Jahren beklagt wird (vgl. Heller 2002, Lăzăroiu 2004).

Dieses Bild der Unterrepräsentanz des Themas kann für die Gegenwart nicht mehr eindeutig verzeichnet werden. Vor dem Hintergrund historisch-gesellschaftlicher Veränderungen wurde chinesische Migration nicht nur in Europa insgesamt dominanter, sondern auch in Rumänien im Laufe der letzten Jahre langsam sichtbar bzw. präsent. Der Fall steht also im Kontext von Veränderungen, welche auf seine eigene Sichtbarkeit und Bedeutung zurückwirkten. Dies zeigt sich im wissenschaftlichen Diskurs durch vermehrte Publikationen über chinesische Migration (Spaan et al. 2005; Pieke 2004; Nyíri/Savaliev 2002; Benton/Pieke 2000).

Auf diesen Wandlungsprozess der veränderten Bilder über chinesische Migranten wird in Kapitel 5.5. näher eingegangen. Festzuhalten bleibt zunächst, dass der Verheimlichungs- und Dethematisierungdiskurs in funktionaler Bedeutung zum Prozess der Transformation steht und umgekehrt. Auf der Ebene des Falles ist weiter zu fragen, welche Strukturen des Falles diese Prozesse in Gang setzen, vorantreiben oder bremsen (wie die genannten Transformationen), welche traditionellen und persistenten Strukturen und welche neuen Handlungsmuster oder daraus entstandenen Deutungsmuster sich finden lassen.

## 5.3 Die „Verortung" und die „Transnationalität" des Falles

Der Fall steht nicht nur im Kontext gesellschaftlicher Brüche bzw. Transformationen, sondern auch im Kontext daraus folgender veränderter Sichtweisen in den Sozialwissenschaften. Vor allem ist das Transnationalismuskonzept (vgl. Kap. 2) zu nennen, das in der Forschung die Reaktion auf „voranschreitende Denationalisierungstendenzen in der Globalisierung/Europäisierung darstellt." (Vgl. Eigmüller/Vobruba 2006). Zum anderen ist es die Transformationsforschung Osteuropas, durch welche die Sozialwissenschaften ihr Defizit erkannten, vor allem weil die osteuropäische Wende in der Forschung nicht prognostiziert wurde (vgl. Schimank et. al. 1995; Matthiesen 1998).[268] Weil das Denken in Nationen und das Denken in territorialen Grenzen (das „Container-Verständnis der Gesellschaft", vgl. Beck 1997), also die „politische Strukturierungs- und soziale Ordnungsfunktion ihre Selbstverständlichkeit verlieren und sie selbst in Bewegung geraten", wurde der gesellschaftliche Wandel in beiden Fällen, der „Transformation Europas" und der „Globalisierung" zum Beobachtungsgegenstand und zum Auslöser eines Perspektivenwechsels in den Sozialwissenschaften. Während in der Transnationalismusforschung eine „Ablösung" des sozialen Raums vom geographischen Raum stattzufinden scheint, ist das Milieukonzept

---

268 Mit ihr ging die Konjunktur des Milieu- und des Lebensstilkonzeptes einher. („Wiederkehr des Milieus in der Forschung" vgl. Hradil 1992 zitiert in Matthiesen 1998)

wieder stärker an den Raum(begriff) gebunden. (Matthiesen 1998) und fokussiert auf das „Kleinräumliche" und Lokale.[269] Dieser Gegensatz zeigt sich ebenso in den herausgebildeten Ansätzen der Migrationsforschung, einerseits internationale Migration „überstaatlich" zu betrachten oder andererseits mehr auf die lokale Einbettungssituation von Migranten zu blicken. Im Folgenden möchte ich diskutieren, inwiefern diese Sichtweisen diesem Fall entsprechen und die räumlichen Dimensionen oder Reichweiten die Lebenswelt (vgl. Schütz/Luckmann 2003) des Falles verdeutlichen.

### 5.3.1 Das Transnationale am Fall

Die wissenschaftlichen Diskurse spiegeln am Fall (dieser Arbeit) das Gegensatzpaar der globalen Verbreitung der chinesischen Migranten und ihre gleichzeitige lokale Anpassung („Glokalisierungsperspektive"). Während theoretische, methodologische Debatten innerhalb der Migrationsforschung geführt werden und sich Forschende meist für eine der beiden Perspektiven entscheiden, sind Migranten gefordert im Alltag und in situ „die Spannungen zwischen lokalen und globalen Kräften auszubalancieren" (Ong 2005: 147). Die Community ist durch heterogene Vernetzungen gekennzeichnet, welche sowohl transnational als auch lokal von Bedeutung sind. Fallkonstitutiv sind also das Spannungsverhältnis zwischen globaler Mobilität und lokaler Assimilation sowie die damit verbundenen Aspekte und weniger die als lediglich auf das Transnationale reduzierte Lebensweise der Migranten, welche es als solche (empirisch) nicht gibt. Welche strukturellen Merkmale sich diesbezüglich zeigen, möchte ich in einigen Punkten zusammenfassen.

Die anfangs beschriebene spezifische Grenzsituation zwischen China und Russland bestimmte die Migrationswelle von China nach Osteuropa in den 1990er Jahren maßgeblich mit. Auch die spezifische Auswanderungstradition der Auslandschinesen – bezogen auf weiter zurückliegende Traditionen (bis ins 16 Jhr.) und die Auswanderungspolitik seit Deng Xiaoping (1978) führten dazu, dass Transnationalität als „Aufrechterhaltung der Verbindungen der Auslandschinesen zum Heimatland" für die chinesische Migration besondere Bedeutung

---

269  Weil sich „beiderseits des Eisernen Vorhangs auffällige Persistenzen gewachsener Mentalitäten zeigen und sozialmoralische Milieus gerade unter dramatisch veränderten Rahmenbedingungen und Tempobeschleunigungen auffällig werden, wo sich also ganz augenfällig Phänomene der „kleinen Tradition" und der „langen Dauer" zu Milieus und Quasi-Milieus verdichtet haben" (Matthiesen 1998: 41 mit Verweis auf Alheit 1990).

hat. Ihre „Heimatverbundenheit" könnte als der transnationale Aspekt der Migration „im klassischen Sinne der Definition" (vgl. Pries 2003) bezeichnet werden. Darunter können das Pendeln, die Geldüberweisungen an die Familien in die Heimat und das Aufrechterhalten eines Netzwerkes zwischen China und seinen Auslandschinesen, das auch eine bestimmte Kontinuität aufweist, subsumiert werden. So besteht auch eine „direkte Verbindungslinie" zwischen China und Rumänien, entlang der sich das soziale Handeln von chinesischen Immigranten abspielt. Dieses äußert sich durch das Einwandern selbst, d.h. durch die formelle und informelle Organisation von Migration zwischen China und Rumänien (vgl. 5.4), entstandene Netzwerke, durch welche weitere Migranten nachkommen, und nicht zuletzt durch den ökonomischen Link, den Transport der Ware aus China, die in Rumänien verkauft wird, die dadurch entstandenen Geschäftsbeziehungen und durch den Personenverkehr über See, wenn chinesische Verkäufer ihre Ware aus China holen oder ihre Familie in China besuchen.

In diesem Zusammenhang ist nicht nur die Verbindung zwischen Herkunfts- und Zielland, zwischen „Hier und Dort" zu nennen. Die „demographische Ausbreitung" chinesischer Bevölkerungsgruppen über mehrere Nationen hinweg, d.h. die Migration von China nach Osteuropa und ihr Migrationspfad, welcher über Zwischenstationen in verschiedene europäische Städte führt, sind fallkonstitutiv. Migranten halten Kontakt zu anderen Städten, pendeln von Budapest nach Bukarest oder stationieren sich einige Jahre in Moskau, um schließlich in die USA auszuwandern.

Schließlich ist die hohe Mobilität der chinesischen Händler als ein Lebensstil falltypisch. Zu dieser – welche nicht in eine freiwillige, unfreiwillige, kulturell bedingte oder politisch bedingte Mobilität zergliedert werden soll – gehören Beispiele der unterschiedlichen Varianten von mobiler Lebensweise: internationaler Handel, temporäre Stationierung, Aufteilung der Lebensbereiche (bspw. des Unternehmens und der Privatwohnung), Aufteilung der Familien oder saisonales Pendeln. Aus der Perspektive des Lebensweltansatzes von Schütz-/Luckmann (2003) könnte man formulieren: Diese Migrationsprozesse spielen sich in Lebenswelten ab, in welchen das Relevanzsystem der Migranten ein „multilokales" oder teils nicht eindeutig verortbares ist, da „mehrere Orte zur selben Zeit" für Migranten Relevanz haben können.

Seit den 1980er Jahren werden jedoch Grenzen in dem Maße überschritten (herausgefordert), in dem sie aufgebaut werden. Dies brachte keine Auflösung, wie es in der Transnationalismusdebatte teils scheinen mag, sondern einen verstärkten Ausbau des Grenzregimes in Europa (und der „westlichen Welt allgemein": „The rise of massive state apparatuses controlling population movements between states represents the most striking development." (Waldinger /Fitzgerald 2004: 1188).[270]

Die vielen Grenzüberschreitungen (in andere Länder, ins Heimatland, telefonisch, oder nur als Zukunftsvision wie etwa Wunsch der Weiterreise nach Kanada) implizierten Illegalisierungen (vgl. Kap 5.3) unterschiedlicher Art. Die chinesischen Migranten erleben die europäische Abschottungspolitik bei der Einwanderung und in weiterer Folge der Eingliederung (ständige Gefahr der „Ausweisung", „Abschiebung", oder „Weiterschiebung" in andere Staaten).

Trotz der „transnationalen Lebenswelt" überqueren also die meisten der in Bukarest lebenden Migranten nur selten die Grenzen, meist tun sie dies anlässlich des chinesischen Frühlingsfestes oder wenn sie neue Ware in China bestellten (laut Befragung tun dies Familienbetriebe bzw. Einzelhändler ein bis zwei Mal jährlich). Abgesehen davon, dass die Migranten sich das Reisen aus finanziellen Gründen nicht leisten können und ihre Verkaufsstände und Warenlager in Rumänien nicht unbeaufsichtigt lassen können, wird die grenzüberschreitende Lebensweise auch aufgrund des europäischen Grenzregimes, der „Festung Europa", also durch politische Determinanten, stark eingeschränkt. Nicht nur ihre transnationalen Verbindungen, sondern ihre durch neue Politiken bzw. durch Grenzregime „unterbrochenen Vernetzungen" sind daher für die alltägliche Lebenswelt der Migranten (und ihrer Partner, Familien, Verwandten usw. im Heimatland oder in anderen Ländern, wo diese „zur selben Zeit" arbeiten und leben) typisch. Dabei spielen die „imaginierten" Verbindungen eine große Rolle, d.h., die Vorstellung davon, wo der Lebensmittelpunkt der Migranten ist (emotionale Bindung zur Ehefrau, den Kindern und dem Haus in der Heimat), sowie die stärkere Kommunikation durch Informationstechnologien. Für die Familien bedeutet dies immer ambivalente Situationen in unterschiedlichen Varianten. Die Spannung zwischen lokaler Assimilation (oder des Einlebens und Eingewöhnens in die Bukarester Gesellschaft) einerseits und der Verbindung zur Familie (des „Heimwehs") andererseits sowie alle weiteren Konsequenzen, die damit verbunden sein können, wurden in den Interviews auf unterschiedliche (individuell-biographisch) geprägte Weise vermittelt.

Transnationales Leben ist weiter strukturell determiniert und lässt sich daher nicht als „kulturelle Lebensform" alleine definieren (bzw. darauf reduzieren). Ob die Menschen die Grenzen überschreiten, ist also nicht (nur) von ihrem Wunsch, sondern auch maßgeblich von der Notwendigkeit der Bedingungen erklärbar bzw. bestimmt. Transnationalismus steht in diesem Fall im Kontext der

---

270 Die beiden Autoren nehmen hier Bezug auf Hannah Arendt [1951/1996: The Age of Totalitarianism. New York: Harcourt

sozialstrukturellen Bedingungen des Einbettungskontextes – konkret: der ersten „wilden" Jahre der Transformation. Im Unterschied zur „Goldgräberstimmung" (Diskurs) Anfang der 1990er Jahre wurden die Gesetze, die den Aufenthalt von ausländischen Unternehmern und deren Unternehmensführung betreffen, bis ins Jahr 2004 nach und nach verschärft. Dies steht in Zusammenhang mit der Konsolidierungsphase der europäischen Migrationspolitik (in den Jahren 2003-2004; vgl. Georgi 2007). Dementsprechend migrieren viele der Chinesen wieder in ihr Herkunftsland zurück, wenn ihnen dies möglich ist, oder zumindest verringert sich die Anzahl der Migranten bzw. Grenzüberschreitungen.

Ein weiterer Aspekt, welcher für die „Transnationalität" der chinesischen Migration betont werden muss, ist die nationale Patronage der VR China über ihre Auslandschinesen. Der chinesische Transnationalismus ist politisch forciert, um die „Harmonie zwischen unterschiedlichen chinesischen Communities in Europa zu verstärken" [271] und darüber Kontrolle zu üben („Patronage"). Die Communitybildung ist also auch ein Kontrollmechanismus der Heimatnation über ihre „Auslandsmitbürger". In denselben ist die Zusammengehörigkeit oft eher dadurch gekennzeichnet, dass sie zum Regime der Heimatnation opponieren. Ebenso ist die „Verbundenheit" mit dem Heimatland eine notwendige oder zumindest vorteilhafte für viele Migranten. Transnationalität ist daher auch zu einem großen Teil staatlich forciert und strategisch erwünscht. Diese Verbindungen über Distanzen sind – wie in Kapitel 2 erwähnt – eng an Vernetzungsformen und die Netzwerktheorie in der Migrationsforschung geknüpft. Ebenfalls die (kritische) Betrachtung in Kapitel zwei aufgreifend, möchte ich hier zusammenfassen, welche Formen der Vernetzung aus der Empirie relevant wurden und inwiefern auch diese mit Diskursen verknüpft sind, sowie auch, inwieweit hier imaginäre oder reale (und soziale) Räume relevant sind.

### 5.3.2 „Netzwerkfailure"[272] und Migrationsdiskurs

Kontrastiert mit dem Diskurs über Migrantennetzwerke lässt sich sagen, dass die Heterogenität der Vernetzungsformen den Kategorisierungen im politischen aber auch wissenschaftlichen Diskurs entgegensteht. In der (europäischen) Forschung und von öffentlich-politischer Seite wird ihnen eine soziale Struktur einer entweder „kriminellen Organisation" oder aber „verwandtschaftlicher Loya-

---

271  Christiansen 2003: 54. Zum politischen Konzept der „Harmonie" siehe auch Le Monde Diplomatique 2007
272  "Network Failure" in Chinese Migration lautet der Titel eines Vortrages von of Xiang Biao (vgl. Xiang 2004).

lität" unterstellt. Damit wird die Komplexität der sozialen Wirklichkeit von Migration verfehlt.

> "Analyzing documents from investigating authorities in Germany, one gets the impression that immigration and employment only involve triad-like criminal organizations, but conversations with the migrants themselves reveal a different situation. Migration and employment take place in the context of a multiplex network of social relations that includes contractual arrangements with hardened criminals and corrupt officials as much as social ties with family, kin and friends. The boundaries between benevolence and profiteering, mutual assistance and exploitation, and chain migration and human trafficking are fluid and often indistinct; it is only rarely possible to tease them apart."[273]

Gegen diese Reduktion wurde von Kritikern die These aufgestellt, dass Netzwerke undurchschaubar, unstrukturiert und dynamisch sind: „The real problem may lay in something exactly the opposite, namely the lack of the penetration of migration process by migrants` personal networks.[274] Die Reduktion auf simple und universalisierte soziale Muster geht daher am Wesen solcher Netze vorbei. Vielmehr sind gerade die Intransparenz und Verflechtung mit anderen Gesellschaftsgruppen charakteristische Merkmale dieser (Spaan et al. 2005, Christiansen 2003; Nyíri/Savaliev 2002). Dies trifft auch auf die chinesische Migration nach Rumänien zu und zeigt sich auch konstitutiv für den Fall:

Einzelne Migranten, vornehmlich aus den Städten Peking und Shanghai, darunter auch viele Frauen, waren die ersten, welche 1990 und 1991 nach Bukarest kamen und vermutlich mit hohen ökonomischen und sozialen Risiken rechneten. Sie wussten zunächst nicht sehr viel von ihrem neuen Ankunftsort und konnten sich noch nicht auf ein Migrationsnetzwerk stützen. Dieses wurde vielmehr von ihnen in den Folgejahren aufgebaut. Die Analyse zeigt, dass sich Migranten jedoch nicht innerhalb eines organisierten Netzwerkes bewegen, sondern die Vernetzung der chinesischen Migration komplexer, heterogener Art ist. Zunächst hat dies mit der unterschiedlichen Herkunft der Migranten zu tun, welche aus mindestens elf Provinzen über vielfältige Migrationswege nach Rumänien gelangten. Auch trafen Migrantengruppen aus traditionellen Auswanderungsprovinzen in Bukarest auf autonom wandernde, junge Unternehmer, darunter auch viele Frauen. In dieser Analyse wurde daher auf unterschiedliche Vernetzungsformen hingewiesen, welche für die Migration und Eingliederung der Migranten hilfreich als auch behindernd sein können. Solche Vernetzungen sind etwa Wirtschaftsunionen, religiöse Gemeinschaften, verwandtschaftliche Ver-

---

273  Giese 1999: 211
274  Zitiert aus dem genannten Abstract: Xiang 2004

netzung (u.a. auch Familienbetriebe) oder Vernetzung durch die gemeinsame Herkunft und Dorfgemeinschaft. Schließlich gehören hierzu auch Vernetzungen mit bzw. in der Einwanderungsgesellschaft mit anderen Bevölkerungsgruppen, wie vor allem mit anderen Immigrantengruppen aus der Türkei und aus arabischen Ländern sowie Roma-Händler-Gruppen.

Zu den eher behindernden oder „herrschenden" Netzwerken, von welchen Migranten und Verkäufer am Markt abhängig sind oder abhängig gemacht werden, gehören gewalttätige, mafiotisch-strukturierte „Gangs" sowohl aus der VR China als auch „lokale Gangs". Hier kann von einer Verflechtung von chinesischen mit rumänischen informellen Netzwerken gesprochen werden, welche die Lebenswelt der Migranten mitbestimmen und einerseits an ihrer Prekärisierung beteiligt sind, andererseits den Grund für ihren schlechten Ruf und ihre diskursive Ausgrenzung in der Stadt darstellen. Charakteristisch ist, dass Institutionen, Organisationen und formale Kommunikationsstrukturen weitgehend fehlen d.h., dass Strukturen, welche soziale Funktionen erfüllen, sozial dezentriert oder lose sind, was in Zusammenhang mit der Vereinnahmung der Immigranten und ihres Marktes durch Gangs in Wechselwirkung steht.

Auch familiale Zusammenhänge oder Bekanntschaften aufgrund derselben Herkunft, wie der Kreis der „chinesischen Oberschicht" in Bukarest, welcher aus Unternehmern (oder bspw. auch durch Heirat) in einer Form sozial aufgestiegener Immigranten besteht, sind hier als fallrelevant identifiziert worden. Ebenso bestehen Wirtschaftskooperationen zwischen rumänischen und chinesischen Unternehmern. Die Sozialstruktur der Community ist dieser These folgend heterogen aufgebaut. Ein Migrant der ersten Jahre in Bukarest muss sich – folgt man dieser Annahme – in dieser Unübersichtlichkeit zurechtfinden und mit Informationen, die er zufällig gehört hat, umgehen können, um in die vorerst unklaren bzw. komplexen sozialen Vernetzungen Eingang zu finden. Hier werden zwar Netzwerke relevant, welche den Neuankömmlingen zu Dokumenten verhelfen, diese sind aber weniger charakteristisch für die gesamte Community. Sie stellen vielmehr einzelne Interessen dar (bspw. Schleuserorganisation) und bestehen aus wenigen Personen. Eine weitere Annahme über die Strukturen der Community ist jene, dass sich Kommunikation weitgehend unbemerkbar abspielt, d.h., Zusammenkünfte, bei welchen sich Immigranten austauschen, von ihnen verborgen gehalten werden, um sich einer staatlichen Kontrolle (sowohl der rumänischen als auch der chinesischen) ein Stück weit zu entziehen. Sowohl die staatlichen Restriktionen und die Bedrohung der Immigranten durch rumänische Vollzugsbeamte als auch die Tatsache, dass die Forscherin schwer Zugang zur Community gefunden hat bzw. Räume, Aufenthaltsorte und Treffpunkte der Immigranten schwer zu finden waren, legen die Annahme nahe, dass sich Immigranten informelle „Rückzugsräume" gesucht haben. Dazu zähle ich private

Zusammenkünfte an den Sonntagen bei Chinesen, die ein Appartement oder ein Haus im Stadtzentrum besitzen, ebenso wie „Festivitäten", welche auf diesen Märkten, (bzw. auf einem Marktareal) unter Ausschluss der Öffentlichkeit und an einem eher unerwarteten Ort stattfinden. In diesem Zusammenhang ist auch von Bedeutung, dass die chinesische Zeitung, eines der wenigen institutionalisierten Kommunikationsforen, in welchen Informationen öffentlich ausgetauscht werden können, ein vom chinesischen Staat bzw. seinen Vertretern kontrolliertes Medium darstellt. Da sie der Kontrolle und Zensur unterliegt, werden vermutlich manche Informationen nicht oder nur verschlüsselt weitergegeben. Kommunikation läuft daher weitgehend „informell" ab (siehe dazu Informalisierungsthese Kap. 5.4).

### 5.3.3 Soziale Räume chinesischer Immigration

Im Gegensatz zu den hier bereits genannten Vernetzungsformen auf unterschiedlichen (räumlichen) Ebenen wird Migration (und damit die Beforschten) diskursiv globalisiert und somit ihrer lokalen Präsenz in einem realen Raum enthoben (siehe oben). Diese damit verbundene Wandlung der Wahrnehmung (sogar des Weltbildes), auch als „Entortung" (Virilio 2004) bezeichnet, verschleiert jedoch die relative Positionierung der Immigranten in ihren jeweiligen (multiplen) Aufenthaltsorten. Aus sozialkonstruktivistischer Sicht gibt es in einer hierarchisierten Gesellschaft keinen Raum, der nicht hierarchisiert ist (vgl. Bourdieu 1991). Der diskursiven Entortung der Immigranten standen daher die „räumliche Suchbewegung", die „Kontaktanbahnungen mit Einheimischen"[275] und die ethnographische Frage danach, „where the action is"[276], gegenüber.

Die „Heimlichkeit" und „Unsichtbarkeit" des Immigrationsprozesses (siehe oben) finden ihre Entsprechung in der Verortung, erstens im „Untergrund" und zweitens an der „Peripherie": Beides bezieht sich auf lokale und globale Ebenen: Auf lokaler bzw. nationaler Ebene ist der Eingliederungsprozess durch ein „going underground" charakterisiert. Er hat eine räumliche Dimension und bezieht sich zugleich auf die soziale Verortung. Räumlichen Ausdruck findet dieser Prozess auf den „Märkten", auf welchem die Migranten arbeiten und verkaufen. Dieses Areal fungiert auch als sozialer Treffpunkt oder „Marktplatz". Die Märkte liegen an der Peripherie von Bukarest, erreichbar von der Endstation ei-

---

275  Zitiert aus Scheffer, 2007, Online: http://www.dgv-tagung2007.de/workshop-25/thomas-scheffer-multi-temporale-ethnographie_/index.html
276  Zitiert nach dem gleichnamigen Titel Goffman 1969

ner Straßenbahnlinie. Wenn man zu dieser „Piaţa Europa" fährt, sagt man iro-
nisch, „lass uns nach Europa gehen", womit im Alltagsdiskurs für die Benennung der Ungleichheit zwischen Zentrum und Peripherie ein treffendes Beispiel
gefunden wurde. Während dieser Markt tatsächlich (räumlich) am Stadtrand
liegt, ist für Bukarest weiter charakteristisch, dass Armut und soziale Peripherie
auch im Zentrum der Stadt zu finden ist bzw. eng beieinander liegen. Der in
Rumänien (und mittlerweile auch darüber hinaus bspw. durch Populärmusik)
bekannte, aus der türkischen Sprache stammende Begriff *"mahala"* ver-
sinnbildlicht dieses alltägliche Deutungsmuster, der „sozialen Ränder", welche
abgewertet werden und zugleich attraktiv sind.

Die Straßenmärkte am Stadtrand von Bukarest waren einerseits in der Stadt
und auch in allen Nachbarländern bekannt und Anziehungspunkt von Käufern.
Andererseits bildete sich ein rassistischer Diskurs heraus, welcher bis heute in
der Stadtbevölkerung mit diesen Märkten verbunden ist. Entsprechend der billi-
gen Ware und den provisorischen Verkaufsbuden, in welchen die Verkäufer ohne jegliche Standards, Hygienebereiche sowie Feuerschutz usw. bei jeder Witte-
rung arbeiteten, wurde nicht nur das Areal selbst, sondern wurden die Menschen, welche dort arbeiten (*„Chinesen, Araber und Zigeuner"*) als *„unterentwickelt, schmutzig, aggressiv"* usw. abgewertet. Zu diesem Bild fügt sich
(„passend") der Diskurs in den Medien. Dieser sowie die darin enthaltene ab-
wertende Sichtweise auf chinesische Migranten, wurden durch die Medien also
maßgeblich mitgebildet, in der chinesische Einwanderung als „Überfall" charakterisiert wird. So würden Chinesen mit einem „wilden Kapitalismus" und
„Kriminalität (Mafia)" gleichermaßen das Land bedrohen.

Während in den ersten Jahren der Transformation die Stadt Bukarest für chinesische Pioniere einen Boden für erfolgreiche Geschäfte darstellte, haben sich
die China-Märkte, welche zwischen 1992 und 1995 in Bukarest entstanden waren, aufgrund von Korruption im Bereich der Einwanderungsbehörden und der
Polizei einerseits sowie der Dominanz von einigen gewalttätigen „Netzwerken"
andererseits in ein Konfliktfeld verwandelt. Ab 1994 mehrten sich Medienberichte über „*Kriminalfälle"*, die von *„chinesischen Triaden"*, *„kriminellen Netzwerken"* aus China, auf diesen Märkten und vor allem an Chinesen verübt worden wären.

Die Deutung von Räumen als schmutzig sowie das Untergrund-Dasein sind
Formen der Kriminalisierung und zumindest Problematisierung der Migration
auf lokaler und auch globaler Ebene. Die globale Illegalisierung von Migration
ist auf diese Weise an lokale Kriminalisierung geknüpft (vgl. Kap. 5.4).

Dieser mediale Bedrohungsdiskurs über Einwanderer in den rumänischen
Medien und das Leben in der „Mahala" von Bukarest stehen in einem starken

Kontrast zum bereits genannten positiven Diskurs der chinesischen Emigranten in ihrem Herkunftskontext.

Auf europäischer Ebene ist die Immigration in Osteuropa als Peripherie (räumlich) charakterisiert bzw. „verortet".[277] Im Zuge der EU-Osterweiterung wurde der Grenzaufbau der zukünftigen EU-Außengrenze die Hauptaufgabe des Staates Rumänien. Rumänien und Osteuropa stellten eine „Zone" dar, welche diese Randzone und ihre Aufgabe diskursiv verdeutlicht: „Borderland of Europe" (vgl. Boia 2001) und „B-Zone" (für „becoming" und für „zweitrangig" gleichermaßen stehend[278]). Als östliche Zone der Festung Europa dienend, wird Rumänien (und Osteuropa allgemein) jedoch weniger als „Mauer" denn vielmehr als eine Entschleunigungsmasse beschrieben, die „löchrig wie ein Schweizerkäse"[279] sei. Zugleich oder entsprechend dieses Bildes wird Osteuropa aus einer globalen Perspektive betrachtet und im wissenschaftlichen Diskurs als strategischer Standort, als „Epizentrum" (Smith 1994) und als „Drehscheibe" für die „transnationale organisierte Kriminalität" und den Menschenschmuggel beurteilt. Der Migration aus Asien wird allgemein und der chinesischen Auswanderung im Besonderen eine maßgebliche Rolle zugeteilt. Hier wird wiederum die Deutung des Raumes als ein „Untergrund", als kriminell und für die „schmutzigen Geschäfte" der Globalisierung reaktiviert (vgl. Altvater-/Mahnkopf 2002). Die lokale, die europäische und auch die globale Verortung „am Rande" und „im Untergrund" und zugleich im „Zentrum des Verbrechens" sind mit der These der Informalisierung und Illegalisierung von Migration (siehe unten) verbunden. In dieser wird auf allen Ebenen (global bis lokal) das Leben der Migranten im Schatten, Untergrund bzw. „Schmutz", auf unterschiedliche Weise aufgegriffen. Dieses Deutungsmuster bekommt also auf den jeweiligen Maßstabsebenen (lokal-glokal-global; vgl. Heller 2004) ihre entsprechende, „konkrete Ausprägung".

Diese realen und auch diskursiven „Randzonen" sind die Konkretion von sozialer Ungleichheit (vgl. Kreckel 2004). Die Bedeutungsdimensionen „Unsicherheit und Risiko", welche den Immigranten und ihren Räumen innewohnt, steht ebenso für eine strukturelle soziale Ungleichheit. Sozialräumlich konkretisiert sich dies wiederum durch spezifische Räume, welche von Migranten aufgesucht werden, wie etwa Kasinos und das dort herrschende Handlungsmuster des „Glücksspiels" sowie die gültigen Normen der Zugangsregelungen, welche

---

277  Siehe dazu: Neunhöffer/Schüttpelz 2002 sowie Holman 2002
278  KW Institute for Contemporary Art (Anselm Franke): B-Zone. Becoming Europe and Beyond. Berlin 2006
279  Vgl. Transit Migration Forschungsgruppe 2007

auf kulturell-symbolischer Ebene die Geschlossenheit als auch Unsicherheit der chinesischen Migranten verdeutlichen. Der Zusammenhang von Raum und seiner Konnotation bedeutet schließlich auch, dass Immigranten Milieus „wechseln" müssen. Das Wechseln von Rollen und Durchschreiten von Räumen und Milieus macht sie zu „sozialen Grenzgängern". Nicht nur in der rumänischen Transformationsgesellschaft, sondern auch in der globalen kapitalistischen Wettbewerbswirtschaft wird dies in Form von „Flexibilität" gefordert, worauf ich im letzten Kapitel zurückkommen werde (Kapitel 5.5).

## 5.4    Prozesse der Informalisierung der chinesischen Migration in Osteuropa

### 5.4.1 Informalität als Einbettungskontext und als Deutungsmuster

Informalisierung ist, wie in der Rekonstruktion der Diskurse und der Fallgeschichte gezeigt wurde, in mehrerlei Hinsicht bzw. auf unterschiedlichen (zeitlichen und räumlichen) Ebenen fallkonstitutiv. Hier sind Prozesse gemeint, die sich auf das Deutungsmuster „Informalität" beziehen. Bevor ich auf die Aspekte der Informalisierung eingehe, möchte ich noch darauf hinweisen, dass es keine gemeinsame Definition von Informalität gibt. Für die unterschiedlichen Handlungsmuster, die damit verbunden werden, steht der kreative und verbildlichte Diskurs: „,shadow', ,illegal', ,parallel', ,hidden', ,gray', ,brown', ,unofficial', ,unrecorded', ,unreported' and ,informal' economy".[280] Dieser Diskurs spricht dafür, dass „darin mehr als eine einfache Kategorie zu sehen ist." (ebd.), zumal sich der Terminus Informalität später etabliert hatte, um diese Metaphern des Alltagsdiskurses wissenschaftlich zu fassen (vgl. ebd.). Die Tatsache, dass es sich hier um Deutungen von komplexen Sachverhalten handelt, aber auch, dass in gewisser Weise „alle" damit „umzugehen" wissen bzw. dass ein verbreitetes, kollektives und implizites Wissen um informelle Strukturen und informelles Handeln existiert, führt zur Defintion der Informalität als Deutungsmuster (vgl. Kapitel 2). Informelles Handeln folgt

> „(...)nicht einer ökonomisch-rationalen oder bürokratischen Logik, wohl aber kulturell präformierten Mustern, in die das formelle Entscheiden und Handeln eingebettet sind. Niemand hält sich stur an abstrakte Regeln, sondern „denkt mit", hat Erfahrungen und setzt diese in Fällen der Unsicherheit und Unklarheit ein."[281]

---

280   Leiter/Tedstrom 1997: 3 zitiert nach Heller/Nuss 1999
281   Altvater/Mahnkopf 2002: 279

Für die Thesen, welche im Folgenden für den Prozess der Informalisierung gebildet werden, ist auch zu betonen, dass gesellschaftliche Konstruktionsprozesse
gemeint sind (vgl. Kapitel 2), welche als informell bezeichnet oder interpretiert
werden. Diese beziehen sich einerseits auf politische und ökonomische Regulierungen, die nicht formal, sondern informell ablaufen oder sich zumindest diese
Regulierungen in ihrem Formalisierungsgrad verringern. Gemeint sind andererseits auch Formen von gesellschaftlichen Handlungsmustern, welche nicht Regulierungen, sondern Handlungen alltäglicher Lebenswelt sind. In Abgrenzung
der Informalisierung zum Begriff Informalität geht es hier nicht darum, zu zeigen, dass es Informalität an sich gibt, vielmehr soll die Betonung darauf liegen,
wie eine solche erstens durch Akteure konstruiert wird und zweitens, wann und
wie bestimmte Handlungen und Handlungsmuster von Akteuren als informell
eingestuft bzw. gedeutet werden. In diesem Sinne ist mit Informalität ein Sinn-
und Argumentationszusammenhang gemeint, der von unterschiedlichen Akteuren (kollektiven oder individuell, Gruppen oder Gesellschaften) unterschiedlich
gebraucht wird – und dies trotz gemeinsamer Deutung. Mit anderen Worten: Ich
gehe davon aus, dass „alle ungefähr wissen", worum es sich dabei handelt, und
je nach Kontext und Ebene der Handlung bestimmte Optionen an bestimmten
Stellen genutzt werden (vgl. dazu Kapitel 2.8). Informalisierung ist – wie auch
das Wort ausdrückt – nicht als Zustand, sondern als Prozess (des Deutens) zu
verstehen. In diesem Prozess werden bezogen auf bestimmte Phänomene in einem historischen und räumlichen Kontext bewertet und eingeordnet, akzeptiert
oder abgelehnt bzw. als angemessen oder problematisch betrachtet. Daher steht
Informalisierung als Prozess dem Deutungsmuster der Informalität gegenüber.
Informalisierung ist meiner These folgend der Konstruktionsprozess des Deutungsmusters Informalität.

Zusammenfassend kann zunächst gesagt werden, dass Informalisierung für
moderne Gesellschaften nach 1990 in Europa allgemein konstitutiv ist. Sie stellt
eine spezifische Dimension der Globalisierung (Globalisierung der Unsicherheit, vgl. Altvater/Mahnkopf 2002) dar und ist ebenso charakteristisch für die
internationale Migration bzw. die europäische Migrationspolitik der Gegenwart
(vgl. Georgi 2007). Auf nationaler (rumänischer) Ebene war Immigration hinsichtlich der politischen Entscheidungen (informelle Politik) und deren Administration (Registrierung und Visavergabe – „Korruption") informell. Informalisierung ist das Kennzeichen der ökonomischen Handlungsmuster am rumänischen Markt allgemein und für Immigranten und ihren Importhandel im Beson-

deren („Teufelskreis der Schmiergeldzahlungen"[282]). Auch die Verknüpfungs-
regel zwischen dem Dethematisierungsdiskurs und den tiefgreifenden System-
veränderungen (siehe Kapitel 5.1) kann durch den Informalisierungs-aspekt erklärt werden. Damit einhergehend ist Immigration symbolisch-diskursiv mit
Informalität verbunden. Schließlich lassen sich anhand der Struktur der Informalisierung nicht nur die Veränderung, sondern auch die Kontinuitäten und
„Persistenzen" der Transformation zeigen.

Die unterschiedlichen Aspekte der als Deutungsmuster definierten Informalisierung, welche in Kapitel 3 und 4 bereits angesprochen wurden, möchte
ich nun zusammenfassen und aufzeigen, wie Diskurse mit diesen Informa-
lisierungsprozessen verknüpft sind.

### 5.4.2 Die Ausprägungen von Illegalisierung und Kriminalisierung

Informalität ist an weitere Fallstrukturen (und deren Deutungen) einer zunehmenden Illegalisierung und Kriminalisierung von Migration in Osteuropa geknüpft. Gemeinsam stellen die drei Prozesse Informalisierung, Illegalisierung
und Kriminalisierung eine gegenwärtige Form bzw. Verstärkung einer spezifischen sozialen Ungleichheit dar. Diese Prozesse beziehen sich nicht allein auf
vermeintlich noch nicht kapitalistische Märkte oder bestimmte Stadien der
Staatsform. Ganz allgemein ist eine imaginäre Linie zwischen Legalität und Illegalität im internationalen Diskurs eine Unterscheidung von Menschen bzw.
eine Klassifizierungsvariante neuer sozialer Ungleichheit. Diese bewegen sich
niemals auf einer legalen oder illegalen Seite, sondern sie bewegen sich ständig
über diese Linie hinweg, ohne selbst beeinflussen zu können, auf welcher Seite
sie sich befinden.[283] Das bedeutet erstens, dass Illegalität jeden Menschen (be)-
treffen kann, in dem Moment, in dem er sich im Raum bewegt, sich auf der
Flucht befindet oder nach ökonomischem Überleben strebt. Das bedeutet zweitens aber auch, dass man sich auf beiden Seiten zugleich befinden kann. Drittens
bedeutet dies eine relative Unbeständigkeit des Zustandes. Denn die Illegalität
kann schnell eintreten und wieder verschwinden bspw. in jenem Moment, in
welchem von Behörden eine Visumsverlängerung abgelehnt oder genehmigt
wird.

---

282 Interview mit dem Transportunternehmer, Herrn Xiang Yong (41), 28. Feb. 2007
283 In dieser Hinsicht folgt das Prinzip der Illegalisierung demselben Prinzip wie die „Transnatio-
    nalisierung", mit welchem das „Quer über Grenzen", die Simultanität des Hier und Dort be-
    nennt werden könnte. Zu den Bedeutungen des Präfixes „Trans" siehe Ong 2005.

„Um die Situation zu kontrollieren, kriminalisiert die Politik etwas, was an sich noch keine kriminelle Handlung sein muss – und steigert damit erst den Anreiz für wirkliche Kriminelle, verbotene Aktivitäten zu betreiben."[284]

Diese Form der Illegalisierung kann in zweierlei Hinsicht als Herrschaftslegitimation (seitens der Staaten wie auch Staatenbünde) dienen. Einerseits wird die
zunehmende Kontrolle der Menschen, ihrer Bewegungen und Handlungen
durch Formen der Registrierung und Überwachung (dieser ständigen Bewegungen und Grenz- bzw. Gesetzesüberschreitungen) begründbar bzw. legitimierbar.
Zweitens ist der Umgang mit Illegalität in seiner Folge selbst nicht transparent.
Menschen, die sich *verstecken* müssen, können nicht für ihre Rechte eintreten.
Ihre Rechte können dann auch ungesehen von unterschiedlichen (herrschenden)
Akteuren beschnitten oder auch nur nicht beachtet werden. Die bürokratische
Registrierung und Überwachung von Migranten stellt in diesem Zusammenhang
eine spezifische Form der informellen Regulierung dar. Obwohl chinesische
Migranten zunächst durch einladende Gesetze sehr schnell ein Visum bekamen
und ein Unternehmen gründen konnten, wurde beides, der Aufenthalt als auch
das Unternehmen, je nach schnell wechselnden und nicht transparenten bzw.
nicht nachvollziehbaren Verordnungen kontrollierbar und regulierbar. Diese
Kontrolle läuft jedoch ebenso auf einer nicht transparenten, informellen Ebene
ab (Schattenpolitik; vgl. Altvater/Mahnkopf 2002). Die Immigration wird gefördert und sanktioniert von denselben rumänischen Behörden, welche davon
auf einer informellen Ebene (wie etwa durch Korruption) profitieren (Kombination von Schattenpolitik und Schattenwirtschaft).

    In diesem Zusammenhang wird auch die Veränderung der Bedeutung von
Grenze (und transnationaler Grenzüberschreitung) deutlich, welche nicht mehr
als eine reale, ein räumliches Territorium einschließende Linie darstellt, sondern
ebenfalls mit Überstaatlichkeit, Exterritorialisierung und weitläufigen Zonen
(flexiblen Grenzen) oder aber mit einem undefinierbaren „Irgendwo" beschrieben wird (vgl. Horn 2006). Die imaginäre Linie von Legalität und Illegalität
steht in Zusammenhang mit den in Kapitel 5.1 aufgestellten Thesen der „Verortung und Entortung" der Migration dieser Fallstudie. Nicht mehr an vielen Grenzlinien innerhalb der EU wird kontrolliert und überwacht, sondern überstaatliche Verbände riegeln insbesondere an ihren Rändern (in Osteuropa oder im Sü

---

den Spaniens) ab oder kontrollieren innerhalb dieser durch Verortung (Horn 2006: 246)[285]

### 5.4.3 Kontinuität und Transformation der Informalisierung

Zur These über Kontinuitäten und Transformationen von Informalisierung(sprozessen) kann gesagt werden, dass das „Verhältnis von Kontinuität und Wandel und das Verhältnis von politischer Intention und kollektiver Gestaltung" (Wagener 1996: 1) durch Informalisierungsprozesse gekennzeichnet ist. Konkret ist gemeint, dass sich spezifische staatliche Regulationen (welche als informell diskutiert werden) aus dem ehemaligen System (vor 1989) tradierten und die Kontinuität im rumänischen Transformationsstaat bilden. Informalisierung stellt eine Tradierung bzw. historische Kontinuität vor und nach 1990 dar. Fallkonstitutiv ist also, dass in der Transformation eine informelle Regulation (Heller/Nuss 1999) fortgesetzt wird.

Diese Informalisierungskontinuität betraf zweierlei: erstens die Substitutionswirtschaft und ihre Illegalisierung, welche bereits unter Ceauşescu eine Überlebensnotwendigkeit seitens der Bevölkerung und eine Herrschaftsstrategie seitens der Regierung bzw. politischen Macht war. Diese strukturelle Illegalisierung der Menschen, welche eine ständige Bedrohung durch den Staat darstellte und welche u.a. die Schattenwirtschaft belebte, wurde nach 1989 weitergeführt. Zweitens bezieht sich die Kontinuität von Informalität auf die Weiterführung der Politik einer bestimmten Elite (oder der „Nomenklatura"), bzw. von Clans, welche vor 1989 und auch in der Transformation besonders entscheidungsmächtig blieben. Die chinesischen Migranten müssen sich nun in diesem System dieser tradierten informellen Strukturen zurechtfinden. Manchen gelang dies teilweise so gut, dass sie sozialen Aufstieg und finanzielle Bereicherung ebenso wie ihre rumänischen Counterparts erreichten und zu den so genannten „Oligarchen" Rumäniens gehören. Chinesen fanden in den rumänischen Strukturen möglicherweise ein „bekanntes Terrain", auf dem sie auch deshalb erfolgreich waren, weil sie noch keine westliche Konkurrenz hatten, welche dort aus

---

285 Horn 2006: 246. Legalität oder Illegalität entscheidet sich nicht daran, was Menschen erfahren oder getan haben, sondern an politisierten Räumen und Wegen, bspw. der Verfolgung ihres Einreiseweges (bspw. durch die „Drittstaatenregelung" oder „Flughafenregelung"), oder durch Reaktionen auf diese Exterritorialisierung durch eine Lagerpolitik (und Residenzpflicht), totale Überwachung von Asylanträgern oder in abgeschwächter Form durch oftmalige Registrierungspflicht von Unternehmern. De facto entscheidet sich ihr Schicksal dann oftmals „auf einem Flughafen, in einem Wald, an einer Autobahn, vor einer Kneipe" (Horn 2006: 246).

Gründen der genannten Unsicherheitsfaktoren nicht operierte (vgl. Altvater/Mahnkopf 2002: 463).

Die Möglichkeit der sozialen Mobilität (gesellschaftlicher und ökonomischer Aufstieg) ist davon abhängig, wie viel man riskiert, d.h., die imaginäre Linie zwischen Illegalität und Legalität wird auch durch Risikohandlungen im Alltag konstruiert. Die instabilen Gesetzeslagen begünstigten dabei risikoreiche Geschäfte und – damit verbunden – auch die Möglichkeit eines steilen sozialen bzw. finanziellen Aufstiegs. Dies war in den ersten Jahren der Transformation für Immigranten ebenso wie für Rumänen möglich, wofür das Aufkommen des so genannten „Neureichen-Milieus" dieser Jahre steht. Auch waren diese erfolgreichen Rumänen und Chinesen möglicherweise aufgrund des eigenen Wissens „zur Kooperation mit den ‚Pfadfindern' aus der alten Nomenklatura (hvg. im Orig.) bereit" (Altvater/Mahnkopf 2002: 463), was ebenfalls eine Notwendigkeit für effektives Handeln in der Transformation darstellt.

Andererseits bedeutet diese Tradierung der Informalität für viele andere Migranten soziale Unsicherheit und Rechtlosigkeit, welche mit Illegalisierungsprozessen von Migration (global und lokal) sowie Kriminalisierung dieser verbunden ist. Der wirtschaftliche Erfolg der China-Märkte und einiger weniger Protagonisten stehen in starkem Kontrast zur rechtlich und sozial benachteiligten sowie unsicheren Lage der zahlreichen Verkäufer und Kleinunternehmer, die auf diesen Märkten arbeiten. Die oben genannte These, dass die Illegalität simultan mit Legalität laufen kann oder sich auf kleinere zeitliche Abschnitte beziehen kann, bedeutet, dass sozialer Abstieg und sozialer Aufstieg nahe beieinanderliegen. Der Nachteil bzw. die Benachteiligung ebenso wie der Erfolg liegt also in der Unsicherheit ihrer Lebenslage, die zu einem „Risiko- bzw. Glücksspiel" werden kann, begründet.

### 5.4.4 Informalisierung in Wirtschaftssektoren und Milieus

Chinesische Migranten sind am Arbeitsmarkt durch ihre Tätigkeiten als selbständige Händler in informelle Wirtschaftsformen eingebettet. Sie sind durch „informellen" Handel und eine noch nicht stabilisierte Geldpolitik (Steuer- und Zinspolitik, Inflationssteuerung etc.) gekennzeichnet. Damit wird auch die Wirtschaft in zwei Sektoren gegliedert, den formellen und den informellen, welche nach in westlich-kapitalistischen OECD-Ländern geltenden Maßstäben gemessen werden (vgl. Hopfmann 1997). Eine solche Sichtweise wird u. a. deshalb kritisiert, weil sie Grenzen zieht, die es empirisch nicht gibt, vielmehr ebenso durch eine imaginäre Linie durch Deutungen und Diskurse aufrechterhalten wird.

Diese sektorale Gliederung zwischen informeller und formeller Wirtschaft auf theoretischer Ebene (oder auch im Diskurs) hat zur Konsequenz, dass Handlungen auch dementsprechend gedeutet werden. So gibt es einerseits eine richtige bzw. „`eigentliche` Regulierung im formellen Bereich" und andererseits „eine parasitäre bzw. komplementäre Existenz"[286] des wirtschaftlichen Handels, womit die informelle gemeint ist. Informalität würde daher nicht einer zentralen Regulierung folgen, sondern lediglich Nischen besetzen, „in welche die dominante, mit der Formalität verbundene Regulierungsweise nicht hinreicht." (Ebd.). Dies hat zur Konsequenz, dass

> „die in den Transformationsländern (…) unverkennbare Tendenz zur Informalisierung von Wirtschaft, Politik und Staat faktisch als eine sekundäre Erscheinung abgetan (wird), die das spezifische, gesellschaftsprägende Gewicht neuartiger ‚informeller' Strukturen und Regulationsformen eher zu gering bewertet und (…) ihre möglichen Konsequenzen (…) auf die westlichen Industrieländer unterschätzt."[287]

Die Erwähnung von so genannten Hybridformen zwischen formellem und informellem Sektor (vgl. Altvater/Mahnkopf 2002: 463 ff.) versucht dieser Schieflage der Sichtweise zwar entgegenzutreten, womit m. E. die Dichotomie jedoch nicht aufgehoben wird. Vielmehr sehe ich darin ein Deutungsmuster, das als Handlungsorientierung und Handlungsmuster gleichermaßen dient. Mit Formen des „Informellen" wird versucht zu beschreiben, dass es sich hier um spezifische Erscheinungen handelt und zugleich diskursiv der Eindruck vermittelt wird, als ob diese in jedem Fall mit dem westlichen Kapitalismus (bzw. mit den marktwirtschaftlichen Verhältnissen der Länder des OECD-Typs) inkompatibel sind (vgl. Heller/Nuss 1999). Zu diesen gehört nicht nur der informelle (z.B. nur über Bargeld) durchgeführte Handel auf den Märkten in Bukarest, sondern die strukturelle Schattenwirtschaft Rumäniens.

Wesentlich für die Fallstruktur ist, dass diese so genannte informelle Wirtschaft einerseits den osteuropäischen Transformationsländern zugeschrieben wird und andererseits mit Migranten und Migrantinnen am gesamteuropäischen Arbeitsmarkt verbunden ist. Als „ethnische Ökonomien" (vgl. Hillmann 2001) im wissenschaftlichen Diskurs bekannt, geht es dabei um „die Marginalisierung und die Ausgrenzung von Migranten und Migrantinnen vom formellen Arbeitsmarkt", welche zu einer „Belebung derjenigen (i.d.R. informellen) Arbeitsmarktbereiche" führen, „die ein geringes Startkapital erfordern, die arbeits-

---

286   Hopfmann 1997: 21 zitiert in Heller und Nuss 1999: 3
287   Ebd. Zur informellen Regulierung in der Transformation siehe auch Albrecht 1998.

intensiv sind und gleichzeitig extremer Preiskonkurrenz ausgesetzt sind."[288] Auch dieses „Nischen"-Bild, welches in und von der Migrationsforschung geschaffen wird, bestätigt das Deutungsmuster der oben genannten Grenzziehung zwischen regulärem, formellem Markt und den informellen Nischen. Hinzu kommt hier die Ethnisierung des informellen Sektors, d.h., hier ist die Verknüpfung von ökonomistischer und kulturalistischer Sicht auf Migranten (vgl. 4.5) auszumachen.

Durch eine milieutheoretische Perspektive auf die Immigration kann dieses Deutungsmuster der Informalität und die imaginäre Linie auf einer sozialstrukturellen Ebene der Stadt sowie im Alltagshandeln und in der Lebenswelt der Immigranten konkretisiert werden: Denn Informalisierung zeigt sich schließlich in den Handlungsmustern bestimmter gesellschaftlicher Milieus. Das so genannte Milieu der Neureichen stellt die Verkörperung und Verortung der Illegalisierung und der implizierten sozialen Ungleichheit in diesem Fall dar. Unabhängig davon, ob Menschen, welche sich diesem Milieu zugehörig fühlen, ihren Reichtum auf „legale" oder "illegale" Weise anhäuften, es geht hier um die Bedeutung, die die Menschen diesem Milieu geben. So gilt es zwar als unmoralisch, aber gleichzeitig geht es auch um Erfolg, Erstrebenswertes, Zukunft, Teilhabe an Luxus und Konsum (hier können Menschen „über Nacht" reich werden). Die Existenz eines solchen Milieus innerhalb der rumänischen Transformationsgesellschaft kann für Migranten eine Chance bzw. Möglichkeit der Eingliederung in diese Gesellschaft darstellen. Milieus, welche die vorgestellte Linie zwischen Legalität und Illegalität verkörpern, gehören also zur Lebenswelt von Migranten. Mit dem Begriff der Lebenswelt kann die These der Illegalisierung von Migration m. E. deshalb am treffendsten präzisiert werden, da es nicht um eine Unterscheidung zwischen Migranten und den sie umgebenden Strukturen oder um Migranten auf ihren Wegen geht. Vielmehr konstruieren Migranten jene Milieus mit, welche die imaginäre Linie zwischen Legalität und Illegalität konstituieren.[289] Casinos und diese Milieus stehen symbolisch le-

---

288  Hillmann 2000: 418. Hier verweist Felicitas Hillmann auf das Fallbeispiel aus Italien: Reyneri, Emilio 1998: The role of underground economy in irregular migration to Italy: cause or effect? und auf das Fallbeispiel Berlin: Wilpert, Czarina 1998: Migration and informal work in the new Berlin: new forms of work or new sources of labour? Beide in: Journal of Ethnic and Migration Studies, Vol. 24, Nr. 2: 269-295 und 313-331).

289  In den Worten anderer wissenschaftlicher Diskurse ausgedrückt (und wie bereits in Kapitel 2 erwähnt), können sie ebenso als „pathways of incorporation" (Glick-Schiller et Al. 2005) bezeichnet werden, wenn man eher die Wege der Eingliederung in die Gesellschaft betont. Ebenso geht es um „opportunity structures" (vgl. u.a. Waldinger 1990 bzw. Kritik dazu vgl. Kloosterman/Rath 2001), wenn man die möglichen Strukturen hervorheben möchte, in welcher eine Eingliederung möglich ist.

bensweltlich für das Risikospiel, die Migrationspolitik, im globalen Kontext dafür: "the tensions inherent in an unstable world make the pursuit of cross-border attachments an uncertain game" (Waldinger 2006: 22).

Anhand des von kollektiven Akteuren unterschiedlich verwendeten und genutzten Begriffes Mafia zeigt sich, wie dieser mit Illegalisierung und Kriminalisierung verbunden, ihrem jeweiligen Sinnzusammenhang dient und zugleich eine rumänienspezifische Form der Tradierung des Deutungsmusters darstellt. Ebenso zeigt sich darin die spezifische Verknüpfung zwischen der so genannten informellen Politik mit der so genannten informellen Wirtschaft. So spiegelt die im Alltag in Rumänien nach 1990 verbreitete Verwendung des Begriffes Mafia die Verbindung der lokalen Verwaltung mit lokal herrschenden Gangs und politischer Korruption auf der Diskursebene wieder. Dabei wird nach einem bereits unter Ceauşescu etablierten Verfahren der Bedrohung von „außen" und einer rassistischen Hierarchie der Gesellschaft der Wortgebrauch Mafia mit anderen Minderheitengruppen (Roma) und Nationalitäten (China, Syrien, Italien usw.) verbunden. Er dient einerseits der politischen Macht, die durch die inszenierte Bedrohung den Mafiabegriff als Entschuldigung benutzt. Andererseits wird mit dem medialen Diskurs über die Mafia die Angst und Unzufriedenheit der Bevölkerung in der Transformation wiedergegeben. Hierbei dienen Mafia-Reportagen als verdeckte Kritik am Staat und der Fehlleistungen bzw. Fehlentwicklungen in der Transformation. In der Öffentlichkeit dient der Mafiadiskurs dazu, dem Misstrauen und der Unzufriedenheit mit unbekannten Machenschaften Ausdruck zu geben. Dieser Mafiadiskurs, der von unterschiedlichen Akteuren unterschiedlich konnotiert, aber gemeinsam zum Inbegriff des Deutungsmusters der Informalität mit den Ausprägungen der Kriminalisierung und Illegalisierung gemacht wird, erfüllt erstens die Funktion einer diskursiven Schuldverlagerung von politischen und wirtschaftlichen Problemen nach außen (bzw. in konkreter Form ins Ausland) und zweitens der verdeckten Äußerung der Unzufriedenheit mit den Fehlleistungen des Staatsapparates auf Seiten der Bevölkerung. Zugleich wird mit ihm eine real existierende Bedrohung und Problemzone assoziiert, auf die das Handeln der einzelnen Akteure ausgerichtet ist. So wird durch die Verwendung ihres Begriffes die Mafia (mit)konstruiert. Sie dient jedoch auch der Handlungsorientierung, um mit den genannten Problemen und tatsächlichen Bedrohungen, welchen Migranten ausgesetzt sind, im Alltag umzugehen. Für Immigranten bedeutet dies vor allem Abhängigkeit von den unterschiedlichsten Akteuren. Alle fordern ihren Anteil, seien es Polizisten, Finanzprüfer, Verwaltungsbehörden, chinesische Unternehmer, Transportunternehmer oder die rumänischen Verwalter des Areals und der Verkaufsstände. Selbst Kunden orientieren ihr Verhalten an diesen „mafiösen Strukturen" (sei es in Form ihrer Verhandlungen, Zahlungen oder schlicht in Form ihres alltäglichen Umgangs mit anderen Akteuren des Marktes).

Die genannten Informalisierungsprozesse sind für die diskursive Konstruktion der chinesischen Community ebenso konstitutiv wie für ihre soziale Wirklichkeit. Einerseits wird der Bedrohungsdiskurs mit aufgebaut und zugleich die alltägliche Tabuisierung verfestigt. Andererseits drängt es die Immigranten in eine rechtlose und gesetzlose „Wild-Ost-Wirklichkeit". Migranten werden dabei als die potentiellen Täter von Polizei und Behörden misstrauisch beäugt, diskriminiert oder abgeschoben. Schutz vor Verbrechen müssen sich die Migranten daher in anderen Netzwerken suchen. Die Zugehörigkeit eines chinesischen Migranten zu einem der gebildeten Netzwerke, wie sie oben angeführt wurden, und die „freiwillig gesucht" oder auch „notwendig bedingt" sein kann, stellt oft den Hinderungsgrund dar, sich anderen Milieus der rumänischen Gesellschaft zu öffnen und an ihr teilzuhaben. Die Prozesse neuer sozialer Ungleichheiten (von chinesischen Immigranten im lokalen Kontext) verbinden sich mit dem europäischen Illegalisierungs- und Kriminalisierungsdiskurs. Dieser gibt insbesondere nach der Beitrittskandidatur 1995 von Rumänien zunehmend den Ton an. Zugleich werden sie durch die restriktive Migrationspolitik der Europäischen Union verstärkt.

### 5.4.5 Informalisierung in der aktuellen Migrationsforschung

Der Ausdruck „Organisierte Kriminalität" kann in diesem Zusammenhang als Verwissenschaftlichung des Mafia-Begriffes identifiziert werden. Mit ihm wird der Mafiadiskurs „politisch korrigiert" und wissenschaftlich-diskursiv legitimiert. „Wenn Deutungsmuster in Konkurrenz mit wissenschaftlichem Wissen verdampfen, dann kommt es zu einer realen Zirkularität von Gegenstand und Wissenschaft." (Oevermann 2001b: 72.), was Oevermann als „szientifizierte Deutungsmuster" (vgl. Oevermann 2001) bezeichnet (vgl. Kapitel 3). Mit dem europaweiten „OK-Diskurs" (vgl. Pütter 1998, Luczak 2002) wird diskursiv eine Kriminalität konstruiert, welche insbesondere mit der östlichen Grenze der EU und osteuropäischen Städten verbunden wird. Auch dieses Deutungsmuster hat ihre Entsprechung im globalen Kontext bzw. wird nun auf die „transnationale Ebene" gehoben, woraus dann die „TOK" („Transnationale Organisierte Kriminalität" (Lange 1997) wird, welche es „zu bekämpfen gilt". Hier handelt es sich (per definitionem ihrer Diskursträger) nicht mehr um Personen oder ein definiertes Verhalten (kriminelles oder nicht kriminelles), sondern es wird eine verallgemeinerte und über nationale Grenzen hinausgehobene Kriminalisierung konstruiert, was auch in Rumänien als Diskurspraxis festzustellen war. Die durch die Abkürzungen „OK" oder „TOK" diskursivierte Bedrohung ist durch eine ebenso unterschiedliche Definition (wie Informalisierung) sowie einen fehlenden empirischen Nachweis als soziale Wirklichkeit (außerhalb der Diskurse) gekennzeichnet (vgl. Luczak 2002). Jedoch ist eine „Umgestaltung des Ermittlungsverfahrens" in der Kriminalpolitik zu beobachten (vgl. Luczak 2002: 5): „Organisierte Kriminalität ist die Form von Kriminalität, die mit einer neuen Form von Ermittlungen bekämpft wird„ (Luczak 2002: 5). Mit dieser kann letztlich eine Kontrolle der Bevölkerungsmobilität legitimiert werden. Hinter dem Ausdruck steht eine bestimmte Technik der Macht, die auf mobile Menschen ausgeübt wird bzw. mit der diese überwacht werden (vgl. auch Foucault 2004, vgl. auch Kap. 3). Während die imaginäre Linie zwischen Legalität und Illegalität durch solche flächendeckende bzw. pauschalisierende (potentielle) Illegalisierung internationaler Migration produziert wird, müssen chinesische Migranten in Bukarest mit unterschiedlichen Hürden umgehen, welche aus diesem komplexen Zusammenspiel von Diskursen und Politik resultieren.

Zugleich wird Migration in die „Internationalität" gehoben, d.h. als überstaatliches Problem gesehen bzw. konstruiert (vgl. auch Bommes 2003). Hier wiederholen sich wiederum die beiden Argumentationslinien des rumänischen Diskurses: einmal die Verlagerung von Problemen ins Ausland und zweitens die Herrschaft der diskursiven Problembestimmung durch internationale Organisationen und Staatenbünde. Die diskursive Illegalisierung und Kriminalisierung von Migranten wird durch den internationalen Diskurs der westlichen Organisationen (UN und EU) bestimmt und gefördert. Die Illegalisierung und Kriminalisierung der Migranten in Osteuropa stehen auch im Zusammenhang mit den Bestrebungen Rumäniens zum EU-Beitritt und der Position Rumäniens als „Borderland of Europe" (vgl. 5.2). Entgegen der Komplexität von internationaler Migration, welche immer „illegale Migration" (aus genannten Gründen) in verschiedenen Formen impliziert, wird in Europa sowohl von politischen Entscheidungsträgern als auch von der Forschung die „illegale Migration" auf „Opfer" und/oder „Kriminelle" reduziert (vgl. Kapitel 3; vgl. Elwert 2002).

Auch hier ist, ebenso wie in der Informalisierung der Wirtschaft, die produzierte (diskursiv konstruierte) Trennlinie deshalb ordnungsgebend, weil die Formen der politischen Regulierung darauf Bezug nehmen, d.h. als Handlungsorientierung und politische Legitimierung fungieren. Fallstudien über Migration und Illegalität bzw. die wenigen empirische Studien über die soziale Wirklichkeit von illegalen Migranten im Einwanderungskontext Europas (vgl. Eichendorfer 1999; Alt/Fodor 2001; Elwert 2002; Alt 2003) verdeutlichen die Diskrepanz zwischen wissenschaftlichen Kategorien und empirischen Wirklichkeiten. Georg Elwert sieht darin ein Forschungsbias, da die Migranten nur in solchen

Fällen statistisch „erfasst" werden oder ihre Existenz „wahrgenommen" wird, wenn sie in Not geraten oder von Behörden/der Polizei erfasst werden. Er geht aufgrund seiner Feldforschungen und mit Bezug auf Studien über in Deutschland lebende Migranten ohne Dokumente (z.B. Alt 2003) davon aus, dass diese nur 5% aller Migranten ausmachen. Dieser Minderheit ist ein nicht erwünschter „Migrations-Unfall" (vgl. Elwert 2002) unterlaufen, was der Grund dafür ist, dass sie auf diesem Weg in eine Statistik, ein Amt oder ein Gefängnis gelangen und auf diese Weise „registriert" und überwacht werden (können). Hier wiederholt sich die Sichtweise einer Reduktion auf eine „Nische", die – würde man die Begriffe des informellen und formellen Sektors hierher übertragen – eine Trennung zwischen einem quasi formellen und einem informellen Migrationssektor herstellt, wobei der informelle Sektor durch seine diskursive Hervorhebung (in der Politik und der Wissenschaft) erst durch diese kollektive Interpretation überdimensionale Bedeutung bekommt. Die Informalisierung von Migration (mit den Implikationen von Kriminalisierung und Illegalisierung sowie Entortung) wird auf diese Weise in die Selbstverständlichkeit unseres Alltagswissens eingewebt.

Selbst wenn Individuen dazu ihre Positionierung haben und Migranten nicht per se als Kriminelle ansehen mögen, so ist m. E. der Gedanke der Verbindung von Migration und Illegalität zu einem Deutungsmuster geworden und zwar in der Hinsicht, dass dieses als Handlungsorientierung fungiert, ohne dass dies ständig bewusst wahrgenommen wird. Auf diese ebenso latente Weise ist dieser übergeordnete Diskurs, welcher sich durch internationale, globale Entwicklungen (z.B. durch illegalisierte Migration) im Allgemeinen sowie durch die europäische Migrationspolitik im Besonderen charakterisieren lässt, maßgeblich an der Durchsetzung des rumänischen Diskurses beteiligt. Dieser Diskurs rückt Immigration in eine Art Problemzone der Gesellschaft und hebt die Dominanz internationaler Themen in den Vordergrund.

Dabei ist nicht nur jene Politik in Rumänien, welche Immigranten (wegen ihres Kleinhandels usw.) betrifft, eine informelle Politik. Auch die europäische Migrationspolitik ist in ihrem Entstehungskontext (seit den 1990er Jahren) durch informelle Entscheidungsprozesse und Entscheidungsgremien gekennzeichnet (vgl. Georgi 2007).

Eine Maßnahme, welche ebenso als Konsequenz auf die Deutung der Migration als Problemsektor gesehen werden kann, waren die Ausarbeitung und die diskursive Neudefinition des so genannten „Europäischen Migrationsmanagements" (vgl. Georgi 2007). Die Herausgabe von Asylgesetzen und Gesetzen zur

Abwehr „illegaler" Migration war maßgeblich durch informelle Politik gekennzeichnet.[290] Unabhängig davon, wie diese Vorgehensweise beurteilt wird – ob
die Vorteile des informellen Handelns in der Politik im schnellen und unbüro-
kratischen Reagieren oder aber die Nachteile in der mangelnden demokratischen
Legitimität gesehen werden – kann festgehalten werden, dass dies ausschlaggebend für den Fall der chinesischen Migration war und ist sowie zugleich auch
für die neue Immigration in Europa im Zuge der EU-Osterweiterung verallgemeinerbar ist. Die einzelnen Kandidatenländer – so auch Rumänien – waren vor
allem mit der (zukünftigen EU-) Grenzkontrolle und der Schaffung von Asylgesetzen beauftragt (Peers 2005; Baldwin-Edwards 2005; Lăzăroiu 2004). Dieser
Schwerpunkt der europäischen Politik im Hinblick auf Grenzsicherheit, bei welcher Rumänien als Pufferland fungiert, ist einer der Gründe, wie und warum in
Rumänien eine Abwehrhaltung gegenüber Immigranten erzeugt wird (vgl. auch
Kapitel 5.5.3). Dies hinderte den rumänischen Staat vermutlich daran, eine auf
eigenen Interessen und Traditionen beruhende, nationale Migrationspolitik aus-
zubauen, vergleichbar den südeuropäischen Staaten in den 1990er Jahren, als
diese sich von Emigrations- zu Immigrationsstaaten wandelten (vgl. Baldwin-
Edwards/Arango 1999).

In den Handlungsmustern der Immigranten in Rumänien zeigt sich dies auf
unterschiedliche Weise: Während nach Angaben der rumänischen Grenzpolizei
die illegale Migration in Rumänien im Jahr 1998 die höchste Anzahl erreichte,
wurde bis zu diesem Jahr auch eine deutlich höhere Anzahl an Visa-Genehmigungen in Rumänien (vgl. Abb. 2) verzeichnet. Die Anzahl der Visagenehmigungen geht danach jedoch, als Maßnahme gegen die ansteigende Immigration,
schlagartig zurück und sanken bis ins Jahr 2004 nahezu auf Null. Nicht nur diese Restriktionen an sich (welche nicht auf einem migrationspolitischen Pro-
gramm, sondern auf administrativen, kurzfristigen Entscheidungen beruhen),
sondern vor allem auch der ständige Wechsel von Verordnungen und damit ein-
hergehender Fehlinformation, lösten Missverständnisse und Illegalisierung von
Migranten aus. Daneben sind polizeiliche Razzien, Finanz- und Visakontrollen
zum selbstverständlichen Alltag am Bukarester Stadtrand geworden. Die alltägliche Korruption wurde in nahezu allen Interviews mit Migranten thematisiert.

---

290  Wie Georgi am Fallbeispiel der ICMPD (dem International Centre for Migration Policy Deve-
     lopment) zeigt, sind die Ziele, Politikberatung, Forschung und Förderung zwischenstaatlichen
     Dialogs durch eine informelle Arbeitsweise, nicht nur dieser Organisation, sondern auch der
     damit verbundenen Arbeitsweise europäischer Gremien gekennzeichnet. Insbesondere der Bu-
     dapester Prozess und der „Mediterranean-Transit-Migration-Dialog", ziehen „ihre Existenzbe-
     rechtigung aus ihrer Informalität" (Georgi 2007: 67).

*5.4.6 Informalisierung im Wandel?*

Der Typus des chinesischen Migranten als Grenzgänger zwischen Illegalität und Legalität sowie unterschiedlichen sozialen Milieus hat sich in den letzten Jahren geändert. Mittlerweile wurde es, vor allem nach dem EU-Beitritt Rumäniens, für einige (chinesische u. a. immigrierte) Geschäftsleute auch möglich, ohne größere Gesetzesübertretungen gewinnbringend zu arbeiten und ihre Unternehmen zu vergrößern, sodass größerer Gewinn gesichert werden konnte und es nicht mehr unmittelbar mit der Aufenthaltserlaubnis verbunden war, aus dem „Kreislauf der Schmiergeldzahlungen" (siehe oben) auszusteigen oder dies zu versuchen. Die Herausforderung für diese Geschäftsleute besteht nun darin, sich aus diesem „Sumpf" der Illegalisierung zu ziehen und auch ihre Kunden davon zu überzeugen, dass sie für die Seriosität des Unternehmers einen höheren Preis zahlen sollten. Dafür steht bspw. ein junger Transport- und Lagerunternehmer, welcher den Import der Ware von China nach Rumänien ohne Korruption und Schwarzgeld durchzuführen behauptet. Chinesische Verkäufer in Bukarest haben nun die Wahl, ihre Importe und Warenlager weiterhin billig, aber riskant zu erhalten oder bei ihm sehr teuer, aber sicher („auf der legalen Seite") ihre Transaktionen abzuschließen. Bei letzterer Variante gehen viele Verkäufer jedoch aufgrund des hohen Preises ebenfalls das Risiko ein, ihr Kleinunternehmen nicht weiter führen zu können, ihre Familie nicht ernähren zu können oder beim nächsten (bald anstehenden) Behördengang nicht genug Gewinn nachweisen zu können, sodass ihr Visum nicht mehr verlängert wird, was wiederum den Übergang in die Illegalität bedeutet. Dieses konkrete Beispiel eines Teufelskreises, mit welchem chinesische Migranten leben, ist für die rumänische Transformationsgesellschaft konstitutiv.

Der Prozess der Informalisierung durchzieht den Fall auf mehreren geopolitischen Maßstabsebenen: einerseits auf transnationaler bzw. internationaler Ebene durch diskursive Illegalisierung und Entortung der Migration und andererseits auf lokaler Ebene, repräsentiert durch „informelle Gangs" und Diskriminierung der chinesischen Migranten als Minderheit. Diese Informalisierung der Migration bezieht sich sowohl auf den politischen als auch auf den wirtschaftlichen Bereich. Das Deutungsmuster der Informalität gibt in der Transformation(sgesellschaft) und der Immigration(sgesellschaft) eine Handlungsorientierung im Umgang mit Phänomenen der Transformation und im Umgang mit Migranten. Die Informalisierung bezieht sich auf den Bereich der Einwanderungs-, der Arbeitsmarkt- und Marktpolitik im Transformationsstaat. D.h., Informalisierung betrifft die Migranten und ihre Eingliederungsmöglichkeiten als auch ihre wirtschaftlichen Tätigkeiten in Bukarest. Politische Akteure und auch die Behörden (Exekutive) bedienten sich informeller Handlungsmuster. Migration ist insbesondere bei der Visavergabe sowie beim Import der Waren informalisiert. Dies konkretisiert sich am Korruptionsphänomen besteht aber nicht nur in der rumänischen Immigrationspolitik. Informalisierung gehört zu einer der Entwicklungen der Globalisierung allgemein. Informalisierung charakterisiert das Regieren und die Konstruktion sozialer Ungleichheit zwischen Ost und West (global gesehen in internationaler Migration) sowie zwischen Reich und Arm (sowohl global als auch lokal). Informalisierung ist schließlich insofern fallspezifisch, als sich in dieser Fallgeschichte die Verknüpfung von Deutungsmuster und Strukturwandel (vgl. Meuser 2006 bzw. vgl. Kap. 2) zeigt.

## 5.5 „Kulturelle" Deutungsmuster der chinesischen Migration in Osteuropa

Abschließend geht es um die verschiedenen Bilder von Migranten, die sich in Zusammenhang mit Deutungsmustern herauskristallisieren. Hier diskutiere ich die Kontraste zwischen kollektiven Deutungsmustern bzw. möglichen verinnerlichten Habitusformationen einerseits und Fremdzuschreibungen (Ethnisierung und Stigmatisierung) andererseits. Ich fokussiere auf die Art und Weise, wie das Gesamtbild des chinesischen Migranten im gegebenen Untersuchungsfall konstruiert wird und wie Selbst- und Fremdzuschreibungen sich in einem Prozess bilden und verändern. Insbesondere wird gefragt, welche Zuschreibungen die Migranten als Handelnde mitbringen, wie sie auf diese Zuschreibungsprozesse reagieren oder aktiv mit ihnen umgehen. Die folgenden Thesen beziehen sich einerseits darauf, welche Ursachen und welche Konsequenzen kollektive Deutungen (bzw. die genannten Deutungsmuster) für Migranten haben, aus welchen unterschiedlichen Diskursen (dem chinesischen, dem rumänischen, dem europäischen usw.) sie sich zusammensetzen bzw. miteinander verwoben sind und wie sie in die chinesische und rumänische Transformationsgesellschaft eingebettet sind. Es geht hier zudem um kulturalistische bzw. ökonomistische Sichtweisen in der Forschung, welche die verschiedenen Deutungen mitproduzieren.

### 5.5.1 Chinesische Bilder und Diskurse über Emigranten

Der offizielle chinesische Diskurs über die neue chinesische Migration, welcher sich vor, und zurzeit dieser Fallgeschichte (vgl. Kap. 3) in der VR China herausgebildet hatte, stellt chinesische Emigranten als erfolgreiche und „patriotische Kapitalisten" dar. So wird im chinesischen Diskurs die Auswanderung mit Entwicklung, Modernität und Patriotismus argumentativ unterstützt. Die diskursive Anerkennung der Emigranten als modern, erfolgreich und zukunftsorientiert impliziert eine Veränderung der kulturellen Werte in der chinesischen Gesellschaft, ein Bild des „modern Chineseness" (vgl. Ong 2005). Diese Kultur chinesischer Modernität hat sich aufgrund des wirtschaftlichen Inputs von Migration im Heimatland und der allgemeinen Öffnung hin zum Weltmarkt entwickelt und wird besonders von jungen Menschen, die einen solchen Erfolg anstreben, gelebt. Dies realisieren sie durch kulturelle Praktiken, welche mit Flexibilität und Mobilität verbunden werden oder/und die moderne Werte und das Streben nach dem Erfolg im Ausland versinnbildlichen. Von ihnen (vor allem den jungen Menschen)  erwartet man auch, dass sie „Kapital und Modernisierung" für/in die VR China bringen. Aufgrund der transnationalen Verbindungen der Auslandschinesen und der damit verbundenen Modernität sind traditionelle Werte wie „cultural solidarity, filial piety, and everlasting loyalty to the motherland" Schlüsselwörter in der Sprache des „Übersee-Kapitalismus". Gerade durch den wirtschaftlichen Aufschwung, der u.a. mit der Emigrationspolitik verbunden ist, „hat die Zunahme von chinesischen Netzwerken und chinesischem Reichtum in Asien eine Erzählung vom chinesischen Triumphalismus hervorgebracht, der den Mythos von brüderlicher Solidarität über die Ozeane hinweg pflegt" (Ong 2005: 30). Auf diese Weise verschmelzen „traditionelle" und „moderne" Deutungsmuster zu einem gegenwärtigen kulturellen Muster. Die positive Wahrnehmung der Emigranten wird durch ihren Beitrag am sozialen und ökonomischen Aufstieg der zurückgebliebenen Familien in ihrem Heimatdorf gespeist. Diese Überweisungen sind wiederum eine wesentliche Form der transnationalen Verbindung bzw. Verbundenheit. An der positiven Wahrnehmung ändert auch ihre prekäre Situation im Ausland und ihr möglicher illegaler Status nichts (solange diese nicht durch die Realität gebrochen wird, wenn sie etwa verarmen und den Kontakt nach China aus Scham abbrechen). Für das „Image" zählt die Tatsache, dass sie im reichen Europa, im „land of milk and honey" (vgl. Giese 1999) leben, um dort für ihre Familie zu arbeiten.

### 5.5.2 Zur biographischen Perspektive der chinesischen Migranten in Osteuropa

Selbst wenn bestimmte Handlungsmuster von Migranten in der gegenwärtigen Forschung im Einwanderungsland diagnostiziert werden, so bleiben sie dennoch wenig aussagekräftig, solange man nicht ihren Entstehungskontext rekonstruiert und somit ihre Bedeutung in der Gegenwart erfasst. Die so oft als typisch genannten Handlungsmuster einer Kultur chinesischer Auswanderungsnetzwerke müssen daher in ihrer historischen und lebensgeschichtlichen Dimension betrachtet werden. Es gilt, die genannten Zuschreibungen zu hinterfragen, die Handlungsmuster in ihrem Entstehungskontext zu verstehen und „herrschende Deutungsbedürfnisse und die Formen der Verarbeitung von Erfahrungen" abzuleiten. (Bude 1984: 9). Da dies in der Forschung vernachlässigt wurde, möchte ich im Folgenden auf einige Gedanken eingehen, die sich auf den Zusammenhang von erlebter Lebensgeschichte der Migranten und der gegenwärtigen Präsentation dieser Geschichte beziehen:

Die ersten Ankömmlinge in Bukarest sind zwischen 1949 und 1958 geboren. Sie alle haben bestimmte historische Ereignisse in China erlebt und kollektive Schicksale geteilt. Zu diesen Ereignissen gehört z.B. die politische Wende 1949. Sie steht, so kann angenommen werden, für einen massiven Einschnitt in allen Biographien. Die Kinder dieser Zeit stehen für eine „neue Ära" in China und haben die ersten Jahre als Jahre des Aufbruchs und der Hoffnung erlebt. Durch dieses gemeinsame Erleben bilden sie einen Generationszusammenhang.[291] Die chinesischen Migranten der genannten Geburtsjahre haben in ihren Jugendjahren die Zeit der „Kulturrevolution" erlebt. Jene Migranten, welche die Kulturrevolution in ihrer Kindheit erlebt haben, kamen nach dem Sturz Ceauşescus Anfang der 1990er Jahre nach Rumänien und waren zu dieser Zeit zwischen 32 und 41 Jahre alt. Für sie könnte die Auswanderung bzw. das „neue Leben" in Rumänien wichtig werden, um den Blick auf ihre Vergangenheit zu richten. Diese Erlebnisse bzw. (das gemeinsam Erlebte) wird nicht identisch verarbeitet, im Gegenteil: Allen Angehörigen einer Generation ist eigen, dass sie unterschiedlich auf „die den Generationszusammenhang stiftenden, gemeinsamen

---

291  Im Modell des historischen und politischen Generationszusammenhangs (vgl. Mannheim 1928) werden drei Konzepte unterschieden: die Generationslagerung, die Generationseinheit und der Generationszusammenhang. Eine Generationslagerung meint zunächst nur eine Zusammenfassung von Individuen, die zur (ungefähr) selben Zeit geboren wurden und somit gleichzeitig bestimmte historische Ereignisse im selben geographischen und sozialen Raum erlebten. Dieser Oberbegriff für Geburtskohorten einer gemeinsamen Lebensgemeinschaft, also eine Generationslagerung, kann nach Mannheim Generationszusammenhänge bilden: Wenn die Angehörigen einer Generationslagerung ein gemeinsames Schicksal und deren kulturelle und soziale Inhalte teile, dann wird diese zu einem Generationszusammenhang zusammengefasst. Das gemeinsame Schicksal ist dabei wesentlich. Es bedeutet aber noch nicht, dass alle Angehörigen dieses Schicksal auch auf die gleiche Art und Weise verarbeiten. Wenn nun die Erlebens- und Verarbeitungsmuster von Personen dieser Generation ähnlich verarbeitet werden, werden sie als Generationseinheit definiert. Damit kann sie von anderen Generationseinheiten unterschieden werden, die das(selbe) geteilte Schicksal unterschiedlich erleben/wahrnehmen und verarbeiten. Sehr oft bilden die Jugendjahre bzw. die Jugend dieser Generation eine Generationseinheit (Mannheim 1928).

historisch-lebensgeschichtlichen Konstellationen antworten und damit gemeinsam Erlebtes jeweils verschieden verarbeiten." (vgl. Rosenthal 1990: 16).

Bei den jüngeren Immigranten, die jetzt (in ihrer Jugend) nach Rumänien
kommen, die Mao-Zeit nicht mehr erlebt haben, liegen andere Thesen für die
Bedeutung der Migration und ihrer Biographie nahe. Nora Sausmikat (2006)
spricht bei dieser Generation (der Jahrgänge ab 1980) von einer ausgeprägten
„Erinnerungsallergie" in China. Man will von der Vergangenheit bzw. den so
oft staatlich vorgegebenen und plötzlich veränderten Vergangenheitsinterpreta-
tionen „nichts mehr wissen". Zugleich wird von öffentlicher Seite ein Vergan-
genheitsdiskurs praktiziert. Aus diesem widersprüchlichen Umgang mit Vergangenheit stellten sich auch für die Sinologin Nora Sausmikat im Zuge ihrer
biographieanalytischen Forschung über Zwangsmigration von jungen Mädchen
während der Kulturrevolution diesbezügliche Forschungsfragen:[292]

> Als ich meine Forschungen zur Kulturrevolution 1994 begann, war ich konfrontiert mit einem
> Boom von Erinnerungsliteratur, einem riesigen Markt für Autobiographien,Zeitzeugenberichten
> und dem Entstehen von „Reliquienmärkten". Im Zuge der Einführung der „sozialistischen
> Marktwirtschaft" hatte man erkannt, dass sich aus Geschichte Kapital schlagen ließ. Misstrau-
> isch geworden gegenüber soviel Marktpotential geschichtlicher Terrorerfahrung wandte ich
> mich ab von der kommerzialisierten Erinnerung und der in lebensgeschichtlichen Erzählungen
> lebendig werdenden Erinnerung zu. Meine Frage lautete: Wie erinnern sich die Menschen in-
> mitten einer stereotypisierten, zwischen Helden und Opfern changierenden Geschichte? Was
> bleibt übrig von der individuellen Erfahrung, inwieweit ist das Gedächtnis korrumpierbar und
> welchen Erkenntniswert enthalten „erzählte" Erinnerungen?[293]

Auch die Interviews mit Chinesen in Bukarest waren geprägt von dem Bild, das
über ihr Herkunftsland existiert, nämlich von einer unwichtigen bis tabuisierten
Vergangenheit und einer hoch bewerteten gegenwärtigen Modernitätskultur.
Dieses Bild wirkt sich auf ihre gegenwärtige Lebenswelt, ihren Umgang mit
Vergangenheit und ihre Präsentation in der Gegenwart aus.

Die Ablehnung der chinesischen Vergangenheit durch die Jugend scheint sich
auch auf die Forschung zu übertragen. Nicht nur in den Interviews zeigt sich der
Schwerpunkt der Präsentation auf der Gegenwart und den Zukunftsplänen (und
eben nicht in der Vergangenheit), sondern auch in der allgemeinen Forschung
über chinesische Migranten werden deren lebensgeschichtliche Hintergründe
weitgehend vernachlässigt (obwohl sich der biographische Ansatz gerade in der

---

292  Studie über die Massenzwangsmigration (Shangshan Xiaxiang movement) bzw. Landverschi-
     ckung von Millionen chinesischer Mädchen während der Kulturrevolution und deren nach-
     trägliche Erzählung in Lebensgeschichten.
293 Sausmikat 2006: 3

Migrationsforschung etabliert hat). Der Zugang zu chinesischen Biographien und dem geschichtlichen Kontext Chinas (dem Zeitalter unter Mao Tse-Tung) ist für die europäische Forschung bisher nur bedingt erfolgt bzw. möglich gewesen. Insbesondere die Wechselwirkung der chinesischen Geschichtsschreibung mit einer spezifischen Erinnerungskultur, der Einfluss einer bestimmten literarischen Kultur, die den Blick auf die Geschichte wesentlich prägt, während es noch wenig wissenschaftliche Forschung in diesem Bereich gibt (der Biographieforschung oder der Oral History), machen die Frage nach den biographischen Kontexten der beobachteten Interaktionen m. E. wissenschaftlich-problematisch (vgl. Sausmikat 2000).

Obwohl sich die Biographieforschung einig ist, dass es Universalien in der Konstruktion der eigenen Lebensgeschichte (zumindest der Moderne) gibt[294], ist man sich auch über deren kontextuelle und kulturelle Unterschiede einig, d.h. über Unterschiede in verschiedenen Kulturen und historischen Epochen, die sich wesentlich darauf auswirken, wie man die eigene Lebensgeschichte konstruiert, wie man sich erinnert und in welcher Form die eigene Lebensgeschichte dargestellt wird. Für den genannten positiven Diskurs über chinesische Migranten (d.h. Migranten als erfolgreiche patriotische Kapitalisten) hat dies besondere Bedeutung.

"When migration becomes a mandatory revolutionary and patriotic duty, state history begins to blend with individual lives, and individual life stories merge in to the story of the collective. This implies further that both the state and the individual have a stake in the recollection, a re-construction of history in the formation of personal identity. Transformation processes within a state determine the social parameters for the reflection on individual life stories, and what happened twenty years ago can only be seen in the light of today. "[295]

Aber nicht nur die sozial erwünschte und vorgegebene Sichtweise auf das eigene Leben bestimmt gegenwärtige Handlungsmuster. Zugleich bringen Migranten bestimmte Deutungen über sich selbst mit, welche sich im Laufe ihrer Erfahrungen aufgeschichtet haben. Dies wird mit dem Konzept des biographischen Kapitals (vgl. Lutz 2000) verdeutlicht, welches Migranten einsetzen und welche ihre Erfahrungen und Kompetenzen einschließen, die sie im selbstreferentiellen Prozess der Strukturierung ihrer Lebensgeschichte erlernt haben. [296] Gerade mit diesem „Kapital in ihrem Gepäck" leisten sie an ihrem Ankunftsort „aktive Integrationsarbeit" (ebd.), indem sie es dort „situationsangemessen" (vgl. ebd.) einsetzen können.

---

294 Siehe Alheit 1995
295 Sausmikat, 1999: 297
296 Lutz 2000: 205

### 5.5.3 Das mitgebrachte biographische Kapital der chinesischen Immigranten

Das Konzept des biographischen Kapitals aufnehmend, möchte ich im Folgenden auf das „Mitgebrachte" der Migranten eingehen und theoretische Konzepte mit den Ergebnissen meiner Fallrekonstruktion vergleichen.

Aihwa Ong spricht im Zusammenhang mit der genannten sich herausgebildeten Mode oder Kultur chinesischer Migranten von einer „kulturellen Logik" (vgl. 1999/2005). Diese zeigt sich in bestimmten „Eigenschaften", wie z.b. in ihrer Geschäftstüchtigkeit, ihrer Vorliebe für Kommunikationstechnologien, sozialer und räumlicher Mobilität, hoher Loyalität innerhalb der Netzwerke u.v.m. Da die Menschen in den süd-, südost- und ostasiatischen Regionen zu den mobilsten weltweit gehören und die Mobilitätserfahrungen (als „Wanderarbeiter") im globalen Vergleich sehr groß sind, ist die Entstehung dieser kulturellen Logik auch im Kontext chinesischer Geschichte, Kultur und Politik zu sehen. Diese wurde von den Chinesen im Prozess ihrer Sozialisationserfahrungen implizit erlernt und von ihnen als kulturelles Kapital (vgl. Bourdieu 1983) in ihrem Reisegepäck in die Migration mitgenommen.

Dieses kulturelle Kapital, das sich aus den positiv konotierten, öffentlichen Diskursen und der sich so herausgebildeten Mode bestimmter kultureller Werte speist, wird in verschiedener Weise in Europa aufgenommen bzw. aufgegriffen. Gleichzeitig trägt der oben genannte Diskurs im Herkunftsland, der die Migranten als erfolgreiche Patrioten darstellt, wesentlich dazu bei, wie Migranten in der neuen Gesellschaft auftreten. Schließlich können sie auch kulturelle Symbole in ihrem Handeln im Einwanderungskontext aktiv manipulieren (vgl. Ong 2005). Die zahlreichen chinesischen „Wirtschaftsvereine" bzw. „Wirtschaftsunionen" in Bukarest sind oft Ausdruck dieses positiven Images. So eignen sich die Migranten mit ihrer Position bspw. „als Obmann der Wirtschaftsunion Fujian in Bukarest" o. Ä. ein kulturelles, symbolisches Kapital an, welches ihnen und ihrer Verwandtschaft in China zu Ansehen und Möglichkeiten verhilft. Mit anderen Worten: Chinesische Immigranten reagieren in ihrem Handeln auf vorgefundene Verhältnisse und sind zugleich selbst die Konstrukteure dieser. Es geht nun darum aufzuzeigen, wie diese Verbindungen von Herkunfts- und Einwanderungskontext sowie von Zuschreibung und Sozialisation an der Bilderproduktion beteiligt sind und sich wechselseitig beeinflussen.

Das Handeln der Menschen wird sowohl durch die Muster der Deutung und durch die Migrationsfiguren als auch durch die Art und Weise, wie die Menschen mit diesen „in situ" damit umgehen, bestimmt.

Wie diese Deutungsmuster oder auch chinesischen „Werte" konkret aussehen und woraus sie sich speisen, wird also besonders dann deutlich, wenn man sie mit den Deutungen und Werten des Einwanderungskontextes, d.h. von Europa im Allgemeinen und von Bukarest im Besonderen, konfrontiert. Denn gerade im Kontrast zwischen den aus dem Herkunftskontext mitgebrachten und den in der Einwanderungsgesellschaft lokal aufgefundenen sowie auch den global oder übernational herrschenden Diskursen, Wertungen und Deutungen sind die Konstruktionsprozesse von Deutungsmustern erkennbar.

### 5.5.4 Internationale und globale Deutungsmuster: Flexibilität oder flexible Anpassung

Im internationalen bzw. globalen Diskurs in Wissenschaft, Politik und Wirtschaft werden chinesische Migranten neben dem vielzitierten Muster der Transnationalität mit bestimmten anderen Deutungsmustern verbunden. Dazu gehören vor allem die ihnen zugeschriebene Flexibilität und (soziale und räumliche) Mobilität als Schlagwörter, welche auch Handlungsorientierungen darstellen. Diese werden auch im modernen, globalen Arbeitsmarkt zunehmend „attraktiv geredet". Andererseits ist die Forderung nach Flexibilität und Mobilität in Europa mit der Benachteiligung am modernen Arbeitsmarkt verbunden, umso mehr, wenn es um Migranten geht. Mit anderen Worten: Diese gegenwärtig vorherrschenden Diskurse existieren sowohl im modernen Arbeitsmarkt Europas als auch in der Wirtschaftsmacht China und stellen „passende" Deutungs- und Handlungsmuster für Migranten dar. Die oben genannten Selbstpräsentationen der Migranten hängen also auch mit den Fremdzuschreibungen und dem „Gerede" kollektiver Akteure in einem größeren räumlichen Kontext (dem europäischen bzw. dem globalen) bzw. mit den politischen und ökonomischen Strukturen der Gegenwart zusammen. Ebenso stehen diese „typisch chinesischen" und teils kulturalistisch konstruierten Migrationsmuster mit der sozialen Wirklichkeit der Migranten und ihren Überlebenschancen sowie mit den Arbeitsmarktstrukturen europäischer Staaten in Zusammenhang. Letztere sind durch Transformationsprozesse und die neu entstandenen  Formen sozialer Ungleichheit (wie durch die so genannte „neue Selbständigkeit" bzw. das neue „Prekariat") charakterisiert. Daraus bildet sich wiederum eine Figur des „Nomadismus", die aufgrund der Arbeitsmarkstrukturen notwendig wurde (Dienstleistungsnomadismus einerseits[297], selbständiges Händlertum andererseits). Die „ethnische" Besetzung solcher Teilarbeitsmärkte ist eher ein ökonomisches Unterschichten-

---

297  Vgl. Forschungsprojekt unter Leitung von Sterck, Bernhard: Wirtschaftliche Symbiose und kulturelle Dissidenz - Dienstleistungsnomadismus in Osteuropa und im Nahen Osten. Universität Leipzig, Institut für Ethnologie, siehe http://gepris.dfg.de

phänomen denn als kulturalistisch geprägte Beziehung zwischen bestimmten „Ethnien" und Arbeitspräferenzen zu verstehen.[298]
Migranten eignen sich nun symbolisches Kapital (vgl. Bourdieu 1983) an, um sich zu einem „ehrenvollen Ansehen" zu verhelfen, welches zugleich der Logik von Markt und Herrschaftsverhältnissen unterliegt. Während Bourdieu die sozialen Kapitalformen für die französische Gesellschaft beschrieb, überträgt Ong (2005) diese auf die globalen Herrschaftsverhältnisse. So versuchen Chinesen bzw. transnationale Migranten solche symbolischen Werte aufzugreifen bzw. sich anzueignen, welche für „London, Berlin, Los Angeles, New York usw." ebenso wie in ihrer Heimatnation gleichermaßen gültig sind (2005: 128).

> „Asiatische Erfolgsmenschen streben nach Formen des kulturellen Kapitals, die jenseits des Ozeans Geltung haben, um mit den Normen dieser fremden Gesellschaften richtig umgehen zu können. Mit anderen Worten, wenn die Welt der Schauplatz von Akkumulationsstrategien ist, müssen die Menschen, die aus weniger privilegierten Ländern kommen, flexibel in bezug auf die kulturellen Symbole sein, die sie erwerben möchten."[299]

Dieses chinesische kulturelle Kapital ist also mit der „postmodernen Logik des Spätkapitalismus" (ebd.: 31) interdependent, bezieht sich daher auf einen größeren (globalen) Sinnzusammenhang, in welcher kapitalistische Werte, Ökonomie und Markt die Kultur bestimmen. Diese lässt sich daher nicht – entgegen einer kulturalistischen Sichtweise – auf ein im Laufe der Sozialisation einverleibtes kulturelles/symbolisches Kapital reduzieren, sondern ist in Herrschaftsverhältnisse, in die Logik der globalen Wirtschaft und in die nationalen Politiken von Herkunfts- und Einwanderungskontext eingebettet. Die „kulturelle Logik" der chinesischen Migration konstruiert sich zusammengefasst aus politischen Strategien des chinesischen Staates, ökonomischen Transformationen, lokalen bzw. regionalen Disparitäten sowie der Globalisierung allgemein (vgl. Ong 1999/-2005). Mit dieser chinesischen kulturellen Logik sind jedoch nicht nur bewusste bzw. manifeste Handlungsmuster, sondern vielmehr auch implizite, kollektive Wissensformen gemeint, weshalb ich diese als soziales Deutungsmuster bezeichne (vgl. Oevermann 2001a+b, Meuser 2006).[300]

---

298  Hillmann 2000: 418. Felicitas Hillmann verweist hier auf Häußermann/Oswald 1997
299  Ong 2005: 128.
300  Ong (1995: 127) bezieht sich bei ihrer kulturellen Logik explizit auf den Habitusbegriff Pierre Bourdieus 1982: Die feinen Unterschiede - Kritik der gesellschaftlichen Urteilskraft. Frankfurt a.M.: Suhrkamp) und dabei vor allem auf die Verbindung von symbolischem Kapital und Marktlogik. Oevermann wiederum sieht in seinem Konzept des Deutungsmusters (2001b) die Affinität zum Habitusbegriff (vgl. Kapitel 2.8).

Vor diesem Hintergrund des Flexibilisierungsdiskurses lässt sich auch die soziale Flexibilität der chinesischen Migranten in Bezug auf ihre Eingliederung, ihre sozialen Milieus und ihr Verhalten am Arbeitsmarkt verstehen. Dies bedeutet im Alltag, dass sie besonders erfolgreich sind oder dass sie im System überleben, wenn sie im Alltag die Rollen „geschickt tauschen" können und sich durch unterschiedliche Milieus bewegen können. Dies verdeutlicht beispielsweise die Migrationsgeschichte eines Chinesen, welcher 1990 „illegal" über Thailand und Ungarn nach Rumänien gekommen war, in den letzten 17 Jahren unterschiedliche Berufe ausübte und sich in Bukarest zwischen unterschiedlichsten Milieus bewegt. Während er sich zu Beginn seiner Immigration in Osteuropa auf skrupellose Weise Geld verdiente, indem er anderen Migranten Betten für teures Geld vermietete, ist er heute als Übersetzer und Berater tätig, hilft diesen dabei, sich sprachlich bei den Behörden durchzusetzen und sie über ihre Rechte aufzuklären. Derselbe Mann verkaufte tagsüber am Rande von Bukarest an einem Stand Kinderbekleidung und besuchte abends mit seiner Frau täglich das teure (Touristen)Casino im Zentrum der Stadt. Dieser fast „musterhafte" Migrant (entsprechend dem genannten Bild) ist demnach also einer, welcher hohe Risiken eingeht und sich auf die Spielregeln dieser *sozialen Ungleichheit* einlässt. Flexibilisierung ist per definitionem die ständige Anpassung an Veränderung. Als Machtdiskurs bezeichnet Stephan Kaufmann die neue Konjunktur der Ausdrücke um Flexibilität, eine Tugend, welche früher „Gehorsam" hieß (Kaufmann 2006: 268). „So wird jede Entlassungswelle zur Anpassung – eben zur Personalanpassung – und der Umbau ganzer Lebenswelten zum Strukturanpassungsprogramm." (ebd.). Diese diskursiven Lügen zum Zwecke der Anpassung der Menschen an die Macht, „wären sofort durchschaut, wäre nicht das Gesetz des permanenten Wandels allgemein akzeptiert" (ebd.).

So ist der Flexibilitätsdiskurs ein „starker Diskurs" (vgl. Keller 1997), der dem „neuen Kapitalismus – zu noch mehr Wirklichkeit verhelfen will, als dieser ohnehin schon hat." (Fairclough 2001: 337 ). Die Migrationsforschung spricht hier von kulturell geprägten Lebensstilen, welche im Einwanderungskontext vielmehr notwendige Überlebens- und Assimilierungsstrategien sind. Jene, eine vermeintliche chinesische Kultur bestätigenden Attribute wie hohe Flexibilität, Mobilität, eine Vorliebe/Schwäche für Informationstechnologie und für Glücksspiele und Casinos (Christiansen 2003), übertönen oft die diskriminierende Arbeitsmarktpolitik. Wenn nun der genannte Diskurswandel die Rolle und den Status von Migranten verändert, so sind wiederum sie es, welche aktiv daran arbeiten, sich sowohl im Herkunftsland als auch im transnationalen Kontext und schließlich im lokalen Einwanderungskontext gleichermaßen Wert und Akzeptanz zu verschaffen. Weil die Migranten zunächst mit negativen Bildern behaftet sind, kostet es sie Mühe, diese Vorstellungen aufzubrechen (vgl. Ong 2005).

Für diese Studie und den rumänischen Kontext ist besonders relevant, dass diese Mobilität und Flexibilität nicht nur auf internationaler oder transnationaler Ebene positiv konnotiert ist und nicht nur in europäischen oder US-amerikanischen Metropolen (Zentren der kulturellen Hegemonie), sondern auch in weniger privilegierten, sich transformierenden europäischen „Randländern" „funktioniert". Diese neuen Erfolgssymbole fügen sich also sowohl in die globale Marktlogik als auch in die Anforderungen eines „postkommunistischen" Transformationsstaates (vgl. dazu auch Nyíri 1999). In Übereinstimmung mit diesem Diskurs kann daher gesagt werden, dass solche erlernten Muster von Mobilität und Flexibilität nicht nur in modernen Arbeitsmärkten generell, sondern insbesondere in den instabilen Systemen der sich transformierenden Staaten Osteuropas weitergelebt werden, da sie sich für eine Eingliederung „als effektiv" erweisen. So ist neben allen anderen Einwanderungsgruppen insbesondere bei asiatischen Migranten eine vermehrte Verbreitung von Formen selbständiger Arbeit (Entrepreneurship), teils mit sehr prekären Beschäftigungsformen (bspw. Pseudoselbständigkeit) sowie mit informellen Praktiken („Schwarzmarkt") in Europa nachweisbar.

### 5.5.5 Die Deutungsmuster von und über Chinesen im osteuropäischen Einbettungskontext

Das positive Image, welches chinesische Emigranten in ihrem Heimatland tragen, steht also in einem markanten Gegensatz zu ihrer Wahrnehmung in der Ankunftsgesellschaft in Rumänien, besonders in den ersten Jahren der Einwanderung nach 1990. Ihre bewusste chinesische (kollektive und politische) Image-Bildung unterscheidet sich also von ihren neuen Erfahrungen als benachteiligte Gruppe in Osteuropa. Letztere bezieht die chinesische Community durch ihren Immigranten-Status. So wird sie in den öffentlichen Statistiken Rumäniens als „Ethnie" kategorisiert.[301] Dies steht im Kontext der sozialen Ungleichheit zwischen Minderheit und Mehrheit in Rumänien und den im Zuge der Transformation ambitioniert (jedoch nur gesetzlich) umgesetzten Minderheitenrechten in Rumänien, welche sich durch die Vorgaben der EU-Politik erklären lassen. Diese Verhandlungen in Rumänien um eine Umdeutung von benachteiligten und ausgegrenzten Minderheiten (vor allem der Roma-Gruppen) bedeutet für die

---

301  So stehen sie in einer in Rumänien durchgeführten Befragung zur Toleranz den anderen problematischen Kategorisierungen, wie solchen „Ethnien" der Juden, Deutschen, Aromunen, Roma gegenüber (vgl. IPP/Gallup 2004).

„unsichtbaren" chinesischen Migranten, dass sie im öffentlich-politischen Diskurs (hinter dem Minderheitendiskurs) „versteckt" bleiben. Dahinter verbirgt sich jedoch eine latente Stigmatisierung. Im Alltag auf den Märkten und auch in der Bukarester Stadtgesellschaft konkurrieren sie mit den so genannten autochthonen Minderheiten eher um einen schlechten als um einen guten Ruf im gesellschaftlich-symbolischen Sinn.[302] So ergibt sich in der Lebenswelt der chinesischen Migranten (konkret u.a. auf den Märkten) eine rassistische Hierarchie der verschiedenen Gruppen, in welcher manchmal Chinesen, manchmal Roma die „unterste Schicht" (je nach Betrachter) im Alltag der auf den Märkten arbeitenden und in der Stadt lebenden Bevölkerung darstellen.

Bei der Eingliederung chinesischer Migranten in die Zuwanderungsgesellschaft sind zwei weitere Aspekte hervorzuheben, welche sich auf die Deutungsmuster von Immigranten in Rumänien beziehen. Erstens fördert der auf internationale Grenzsicherheit fokussierte europäische Diskurs (vgl. Kapitel 5.4.7) eine Ablehnung von Immigranten. Zweitens assoziieren die Rumänen mit Arbeitsmigranten ihr eigenes Image im Ausland. Ihre eigenen Erfahrungen sind mit Benachteiligung und Ablehnung verbunden. Sie selbst (rumänische Migranten) werden im Diskurs als die ökonomischen Parasiten in Westeuropa gesehen/behandelt. Beide, die politische Abwehrhaltung an den nationalen Grenzen einerseits und die eigenen Erfahrungen im Ausland, bestimmen das Bild der Rumänen von den chinesischen Migranten wesentlich mit. Aus diesen Gründen haben die „positiven" Positionierungen der Chinesen als „ausländische Unternehmer" in den Transformationsjahren nicht gleich zu einer gesellschaftlichen Anerkennung geführt. Ihre zugleich prekäre Lage und Kultur des Kleinhandels, der auch von vielen Roma-Gruppen betrieben wird, verschaffte ihnen keine Akzeptanz, sondern Ablehnung. Hinzu kommt, dass die chinesischen Migranten die unvertrauten neuen kapitalistischen Werte verkörper(t)en, welche in Rumänien zunächst auch als fremde (im doppelten Sinne) Bedrohung wahrgenommen wurden.

So haben die chinesischen Immigranten auch kein Interesse, sich als Minderheit in Rumänien anerkennen zu lassen. Am Beispiel der von Pál Nyíri aufgezeigten Debatte in Ungarn, in welcher es darum ging, ob die dort lebenden Chinesen selbst gleichberechtigt als „nationale Minderheit" anerkannt werden wollen, zeigt sich eine solche Differenzierung der Zuschreibungen. Sie selbst wollen nicht als Minderheit, sondern als „globale Majorität" (vgl. Nyíri 1999: 5) verstanden werden, da sie mit dem Begriff einer „ethnischen Minderheit" (gemäß der Situation in ihrem Herkunftsland) nicht den Erhalt von Sonderrechten,

---

302    Zur Situation der Minderheiten in der Transformation siehe Heller et al. 2005

sondern soziale Benachteiligung und Verfolgung assoziieren. Diese Abgren-
zungshaltung chinesischer Migranten gegenüber nationalen Minderheiten in
Ungarn und Rumänien hängt auch mit dem sozioökonomischen Unterschied
zwischen „alten" und „neuen" Minderheiten in diesen beiden Staaten zusammen: Die mit Minderheiten in Zusammenhang stehenden Problemfelder – dazu
zählen sozialökonomische Unterentwicklung, ein niedriges Bildungsniveau und
das Leben im ländlichen Raum (vgl. Heller 2002) – stehen den Charakteristika
der neuen chinesischen (und anderen) Immigrantengruppen mit ihrer ökonomischen Dominanz und ihrem im Vergleich hohen Bildungsniveau sowie ihrer
Konzentration in den Städten gegenüber. Auch wenn die deutsche und ungarische Minderheit in Rumänien auch eine traditionell hohe soziale Position in der
Gesellschaft genossen hat und genießt, sind Minderheiten dennoch mit Benachteiligung synonym zu sehen und eine Abgrenzung der Chinesen von einem
Minderheitendiskurs im Zusammenhang damit zu verstehen. Mit der Bezeichnung einer globalen Majorität stellt sich die chinesische Community über diese
lokalen Problematiken ethnischer Zuordnungen und Diskriminierungen auf nationaler (rumänischer) Ebene und betont ihre „panchinesische Zugehörigkeit"
(Nyíri 1999). Diese Perspektive bezieht sich meiner Forschung zufolge in starkem Maß auf eine teils beabsichtigte Image-Bildung und eine offizielle (jedoch
auch latent existierende) Loyalität zur chinesischen Macht. Darin zeigt sich die
Fortsetzung des positiven Images als Bestandteil chinesischer Politik, welches
auch im Ausland in Form von Handlungsorientierungen und -mustern aufrechterhalten wird.

Wenn im jeweiligen Einwanderungskontext diese Image-Bildung und die
Präsentation als homogene Gruppe von Vorteil sind, dann ist eine bestimmte
Selbstzuschreibung bzw. strategisch bestimmte Selbstdarstellung naheliegend.
Diese erklärt sich auch durch die „politischen Zwänge und Einschränkungen"
sowohl von Seiten Chinas als auch von Seiten Rumäniens gegenüber den Migranten. Ein aktiver Umgang mit kulturellen Symbolen und Werten kann sowohl
im Herkunfts- als auch im Einwanderungskontext erfolgreich sein. Migranten
erhöhen durch das Nützen bestimmer wirtschaftlicher Möglichkeiten erhöhen
ihr soziales Prestige. Deshalb praktizieren sie im Alltag oder Arbeitsleben auch
bestimmte kulturelle Werte in genau solchen Kontexten, in welchen diese Werte
für die Eingliederung in die Bukarester Gesellschaft dienlich sein könnten.
Ebenso war diese Art der Selbstdarstellung in der Interaktion mit mir als Forschende und meiner chinesischen Kollegin (als erfolgreiche Auslandsstudentin

der chinesischen Oberschicht) praktiziert worden.[303] Je „inoffizieller" ein Interviewgespräch verlief, desto relevanter wurde die spezifische und unterschiedliche Herkunft, die Religionszugehörigkeit (wie die Zugehörigkeit zu in China diskriminierten oder verbotenen Glaubensgemeinschaften) und andere Differenzierungen innerhalb der Community. Die Selbst- und Fremdethnisierung ist also eine wirksame Fiktion, bei der die Mobilisierung von ethnischen Ressourcen (vgl. Scherr 2000, Schmidt 2000) zur Imageverbesserung dient. Die chinesischen Migranten zählen daher seit Beginn ihrer Einwanderung in Bukarest auf ihr erfolgreiches Unternehmertum und einen raschen sozialen Aufstieg bei Inkaufnahme von hohem Risiko, womit sie schließlich auch „Erfolg" hatten. Denn Chinesen gelten nun auch als respektierte Geschäftsleute in Rumänien. Mit den bereits genannten Visitenkarten oder durch Vereinsbildungen (vgl. Li 1999a), mit welchen auf die Funktionen und Positionen innerhalb der chinesischen Community und in der Bukarester Gesellschaft hingewiesen wird, werden diese Attribute (Erfolg, Modernität, Entwicklung) präsentiert und stehen ganz im Kontrast ihrer „Beurteilung" seitens der rumänischen Gesellschaft. Der diskursive Wandel des chinesischen Migranten vom „schmarotzenden Kurzbesucher" zum respektierten Geschäftsmann der Bukarester High Society steht also auch im Zusammenhang mit der Art der Selbstpräsentation der Immigranten. Der Wandel von Bewertungen kann hinsichtlich des Zusammenhangs von Migranten/Minderheiten und Unternehmertum verallgemeinert werden. So sind die Diskriminierung der Minderheit und der Respekt vor ihrem Unternehmertum keine China- und keine rumänienspezifischen Phänomene. Vielmehr ist der Zusammenhang von Migranten oder Minderheiten und Kleinunternehmertum ein oftmals in der Geschichte Europas seit dem 17. Jahrhundert (vgl. Schmidt 2000) und in der Gegenwart insbesondere in den USA beobachtetes Phänomen. Daraus entwickelte sich in der Migrationsforschung die breite, kontroverse Diskussion des „immigrant entrepreneurship" (Waldinger 1990, Light/Gold 2000, Kloostermann/Rath 2001) sowie auch der „Ethnischen Ökonomien" (Light/Gold 2000; Hillmann 2001), welche unterschiedliche Standpunkte einnehmen. In der Beobachtung dieser Diskussion kann man feststellen, dass der Zusammenhang von „Ethnizität" bzw. Ethnisierung und „Unternehmertum" bzw. ökonomischen Nischen und Formen der Ökonomie (Überlebensökonomie kleiner Selbständiger) kein einheitliches und schon gar nicht ein statisches Phänomen darstellt (vgl. Schmidt 2000). Die Differenzierung innerhalb solcher Gruppen ist oftmals dadurch entstanden, dass wenige sozial aufsteigen und das Schicksal vieler anderer („Gescheiterter") unbekannt bleibt. Je nach Fall und Einbettungsform

---

303  Siehe dazu Methodischer Anhang, Beobachtungsprotokolle

werden solche „ethnischen Ressourcen" unterschiedlich, temporär bspw. geschäftlich nutzbar gemacht, können sich wieder verflüchtigen, wenn der kulturelle Zusammenhalt schwächer wird. In anderen Fällen entstehen sie neu, werden umgestaltet oder reanimiert" (vgl. Schmidt 2000). Die chinesischen Migranten erreichen dies durch die genannten „kapitalistischen Mode-Werte" wie Flexibilität, Mobilität und Disziplin. Im eigenen Selbstverständnis einer „globalen" Community reagieren chinesische MigrantInnen in Osteuropa auf Diskriminierung in einer Gesellschaft oder „eine ungünstige Phase an einem Ort" eher weniger mit lokaler politischer Mobilisierung als vielmehr mit hoher räumlicher Mobilität und ökonomischer Flexibilität.

In westeuropäischen Einwanderungsländern bzw. in der europäischen Migrationsforschung wird Selbstethnisierung als eine Reaktion auf das Scheitern der Assimilierung vieler MigrantInnen beschrieben (vgl. Ha 2000). Im Gegensatz dazu stellt gerade diese chinesische Ethnisierung eine mögliche Form der Assimilierung dar, welche im rumänischen Einbettungskontext „erfolgreich" sein kann.

### 5.5.6 Deutungsmuster und Erklärungsansätze in der Forschung

Das Bild von einer spezifischen chinesischen Migrationskultur wurde in der westlichen (europäischen und US-amerikanischen Migrationsforschung) diskursiv verfestigt. Oft wird es entweder auf kulturelle oder auf ökonomische Faktoren reduziert. Diese einseitigen Perspektiven, welche den akademischen Diskurs bislang dominierten, werden einerseits zu überwinden versucht (vgl. Spaan et al. 2005), indem jetzt die Verknüpfung von Ökonomie und Kultur gesucht wird. Andererseits gibt es auch die Tendenz, diese Dichotomie weiter zu verfestigen. So ist in einer der kulturalistischen Argumentationen die „Rede vom konfuzianischen Kapitalismus", welche nach Pohlmann (2000) eine solche Begründung jedoch geradezu überreizt, „denn weder die Fortsetzung von Zahlungen noch die der Produktion werden nach den verfügbaren Forschungsbefunden von der Befolgung der ethischen Maximen des Konfuzianismus abhängig gemacht."[304] Das Thema über ökonomische Praktiken von Migranten, insbesondere jene, die in irgendeiner Form selbständig bzw. nicht angestellt arbeiten, war also bisher durch kulturalistische Sichtweisen geprägt. In der Literatur zum Thema Immigrant Entrepreneurs hingegen wurden ethnische Gruppen mit bestimmten Hand-

---

304  Pohlmann 2000: 297

lungs- (und Handels)-mustern charakterisiert, die sich für ihre eigenen („ethnisch geprägten") Praktiken adäquate ökonomische Nischen suchen würden.

> „Aus dieser Perspektive betrachtet stellt sich „ethnische Ökonomie" weniger als ein Begriff dar, der bestimmte soziale oder kulturelle Wanderungsprozesse im Zusammenhang mit Migration fasst und analysierbar macht, sondern vielmehr als Beitrag zu Ethnisierung (und vor dem Hintergrund der herrschenden Diskursbedingungen auch zu Rassismus). Dieser Beitrag ergibt sich immer dann, wenn „Kultur" als Ergänzungs- oder Residualkategorie herhalten muss, weil die Bourdieu'sche, auf ethnologischer Grundlage erarbeitete Erweiterung des Kapitalbegriffs außer Acht bleibt."[305]

Einer der am häufigsten erwähnten theoretischen Zugänge, der für die Überwindung der bisherigen einseitigen Modelle steht, ist das bereits genannte Konzept des Mixed Embeddedness (Kloostermann und Rath (2001). Ohne das „Mitgebrachte" von Migranten zu verneinen, betonen Kloostermann und Rath die Relevanz des lokalen Einbettungskontextes, den Neuankömmlinge vorfinden. Sowohl veraltete einseitige ökonomische Modelle als auch kulturalistische Erklärungsansätze werden zur Beantwortung dieser Frage abgelehnt und als „Scheinevidenz" von ethnischen Merkmalen als Ursache für bestimmte Handlungsmuster von Migranten entlarvt. Entgegen der Ethnisierung von Chinesen, bei welcher „alle Chinesen über einen Kamm geschoren werden" (Ong 2005: 191), betonen sie hingegen, dass dieser Kosmopolitismus kein chinesischer ist, sondern den Luxus einer bestimmten, kleinen Elite chinesischer Führungskräfte repräsentiert,

> die grenzüberschreitend tätig ist und keine Loyalität gegenüber einem bestimmten Staat kennt, die im Zeitalter des asiatisch-pazifischen Kapitals zu einer bedeutenden Gestalt geworden ist. (...). Vielleicht ist die flexible persönliche Disziplin, Handlungsdispositionen und Orientierung gar nicht spezifisch „Chinesisches", sondern Ausdruck eines Habitus, der genau auf die Turbulenzen des Spätkapitalismus abgestimmt ist.[306]

### 5.5.7 Innere Logik versus Inkonsistenzen und Wandel von Deutungsmustern

Die Lebensform, die auf Mobilität und Flexibilität beruht, wird im chinesischen Diskurs in Europa und auch global positiv, d.h. modern und kapitalistisch bewertet. Paradox mag es vor diesem Hintergrund scheinen, dass diese Lebensform zugleich von Nationalstaaten und dem europäischen Migrationsregime

---

305   Timm 2000: 375
306   Ong 2005: 191

illegalisiert wird. Dies birgt einen weiteren Widerspruch, mit welchem die chinesischen Migranten leben müssen.

In Rumänien erfolgte in den letzten 15 Jahren im Diskurs ein „Imagewandel" der Immigranten, welcher sich durch den Wandel der „Migrationsfiguren" vom „bedrohlichen Schmarotzer" zum „Kapitalisten" beschreiben lässt. So veränderte sich die anfängliche politisch-institutionelle Nichtthematisierung von Immigration bzw. Immigranten in der Öffentlichkeit bzw. die in den Medien produzierte Bedrohung aus dem Ausland zu einer gegenwärtig vorherrschenden Kosten-Nutzen-Sichtweise, welche die Immigration als Profit für die nationale Wirtschaft darstellt. In Abhängigkeit also vom wirtschaftlichen Nutzen der Immigration werden Immigranten der frühen Jahre der Transformation von Mitgliedern krimineller Gangs, welche das System unterlaufen und die Modernisierung verhindern, zu einem gegenwärtigen Kapitalgewinn für das Land instrumentalisiert.

Es kann also zusammengefasst werden, dass sich das Bild über chinesische Immigranten in Rumänien wandelt und sich den kontextuellen Veränderungen fügt. Das Bild des Feindes in der Ceauşescu Diktatur wird in den ersten Jahren der Transformation zum Bild der Bedrohung, dann zu einem Bild des Schmarotzers, der sich schließlich zum modernen Kapitalisten wandelt. Im institutionellen und internationalen Diskurs werden Migranten – eng gekoppelt an das Bild einer Schattenwirtschaft ebenso wie an das Bild von einer „illegalen Migration" – entweder auf Kriminelle oder Opfer reduziert.

Dieser durch Ambivalenz geprägte Diskurswandel und damit verbundene Komplexität aus Selbst- und Fremdethnisierung steht einerseits im Kontext der rapiden Veränderungen Rumäniens, wie sie in Kapitel 5.2 beschrieben wurden. Andererseits geht dieser Wandel mit dem globalen Diskurs über Chinas Wandel von einem „Entwicklungsland zu einer Wirtschaftsmacht" einher. Die rapiden Veränderungen in China – trotz einiger Prognosen des Einbruchs dieser Wachstumsentwicklung oder des Zusammenbruchs der Parteimacht – lassen sich bis heute weiterverfolgen (vgl. Cho 2005). Sowohl der wirtschaftliche Erfolg als auch die damit einhergehenden sozialen Risiken (systematische Menschenrechtsverletzungen, fehlendes Sozialsystem, soziale Probleme wie Überalterung, Armut bzw. soziale Ungleichheit, Umweltzerstörung usw.) haben in den internationalen, öffentlichen Diskurs Eingang gefunden. Das „Timing des Falles" (siehe oben) verläuft also weiter in die Gegenwart hinein. Durch die ökonomische Entwicklung in Rumänien wird das Land – gleichermaßen wie Chinas Wirt-

schaftsaufschwung im globalen Kontext – als „Neuer Tigerstaat Europas"[307] bezeichnet. Die chinesischen Migranten sind demzufolge sowohl in ihrem Her-
kunfts- als auch in ihrem Zielland (bei allen anderen Unterschieden) mit rapider
wirtschaftlicher Entwicklung und gleichzeitiger sozialer Ungleichheit konfrontiert.

Ihre Wahrnehmung als Immigranten in Rumänien ist nicht linear entlang eines Strukturwandels (Transformationen) und Diskurswandels zu sehen. Vielmehr lässt sich sagen, dass, so wie diese ökonomischen und gesellschaftlichen
Transformationen von Kontinuitäten und Brüchen (bzw. gegenläufigen Entwicklungen) gleichermaßen konstituiert werden, sich auch die genannten Bilder
der Migranten bzw. Migrationsfiguren überschneiden. Sie

„(…) identifizieren in den jeweiligen migrationspolitischen Konstellationen die dazu korrelie-
renden Figuren, an denen man gleichsam die Fluchtpunkte, aber auch die Verknappungen des
Migrationsdiskurses ablesen kann. Derlei Figuren repräsentieren also weniger soziale Gruppen,
als dass sie Migrationsverhältnisse begriffspolitisch reflektieren."[308]

Diese Figuren bzw. Bilder existieren teilweise parallel, die Wahrnehmung der
Immigranten im Zuge dieses Wandels ist daher sehr ambivalent. Fremd- und
Selbstzuschreibungen überschneiden sich und sind daher struktureller Bestand-
teil jeglichen Handelns und jeglicher Migration.

In der Analyse der Interviews und Beobachtungsprotokolle meiner Arbeit
standen diese beiden Elemente einer Selbstpräsentation des globalen, mobilen,
flexiblen und risikobereiten Turbokapitalisten jenen Gefühlen von Heimweh,
Zerrissenheit, Schmerz über die Trennung von der Familie bzw. Unvereinbar-
keit von Unternehmertum und Familienleben bzw. Bedrohung durch
Illegalisierung und Kriminalisierung gegenüber. Dem obigen Zitat des mobilen
Migranten, der lediglich einen Flughafen braucht, möchte ich daher ein gegen-
sätzliches hinzuzufügen. So erzählte mir eine Frau, die etwa 30 bis 40 Jahre alt
war und die als Verkäuferin am China-Markt arbeitet, sie lebe alleine hier und
arbeite seit fünf Jahren in Rumänien auf der Piaţa Europa täglich von fünf oder
sechs Uhr morgens bis 16 Uhr nachmittags ohne Sonn- oder Feiertag. Manchmal, wenn sie besonders gut aufgelegt sei, würde sie es sich gönnen, mal zuhause zu bleiben. Ich vermutete, dass sie das erste Mal von einer „fremden" Frau
gefragt wurde, wie es ihr denn in Rumänien gehe. Nach den Fragen meines
Leitfadens schloss ich noch eine persönliche an und wollte von ihr wissen, ob

---

307  Aus einem Vortrag der Friedrich Ebert Stiftung, 2. Mai 2007. Rumänien – neuer „Tigerstaat"
     in Europa?
308  Karakayali/Tsianos 2005: 38

sie Heimweh habe. Daraufhin drehte sie sich um und weinte.[309] Auch in anderen Interviews zeigte sich Widersprüchliches, wie „ich habe mich schon so an Bukarest gewöhnt, ich möchte nicht weg" und im selben Interview die Argumentation „ich möchte zu meiner Frau und meinen Kindern nach China, es ist nicht gut, solange von der Familie fern zu sein".[310] Die Chinesen in Bukarest leben im Fadenkreuz dieser Deutungen und bilden eine unbekannte Lebenswelt im Kontext europäischer Geschichte nach 1990.

---

309   Feldnotiz, (Bukarest, Piaţa Europa) 13.02.2004
310   Unternehmer, Herr Wang Xuan (48)

# 6  Schlusswort und Ausblick

In dieser ethnographisch-soziologischen Fallstudie habe ich die Geschichte der chinesischen Immigration in Bukarest nach 1990 in ihrer Besonderheit und ihren allgemeinen Strukturen nachvollzogen. Dabei wählte ich einen doppelperspektivischen Zugang: Die Rekonstruktion der diskursiven (Re-)Präsentation des Falles als methodisch-analytische Vorstufe wurde einer anschließenden historischen Rekonstruktion der erlebten Geschichte der Migranten vorangestellt. Die anschließende Kontrastierung der Ergebnisse aus beiden Analyseschritten diente der Herausarbeitung vorher noch nicht sichtbarer Interdependenzen und Bezüge zwischen diesen beiden Ebenen. Mit anderen Worten: Die diskursive Ebene und die historische bzw. erlebte Ebene bilden gemeinsam und in Verschränkung miteinander die konstitutive/n Struktur/en des Falles.

Bei deren Rekonstruktion wurde jeweils die Verknüpfung von Diskursen und historischen Prozessen herausgearbeitet. In den Analysen wurde deutlich, dass sich die Dynamik dieses Falles – der Geschichte einer unsichtbaren und neuen Minderheit in Osteuropa – durch Komplexität an Bildern und Erlebtem sowie durch die vielschichtigen Spannungen zwischen lokalen und globalen Diskursen und Handlungsebenen erklären lässt.

Die Fallstruktur ist auf vier Themen bezogen. Erstens geht es um die Besonderheit der Post-1989-Migration von China nach Rumänien im Kontext von Transformationen. So ist für die Struktur und den Verlauf des Falles bestimmend, dass sich mehrere Wandlungsprozesse sowohl im Herkunfts- als auch im Einwanderungskontext zugleich ereigneten. Dazu gehören die Globalisierung allgemein sowie die als Transformationen bezeichneten Prozesse in China seit 1978 und in Rumänien seit 1989. Auf nationaler, lokaler Ebene sowie auf der Ebene der alltäglichen sozialen Wirklichkeit der Stadtbevölkerung und der Immigranten in Bukarest war zu beobachten, dass diese mit rapiden Veränderungen konfrontiert waren und sind. So kamen zu Beginn der 1990er Jahre einige Pioniere mit Koffern voll China-Ware in Bukarest an und verkauften ihre Ware auf den unzähligen kleinen Straßenmärkten der Stadt. Im Jahr 2007 befindet sich auf einem großen Areal am Stadtrand von Bukarest ein Baukomplex aus acht großen Shopping-Malls. Chinesische Unternehmerinnen und Unternehmer investieren nun in Großprojekte wie etwa der Telekommunikation in Rumänien. Neu ist auch die Rekrutierung von chinesischen Textilarbeiterinnen durch rumänische Unternehmer. Diese Entwicklung hängt mit dem gegenwärtigen Mangel an rumänischen Arbeitskräften aufgrund der Auswanderungswellen aus Rumänien zusammen. Charakteristisch ist jedoch, dass diese gesellschaftlich tiefgreifenden Änderungen, die nicht nur die hier genannten ökonomischen, sondern auch politische und soziale Konsequenzen haben, in einem starken Kontrast dazu stehen, dass ihre soziale Wirklichkeit in der Forschung, der Politik und Öffentlichkeit unbeachtet und unbekannt blieb.

Als zweites Themenfeld ist das Spannungsverhältnis von lokalen und globalen Prozessen für die Geschichte der Migranten zu nennen. Strukturbildend für die Fallgeschichte sind die Bedeutung der „Verortung" einerseits und die der Transnationalität andererseits. Die Auseinandersetzung mit dem wissenschaftlichen Transnationalismuskonzept spielte hier eine besondere Rolle: Dieses behandelte ich als theoretischen Diskurs, der zunächst kritisch betrachtet wurde. Die Frage, ob und wie die chinesische Community in Bukarest transnational lebt und was transnationale Lebensformen sein könnten, wurde empirisch beantwortet.

Drittens habe ich unter Bezugnahme auf das Konzept des sozialen Deutungsmusters aufgezeigt, dass Informalität als soziales Konstrukt auf unterschiedlichen Ebenen fallbestimmend ist. Informalisierungsprozesse sowie damit verbundene Illegalisierung und Kriminalisierung der Migranten in Europa bilden also ein weiteres Themenfeld der Fallstruktur.

Schließlich stellt die gesellschaftliche Konstruktion (kultureller) Deutungsmuster über chinesische Migranten ein viertes zentrales Thema der Fallstruktur dar. Die chinesischen Migranten in Bukarest leben im Fadenkreuz unterschiedlicher Zuschreibungen. Im Herkunftsland werden sie als patriotische Kapitalisten, die Modernität ins Land bringen, gefeiert. In Europa werden sie der internationalen Welle „illegaler Migration" zugeordnet und auf Kriminelle und/oder Opfer reduziert. In Bukarest leben sie mit und in Konkurrenz zu den Bewertungen bzw. Abwertungen von Minderheitengruppen wie etwa der Roma-Minderheit. Diese u.a. Bewertungen und Zuschreibungen haben mehrere Konsequenzen. Eine davon ist, dass chinesische Immigranten in Bukarest es gelernt haben, mit diesen aktiv umzugehen. So wurde deutlich, dass sich kulturelle Deutungsmuster nicht nur habituell verankern oder als biographisches Kapital gelebt werden, sondern situationsangemessen genutzt oder sogar teilweise inszeniert werden, mit dem Ziel, einen Weg in die Gesellschaft zu finden und in dieser als Minderheitengruppe in eine respektierte Position zu gelangen.

Alle vier Themen hängen mit den methodologischen Ergebnissen der Arbeit in Zusammenhang. Im Zuge der Arbeit wurde eine multiperspektivische Herangehensweise an den Untersuchungsgegenstand entwickelt. Dies geschah ausgehend von spezifischen Irritationen im Forschungsprozess: So wurde während der Recherchen bereits bald deutlich, dass zwischen der wissenschaftlich-theoretischen Auseinandersetzung mit dem Thema „am Schreibtisch" einerseits und mit der Begegnung mit den Beforschten im Feld andererseits eine große Diskrepanz herrschte. Die wissenschaftliche Literatur sowie die verschiedenen politisch-öffentlichen Diskurse über internationale Migration (vor allem über die Migranten nach Europa) waren und sind mit Deutungen und Erklärungsansätzen überfrachtet. Als Forscherin im Feld war ich hingegen mit Zugangsproblemen und unbekanntem Terrain konfrontiert.

Um diese Diskrepanz und die Irritationen im Feld erkenntnistheoretisch zu nutzen, habe ich eine multiperspektivische Fallbeschreibung gewählt. So war es ein zentrales Anliegen, unterschiedliche methodologische Perspektiven einzunehmen, um den Untersuchungsgegenstand adäquat zu erfassen und zu beschreiben. Insbesondere sollten dadurch eingefahrene Dichotomien zwischen Mikro- und Makroebene, lokaler und globaler Ebene, zwischen Diskursen und Erlebtem sowie zwischen empirischen und theoretischen Befunden überwunden oder zumindest methodisch-theoretisch reflektiert werden. Schließlich habe ich die daraus erzielten Erkenntnisse (bspw. mithilfe der Dekonstruktion zentraler Begriffe) in die Rekonstruktion systematisch einbezogen.

Die unterschiedlichen methodischen Zugänge habe ich im Laufe der Forschung strukturiert. Daraus folgte die Entscheidung, diskursive Daten mit ereignisgeschichtlichen Daten zu kontrastieren bzw. zu verknüpfen. Das Konzept der Deutungsmuster hat sich dabei sowohl methodologisch als auch theoretisch als geeignet erwiesen: Für die doppelperspektivische Rekonstruktion diente es als Verknüpfungsmoment der beiden Ebenen. In theoretischer Hinsicht bot sich seine Verwendung auch insofern an, als Deutungsmusteranalysen besonders in Verbindung mit Milieuanalysen, der Transformationsforschung als auch der Minderheitenforschung vorgeschlagen werden (vgl. Oevermann 2001a+b). Besonders deutlich zeigte sich dies an der Bedeutung des Begriffes Mafia im untersuchten Fall. Dieser stellte sich sowohl als charakteristischer Begriff des Transformations- als auch des Minderheitendiskurses heraus. Dabei wird seine Bedeutung aus der Zeit vor 1989 teilweise tradiert und dient vor allem dazu, gesellschaftliche Probleme der Transformation latent zu benennen und/oder bestimmten Gruppen zuzuordnen. Die Unzufriedenheit der Bevölkerung mit den staatlichen Institutionen (und den Korruptionsfällen in der Transformation) wird mit dem Mafiadiskurs ebenso ausgedrückt wie die Angst vor einer Bedrohung der Gesellschaft durch Einflüsse von außen (bzw. durch globale Entwicklungen) oder die Schuldverlagerung (etwa für Kriminalität in der Gesellschaft) auf kulturelle Minderheitengruppen.

Mithilfe des Vorgehens, den Fall von unterschiedlichen theoretischen und methodischen Ansätzen ausgehend zu betrachten, versuchte ich, einen Beitrag zu einer stärker multiperspektivischen Analyse der Migration zu leisten. Die Notwendigkeit der Methodentriangulation in der Migrationsforschung sehe ich nicht nur in der Tatsache begründet, dass in der Migration immer unterschiedliche Systeme und Welten aufeinandertreffen, deren Zusammenspiel betrachtet werden muss und die Komplexität implizieren. Vielmehr liegt eine Perspektivenvielfalt auch darin begründet, dass die Forschenden selbst, unabhängig davon aus welchem Kontext sie selbst kommen, mit fremden Welten und Zugangsproblemen konfrontiert sind. Das bedeutet, dass „blinde Flecken" implizit vorhanden sind und daher in der empirischen Gegenstandsbestimmung sowohl in der Methode als auch in der Theorie, bedacht werden müssen. In Anlehnung an Bourdieus reflexiver Anthropologie (1996) sah ich als zentralen Bestandteil im Forschungsprozess, mir der eigenen blinden Flecken bewusst zu werden und mich darum zu bemühen, die Prozesse und Kriterien der eigenen Deutungen aufzuklären sowie schließlich auch der Leserschaft transparent zu machen. Hier ermöglichte die Perspektivenvielfalt das Gewahrwerden von „blinden Flecken", indem sie dazu beiträgt, dass Stereotypisierung, Einseitigkeit und eine wissenschaftliche Ethnisierung, also ein szientifizierter Rassismus in der Migrationsforschung verhindert wird.

Als Ausblick möchte ich einige Forschungsdesiderate nennen, die sich auf das Thema einerseits und auf die Methodologie andererseits beziehen.

Angesichts des rapiden Wandels im Untersuchungsfeld – hinsichtlich der politisch-sozialen Bedingungen ebenso wie hinsichtlich der Diskurse – wäre es sinnvoll, mit einer Vergleichsstudie, die sich mit der Entwicklung nach dem EU-Beitritt befasst, fortzufahren. Ebenso notwendig erscheint eine weiterführende Forschung in Osteuropa über neue Migrantengruppen, die Verknüpfung von Migrations- und Minderheitenforschung und besonders die vertiefende regionale und transnationale Perspektive in der Forschung über Immigration in osteuropäischen Staaten. Diese Themen liegen einerseits in den aktuellen sozialen Prozessen des Migrationsgeschehens in der erweiterten EU begründet. Um die soziale Wirklichkeit zu verstehen, ist es andererseits auch wichtig, die Deutungsmuster von Minderheiten und Migranten sowie die Konstruktion von räumlichen Identitäten im Zusammenhang mit dem Konstrukt Europa zu analysieren, einem Konstrukt mit neuen und sich verändernden Grenzen sowie Bedeutungen, die sich durch transnationale, globale Prozesse wandeln. Ich schlage eine verstärkte transnationale Forschung vor, bei welcher die Begleitung der Migranten auf ihren Migrationspfaden über Staaten hinweg im Vordergrund steht. Ihre Wege müssen im historischen bzw. biographischen Ablauf ebenso wie in ihrem räumlichen Ablauf und in ihrer sozialen Bedeutung rekonstruiert werden.

In methodologischer Hinsicht sollten außerdem die Ebenen der Diskurse, der soziohistorischen Prozesse und der erlebten Geschichten von Menschen einander gegenübergestellt werden. Insbesondere für ethnographische Fallstudien könnte dies eine systematische Methode darstellen. Sinnvoll wäre hier auch eine weitere Reflexion der methodologischen Implikationen, die sich auf die Verknüpfung der beiden Ebenen eines Falles beziehen. Die separate Analyse der genannten Ebenen des Falles und ihre Kontrastierung können die komplexe Verschränkung sowie heterogene Ausprägungsmöglichkeiten dieser unterschiedlichen Ebenen stärker hervorheben.

Die Doppelperspektive hat sich in meiner Arbeit nicht nur auf den Analysevorgang selbst, sondern auch auf den Prozess des ethnographischen Schreibens bezogen. So entstanden zwei rekonstruktive Analysen, die miteinander kontrastiert wurden. Auch diese Form der Darstellung sehe ich als Beitrag dazu, die Darstellungspraxen in der qualitativen Forschung um eine Variante zu erweitern. Die Arbeit setzt sich implizit mit der Frage nach der wissenschaftlichen Konstruktion sozialer Wirklichkeit durch einen ethnographischen Text (vgl. Friebertshäuser 2003) auseinander.

Gerade bei weiteren durch Diskurse überfrachteten Themen oder aber bei unbekannten bisher nicht behandelten Themen sollte das Verhältnis von ereignisgeschichtlicher Ebene einerseits und Deutungen dieser Ereignisse andererseits mehr beachtet werden. Fest steht, dass in jeder ethnographischen Studie die Ebene der Diskurse eine wesentliche Bedeutung hat. So können historische Ereignisse und Prozesse von herrschenden Diskursen dominiert werden. Diskurse können unterschiedlich verinnerlicht werden, wie etwa in Form von gesellschaftlichen Deutungsmustern oder auch habituellen Handlungsmustern. Auch die unterschiedliche Dauer und Geschwindigkeit von Diskursen im Kontrast zum Verlauf der Ereignisse und Prozesse ist je nach Thema und Studie von unterschiedlicher Bedeutung.

Ein tieferes Verständnis und ein differenzierteres Bild der Migrationsprozesse können vor allem durch biographieanalytische Rekonstruktionen von Migrationsgeschichten und Erfahrungen gewonnen werden, die bisher bezüglich Osteuropa und der internationalen Migrationsforschung nicht vorliegen. In diesem Zusammenhang wäre eine „Translokale Ethnographie" (Lauser 2005), d.h. eine Forschung in China und in Osteuropa sicherlich gewinnbringend. Zudem würden sich biographische Fallrekonstruktionen dazu eignen, die beiden genannten Dimensionen des Deutens, Wahrnehmens und Erlebens sozialer Prozesse zu analysieren.

# Methoden-Anhang

Dieser Anhang dient als Ergänzung der Arbeit in methodischer Hinsicht. Hier werden Ergänzungen zu den durchgeführten Erhebungs- und Auswertungsverfahren gemacht. Auch finden sich hier Listen der erhobenen Datenmaterialien zur Übersicht. Dazu gehören die geführten Interviews, die erstellten Beobachtungsprotokolle, die analysierten Zeitungen, die Fragebogenerhebungen sowie andere Erhebungen. Außerdem sind einige Abbildungen und statistische Daten angeführt.

Der Inhalt dieses Methodenanhangs ist:
1. Verlauf der Erhebungen und Auswertungsverfahren
2. Liste der ExpertInnengespräche
3. Angaben zu den Fragebogenerhebungen
4. Interviews mit chinesischen ImmigrantInnen und weiteren Personen
5. Liste der Beobachtungsprotokolle
6. Printmedien
7. Weitere Datenerhebungen
8. Abbildungen und statistische Daten

## 1 Verlauf der Erhebungen und Auswertungsverfahren

Insgesamt erstreckte sich die Feldforschungsphase dieser Arbeit über eine Zeitspanne von 5 Jahren (November 2002 bis März 2007). Innerhalb dieser verbrachte ich insgesamt zehn Monate und dies mit Zwischenabständen in Rumänien. Dabei wechselte also der Feldaufenthalt bzw. der Aufenthalt in jener „Lebenswelt" der chinesischen Community, die ich als Fall für meine Forschung gewählt habe mit einem Aufenthalt „am Schreibtisch" in Deutschland ab.

**Tabelle: Feldaufenthalte**

| 2002 | 2003 | 2004 | 2005 | 2006 | 2007 |
|------|------|------|------|------|------|
| November | Februar<br>Juni<br>September<br>Oktober | Februar<br>Juni<br>Juli<br>September<br>Oktober | Mai | Mai | März |

In der ersten Erhebungsphase in den Jahren 2002 und 2003 wurden vorwiegend drei Erhebungen durchgeführt: Erstens das Führen von Leitfadeninterviews mit ExpertInnen, zweitens das Sammeln von statistischen Materialien und wissenschaftlichen Studien und drittens eine umfangreiche Sammlung von Berichten in rumänischen Printmedien. Die erste Annäherung an das Thema war eine Betrachtung verschiedener Diskurse, die in Zusammenhang mit Migrationsbewegungen seit 1989 im Allgemeinen und Immigrationsprozessen in Rumänien im Besonderen stehen (vgl. Kapitel 3). In dieser ersten Explorationsphase lautete die Forschungsfrage, welche Migrationsbewegungen und Immigrantennetzwerke vor dem Hintergrund des wirtschaftlichen, politischen und sozialen Transformationsprozesses Rumäniens in Bukarest in Erscheinung treten. Wer und wo sind Migranten, welche Bilder und welche Diskurse bestehen in Bukarest darüber? Welche Phänomene werden in Hinblick auf das Forschungsprojekt relevant und könnten eine Eingrenzung der Forschungsfrage leiten?

In einer zweiten Phase 2003 bis 2006 lag der Schwerpunkt dann auf Gesprächen mit chinesischen ImmigrantInnen und ihren Angehörigen. Ebenso wichtig waren in dieser Phase die teilnehmende Beobachtung und das Verfassen von Feldnotizen. Die Erhebungen als Teilnehmerin fanden vorwiegend ab 2004 statt. Einige der Beobachtungen wurden in Form von ausführlichen Beobachtungsprotokollen schriftlich fixiert. Diese sind in Punkt 5 dieses Anhangs aufgelistet. Bei weiteren teilnehmenden Beobachtungen war ich vor allem Kundin am China-Markt in Colentina und kann mich daher durch die Kommunikation mit den dort arbeitenden VerkäuferInnen in ihrer „natürlichen Umgebung" auf die „Teilnahme am sozialen Geschehen und auf den teilnehmenden Mitvollzug von Handlungsabläufen und Ereignissen" (vgl. Rosenthal 2005) stützen. Hier wurden auch Video- und Fotoaufnahmen erstellt und anschließend analysiert.

In einer dritten Forschungsphase 2005 bis 2007 ging es darum, Analysen ausgewählter Datenmaterialien im Detail durchzuführen. Ziel war es, Einzelszenarien verschiedener Immigranten- und Händlergruppen, ihre Bedeutung für ein Stadtsystem im Transformationsprozess sowie ihren sozialen Vernetzungsprozess zu rekonstruieren. Während dieser Zeit intensivierte sich der Kontakt mit einigen Personen der Community. So ergaben sich über mehrere Jahre wiederholte Treffen mit denselben Personen. Mit diesen führte ich auch lebensgeschichtliche Interviews. Diese wurden auf Rumänisch geführt, also einer Fremdsprache für beide Personen des Interviews. Die Interviews bildeten die Basis für eine Globalanalyse (Rosenthal 2005), insbesondere der biographischen Daten. Der Grund, warum sich die lebensgeschichtlichen Interviews auf die biographischen Daten fokussieren, liegt in der „Tabuisierung der Vergangenheit" (vgl. Kapitel 2) in der VR China. Diese grundsätzliche Problematik des derzeitigen Forschungsstandes gepaart mit den Zugangsschwierigkeiten im Feld ist der Grund, warum ausführlichere biographische Rekonstruktionen den Rahmen dieser Arbeit gesprengt hätten. Darüber hinaus ist die große Forschungslücke sowohl in der europäischen Migrations- als auch in der Biographieforschung zu nennen. So mangelt es an einer lebensgeschichtlichen Perspektive auf chinesische Migranten in Europa. Für eine weitere Analyse könnten die Interviews in der Muttersprache geführt und durch Einbezug von SinologInnen analysiert werden. Die zentrale Forschungs- und Erhebungsproblematik kann mit der Tatsache einer interkulturellen Forschung und Fremdheit der Forscherin im Feld zusammengefasst werden. Meine Rolle als Forscherin in der Fremde habe ich bei der Erhebung, der Auswertung und Hypothesengenerierung reflektiert. Diese Reflexionen sind in Form von unveröffentlichten Memos festgehalten. Diese Memos und die niedergeschriebene Selbstreflexion wurden bei der Analyse nutzbar gemacht (vgl. Hirschauer/Amann 1997).

Interviews: Bei den Interviews lassen sich zwei grundsätzliche Methoden in dieser Arbeit unterscheiden. Zunächst führte ich offene und leitfadengesteuerte Gespräche, die für die Diskursanalyse aufbereitet wurden. Die Vorgehensweise, die Fragestellung und die Interviewverläufe wurden in Kapitel 3 dargestellt. Die weiteren Interviews mit chinesischen MigrantInnen und ihren Angehörigen oder MitarbeiterInnen waren offene Gespräche, die sich sehr oft spontan ergaben und/oder Bestandteil der teilnehmenden Beobachtung waren. Die Gesprächsform wurde daher an die Form des Treffens und den Bezug zu den Personen angepasst. Mit einigen Geschäftsmännern wurden „Expertengespräche" geführt, die sich vor allem auf die Tätigkeiten in ihrem Unternehmen bezogen. Mit anderen Personen wurden nach einem besseren Kennenlernen lebensgeschichtliche Interviews geführt.

Biographische Globalanalysen: Die Auswertung biographischer Interviews erfolgte nach der biographischen Fallrekonstruktion in Form einer Globalanalyse (vgl. Rosenthal 2005). Neben der Analyse der Präsentationsebene ist vor allem der Nachvollzug der erlebten Ebene ein Schwerpunkt dieser Globalanalyse. Bei der Rekonstruktion der biographischen Daten ging es darum, die Lebenswelt der chinesischen Community aus der historischen Perspektive zu rekonstruieren. Es wurde der Frage nachgegangen, vor welchem historischen Hintergrund und welcher Sozialisation die chinesische Community in Bukarest gesehen werden kann und welches biographische Kapital die eingewanderten ChinesInnen, insbesondere Frauen, mitbringen. Eine solche Analyse verfolgt das Ziel, Hypothesen darüber zu bilden, inwiefern Handlungs- und Deutungsmuster der Generation der in den 1950er Jahren in China sozialisierten Personen für ihre aktuelle Lebenswelt in Bukarest relevant sein könnten.

Beobachtungsprotokolle: Bei den Beobachtungsprotokollen stand im Zentrum der Analyse die Rekonstruktion von Interaktionsstrukturen der Immigranten-Community mit/in der Bukarester Stadtgesellschaft. Die analyseleitende Forschungsfrage bezog sich auf die Interaktionen der Immigranten in der Bukarester Stadtgesellschaft. Gefragt wurde, wie die chinesischen Migranten sich in der Stadt bewegen und wie sie mit „anderen", der Forscherin, den Rumänen, anderen Migranten, anderen kulturellen Gruppen und anderen Chinesinnen und Chinesen interagieren. Relevant war auch, welche Milieus sie aufsuchen, welche Möglichkeiten sie als Migranten wahrnehmen und welche „Nischen" sie finden. Auch wurde nach den spezifischen Gegebenheiten in der Stadt bzw. in der Transformationsgesellschaft gefragt, welchen eine Immigrantin oder ein Immigrant gegenübersteht, d.h., gefragt wurde nach den gesellschaftlichen Strukturen, welche sich in den Interaktionen spiegeln.

Die Interpretationen von Interaktionen wurden mit anderen empirischen Befunden verdichtet. So flossen in die Hypothesebildung auch andere Datenmaterialien (wie weitere Zeitungsartikel, Statistiken, Interviews und Feldnotizen) ein. Diese Rahmendaten (vgl. Rosenthal 2005) bieten wichtiges Kontextwissen, um die Handlungsmöglichkeiten der Akteure in der Interaktion zu interpretieren.

Die Beobachtungsprotokolle wurden durch Sequenzen unterteilt. Dem Prinzip der Sequenzialität liegt die Annahme zugrunde, dass „die temporale Abfolge von Interaktionen `eine eigene Art von Ordnung konstituiert' (Willems 1996: 446)" (Rosenthal 2005: 72). Die Sequenzierung des Textes erfolgte nach thematischen Kriterien, welche den Handlungsprozess in soziale Situationen ein-

teilen. Innerhalb einer Sequenz wurden zwei Textsorten unterschieden: Zum einen geht es um die Geschichte an sich, d.h., um die Nacherzählung der erlebten
und beobachteten Interaktionssituationen. Zum anderen geht es um Memos, also
Gedankenbilder der Forscherin. Die Forscherin reflektierte dabei das Erlebte
und Beobachtete im Feld aus einer „bewusst subjektiven" Perspektive.

Die Auswahl der Auswertungsmethode erfolgt/e einheitlich, d.h. mit allen
vorhandenen Daten, durch zwei unterschiedliche Verfahren: Erstens wählte ich
für längere Textstellen eine Grobanalyse wie sie Froschauer und Lueger (2003)
vorschlagen (siehe auch Kapitel 2). In die Grobanalyse werden bei der Auswertung von Texten sämtliche andere empirischen „Befunde" einbezogen, um Hypothesen aus dem Material herauszubilden und zu überprüfen. Zweitens wurden
mit ausgewählten Stellen Feinanalysen durchgeführt. Dieses Verfahren nach der
Objektiven Hermeneutik Oevermanns et Al. (1979) wurde sowohl bei tran-
skribierten Expertengesprächen als auch bei Beobachtungsprotokollen und
ebenso bei Fotos durchgeführt. Bei diesen Feinanalysen, die in Auswertungs-
gruppen durchgeführt wurden, wird das Kontextwissen ausgeklammert.

Sequentielle Feinanalyse: Die Feinanalyse einzelner Textstellen, die sich am
Verfahren der Objektiven Hermeneutik Ulrich Oevermanns et al. (1979) orientiert, kann in einer hermeneutischen Fallrekonstruktion nach Gabriele Rosenthal
zu jedem Zeitpunkt der Forschung angewandt werden. Ziel einer Feinanalyse
einzelner Textstellen nach dem Prinzip der Objektiven Hermeneutik ist es, die
objektiven Sinnstrukturen einer Handlung, die dem handelnden Subjekt meist
nicht intentional bewusst sind, aufzudecken. „Die Differenz zwischen der Ebene
der objektiven, latenten Sinnstrukturen und der Ebene der subjektiv-
intentionalen Repräsentanz ist für die objektive Hermeneutik entscheidend."
(Oevermann et al., 1979: 380) In einer Handlung bzw. Aussage steckt immer
mehr, als der Person im Handeln bewusst und intentional präsent ist. Dieses
„Mehr" an Vermittlung, das als das „Nicht-Beachtete" und „Selbstverständliche" unserem Bewusstsein meistens entgeht, wenn es nicht methodisch gesucht
wird, sucht man in einer Feinanalyse. Erreicht wird die Ebene der latenten Sinnstrukturen durch eine Dekontextualisierung einzelner Textausschnitte. „Die
Eigentümlichkeit oder Besonderheit" eines „Satzes enthüllt sich gerade dadurch,
daß wir ihn aus seinem Entstehungszusammenhang herausnehmen und
gedankenexperimentell Kontexte entwerfen, in denen dieser Satz entsprechend
unserer Normalitätserwartungen Sinn macht." (Rosenthal, 1995: 222). Mithilfe
der Feinanalyse können Hypothesen, die aus den jeweiligen Forschungsschritten
gewonnen wurden, überprüft, falsifiziert oder ausdifferenziert werden. Ebenso
können Textstellen, die den entworfenen Hypothesen zuwiderzusprechen scheinen, für die Feinanalyse ausgewählt werden. Je komplexer und ausdifferenzier-

ter ein Fall beschrieben werden kann, desto näher ist das Ziel der Analyse. „Die Entdeckung und Spezifikation von Unterschieden wie auch Ähnlichkeiten..." (Strauss/Corbin, 1996: 89) zwischen und innerhalb von Aussagen ist daher erwünscht.

Die Kombination Grobanalyse und Feinanalyse wandte ich sowohl bei der Analyse der Diskurse (hauptsächlich anhand von Interviewtranskripten, Zeitungsartikeln und Dokumenten) als auch bei der Analyse der Beobachtungsprotokolle an.

## 2  Liste der ExpertInnengespräche

Die folgende Tabelle zeigt die Institutionen, in welchen Expertengespräche geführt wurden. Im Zuge der Arbeit wurden Interviews in Timisoara und in Bukarest geführt. Hier werden nur jene aus Bukarest aufgelistet, da sich die Analyse bzw. das Feld auf diese Stadt beschränkt. Die Namen der Gesprächspartner werden hier zum Schutz der Personen nicht genannt.

|   | Organisation | Datum | Sprachen |
|---|---|---|---|
| 1 | Akademie Bukarest: <br> a) Institutul de Cercetari Economice <br> b) Institutul de Cercetare a Calităţii Vieţii <br> c) Demographic Research Center | 12. Nov. 02 <br> 12. Nov. 02 <br> 12. Nov. 02 | rumänisch <br><br> rumänisch <br><br> rumänisch, englisch |
| 2 | Alianţa Civica | 15. Nov 02 | rumänisch |
| 3 | Bucharest-Ilfov, Regional Development Agency | 21. Nov. 02 | deutsch, englisch, rumänisch |
| 4 | Casa Corpului Didactic, Bucureşti | 27. Nov. 02 | rumänisch |
| 5 | Handels- und Industriekammer Bukarest | 21. Nov. 02 | englisch, rumänisch |
| 6 | Conflict Prevention & Early Warning Center | 27. Nov. 02 | englisch |

| 7 | Forumul Roman pentru Refugiați si Migranți (ARCA) | 25. Nov. 02 | englisch |
|---|---|---|---|
| 8 | Institutul de Stiinte Juridice | 22. Nov. 02 | rumänisch, englisch |
| 9 | Institutul național de cercetare stințifica in domeniul muncii si protecției sociale | 20. Nov. 02 | rumänisch, englisch, deutsch |
| 10 | Școala Națională de Studii Politice și Administrative (SNSPA) | 18. Nov. 02 | rumänisch, englisch, deutsch |
| 11 | Serviciul de General al Poliției de Frontiera, Ministerul de Interne | 26. Nov. 02 | rumänisch |
| 12 | United Nations; High Commissioner for Refugees, Branch Office for Romania UNHCR București | 14. Nov 02 | englisch |
| 13 | Urbanproiect, National research institute for planning and urban design | 18. Nov. 02 | rumänisch |
| 14 | Bukarest Stadtrat, Büro für Stadtentwicklung (Widmungspläne) | 01. Okt. 03 | rumänisch |
| 15 | Centrul de Sociologie Urbana și Regionala (CURS-SA) | 12. Nov. 02 | englisch |
| 17 | Goethe Institut Bukarest (Centrul Cultural German) | 19. Nov 02 | deutsch |
| 18 | Institut für Soziologie, Universität Bukarest, Migrationsforschung | 11. Nov. 02 | Englisch |
| 19 | Institute of Marketing and Polls (IMAS) | 13. Nov. 02 | Englisch |
| 20 | Institutul Național al Magistraturii | 13. Nov. 02 | rumänisch |

| 21 | International Organisation for Migration, Bucharest (IOM) | 14. Nov. 02 | Englisch |
|----|----------------------------------------------------------|-------------|----------|
| 22 | International Federation of social workers, European region (IFSW) | 28. Nov. 02 | Englisch |
| 23 | Magistratul sectorului 2, Colentina | 27. Okt. 03 | rumänisch |
| 24 | Ministerul dezvoltării si prognozei | 13. Nov. 02 | rumänisch |
| 25 | Ministry of Education and Research, General Directorate for European integration and international relations | 21. Nov. 02 | rumänisch |
| 26 | Innenministerium. Europäische Integration und Internationale Beziehungen. | 14. Nov. 02 | englisch |
| 27 | GDISC – National Refugee Office | 21. Nov. 02 | rumänisch |
| 28 | Ministerium für Arbeit und Soziales | 28. Nov. 02 | englisch, rumänisch |
| 29 | Institutul Naţional de Statistica din România INSSE | 11. Nov. 02 | rumänisch |
| 30 | Consiliul Naţional Român pentru Refugiaţi (CNRR) | 14. Nov. 02 | rumänisch |
| 31 | Parlament, Senat | 18. Nov. 02 | rumänisch |
| 32 | Gallup | 13. Nov. 02 | englisch |
| 33 | Universitatea de Arhitectura şi Urbanism "Ion Mincu", Catedra de Urbanism | 11. Nov. 02 | rumänisch |
| 34 | Fakultät für Geographie, Universität Bukarest | 18. Nov. 02 | rumänisch |

| | Journalisten und andere Experten | | |
|----|------------------------------------------------------|------------|----------------------|
| 35 | Ştefan Cândea (Centrul Roman pentru Jurnalism de Investigaţie, CRJI) | 12. Jul. 04 | englisch |
| 36 | Paul Cristian Radu (Centrul Roman pentru Jurnalism de Investigaţie, CRJI) | 30. Jun. 04 | englisch, rumänisch |
| 37 | Marius Cosmeanu (Cotidianul) | 24. Mai 05 | rumänisch |
| 38 | Liviu Chelcea (Soziologe) | 22. Mai 05 | englisch |
| 39 | Mihail Gabrilescu (Literaturwissenschaftler) | 28. Feb 07 | rumänisch |
| 40 | Hannah Derer (Architektin) | 27. Feb 07 | deutsch |

## 3   Angaben zu den Fragebogenerhebungen

2003 wurde ein Fragebogen für chinesische Geschäftsleute erstellt. Insgesamt wurden mit diesem 40 Personen auf dem Markt befragt. Es ging um die Erhebung der wichtigsten „Faktendaten", wie die Herkunftsprovinz in China, das Einreisedatum, die Anzahl der hier lebenden Angehörigen usw. Jene Ergebnisse, die sich als (numerisch) relevant erwiesen, sind an entsprechender Stelle der Arbeit angeführt.

Neben der Befragung auf den Märkten wurde eine Befragung im Studentenheim Grozăveşti in Bukarest durchgeführt. Dort wurden alle erreichbaren Personen befragt, die im Wohnblock für ausländische Studentinnen und Studenten zum Zeitpunkt der Erhebung wohnten.

## 4   Interviews mit chinesischen ImmigrantInnen und weiteren Personen

In der folgenden Liste werden die Interviewten genannt, mit welchen mehrere Treffen, Besuche und Gespräche sowie lebensgeschichtliche Interviews im Rahmen der Teilnehmenden Beobachtung stattfanden. Ihre Namen wurden zum Schutz der Personen anonymisiert. In den Kapiteln 3, 4 und 5 werden sie unter den hier geänderten Namen und hier angeführten Nummern zitiert.

|    |                                    | Pseudonym                                            | Zeitraum                        |
|----|------------------------------------|------------------------------------------------------|---------------------------------|
| 41 |                                    | Transportunernehmer, Herr Xiang Yong                 | 28.Feb. 2007                    |
| 42 |                                    | Herr Ping He                                         | 2003-2007                       |
| 43 |                                    | (Ehe)Frau Ping Yu                                    |                                 |
| 44 |                                    | Frau Xue Ya                                          | 2004-2007                       |
| 45 |                                    | Ihr Ehemann, Herr Călin Mazilu                       | 2004-2007                       |
| 46 |                                    | Zeitungsredakteur Herr Chen Cao                      | 2004-2007                       |
| 47 |                                    | Sekretärin von Herrn Chen Cao, Frau Milea            |                                 |
| 48 | Wu                                 | Unternehmer, Herr Wen Xuan                           | 2006-2007 englisch, rumänisch   |
| 49 | Frau von Wu, Japanischlehrerin     | Seine (Ehe)frau, Japanischlehrering, Frau Wen Yinxing | 2006                            |

|    |    | Mitarbeiter in der Botschaft und im Konsulat | |
|----|----|----------------------------------------------|------------------------|
| 50 |    | Mitarbeiter 1                                | Okt. 2003, chinesisch  |
| 51 |    | Mitarbeiter 2                                | Okt. 2003, chinesisch  |
| 52 |    | Mitarbeiter 3                                | 9. Okt. 2003, chinesisch |

| | | | |
|---|---|---|---|
| 53 | | Managerin eines Restaurants, Frau Zhao Mei | Interview 08. Mai 2006 |
| 54 | | rumänische Lebenspartnerin eines chines. Geschäftsmannes, Frau Geanina Goian | Lebensgeschichtliches Interview, rumänisch 07. Juli 2004 |
| 55 | | Teilhaber/Gesellschafter der Marktverwaltung, Herr Zheng Zhu Xiaoying | Interview September 2004 |
| 56 | | Prediger, Herr Liu Qing | Gespräche Mai, 2005 |
| 57 | | Nachrichtenkorrespondentin und Dolmetscherin, Frau Jiao Yang | Gespräche Mai, 2005 |
| 58 | | Unternehmerin und Ombudsfrau, Frau Jing Xing | 24. Okt. 2003 |
| 59 | | Unternehmer, der in Bukarest lebte und jetzt Berlin lebt, Herr Ma Xuejun | 5. Mai 2004, deutsch |
| 60 | | Unternehmer, Herr Shui Ta | Interview am 4.Okt.2003 |

| | | | |
|---|---|---|---|
| | | Am Markt: | |
| 61 | | Kantinenleiter, Herr Chen Chun | Gespräche 2005, 2006 |
| 62 | | Kantinenlieferant, Herr Mircea Cernea | Gespräche 2005, 2006 |
| 63 | | Köchin in der Kantine, Frau Ada Bumbescu | Gespräche 2005, 2006 |
| 64 | | Türkisches Restaurant, Herr Halil Alnar | Juli 2004 |

| | | | |
|---|---|---|---|
| | | Muslimische Gemeinde: | |
| 65 | | Frau Aisha Akkad | Juli 2004 |
| 66 | | Ihre Tochter, Frau Jamila Akkad | Juli 2004 |

## 5   Liste Beobachtungsprotokolle

Im Zuge der Teilnehmenden Beobachtung entstanden viele Feldnotizen, die einerseits der Gedächtnisstütze und andererseits der Reflexion des Erlebten im Feld dienten. Neben den hier nicht aufgelisteten Feldnotizen entstanden einige detailliert ausgeführte Beobachtungsprotokolle. Im Gegensatz zu den Feldnotizen dienen diese Beobachtungsprotokolle der Nachvollziehbarkeit für eine Leserschaft. Damit können die Felderfahrungen in Textform vorliegend auch einer Analyse zugänglich gemacht werden.

1. Erstbeobachtung Piaţa Niro, Memo 21_Sep_03
2. Gesprächsprotokoll Verein chinesische Geschäftsfrauen 15_Okt_03
3. Beobachtungsprotokoll Piaţa Europa 27_Juni_04
4. Beobachtung_Interview anglikanische Kirche 27_Juni_04
5. Gesprächsprotokoll Interview mit Paul Cristian Radu 30_Juni_04
6. Beobachtungsprotokoll Moscheebesuch 15 Juli_04
7. Protokoll Moscheebesuch 16_Juli_04
8. Protokoll Besuch Chinesisches Restaurant 18_Okt_04
9. Protokoll Besuch Piaţa Niro 20_Okt_04
10. Protokoll China Markt 21_Okt_04
11. Protokoll China Markt 23_Okt_04
12. Protokoll China-Markt 26_Okt_04
13. Protokoll Chinarestaurant, Călea Victoriei 08_Mai_06
14. Weitere Protokolle siehe Punkt 10

## 6   Liste der Printmedien

Das Datenmaterial, das aus verschiedenen Printmedien erhoben wurde, wurde aus mehreren Gründen gesammelt: Zunächst diente es der Informationsgewinnung. Später wurde die Übersicht über die Titel und Inhalte für die Diskursanalyse verwertet. Schließlich wurden einige ausgewählte Artikel einer sequentiellen Feinanalyse unterzogen.
Im März 2004 wurden alle Zeitungen nach Titeln und Inhalten im Detail analysiert. Danach ging es in erster Linie darum, durch eine laufende Online-Recherche, den aktuellen Stand der Ereignisse zu verfolgen.
Schließlich wurde auch die „Zeitung für die Chinesen in Rumänien" mit Hilfe einer Übersetzerin nach relevanten Beiträgen durchsucht.

**Tabelle der einbezogenen Printmedien:**

| 1 | Adevărul | http://www.adevarulonline.ro/ |
|---|---|---|
| 2 | Gardianul | http://www.gardianul.ro/ |
| 3 | Ziua | http://www.ziua.net/ |
| 4 | Cotidianul | http://www.cotidianul.ro/ |
| 5 | ADZ für Rumänien | http://www.adz.ro/ |
| 6 | România Libera | http://www.romanialibera.ro/edit ie/ |
| 7 | Evenimentul Zilei | http://www.evenimentulzilei.ro/ |
| 8 | Cronica Româna | http://www.cronicaromana.ro/ |
| 9 | Libertatea | http://www.libertatea.ro/ |
| 10 | Jurnalul Naţional | http://www.jurnalul.ro/ |
| 11 | Capital | http://www.capital.ro/ |
| 12 | Curierul National | http://www.curierulnational.ro/ |
| 13 | Actualitatea Românească-zia- rul românilor/pretutinden | http://www.actualitatea- romaneasca.ro/index.php |
| 14 | Jurnalul de dimineata | http://www.jdd.ro/ |
| 15 | Dilema | http://www.algoritma.ro/dilema/ |

## 7 Weitere Datenerhebungen

2004 und 2005 entstanden Fotoaufnahmen (gemeinsam mit einer Fotografin) und Videoaufnahmen (gemeinsam mit einer Filmschaffenden). Dabei wurden die Verkaufsstände und Verkäufer „porträtiert" und ein Film am Chinamarkt gedreht. Dieses zusätzliche Datenmaterial bot die Möglichkeit eines weiteren methodischen Zugangs und implizierte weitere methodologische Überlegungen, wie sie in Kapitel 2 erläutert wurden.

Weitere Texte für diese Analyse lieferte mir ein Universitätsprojekt mit dem Titel „Der Fremde Blick"; ein Projektseminar, das im Rahmen des Faches „Interkulturelle Kommunikation" im Wintersemester 2005/2005 durchgeführt wurde. Beteiligt waren ca. 25 Studierende zweier deutschsprachiger Studiengänge in Bukarest, nämlich dem der Übersetzungswissenschaft und dem der Ingenieurwissenschaft. In diesem wurde rumänischen Studentinnen und Studenten (verschiedener Fächer) eines Seminars zu interkulturellem Lernen die Aufgabe gestellt, einen Ausflug zu den Chinamärkten zu machen und dort nach der Methode der Teilnehmenden Beobachtung vorzugehen. Schließlich sollten sie ein

Beobachtungsprotokoll verfassen. Diese Protokolle dienten als Unterstützung der Diskursanalyse, um die Wahrnehmung der Bukarester Bevölkerung auf diese Märkte und die dort arbeitenden Migrantinnen und Migranten zu analysieren.

## 8  Abbildungen und statistische Daten

Herkunftsprovinzen der MigrantInnen: Zu den Herkunftsprovinzen der Migranten gehören laut der Ergebnisse der Fragebogenerhebung die folgenden Provinzen: Zhejiang, Fujian, Guangdong, Hunan, Jiangsu, Hebei, Menan, Helongjiang, Henan, Shangdong und Lianoning.

Ausländische Staatsbürger in Rumänien: Die Volkszählung im Jahr 2002 erhob eine Gesamtzahl von 27.910 Personen, die nicht die rumänische Staatsbürgerschaft besitzen und in Rumänien wohnhaft sind. Dies zeigt die folgende Abbildung und angefügte Tabelle:

**Abbildung 1: Nichtrumänische Staatsbürgerschaften**

| Tara de cetaţenie/Herkunftsland | Cetateni straini Total/Nichtrumän. Staatsbürger - total |
|---|---|
| | |
| România (21.680.974) recensamântul- 2002 | 27910 |
| Republica Moldova | 3576 |
| Tari din alte continente | 3054 |
| Italia | 2378 |
| Turcia | 2344 |
| Republica Populara Chineza | 1943 |
| Germania | 1767 |
| Grecia | 1681 |
| Siria | 1180 |
| S.U.A. | 1129 |
| Irak | 811 |
| Franta | 806 |
| Israel | 793 |
| Liban | 704 |

| Republica Islamica Iran | 610 |
|---|---|
| Ucraina | 585 |
| Regatul Unit al Marii Britanii si al Irlandei de N | 569 |
| Iordania | 559 |
| Ungaria | 417 |
| Iugoslavia | 413 |
| Alte tări din Europa | 330 |
| Olanda | 246 |
| Albania | 226 |
| Austria | 225 |
| Bulgaria | 215 |
| Federatia Rusa | 197 |
| Cetaţenie nedeclarată | 183 |
| Spania | 155 |
| Suedia | 150 |
| Belgia | 146 |
| Polonia | 96 |
| Macedonia | 75 |
| Republica Slovacă | 49 |
| Portugalia | 42 |
| Danemarca | 41 |
| Croaţia | 40 |
| Irlanda | 35 |
| Finlanda | 32 |
| Fara cetatenie | 32 |
| Republica Ceha | 29 |
| Bosnia-Herţegovina | 26 |
| Slovenia | 21 |

Quelle: INSSE - Institutul Naţional de Statistica România 2003: Recensământul Populaţiei şi al Locuinţelor 2003' (Census of the Romanian population in 2003), Bucharest: Institutul Naţional de Statistica România.

Visagenehmigungen im Zeitraum: Eine nicht veröffentlichte Statistik des Innenministeriums Bukarest erfasst die Anzahl der Visagenehmigungen (1-5 Jahre) im Zeitraum 1990-2003. In der folgenden Tabelle ist die Anzahl der Visagenehmigungen für ½, 1 oder 5 Jahre eingetragen und nach Herkunftsland unterteilt. Die Länder sind nach der Anzahl der Genehmigungen gereiht. Zahlen
unter 200 wurden nicht eingetragen bzw. nur für die vier zahlenstärksten Länder
fett gedruckt.

|      | 1990 | 1991 | 1992 | 1993 | 1994 | 1995 | 1996 | 1997 |
|------|------|------|------|------|------|------|------|------|
| AL   | 414  |      |      |      |      |      |      |      |
| GB   |      |      |      |      |      |      |      | 199  |
| BG   | 240  |      |      |      |      |      |      |      |
| CHN  | 215  | 695  | 783  | 392  | 498  | 781  | 804  | 830  |
| COG  | 278  |      |      |      |      |      |      |      |
| DE   | 277  |      |      |      |      |      |      |      |
| FIN  |      |      |      |      |      |      |      | 212  |
| FRA  | 230  |      |      |      |      |      |      |      |
| GRC  | 2535 |      |      |      |      |      |      |      |
| I    |      |      |      | 222  |      |      |      | 262  |
| JOR  | 326  |      | 578  | 275  | 211  |      |      |      |
| IRQ  | 380  | 299  | 366  | 216  | 647  | 490  | 265  | 381  |
| IRN  | 641  |      |      |      | 409  | 390  | 296  |      |
| ISR  | 559  |      |      |      |      |      |      |      |
| Liban | 346 | 336  | 403  |      |      | 292  | 252  |      |
| MDA  | 2932 |      |      |      |      |      |      |      |
| MAR  | 223  |      |      |      |      |      |      |      |
| RUS  | 2131 | 255  |      |      |      |      |      |      |
| SYR  | 472  | 342  | 474  | **189** | 384 | 487 | 242  | 203  |
| USA  | 316  |      |      |      |      |      |      | 207  |
| SDN  | 288  |      |      |      |      |      |      |      |
| TRK  | 245  | 357  | 505  | 266  | 490  | 497  | 372  | 485  |
| UKR  | 602  |      |      |      |      |      |      |      |

|      | 1990 | 1991 | 1992 | 1993 | 1994 | 1995 | 1996 | 1997 |
|------|------|------|------|------|------|------|------|------|
| CHN  | 215  | 695  | 783  | 392  | 498  | 781  | 804  | 830  |
| IRQ  | 380  | 299  | 366  | 216  | 647  | 490  | 265  | 381  |
| SYR  | 472  | 342  | 474  | **189** | 384 | 487 | 242  | 203  |
| TRK  | 245  | 357  | 505  | 266  | 490  | 497  | 372  | 485  |

|        | 1998 | 1999 | 2000 | 2001 | 2002 | 2003 | 1990-2003 |
|--------|------|------|------|------|------|------|-----------|
| AL     |      |      |      |      |      |      |           |
| GB     | 214  |      | 204  |      |      |      |           |
| BG     |      |      |      |      |      |      |           |
| CHN    | 2190 | 953  | 1512 | 457  | 332  | **43** | **8792**  |
| COG    |      |      |      |      |      |      |           |
| DE     |      |      |      |      |      |      |           |
| FIN    | 230  | 244  | 221  | 200  |      |      |           |
| FRA    |      |      |      |      |      |      |           |
| GRC    |      |      |      |      |      |      |           |
| I      | 234  | 248  | 205  |      |      |      |           |
| JOR    |      |      |      |      |      |      |           |
| IRQ    | 159  | 269  | 390  | **68** | **53** | **10** | **3993**  |
| IRN    |      |      |      |      |      |      |           |
| ISR    |      |      |      |      |      |      |           |
| Liban  |      |      |      |      |      |      |           |
| MDA    |      |      |      |      |      |      |           |
| MAR    |      |      |      |      |      |      |           |
| RUS    |      |      |      |      |      |      |           |
| SYR    | **158** | **186** | **168** | **64** | **63** | **10** | **3442**  |
| USA    | 337  | 376  | 345  | 263  | 226  |      |           |
| SDN    |      |      |      |      |      |      |           |
| TRK    | 820  | 789  | 542  | 357  | 242  | **26** | **5993**  |
| UKR    |      |      |      |      |      |      |           |
|        |      |      |      |      |      |      |           |
|        | **1998** | **1999** | **2000** | **2001** | **2002** | **2003** | **GESAMT** |
| CHN    | 2190 | 953  | 1512 | 457  | 332  | **43** | **8792**  |
| IRQ    | 159  | 269  | 390  | **68** | **53** | **10** | **3993**  |
| SYR    | **158** | **186** | **168** | **64** | **63** | **10** | **3442**  |
| TRK    | 820  | 789  | 542  | 357  | 242  | **26** | **5993**  |

# Literaturverzeichnis

Adevărul Nr. 3960, 21.03.2003: Mafia facturilor - reguli de functionare

Adevărul (Dan Carbunaru) Nr. 4152, 03.11.2003: Om de afaceri chinez, impuscat in cap

Adevărul (Cristian, Elena) Nr. 4238, 17.02.2004: Chinezii ne fac pod suspendat peste Dunare.

ADZ 24.05.2003: Investoren aufgeteilt nach Herkunftsländern. Ausländergesetz soll illegale Migration eindämmen (www.adz.ro/archiv/W030129.htm)

Albrecht, Ulrich (1998): Informelle Regulation in Transformationsgesellschaften. In: Hopfmann et al. (Hrsg.) (1998): 179-209

Alcoff, Linda/Potter, Elisabeth (Hrsg.) (1993): Feminist Epistemologies. New York/London: Routledge

Alheit, Peter (1990): Arbeiterleben in den 50er Jahren. Konzeption einer „mentalitätsgeschichtlichen" Vergleichsstudie biographischer Verläufe. In: Universität Bremen: Arbeitermilieus der Bundesrepublik Deutschland und der DDR

Alheit, Peter (1995): Changing basic rules of Biographical construction. Modern Biographies at the End of the 20th Century. In: Weymann (1995): 111-128

Alt, Jörg/Fodor, Ralf (2001): Rechtlos? Menschen ohne Papiere. Karlsruhe: von Loeper Literaturverlag

Alt, Jörg (2003): Leben in der Schattenwelt. Karlsruhe: von Loeper Literaturverlag

Altvater, Elmar/Mahnkopf, Birgit (1997): Grenzen der Globalisierung: Ökonomie, Ökologie und Politik in der Weltgesellschaft. Münster: Westfälisches Dampfboot

Altvater, Elmar/Mahnkopf, Birgit (2002): Globalisierung der Unsicherheit: Arbeit im Schatten, schmutziges Geld und informelle Politik. Münster: Westfälisches Dampfboot

Anderson, Benedict (2001): Die Erfindung der Nation. Zur Karriere eines folgenreichen Konzepts. Berlin: Ullstein

Appadurai, Arjun (1991): Global Ethnoscapes: Notes and Queries for a Transnational Anthropology. In: Fox (Hrsg.) (1991)

Arbeitsgruppe Bielefelder Soziologen (1976): Kommunikative Sozialforschung. München: Fink

Arendt, Hannah (1951/1996): The Age of Totalitarianism. New York: Harcourt

Assmann, Aleida/Friese, Heidrun (Hrsg.) (1998): Identitäten/Erinnerung, Geschichte, Identität, Frankfurt am Main: Suhrkamp

Baldwin-Edwards, Martin/Arango, Joaquin (1999): Immigrants and the Informal Economy in Southern Europe, London: Frank Cass

Baldwin-Edwards, Martin (2005): Migration policies for a Romania within the European Union: Navigating between Scylla and Charybdis. Athen: University Research Institute of Urban Environment and Human Resources and Mediterranean Migration Observatory (UEHR)

Balibar, Etienne (2005): Europe as Borderland/Europa als Grenzland. In: Kölnischer Kunstverein et al. (Hrsg.): 202-209 et 805-807

Bauriedl, Sybille (2007): Räume lesen lernen: Methoden zur Raumanalyse in der Diskursforschung [86 Absätze]. Forum Qualitative Sozialforschung, 8(2), Art. 13, www.qualitative-research.net/fqs-texte/2-07/07-2-13-d.htm. (21.10.2007)

Basch, Linda Green/Glick Schiller, Nina/Szanton Blanc, Cristina (1994): Nations Unbound: Transnational Projects, Postcolonial Predicaments and Deterritorialized Nation-States. Basel: Gordon & Breach

Beck, Ulrich (1997): Was ist Globalisierung? Irrtümer des Globalismus – Antworten auf Globalisierung. Frankfurt am Main: Suhrkamp

Benton, Gregor/Pieke, Frank N. (Hrsg.) (2000): The Chinese in Europe, London: Macmillan Press LTD

Benton, Gregor/Gomez, Edmund Terence (2001): Chinatown and Transnationalism - Ethnic Chinese in Europe and Southeast Asia, Canberra: Australian National University

Benz, Martina/Schwenken, Helen (2005): Jenseits von Autonomie und Kontrolle. Migration als eigensinnige Praxis. In: Prokla (Zeitschrift für kritische Sozialwissenschaft) 140 (Migration). 2005. Münster: Westfälisches Dampfboot. 363-377

Berg, Eberhard/Fuchs, Martin (Hrsg.) (1993): Kultur, soziale Praxis, Text. Die Krise der ethnographischen Repräsentation. Frankfurt am Main: Suhrkamp

Berger, Peter L./Luckmann, Thomas (2004): Die gesellschaftliche Konstruktion der Wirklichkeit. Eine Theorie der Wissenssoziologie. Frankfurt am Main: Fischer Verlag

Bergmann, Jörg R. (1985): Flüchtigkeit und methodische Fixierung sozialer Wirklichkeit. In: Bonß et al. (1985): 299-321

Bergmann, Jörg (2007): Konversationsanalyse. In: Flick et al. (Hrsg.) (2007): 524-537

Berking, Helmuth (Hrsg.) (2006): Die Macht des Lokalen in einer Welt ohne Grenzen. Frankfurt/Main: Campus.

Beyer, Beate (1991): Chronologie der Ereignisse in Rumänien im Zeitraum September 1989 bis zu den ersten freien Wahlen und der Bildung der Regierung unter Petre Roman Ende Juni 1990. In: Südosteuropa, 39 (9). 1991. 477-492

Beuran, Rares (2004): The Yellow Danger has been driven out of Romania, Romanian Team Reporting Project Bucharest's Independent Media Institute & The Centre for War, Peace and the News Media at New York University, www.nyu.edu/globalbeat/ROMANIA/romrares.html

Blätter für deutsche und internationale Politik (Hrsg.) (2006): Der Sound des Sachzwangs. Der Globalisierungs-Reader. Bonn-Berlin: Blätter Verlagsgesellschaft mbH

Bogner, Alexander/Littig, Beate/Menz, Wolfgang (Hrsg.) (2005): Das Experteninterview. Theorie, Methode, Anwendungews. Wiesbaden: Verlag für Sozialwissenschaften (VS)

Bohnsack, Ralf (2003): Rekonstruktive Sozialforschung. Einführung in qualitative Methoden. Opladen: Leske und Budrich

Bohnsack, Ralf/Marotzki, Winfried/Meuser, Michael (Hrsg.) (2006): Hauptbegriffe Qualitativer Sozialforschung. Opladen & Farmington Hills: Budrich

Boia, Lucian (2001): Romania - Borderland of Europe, London: Reaktion Books

Bojadžijev, Manuela (2007): Najkraci put u svet – Der kürzeste Weg in die Welt. Migration, Bürgerrechte und die EU in den Staaten des ehemaligen Jugoslawien. In: Transit Migration Forschungsgruppe (Hrsg.) (2007): 87-106

Boltovskaja, Svatlana: Afrikaner in Moskau und St.Petersburg: Russland als "das weiße Afrika". Vortrag zur Dissertation über die afrikanische Diaspora in Russland (Stipendiatin der Heinrich-Böll-Stiftung) an der Humboldt-Universität zu Berlin, 26.05.2007, Georg-Simmel-Zentrum für Metropolenforschung

Bommes, Michael (2002): Migration, Raum und Netzwerke. Über den Bedarf einer gesellschaftstheoretischen Einbettung der transnationalen Migrationsforschung. In Oltmer, Jochen (Hrsg.) (2002): 91-102

Bommes, Michael: Migration in der modernen Gesellschaft. In: Geographische Revue. Jg. 5, Heft 2. 2003. 41-58

Bommes, Michael: Fortress Europe: Migration Policy of the European Union. Vortrag auf dem Sechsten "Berliner Kolloquium zur Transnationalität. "Population Politics and Human Rights" vom 14. - 19. Februar 2007. Wissenschaftszentrum Berlin (Veranstalter: Irmgard Coninx Stiftung)

Bonß, Wolfgang/Hartmann, Heinz (1985): Entzauberte Wissenschaft: zur Relativität und Geltung soziologischer Forschung. Göttingen: Schwartz

Bossenz, Ingolf (2005): Countdown in Las Vegas Ost. In: Neues Deutschland, 18.11.2005

Bourdieu, Pierre (1983): Ökonomisches Kapital, kulturelles Kapital, soziales Kapital. In: Kreckel, Reinhard (Hrsg.) (1983): Soziale Ungleichheiten (Soziale Welt, Sonderband 2). Göttingen: 183-198

Bourdieu, Pierre (1991): Physischer, sozialer und angeeigneter physischer Raum. In: Wentz (1991): 25-34

Bourdieu, Pierre/Wacquant, Loic J.D. (1996): Reflexive Anthropologie. Frankfurt am Main: Suhrkamp

Brähler, Elmar/Adler, Corinne (Hrsg.) (1996): Quatitative Einzelfallanalysen und qualitative Verfahren. Gießen: Psychosozial Verlag

Breidenbach, Joana/Nyíri, Pál (2000): Globalisierungskolumne: Der Alltag im globalen Dorf. Brandeins Nr. 10/2000

Brubaker, Rogers (2001): The return of assimilation. Changing perspectives on immigration and its sequels in France, Germany, and the United States. In: Ethnic and Racial Studies, Vol. 24, Nr. 4, 08/2001. 531-548

Bublitz, Hannelore (2001): Differenz und Integration. Zur diskursanalytischen Rekonstruktion der Regelstrukturen sozialer Wirklichkeit. In: Keller et al. (Hrsg.) (2001): 335-351

Bude, Heinz (1984): Rekonstruktion von Lebenskonstruktionen – eine Antwort auf die Frage, was die Biographieforschung bringt. In: Kohli et al. (Hrsg.) (1984): 7-28

Bude, Heinz (1991): Die Rekonstruktion kultureller Sinnsysteme. In: Flick et al. (Hrsg.) (1991): 101-112

Bude, Heinz (2002): Das Prinzip der Verallgemeinerung. In: Bude, Heinz (2002): Lebenskonstruktionen. Für eine neue Sozialforschung. Frankfurt am Main: Suhrkamp

Bühler, Elisabeth/Meier Kruker, Verena (Hrsg.) (2004): Geschlechterforschung: Neue Impulse für die Geographie, Schriftenreihe Wirtschaftsgeographie und Raumplanung, Band 33. Zürich: Universität, Geographisches Institut

Bürkner, Hans-Joachim/Heller, Wilfried (2008): Theoretische Ansätze zur Erklärung internationaler Arbeitsmigration und ihr Beitrag zur Diskussion um globale Verflechtungen. Skript. In: Schwamp, Elke (Hrsg.) (in Druckvorbereitung)

Cândea, Stefan/Radu, Paul (2001/2003): Radiografia unui sistem de tip mafiot, Centrul Român pentru Jurnalism de Investigatie (CRJI). www.crji.org/arhiva/030526_1(-6).htm, (26.06.2004)

Castells, Manuel (2003): Jahrtausendwende. Das Informationszeitalter III Opladen: Leske und Budrich

Chelcea, Liviu (2000): Marginal Groups in Central Places: Gentrification, Property Rights and post-socialist primitive accumulation. In: Sociologie Romaneasca [Romanian Sociology] Nr. 3-4. 2000. 51-68.

Christiansen, Flemming (2003): Chinatown Europe. An exploration of overseas Chinese identity in the 1990s. London - New York: Routledge Curzon

Cho, Hyekyung (2005): Chinas langer Marsch in den Kapitalismus. Münster: Westfälisches Dampfboot

Ciupagea, Constantin (2002): Economic functions of informal activities in Romania. In: Neef et al. (2002): 188-212

Constantin, Daniela Luminiţa/Vasile, Valentina/Preda, Diana/Nicolescu, Luminita (2004): The migration phenomenon from the perspective of Romania's accession to the EU. Bucharest: European Institute of Romania

Devereux, Georges (1973): Angst und Methode in den Sozialwissenschaften. Frankfurt am Main: Suhrkamp

Diaz-Bone, Rainer (2005): Zur Methodologisierung der Foucaultschen Diskursanalyse. Forum Qualitative Sozialforschung / Forum: Qualitative Social Research [Online Journal], 7(1), Art. 6. Verfügbar über: http://www.qualitative-research.net/fqs-texte/1-06/06-1-6-d.htm (Zugriffsdatum: 09.05.2007)

Diner, Hasia/Barkan, Elliott/Kraut, Allen (Hrsg.) (2006): Borders, Boundaries, And Bonds: America And Its Immigrants In Eras Of Globalization. New York: New York University Press

Duchêne, Gérard (2004): Informal small scale production in Poland and Romania. In: Neef et al. (Hrsg.) (2004): 185-200

Düvell, Franck (2006): Crossing the fringes in Europe: Transit migration in the EU`s neighbourhood. Working Paper Nr. 33. Oxford: University of Oxford, Centre on Migration, Policy and Society: Compas

Eichenhofer, Eberhard (Hrsg.) (1999): Migration und Illegalität. (IMIS-Schriften Band 7). Osnabrück: Universitäts-Verlag Rasch

Eigmüller, Monika/Vobruba, Georg (2006): Grenzsoziologie. Die politische Strukturierung des Raumes. Wiesbaden: VS - Verlag für Sozialwissenschaften

Elwert, Georg (2002): Unternehmerische Illegale. Ziele und Organisationen eines unterschätzten Typs illegaler Einwanderer. In: Imis-Beiträge. Heft 19/2002. Osnabrück: Institut für Migrationsforschung und Interkulturelle Studien. 7-20

Emerson, Robert, M./Fretz, Rachel I./Shaw, Linda L. (1995): Writing Ethnographic Fieldnotes. Chicago & London: University of Chicago Press

Europäische Kommission 03.11.2004: Reports on Romania's adoption of the Community acquis coummunautaire. Das Portal der Europäischen Union: europa.eu.int/scadplus/leg/en/lvb/e22108.htm

Evenimentul Zilei (Cobuz, Doru) 01.02.2004: Invazia Galbena

Evenimentul Zilei 05.05.05: Poşta Română şi compania chineză de telecomunicaţii ZTE vor continua negocierile pentru punerea în funcţiune a operatorului Postelecom

Fairclough, Norman (2001): Globaler Kapitalismus und kritisches Diskursbewußtsein. In: Keller et al. (Hrsg.) (2001): 335-351

FFM – Forschungsgemeinschaft Flucht und Migration 1996: Rumänien. Vor den Toren der Festung Europa. (Heft2). Berlin/Göttingen: Verlag der Buchläden Schwarze Risse – Rote Strasse

Fischer-Rosenthal, Wolfram (1996): Strukturale Analyse biographischer Texte. In: Brähler et al. (Hrsg.) (1996): 147-208

Flick, Uwe/Kardorff v., Ernst/Keupp, Heiner/Rosenstiel v., Lutz/Wolff, Stefan (Hrsg.) (1991): Handbuch Qualitative Sozialforschung. München: Psychologie Verlags Union

Flick, Uwe/Kardorff v., Ernst/Steinke, Ines (Hrsg.) (2007): Qualitative Forschung Ein Handbuch. Hamburg: Rowohlt

Flick, Uwe 2007: Konstruktivismus. In: Flick et al.(Hrsg.) (2007): 150-164

Florian, Matei (2004): China Town. In: Dilema 447. 2004. http://www.dilemaveche.ro (online nicht mehr verfügbar)

Friebertshäuser, Barbara (2003): Dichte Beschreibung. In: Bohnsack et al. (Hrsg.) (2003): 33-35

Froschauer, Ulrike/Lueger Manfred (2003): Das qualitative Interview. Zur Praxis interpretativer Analyse sozialer Systeme. Stuttgart: UTB für Wissenschaft

Foucault, Michel (1973): Archäologie des Wissens. Frankfurt: Suhrkamp

Foucault, Michel (1978): Dispositive der Macht. Über Sexualität, Wissen und Wahrheit. Berlin: Merve

Foucault, Michel (2004): Überwachen und Strafen. Frankfurt am Main: Suhrkamp

Förster, Till (2001): Sehen und Beobachten. Ethnographie nach der Postmoderne. In: Sozialer Sinn 3/2001. 459-485

Fröhlich Gerhard/Mörth, Ingo (Hrsg.) (1998): Symbolische Anthropologie der Moderne. Kulturanalysen nach Clifford Geertz. Frankfurt/M. etc: Campus

Geertz, Clifford (2006): Dichte Beschreibung. Frankfurt am Main: Suhrkamp

Gelbras, Vilya G. (2002): Contemporary Chinese Migration to Russia. In: Nyíri et al. (Hrsg.) (2002): 100-107

Gerlach, Frank/Ziegler, Astrid (Hrsg.) (2007): Innovationspolitik: Wie kann Deutschland von anderen lernen? Marburg: Schüren Verlag

Giese, Karsten (1999): Patterns of migration from Zhejiang to Germany. In: Pieke et al. (Hrsg.) (1999): 199-214

Giese, Karsten (2000): Von der Scholle in die Welt. Chinesische Migration im Zeichen von Reform, Markt und Globalisierung. In: Husa et al. (Hrsg.) (2000): 282-311

Gilbert, Anne-Françoise (2004): Erfahrung und Diskurs - Plädoyer für einen doppelten Blick auf qualitative Daten in der Geschlechterforschung. In: Bühler et al. (Hrsg.) (2004): 5-20

Giordano, Christian (2003): Die Mafia als historisches Vermächtnis. Für eine entzauberte Betrachtung organisierter Kriminalitätsformen. In: SozialerSinn 3/2003. 511-532.

Glatzer, Wolfgang (Hrsg.) (1992): Entwicklungstendenzen der Sozialstruktur. Soziale Indikatoren XV. Frankfurt am Main/New York: Campus

Glick-Schiller, Nina/Wimmer, Andreas (2002): Methodological nationalism and beyond: nation–state building, migration and the social sciences. In: Global Networks: A Journal of Transnational Affairs. Volume 2. Nr. 4. 10/2002. 301-334

Glick-Schiller, Nina/Nieswan, Boris/Schlee, Günther/Çağlar, Ayşe/Karagiannis, Evangelos/Darieva, Tsypylma/Yalçin-Heckmann, Lale/FosztÓ, László (2005): Pathways of Migrant Incorporation in Germany. In: Transit Vol. 1. Nr. 50911. 2005. 31-52.

Goffman, Erving (1969): Where the action is. London: Lane

Goffman, Erving (1994) (Hubert Knoblauch Hrsg.): Interaktion und Geschlecht. Frankfurt/Main: Campus

Gogolin, Ingrig/Nauck, Bernhard (Hrsg.) (2000): Migration, gesellschaftliche Differenzierung und Bildung. Opladen: Leske und Budrich

Grama, Alina (2000): Evoluția comerțului en-gros in București. [Entwicklung der Großmärkte in Bukarest]. Unveröffentlichte Diplomarbeit. Universität Bukarest

Georgi, Fabian (2007): Migrationsmanagement in Europa. Eine kritische Studie am Beispiel des International Centre for Migration Policy Development (ICMPD). Saarbrücken: VDM Verlag

Gurwitsch, Aron (1974): Das Bewußtseinsfeld. Berlin/New York: De Gruyter

Ha, Kein Nghi (2000): Ethnizität, Differenz und Hybridtät in der Migration: eine postkoloniale Perspektive. In: Prokla (Zeitschrift für kritische Sozialwissenschaft), Heft Nr. 120 (Ethnisierung und Ökonomie), 30. 377-298

Hammersley, Martyn/Atkinson, Paul (1995): Ethnography: Principles in Practice. Londong: Routledge

Haraway, Donna (1995): Die Neuerfindung der Natur. Primaten, Cyborgs und Frauen. Frankfurt am Main: Campus

Harding, Sandra (1993): Rethinking Standpoint Epistemology: What is Strong Objektivity? In: Alcoff et al. (Hrsg.) (1993)

Haug, Sonja (2000): Klassische und neuere Theorien der Migration. Mannheim: Mannheimer Zentrum für Europäische Sozialforschung (MZES Working Papers)

Hauser-Schäublin, Brigitta (2002): Ethnologie der Globalisierung: Perspektiven kultureller Verpflechtungen. Berlin: Reimer

Häußermann, Hartmut/Oswald, Ingrid (1997): Zuwanderung und Stadtentwicklung. In: Leviathan, Häußerman/Oswald (Hrsg.) (1997): Sonderh. 17, Zuwanderung und Stadtentwicklung. Darmstadt: 9-29

Heller, Lydia/Nuss, Sabine (1999): Transformation in Russland. Die Illusion einer Marktwirtschaft als Ergebnis informeller Regulation. In: Informalisierung: Transformation und Überlebensstrategien. Prokla (Zeitschrift für kritische Sozialwissenschaft) Heft Nr. 117. 1999. 555-577

Heller, Wilfried (2002): Spatial Development of the Economy and Spatial Mobility in Post-Socialist Romania. In: Straubhaar et al. (Hrsg.) (2002): 45-64

Heller, Wilfried (2004): Ethnizität und Globalisierung. Zum Bedeutungswandel ethnischer Kategorien in Transformationsländern. In: Geographische Zeitschrift, Nr. 1 und 2. 2004. 21-38

Heller, Wilfried/Jordan, Peter/Kahl, Thede/Sallanz, Josef (2005): Ethnizität in der Transformation. Zur Situation nationaler Minderheiten in Rumänien" Wiener Osteuropa Studien, Münster: LIT Verlag.

Herr, Hansjörg (2000): Transformationsprozesse und deformierte Finanzmärkte – Die VR China im Vergleich mit mittel- und osteuropäischen Transformationsländern, In: Osteuropa Wirtschaft, Jg. 45, Nr.2/2000. 140-164

Hildenbrand, Bruno (1991): Fallrekonstruktive Forschung. In: Flick et al. (Hrsg.) (1991): 256-260

Hillmann, Karl-Heinz (1995): Wörterbuch der Soziologie. Stuttgart: Alfred Kröner Verlag

Hillmann, Felicitas (2000): Ethnisierung oder Internationalisierung? Ethnische Ökonomien als Schnittpunkte von Migrationssystem und Arbeitsmarkt in Berlin. In: Prokla (Zeitschrift für kritische Sozialwissenschaft), Heft Nr. 120 (Ethnisierung und Ökonomie), 30. 2000. 415-432

Hillmann, Felicitas (2001): Ethnische Ökonomien: Eine Chance für die Städte und ihre Migrantinnen? Jahrbuch StadtRegion Opladen: Leske und Budrich

Hillmann, Felicitas (2005): Riders on the Storm: Vietnamese in Germany's two migration systems. In: Spaan et al. (Hrsg.) (2005): 80-100

Hitzler, Ronald/Honer, Anne (Hrsg.) (1997): Sozialwissenschaftliche Hermeneutik. Opladen: Leske und Budrich

Hirschauer, Stefan/Amann, Klaus (Hrsg.) (1997): Das Befremden der eigenen Kultur. Zur ethnographischen Herausforderung soziologischer Empirie, Frankfurt am Main: Suhrkamp

Hirschauer, Stefan (2001): Ethnografisches Schreiben und die Schweigsamkeit des Sozialen. In: Zeitschrift für Soziologie, Vol. 30. 2001. 429-451

Hollstein, Bettina/Straus, Florian (2006): Qualitative Netzwerkanalyse. Konzepte, Methoden, Anwendungen. Wiesbaden: VS Verlag für Sozialwissenschaften

Holman, Otto: Die Neue Europäische Peripherie. Ost- und Süderweiterung der Europäischen Union im Vergleich. In: Prokla (Zeitschrift für kritische Sozialwissenschaft) Nr. 128 (Peripherer Kapitalismus in Europa), 32. 399-420

Hopfmann, Arndt (1997): Transformation als informelle Modernisierung, In: UTOPIE kreativ, Heft 83, 11/1997. 20-33

Hopfmann, Arndt/Wolf, Michael (Hrsg.) (1998): Transformation und Interdependenz. Beiträge zu Theorie und Empirie der Mittel- und Osteuropäischen Systemwechsel. Münster: LIT-Verlag.

Horn, Eva (2006): Partisan, Siedler, Asylant. Zur politischen Anthropologie des Grenzgängers. In: Eigmüller et al. (2006): 239-250

Hradil, Stefan (1992): Soziale Milieus und ihre empirische Untersuchung. In: Glatzer (Hrsg.) (1992): 6-35

Hutchison, Terence (1988): Before Adam Smith: The Emergence of Political Economy 1662-1776. Oxford: Basil Blackwell

Husa, Karl/Parnreiter, Christof/Stacher, Irene (Hrsg.) (2000): Internationale Migration. Die globale Herausforderung des 21. Jahrhunderts. Wien/Frankfurt am Main: Verein für Geschichte und Sozialkunde, Institut für Wirtschafts- und Sozialgeschichte

Iancu, Liviu (2005): China Town a ajuns şi la Bucureşti (China Town has even achieved Bucharest). ARIS, Romanian Agency for foreign investment, www.arisinvest.ro (11.10.2006)

Iglicka, Krystyna (2005): Labour migration into Poland: the case of the Vietnamese community. In: Spaan et al. (Hrsg.) (2005): 101-112

IMISCOE – Konferenz 2006: Conference Reader, Vienna 2006.
www.imiscoe.org/news/events/documents/IMISCOEPhDWorkshop_Hamburg_Programme.pdf

INSSE - Institutul Naţional de Statistica România (2003): Recensământul Populaţiei şi al Locuinţelor 2003' (Census of the Romanian population in 2003). Bucharest: Institutul Naţional de Statistica România

IOM - International Organisation for Migration (1993): Transit migration in Romania: Anhang zur IOM Studie: Profiles and motives of potential migrants from Romania. Genua: IOM

IOM - International Organisation for Migration (Laczkó, Frank/Li, Ling) (2000): Chinese Immigrants in Central and Eastern Europe: The Cases of the Czech Republic, Hungary, and Romania. In: Benton et al. (Hrsg.) (2000): 320-349

IOM - International Organisation for Migration (2004): International Migration Law. Glossary on Migration. Genua: IOM

IOM - International Organization for Migration (2004): Migration Trends in Selected Applicant Countries Volume IV – Romania. Bucharest: IOM

IPP - Institutul pentru Politici Publice BucureŞti - GALLUP (2003): Intoleranţa, discriminare şi autoritarism în opinia publica. Bucharest: IPP. www.ipp.ro/publicatii.php (11.10.2003).

Ivaşcu, Ioan (2005): Despre limba de lemn. www.agonia.ro/index.php/essay/125668/index.html (04.05.2007)

Jäger, Siegfried (2001): Diskurs und Wissen. Theoretische und methodische Aspekte einer Kritischen Diskurs- und Dispositivanalyse. In: Keller, Reiner/Hirseland, Andreas/Schneider, Werner/Viehöfer, Willy (Hrsg.) (2001): 81-112

Jäger, Siegfried (2004): Kritische Diskursanalyse. Eine Einführung. Münster: Unrast-Verlag

Jünemann, Annette (1999): Europas Migrationspolitik im Mittelmeerraum: Strategien im Spannungsfeld zwischen Festungsmentalität und neuem Partnerschaftsgeist. In: Schulte et al. (Hrsg.) (1999)

Jung, Matthias/Wengeler, Martin/Böke, Karin (Hrsg.) (1997): Die Sprache des Migrationsdiskurses. Das Reden über „Ausländer" in Medien, Politik und Alltag. Opladen: Westdeutscher Verlag

Kannonier-Finster, Waltraud/Ziegler, Meinrad (1998): Exemplarische Erkenntnis: zehn Beiträge zur interpretativen Erforschung sozialer Wirklichkeit. Innsbruck/Wien: Studienverlag

Karakayalı, Serhat/Tsianos, Vassilis (2005): Mapping the Order of New Migration. In: Peripherie 97/98. 2005. 35-64.

Kaufmann, Stephan (2006): Der Sound des Sachzwangs. In: Blätter für deutsche und internationale Politik (Hrsg.): Der Sound des Sachzwangs. Der Globalisierungs-Reader. (Blätter Edition 2006) Bonn-Berlin: Blätter Verlagsgesellschaft mbH. 160-269.

Keller, Reiner (1997): Diskursanalyse. In Hitzler et al. (Hrsg.) (1997): 309-333

Keller, Reiner (2001): Wissenssoziologische Diskursanalyse. In: Keller et al. (Hrsg.) (2001): 113-144

Keller, Reiner/Hirseland, Andreas/Schneider, Werner/Viehöfer, Willy (Hrsg.) (2001): Handbuch Sozialwissenschaftliche Diskursanalyse. Band 1: Theorien und Methoden. Opladen: Leske und Budrich

Kloostermann, Robert/Rath, Jan (2001): Immigrant entrepreneurs in advanced economies: mixed embeddedness further explored. In: Kloostermann et al. (Hrsg.) (2001): 189-202

Kloostermann, Robert/Rath, Jan (Hrsg.) (2001): Immigrant Entrepreneurship. In: Journal of Ethnic and Migration Studies, Special issue, Vol. 27, Nr. 2. 2001. 189-202.

Kokot, Waltraud (2002): Diaspora und transnationale Verpflechtungen. In: Hauser-Schäublin (2002): 95-100

Kohli, Martin/Günther Robert (Hrsg.) (1984): Biographie und soziale Wirklichkeit. Stuttgart: Metzler

König, Eckard/Zedler, Peter (1995): Bilanz qualitativer Forschung. Band II: Methoden. Weinheim: Deutscher Studienverlag

Köttig, Michaela (2005): Triangulation von Fallrekonstruktionen: Biographie- und Interaktionsanalysen. In: Völter et al. (2005): 65-83.

Kreckel, Reinhard (Hrsg.) (1983): Soziale Ungleichheiten (Soziale Welt, Sonderband 2). Göttingen

Kreckel, Reinhard (2004): Politische Soziologie der sozialen Ungleichheit. Frankfurt am Main: Campus

Krotz, Friedrich (2005): Neue Theorien entwickeln: eine Einführung in die Grounded Theory, die Heuristische Sozialforschung und die Ethnographie anhand von Beispielen aus der Kommunikationsforschung. Köln: Halem

Kurt, Ronald (2004): Hermeneutik: Eine sozialwissenschaftliche Einführung. Tübingen: Vandenhoeck & Ruprecht

Laczkó, Frank/Stacher, Irene/Klekowski von Koppenfels, Amanda (Hrsg.) (2002): New Challenges for Migration Policy in Central and Eastern Europe. Genua/Wien: International Organization for Migration (IOM) and International Centre for Migration Policy Development (ICMPD)

Laczkó, Frank (2003): Europe Attracts More Migrants from China. In: Migration Information Source. www.migrationinformation.org (07.01.2003)

Lamnek, Siegfried (1993): Qualitative Sozialforschug. Band 2. Methoden und Techniken. Weinheim: Beltz, Psychologie-Verlags-Union

Lange, Klaus (1997): Transnationale Organisierte Kriminalität (TOK). Aspekte ihrer Entwicklung und Voraussetzungen erfolgreicher Bekämpfung. München: Akademie für Politik und Zeitgeschehen

Larin, Alexander G. (2000): Chinese in Russia: A Historical Perspective. In: Benton et al. (Hrsg.) (2000): 281-300

Laurenţiu, Ştefan (2004): Patterns of Political Elite Recruitment in Post-Communist Romania. Bukarest: Editura Ziua

Lauser, Andrea (2005): Translokale Ethnographie [49 Absätze]. Forum Qualitative Sozialforschung/Forum: Qualitative Social Research [Online Journal], 6(3), Art. 7. Verfügbar über: http://www.qualitative-research.net/fqs-texte/3-05/05-3-7-d.htm (30.06.2005).

LĂzĂroiu, Sebastian/Alexandru, Monica (2005): Controlling exits to gain accession. Romanian migration policy in the making. Rome: Centro Studi di Politica Internazionale (CeSPI)

LĂzĂroiu, Sebastian (2004): More Out than In at the Crossroads between Europe and the Balkans. In: International Organization for Migration (IOM) (2004)

Legewie, Heiner (1991): Feldforschung und teilnehmende Beobachtung. In: Flick et al. (Hrsg.) (1991): 189-192

Leiter, Sharon/Tedstrom, John (1997): Russia's informal economy: A Framework for Analysis. RAND-Corporation, DRU-1678, 08/1997. 1-5. http://www.rand.org/organization/nsrd/russ.economy/report1.html (nicht mehr verfügbar, Zitat verfügbar in Heller/Nuss 1999).

Lemke, Thomas (1997): Eine Kritik der politischen Vernunft. Foucaults Analyse der modernen Gouvernamentalität. Berlin/Hamburg: Argument

Le Monde Diplomatique (2007): China. Verordnete Harmonie, entfesselter Kapitalismus. Berlin: Edition Le Monde Diplomatique. Nr. 1

Leutner, Mechthild (2003): Die 1950er Jahre der VR China: Zeitgenössische Wahrnehmung in den sozialistischen Ländern und gegenwärtiger Diskurs in der US-amerikanischen China-Wissenschaft (Seminararbeit)

Li, Minghuan (1999a): Transnational links among the Chinese in Europe: a study on European-wide Chinese voluntary associations. In: Benton et al. (Hrsg.) (2000): 21-41

Li, Minghuan (1999b): "To Get Rich Quickly in Europe!" – Reflections on migration motivation in Wenzhou. In: Pieke et al. (Hrsg.) (1999): 181-198

Liegeois, Jean-Pierre/Gheorghe, Nicolae (1995): Roma/Gypsies: A European Minority. London: Minority Rights Group (International Report; 95/4)

Light, Ivan/Gold, Steven J. (2000): Ethnic Economies. San Diego CA: Academic Press

Lipietz, Alain (1985): Akkumulation, Krisen und Auswege aus der Krise: Einige methodische Überlegungen zum Begriff ‚Regulation'. In: Prokla (Zeitschrift für kritische Sozialwissenschaft), Heft Nr. 58. 2000. 109-137

Liu, Xielin/Lüthje, Boy/Pawlicki, Peter (2007): China: Nationales Innovationssystem und marktwirtschaftliche Transformation: In: Gerlach et al. (Hrsg.) (2007): 222-249

Lovin, Tiberiu: Cum s-a îmbogaţit Niro: Telenovela de success sau o reuşita a serviciilor secrete? In: România LiberĂ 02.03.2007 (www.romanialibera.ro/a88743/cum-s-a-imbogatit-niro.html (Zugriffdatum 25.01.2007)

Luczak, Anna (2002): Konsequenzen der Kriminalisierungspolitik. Mafiakraken Die Konstruktion "organisierte Kriminalität", Forumrecht Heft 2/2002

Lutz, Helma (2000): Biographisches Kapital als Ressource der Bewältigung von Migrationsprozessen. In: Gogolin et al. (Hrsg.) (2000): 179-210

Lüders, Christian (1995): Von der teilnehmenden Beobachtung zur ethnographischen Beschreibung. In: König et al. (1995): 311-342

Lüders, Christian/Meuser, Michael (1997): Deutungsmusteranalyse. In Hitzler et al. (Hrsg.) (1997): 57-80

Mannheim, Karl (1928): Das Problem der Generationen. Kölner Jahreshefte für Soziologie, 8: 17-76

Mappes-Niediek, Norbert (2003): Balkan-Mafia. Staaten in der Hand des Verbrechens – Eine Gefahr für Europa. Berlin: Ch.Links-Verlag

Marcus, George E. (1998): Ethnography in/of the World System: The Emergence of Multi-Sited Ethnography. In: Marcus, George E.: Ethnography through Thick/Thin. Princeton: Princeton University Press

Massey, Douglas/Arango, Graeme Hugo/Kouaouci, Ali/Pellegrino, Adela/Taylor, Edward J. (1994): An Evaluation of International Migration Theory: The North American Case. In: Population and Development Review 20, Nr. 4. 1994. 699-751

Massey, Doreen (2006): Keine Entlastung für das Lokale. In: Berking (Hrsg.) (2006): 25-31

Mateescu, Emil (2000): Aspecte geografice ale Migratiei eterne a populatie Romaniei in Perioada Post-Comunista. Unpublished master thesis: University of Bucharest

Mateescu, Oana: (2002): The Dark Side of the State: 'Mafia' and 'National Interest' in postsocialist Romania. In: Romanian Journal of Society and Politics 2:1. 2002. 5-29

Matthes, Joachim (1984): Über die Arbeit mit lebensgeschichtlichen Erzählungen in einer nichtwestlichen Kultur. Erfahrungen aus einem Forschungsprojekt in Singapore. In: Kohli et al. (Hrsg.) (1984): 284-295

Matthiesen, Ulf (Hrsg.) (1998): Die Räume der Milieus. Neue Tendenzen in der sozial- und raumwissenschaftlichen Milieuforschung in der Stadt und Raumplanung. Berlin: Sigma

Meuser, Michael (2006): Deutungsmusteranalyse. In Bohnsack et al. (Hrsg.) (2006): 31-32

Miethe, Ingrid/Roth, Silke (2000): Politische Biographien und sozialer Wandel. Gießen: Psychosozial-Verlag

Migration News (2004): Chinese Alien Smuggling. Online Migration News, www.migration.ucdavis.edu (Zugriffsdatum: 02.12.2004).

Migration News (2005): China: Migrants, Economy. Online: migration.ucdavis.edu (02.06.2005).

Moulier-Boutang, Yann (2002): Nicht länger Reservearmee. Thesen zur Autionomie der Migration und zum notwendigen Ende des Regimes der Arbeitsmigration. In: Subtropen Nr.12/04 (Supplement der Jungle World Nr. 15). 2002. 1-3

Mungiu-Pippidi, Alina: Die Rumänen nach 1989. Sozio-politische Studie. [Original: (1995): Romania dupa `89 Istoria unei neinteleri. Bukarest: Humanitas] Resita: Inter-Graf-Verlag

Mungiu Pippidi, Alina/Ioniţă, Sorin/Mândruţă, Denisa (2000): In the Shadow Economy -The informal economy and survival strategies of the unemployed during the Romanian transition. Project Paper of SOCO – Social Consequences of Economic Transformation in East-Central Europe - Nr.80. Vienna: Institute for Human Science

Nadig, Maya (2004): Konstruktionen sind im aktiven Handeln entstanden und wir sind nicht nur Opfer, die von der herrschenden Kultur, die sich globalisiert, erschlagen und zu etwas Farblosem geklont werden. Maya Nadig im Interview mit Wolfgang Hegener. In: Forum Qualitative Sozialforschung Online. Band 5, Nr. 3, Art. 36. 2004. www.qualitative-research.net/fqs-texte/3-04/04-3-36-d.htm (20.04.2005)

Nationaler Handelsregister Rumänien (2005): Companies by foreign direct investment. Statistical synthesis of National Trade Register's data. Nr. 92, www.nrc.ro/statistici/sr_2005_12_eng.pdf (Zugriffsdatum: 25.01.2007)

Neef, Rainer/Stănculescu, Manuela (2002): The Social Impact of Informal Economies in Eastern Europe. Aldershot: Ashgate

Neef, Rainer/Adair, Phillipe (Hrsg.) (2004): Informal Economies and Social Transformation in Romania, Münster: LIT-Verlag

Neunhöffer, Gisela/Schüttpelz, Anne: "Offene" und "geschlossene" Transformation: Von peripheren und noch periphereren Kapitalismen in Osteuropa. In: Prokla (Zeitschrift für kritische Sozialwissenschaft) Nr. 128 (Peripherer Kapitalismus in Europa), 32. 377-398

Nigsch, Otto (1998): Die Qualität der Quantität In: Kannonier-Finster et al. (1998) 15-33/225.

Nsoh, Christopher (2007): EU Extra-Territorial Camps: Transit Processing Centres in Ukraine and Regional Protection Areas in Libya as Instruments of Migration Management. Unveröffentliches Manuskript

Nyíri Pál/Saveliev Igor (Hrsg.) (2002): Globalizing Chinese Migration. Trends in Europe and Asia. Hampshire: Ashgate

Nyíri, Pál (1999): New Asian Migration to Eastern Europe - The Case of the Chinese in Hungary. In: Eurozine Online Magazin. 1999. Available: www.eurozine.com (Zugriffsdatum 04.16.2004).

Nyíri, Pál (2001): Expatriating is Patriotic? The discourse on "new migrants" in the People's Republic of China and identity construction among recent migrants from the PRC'. In: Journal of Ethnic and Migration Studies, 27(4). 2001. 635-653.

Nyíri, Pál (2002): „From Class Enemies to Patriots: Overseas Chinese and Emigration Policy and Discourse in the People`s Republic of China". In: Nyíri et al. (Hrsg.) (2002): 208-241

Nyíri, Pál (2003): Chinese Migration to Eastern Europe. In: International Organisation for Migration - International Migration Vol. 41 (3). SI 1/2003. Oxford: IOM. 239-265

Neef, Rainer/Adair, Philippe (Hrsg.) (2004): Informal Economies and Social Transformation in Romania. Münster: Lit-Verlag

Neef, Rainer/Stănculescu, Manuela (2002): The social Impact of Informal Economies in Eastern Europe. Aldershot: Ashgate

Oevermann, Ulrich/Allert, Tilman/Konau, Elisabeth/Krambeck, Jürgen (1979): Die Methodologie einer "objektiven Hermeneutik" und ihre allgemeine forschungsleitende Bedeutung in den Sozialwissenschaften. In: Soeffner, Hans-Georg (Hrsg.) (1979): 352-434

Oevermann, Ulrich (2001a): Zur Analyse der Struktur von sozialen Deutungsmustern. In: Sozialer Sinn 1/2001. 3-33

Oevermann, Urlich (2001b): Die Struktur sozialer Deutungsmuster – Versuch einer Aktualisierung. In: Sozialer Sinn 1/2001. 35-81

Oltmer, Jochen (Hrsg.) (2002): Migrationsforschung und interkuturelle Studien. Osnabrück: IMIS-Schriften 11

Ong, Aihwa (2005): Flexible Staatsbürgerschaften. Frankfurt am Main: Suhrkamp (Original: Ong, Aihwa (1999): Flexible Citizenship. The cultural Logics of Transnationality. Durham & London: Duke University Press)

Ozon Sorin/Cândea, Ştefan (2004): Cazinourile din România. Bucharest: Centrul Român pentru Jurnalism de Investigaţie, www.crji.org/arhiva/041212.htm (12.12.2004).

Ogrezeanu, Andreea (2004): Mahala: The Slums of Bucharest – A Space of Urban Change. In: Romanian Journal of Society and Politics, Vol. 2, Nr. 1. 2004. 62-81

Panagiotis, Eftimia/Tsianos, Vassilis (2007): Denaturalizing „Camps": Überwachen und Entschleunigen in der Schengener Ägäis-Zone. In: Transit Migration Forschungsgruppe (Hrsg.) (2007): 57-86

Pang, Ching Lin (2002): From "Invisible" to Unwanted Immigrants? The Chinese Communities in Belgium. In: Migration. A European Journal of international Migration and Ethnic Relations, 2 (33/34/35), 2002. 197-217

Pieke, Frank N.(2004): Transnational Communities Programme. At the margins of the Chinese world system: The Fuzhou diaspora in Europe. Jahresbericht zum Forschungsprojekt. Available: www.transcomm.ox.ac.uk/wwwroot/pieke.htm (09-03-2004)

Pieke, Frank N./Mallee, Hein (Hrsg.) (1999): Internal and International Migration. Chinese Perspectives. Richmond: Curzon

Pierce, Charles; Martens, Ekkehard (Hrsg.) 2002: Pragmatismus: ausgewählte Texte von Charles Sanders Peirce. Stuttgart : Reclam

Pinheiro Machado, Rosana (2006): Made in China: An anthropological research about transnational networks of Chinese economy based on ethnography in Ciudad del Este, Paraguay. In: International Symposium, Migrations between East and West: Normalizing the Periphery. Xiamen, Conference Paper, 2006. 78-90

Pleines, Heiko (2005): Informelle Einflußnahme und Demokratie. Wirtschaftsakteure in Rußland und der Ukraine, in: Osteuropa 10/2005. 99-108

Pleşu, Andrei (1996): Retorica europenităţii – un nou limbaj de lemn continental [Die Rhetorik der Europäizität – eine neue kontinentale Holzsprache]. In: Revenirea în Europa. Idei şi controverse româneşti 1990-1995 [Die Wiederkehr nach Europa. Rumänische Ideen und Kontroversen]. Hrsg. Adrian Marino. Craiova, (Vortrag von 1991). 312-313

Pohlmann, Markus (2000): Max Weber und der „konfuzianische Kapitalismus". In: Prokla (Zeitschrift für kritische Sozialwissenschaft), Heft Nr. 119 (Chinesischer Kapitalismus), 30. 2000. 281-300

Portiakov, Vladimir (1999): Russian-Chinese Trade and Chinese Migration into Russia. In: Portiakov Vladimir (Hrsg.) (1999): The People's Republic of China: Economic Policy of the 1990s, Moscow: Progress Publishing Group Corporation

Pörksen, Bernhard (2001): Die Gewissheit der Ungewissheit. Gespräche zum Konstruktivismus. Mit Heinz von Foerster, Ernst von Glasersfeld, Humberto R. Maturana, Gerhard Roth, Siegfried J. Schmidt, Helm Stierlin, Francisco J. Varela und Paul Watzlawick. Heidelberg: Carl-Auer-Systeme

Pries, Ludger (2003): Transnationalismus, Migration und Inkorporation. Herausforderung an Raum und Sozialwissenschaften. In: Geographische Revue Jg. Heft 2/2003. 23-40

Pries, Ludger/Goebel, Dorothea (2003): Transnationale Migration und die Inkorporation von Migranten. In: Swiaczny et al. (Hrsg.) (2003): 35-48

Pütter, Norbert (1998): Der OK-Komplex. Organisierte Kriminalität und ihre Folgen für die Polizei in Deutschland, Münster: Verlag Westfälisches Dampfboot

Rada, Uwe (2001): Wenn Schmuggler sich rasieren. In: TAZ, Die Tageszeitung 30.05.2001 www.taz.de/index.php?id=archivseite&dig=2001/05/30/a0129

Ram, Monder/Jones, Trevor P. (2005): Asian Business-strategies in the United Kingdom. In: Spaan et al. (Hrgs.) (2005): 222-237

Rath, Jan (2002): Unravelling the rag trade: immigrant entrepreneurship in seven world cities. Oxford: Berg

Reichertz, Jo (2003): Die Abduktion in der qualitativen Sozialforschung. Opladen: Leske & Budrich

Reichertz, Jo (2006): Abduktion. In: Bohnsack et al. (Hrsg.) (2006): 11-14

Rex, John (2002): Communities, Diasporas, and Multiculturalism. In: European Journal of International Migration and Ethnic Relations special issue Globalization and Diasporas Nr. 33/34/35. 2002. 51-68

Rosenthal, Gabriele (1995): Erlebte und erzählte Lebensgeschichte. Gestalt und Struktur biographischer Selbstbeschreibungen. Frankfurt/Main: Campus Fachbuch

Rosenthal, Gabriele (2005): Interpretative Sozialforschung. Eine Einführung. Weinheim und München: Juventa

Ruhrmann, Georg (1997): Fremde im Mediendiskurs. Ergebnisse empirischer Presse-, TV- und PR-analysen. In: Jung et al. (Hrsg.) (1997): 85-70

Sachs-Pfeiffer, Toni (1991): Qualitative Stadt- und Gemeindeforschung. In: Flick et al. (Hrsg.) (1991): 394-401

Salt, John (2005): Current trends in international migration in Europe. Collection Migration, Strassburg: Council of Europe-Publishing

Sassen, Saskia (2006): Die Kriminalisierung von Migranten. In: Blätter für deutsche und internationale Politik (Hrsg.): 125-132

Sausmikat, Nora (1999): Female autobiographies from the Cultural Revolution: returned xiaxiang educated women in the 1990s. In: Pieke et al. (Hrsg.) (1999): 297-314

Sausmikat, Nora (2000): Chinesische Perspektiven: Politische Biographien zwischen Massenbewegung und marktwirtschaftlicher Reform. In: Miethe et al. (2000): 63-83

Sausmikat, Nora (2006): Vortrag und Interview auf der Konferenz: Kulturelles Gedächtnis. China zwischen Vergangenheit und Zukunft. 24. bis 26. März 2006, Haus der Kulturen der Welt. Verfügbar über: Berlin. www.bpb.de/files/16BWAS.pdf (08.05.2007)

Schäfer, Thomas/Völter, Bettina (2005): Subjekt-Positionen. Michel Foucault und die Biographieforschung. In: Völter et al. (2005): 161-188

Scherr, Albert (2000): Ethnisierung als Ressource und Praxis. In: Prokla (Zeitschrift für kritische Sozialwissenschaft), Heft Nr. 120 (Ethnisierung und Ökonomie), 30. 2000. 399-414

Schimank, Uwe/Mayntz, Renate/Weingart, Peter (Hrsg.) (1995): Transformation mittel- und osteuropäischer Wissenschaftssysteme. Länderberichte. Opladen 1995: Leske und Budrich

Schmidt, Dorothea (2000): Unternehmertum und Ethnizität – ein seltsames Paar. In: Prokla (Zeitschrift für kritische Sozialwissenschaft) Heft Nr. 120 (Ethnisierung und Ökonomie). 2000 Münster: Westfälisches Dampfboot

Schmidt-Häuer, Christian (2000): Geheime Stadt an der Donau. In: Die Zeit 37/2000. 9. Verfügbar über: http://www.zeit.de/2000/37/Geheime_Stadt_an_der_Donau (Zugriffsdatum 18.03.2004)

Schröer, Norbert (1997): Wissenssoziologische Hermeneutik. In: Hitzler et al. (Hrsg.) (1997): 109-129

Schulte, Axel/Thränhardt, Dietrich (Hrsg.) (1999): International Migration and Liberal Democracies. Internationale Migration und freiheitliche Demokratien. Jahrbuch Migration - Yearbook Migration 1999/2000. Münster: LIT-Verlag

Schütz, Alfred (1932/1974): Der sinnhafte Aufbau der sozialen Welt Frankfurt/Main: Suhrkamp

Schütz, Alfred/Luckmann, Thomas (2003): Strukturen der Lebenswelt. Konstanz: UK

Schütze, Fritz (1976): Zur Hervorlockung und Analyse von Erzählungen thematisch relevanter Geschichten im Rahmen soziologischer Feldforschung. In: Arbeitsgruppe Bielefelder Soziologen: Kommunikative Sozialforschung. 1976. München: Fink. 159-260.

Schützte, Yvonne (1986): Die gute Mutter: zur Geschichte des normativen Musters 'Mutterliebe'. Bielefeld: Kleine-Verlag

Schwab-Trapp, Michael (2001): Diskurs als soziologisches Konzept. Bausteine für eine soziologisch orientierte Diskursanalyse. In: Keller et al. (Hrsg.) (2001): 261-283

Schwab-Trapp, Michael (2006): Diskursanalyse. In: Bohnsack et al. (Hrsg.) (2006): 35-39

Schwamp, Elke (Hrsg.): Globale Verflechtungen. Band 9. Handbuch für den Geographieunterricht, hrsg. von H. KÖCK. Köln: Aulis Verlag Deubner & CO KG (in Druckvorbereitung)

Simmel, Georg /Rammstedt, Otthein/Kramme, Rüdiger (Hrsg.) (1995): Gesamtausgabe. Aufsätze und Abhandlungen 1901-1908 (Band 7). Frankfurt/Main: Suhrkamp

Smith, Paul J. (1994): The strategic Implications of Chinese Emigration. In: IISS Quarterly. International Institute for Strategic Studies, Oxford: Oxford Univ. Press. Band 36/Heft 2. 1994. 60-77

Soeffner, Hans-Georg (Hrsg.) (1979): Interpretative Verfahren in den Sozial- und Textwissenschaften. Stuttgart: Metzler

Soeffner, Hans-Georg (1991): Auslegung des Alltags – Alltag der Auslegung. Zur wissenssoziologischen Konzeption einer sozialwisseschaftlichen Hermeneutik. Frankfurt/Main: Suhrkamp

Soeffner, Hans-Georg (2007): Sozialwissenschaftliche Hermeneutik. In: Flick et al. (Hrsg.) (2007): 164-174

Spaan, Ernst/Hillmann, Felicitas/Van Naerssen, Ton (Hrgs.) (2005): Asian Migrants and European Labour Markets. Patterns and processes of immigrant labour market insertion in Europe. London und New York: Routledge

Stănculescu, Manuela Sofia/Ilie, Simona (2001): Informal Sector in Romania. Bucharest: Research Institute for Quality of Life Romania (RIQL) and United Nations Development Programme (UNDP)

Stănculescu, Manuela Sofia (2004): Households economic strategies between state, market and the informal economies. In: Neef et al. (Hrsg.) (2004): 99-118

Stark, David (1990): Privatization in Hungary: From Plan to Market or form Plan to Clan? In: East European Politics and Societies (EEPS) 4, 1990. 351-392

Straubhaar, Thomas/Vadean F. Iorin/Wass von Czege, Andreas (Hrsg.) (2002): Romania on the Path to the EU: Labour Markets, Migration and Minorities. Hamburg: Europa-Kolleg Hamburg. Institute for Integration Research. Discussion Paper 1/2002

Strauss, Anselm/Corbin, Juliet (1996): Grounded Theory: Grundlagen Qualitativer Sozialforschung. Weinheim: Beltz Psychologie Verlags Union

Stroescu, Costel (2007): Vin chinezii cu miliardele de dolari. In: SĂptĂmÂnĂ FinanciarĂ Nr. 93, 15.01.2007

Swiaczny, Frank/Haug, Sonja (Hrsg.) (2003): Migration – Integration – Minderheiten. Neuere interdisziplinäre Forschungsergebnisse. Materialien zur Bevölkerungswissenschaft. Heft 107.

Thom, Francoise (2005): Limba de Lemn. Bukarest: Humanitas

Thunø, Mette (1999): Moving Stones from China to Europe: The Dynamics of Emigration from Zhejiang to Europe. In: Pieke et al. (1999): 159-180

Timm, Elisabeth 2000: Kritik der „ethnischen Ökonomie". In: Prokla (Zeitschrift für kritische Sozialwissenschaft), Heft Nr. 120 (Ethnisierung und Ökonomie), 30. 2000. 363-376

Tönnies, Ferdinand (Hrsg. Harris, Jose) (1887/2001): Community and Civil Society by Ferdinand Tönnies. Cambridge: University Press.

Transit Migration Forschungsgruppe (Hrsg.) (2007): Turbulente Ränder: Neue Perspektiven auf Migration an den Grenzen Europas. Bielefeld: Transcript

Tsianos, Vassilis (2007): Turbulente Ränder. Neue Perspektiven auf Migration an den Grenzen Europas. Vortrag 24.06.2007, Buchvorstellung: Linkebuchtage, Mehringhof Berlin

Van der Velde, Paul (1998): New Developments in Asian Studies: An Introduction. In: Van der Velde, Paul und Mc Kay, Alex (Hrsg.): New Developments in Asian Studies, London: Kegan Paul International, S. IX-XVII.

Vertovec, Steven (2004): Trends and Impacts of Migrant Transnationalism. Working Paper No. 3, Centre on Migration, Policy and Society Oxford: University of Oxford

Vertovec, Steven (2005): Transnationalism and Diaspora Reserach. Vortrag auf der Konferenz: Emerging patterns of transnational migration and organisations. Organisiert und durchgeführt an der Ruhr-Universität Bochum, Sozial-wissenschaftliche Fakultät. 5-6.10.2005

Vîntilescu, Răzvan Mihai (2006): Chinatown de Dobroiești. Cotidianul 23.02.2006. Verfügbar über: www.cotidianul.ro

Völter, Bettina/Dausien, Bettina/Lutz, Helma/Rosenthal, Gabriele (2005): Biographieforschung im Diskurs. Wiesbaden: Verlag für Sozialwissenschaften

Waldinger, Roger (1990): Ethnic Entrepreneurs. Immigrant Business in Industrial Societies. London: Sage.

Waldinger, Roger (2006): Immigrant "Transnationalism" and the Presence of the Past. In: Diner et al. (Hrsg.) (2006). Verfügbar über: www.soc.ucla.edu/faculty/waldinger/pdf/B10.pdf

Waldinger, Roger/Fitzgerald, David (2004): Transnationalism in Question. In: American Journal of Sociology (AJS), Vol. 109, Nr. 5, 03/2004. 1177-1195

Wagner, Richard (1991): Sonderweg Rumänien. Berlin

Wagener, Hans-Jürgen (1996): Transformation als historisches Phänomen. Diskussions-Papier 7/1996. Frankfurter Institut für Transformationsstudien. Europa Universität Viadrina. www.euv-frankfurt-o.de/de/forschung/institut_fit/publikationen/1996/96-7-Wagener.pdf (16.10.2007)

Wang, Hui (2007): Postmaoistischer Staat und Neoliberalismus in China. In: Le Monde diplomatique, Edition LMD Nr. 1, 2007. Berlin: LMD. 57-60

Wallerstein, Immanual (1999): Globalization or The Age of Transition? A Long-Term View of the Trajectory of the World-System. Online paper: www.binghamton.edu/fbc/iwtrajws.htm (11.11.2007).

Wentz, Martin (1991): Stadt-Räume. Frankfurt/New York: Campus Verlag

Weymann; Heinz (1995): Biography and society. Interrelationships between Social Stucture, Institutions and the Life Course. Weinheim: Deutscher Studienverlag.

Whyte, William F. (1981): Street Corner Society, Chicago/London.

Wimmer, Andreas (2007): How (not) to think about ethnicity in immigrant societies: A boundary making perspective. ESRC Centre on Migration, Policy and Society (COMPAS), Working Paper Nr. 44. University of Oxford: Compas. www.compas.ox.ac.uk/publications/Working%20papers/wp-07-44.shtml (11.11.07).

Wolf, Felix (2001): Printmedien in Rumänien. Hausarbeit im Proseminar „Medienpolitik im Vergleich", PS 15089/SS 2001 am Otto-Suhr-Institut für Politikwissenschaft der Freien Universität Berlin.

Wundrak, Rixta (2008): Rezension zu: Spaan, Ernst; Hillmann, Felicitas; van Naerssen, Ton (Hrsg.) 2006: Asian Migrants and European Labour Markets Patterns and processes of immigrant labour market insertion in Europe. In: Geographische Revue, 2008

Xiang, Biao (2004): "Network Failure" in Chinese Migration. Titel des Abstracts. Verfasst für die 5. Konferenz: der ISSCOE (International Society for the Study of Chinese Overseas) in Elsinore (Helsingør), Dänemark. 10.05.-14.05-2004. http://nias.ku.dk/issco5/panels.htm

Xiang, Biao/Tan, Shen (2005): Does Migration Research Matter in China? A Review of Migration Research and its relations to policy since the 1980s. Centre on Migration, Policy and Society, Working Paper Nr. 16, University of Oxford

Ziegler, Meinrad (1998): Dichte Beschreibung – essayistisches Theoretisieren und persönlicher Standort in der Interpretation. In: Kannonier-Finster et al. (1998): 65-92

If you have any concerns about our products,
you can contact us on
**ProductSafety@springernature.com**

In case Publisher is established outside the EU,
the EU authorized representative is:
**Springer Nature Customer Service Center GmbH
Europaplatz 3, 69115 Heidelberg, Germany**

Printed by Libri Plureos GmbH
in Hamburg, Germany